2033
Atlas des Futurs du Monde

Ouvrage publié avec le concours
du Centre national du livre

ISBN 978-2-221-11234-2
N°éditeur : 49333/01
Dépot légal : novembre 2010
Imprimé en France

ROBERT LAFFONT

2033

Atlas des Futurs du Monde

2011 2012 2013 2014 2015 2016 2017 2018 2019 2020 2021 2022 2023 2024 2025 2026 2027 2028 2029 2030 2031 2032 2033

Virginie Raisson

avec la collaboration de
Tarik El Aktaa, Robert Chaouad, Véronique Desanlis, Christian Garon et Alexandre Nicolas

« L'avenir n'est jamais que du présent à mettre en ordre. Tu n'as pas à le prévoir, mais à le permettre. »

Antoine de Saint-Exupéry, *Citadelle*.

À Barthélémy

Allons ensemble, avec ton père, explorer l'avenir et voir les ours polaires !

SOMMAIRE

Tout est lié ! Ainsi se résume la formule du monde, de son avenir… et de cet atlas. Ce cartogramme qui restitue les trois parties de l'ouvrage et ses neufs chapitres permet de repérer les grands thèmes abordés. Le lecteur pourra également consulter la table des matières détaillée aux pages 196-199.

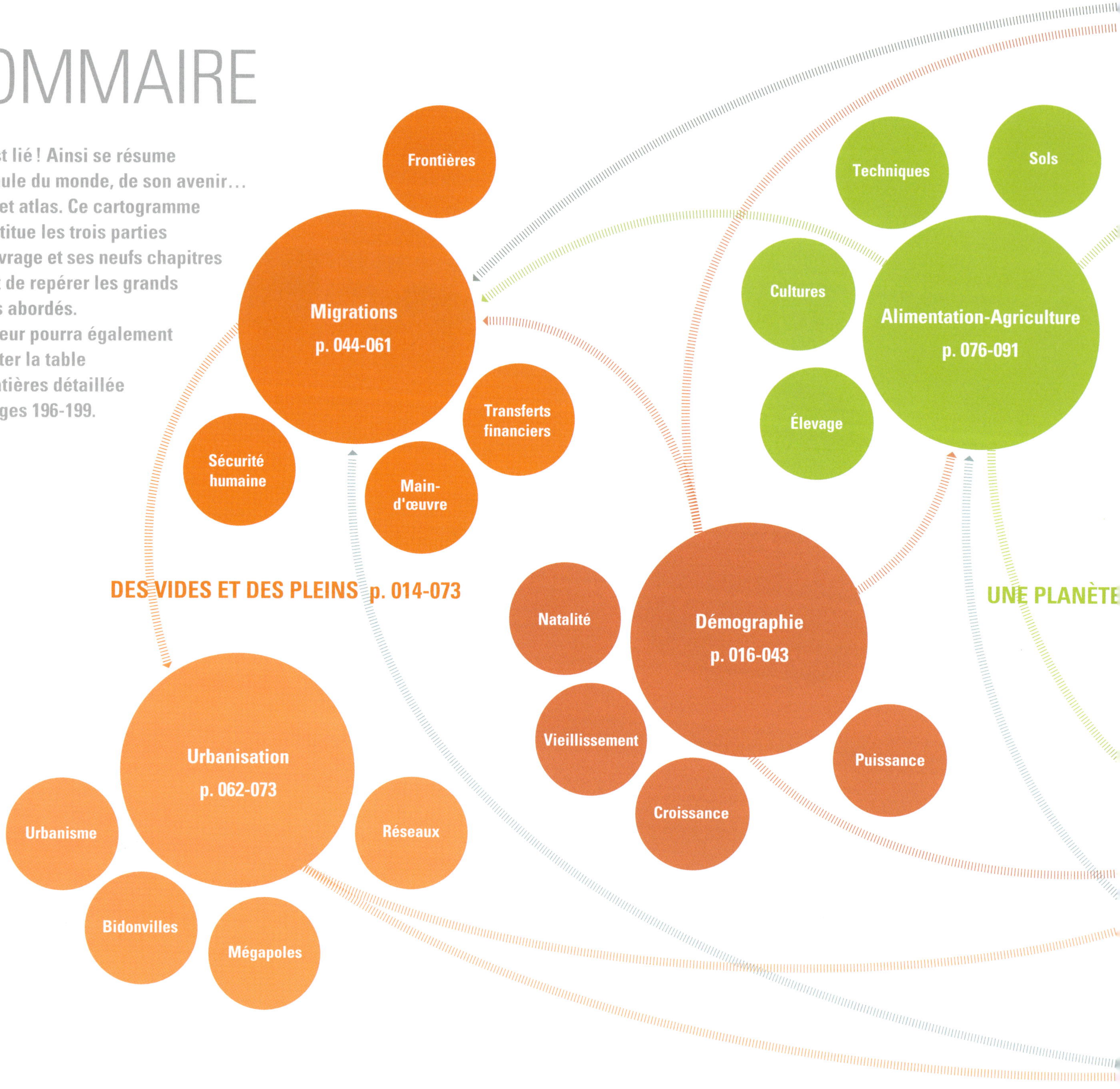

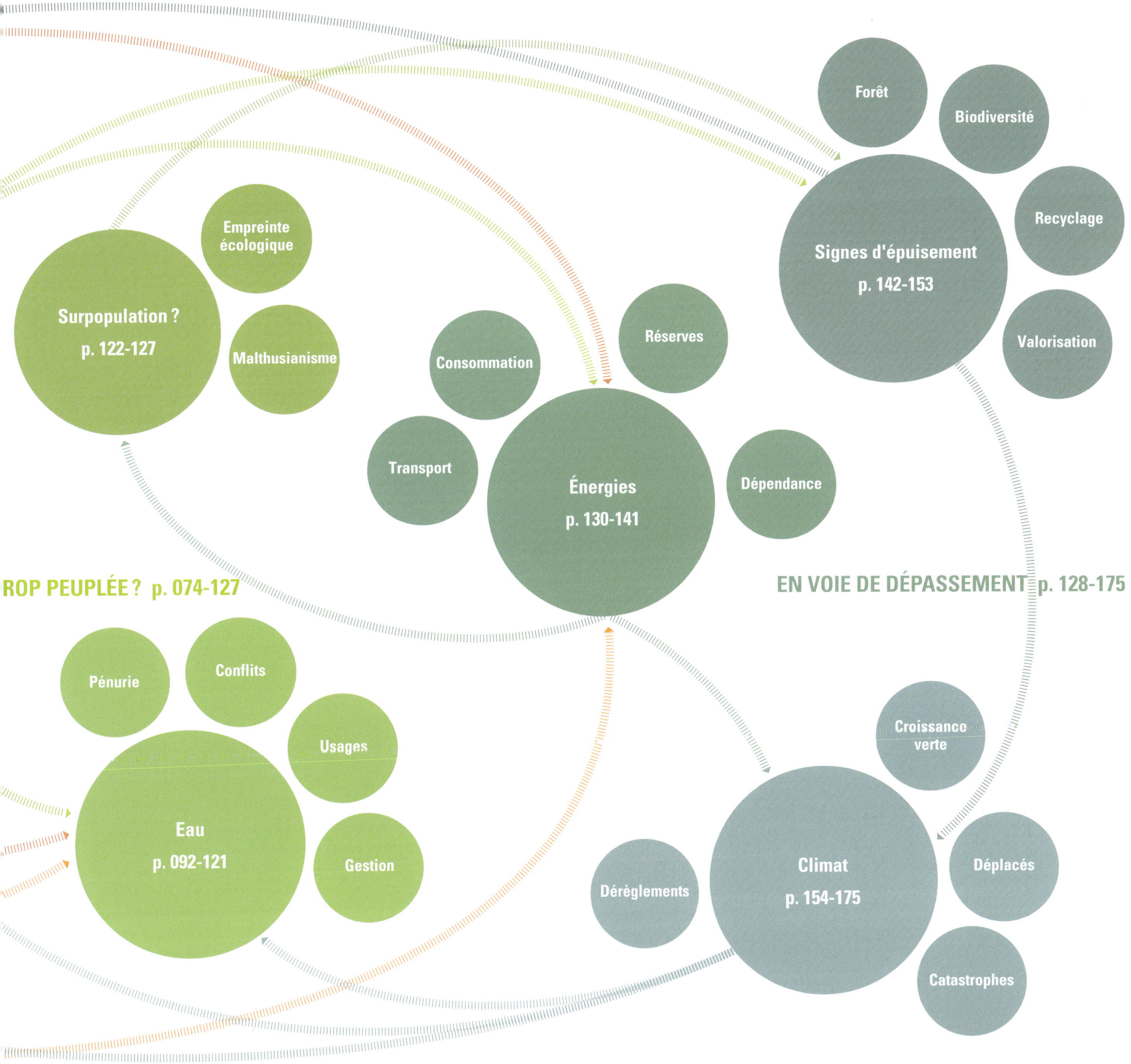
Forêt
Biodiversité
Recyclage
Signes d'épuisement
p. 142-153
Valorisation
Empreinte écologique
Surpopulation ?
p. 122-127
Malthusianisme
Réserves
Consommation
Transport
Énergies
p. 130-141
Dépendance
ROP PEUPLÉE ? p. 074-127
EN VOIE DE DÉPASSEMENT p. 128-175
Pénurie
Conflits
Usages
Eau
p. 092-121
Gestion
Croissance verte
Climat
p. 154-175
Dérèglements
Déplacés
Catastrophes

PROLOGUE

L'avenir n'est pas écrit

Il ne se passe pas une semaine sans que les médias se fassent l'écho de phénomènes dont les évolutions engagent l'avenir de la planète. Pas un jour sans que soient rapportés des événements dont les impacts se prolongeront bien au-delà du moment où ils surviennent. Qu'il s'agisse d'enjeux énergétiques, environnementaux, alimentaires ou migratoires : l'avenir somme le monde de trouver des réponses aux questions qu'il soulève. Cependant, peu réactif aux signes d'une faillite écologique planétaire possible, l'homme apparaît démuni face aux évolutions qui aménagent l'avenir. Désemparé devant les défis que le futur lui lance, il est tenté de laisser le « destin » choisir à sa place. Surpopulation, famines, guerres et pénuries… Inspiré par le fatalisme plus que par la précaution, guidé par l'alarmisme plus que par la prévention, il se laisse convaincre par les visions résignées qu'on lui propose ici et là.
Pourtant, le futur de la planète n'est pas fixé. Il appelle au contraire des réponses sans tarder. Développement humain, effet de serre, gestion des ressources, protection des espèces : plus que jamais, l'avenir appelle l'action, au risque sinon que s'impose au monde le pire de ses futurs possibles. C'est en tout cas dans cette perspective que cet atlas est proposé, non pas pour prédire l'avenir mais pour donner à comprendre les mutations à l'œuvre, pour éclairer le futur des savoirs disponibles, pour inviter ensemble le débat et l'action. Sans céder à l'utopisme ni escamoter la complexité du monde, il cherche à en donner l'intelligence et l'économie pour repérer là où l'avenir se trame. Sans complaisance avec les conservatismes, il traque les « prêts-à-penser » et autres idées reçues. De méthode pluridisciplinaire et d'intention pédagogique, il repère quelques-unes des grandes tendances, contraintes et innovations qui travaillent le futur. Prenant le parti que des marges d'action existent, il identifie les lieux, les facteurs et les acteurs du changement.

Tout comme il s'est imposé à l'auteur au fil de l'écriture de cet ouvrage, le constat saisira vite le lecteur : conjuguée à la croissance de la population mondiale, l'augmentation des revenus amplifie la consommation. Tirée à la hausse, la production de biens et de denrées prélève ainsi sans cesse plus de biosphère (eau, sols, biodiversité, etc.), épuisant bientôt des ressources non renouvelables (minerais, hydrocarbures…). Appauvrissement du vivant, réchauffement climatique, pénuries multiples, dégradation des paysages, et surtout, exposition des populations aux catastrophes naturelles, au manque d'eau, à la précarité, voire à l'exil : l'accélération constante du développement matériel pousse les sociétés vers une confrontation directe aux limites de la planète, révélant ainsi sa finitude et notre enfermement. Pour autant, aussi tangibles que soient déjà ces hypothèques posées sur le futur, rien ne condamne l'humanité au déclin ou à sa perte. Sans écarter les risques qui pèsent sur le fonctionnement du monde, l'avenir se présente comme une chance à saisir, une proposition d'engager des mutations nécessaires, et peut-être salvatrices. Car ce n'est pas l'apocalypse qui nous guette mais une révolution de civilisation, dont la gestation prend la forme de crises économiques et écologiques. Cependant, pour qu'elles donnent naissance à un futur mieux-être, ces crises exigent encore que soient réunis état de conscience, humanisme et envie d'avenir. C'est aussi cette ambition que l'atlas des *Futurs du Monde* propose de servir.

Le futur ne se devine pas

L'état de conscience, c'est celui que portent ensemble l'expérience, la connaissance et les recherches croisées de nombreux scientifiques, dont les travaux inspirent aussi les analyses de cet atlas. C'est aussi la capacité de savoir douter. De se dégager de représentations faciles ou plus plaisantes à croire. De considérer le réel et non ce qu'on en dit. D'ajuster la réponse aux enjeux véritables. Sur ce point, l'idée d'une planète surpeuplée est exemplaire. Suggérée par des réflexes malthusiens, l'explication tentante des problèmes de la planète focalise l'attention sur le nombre. Ce faisant, elle vient masquer le fait qu'en réalité les dégradations et l'épuisement de l'environnement sont bien davantage liés aux excès du processus de croissance économique qu'à ceux de la population mondiale. Pour accéder à l'état de conscience, la difficulté procède aussi de l'enchevêtrement du monde. Ramenant à la complexité du « tout » et, au même moment, aux limites imposées par la fragmentation disciplinaire des savoirs, la vision est troublée, l'action découragée. Or, appréhendée par les nombreux liens qu'elle souligne, la complexité du monde est, justement, ce qui donne à chacun sa part d'action à entreprendre. L'état de conscience appelle ainsi chacun à agir, sans attendre d'être soi-même affecté. Aussi tangibles que soient certaines répercussions du réchauffement global, par exemple, elles demeurent imperceptibles pour une large part de l'humanité, confortant l'idée fausse d'un répit possible ou d'une alternative technologique. Épargnés par les conflits que la course aux matières premières engendre, par les pénuries alimentaires que la spéculation provoque ou par les effets sanitaires de la production de déchets, les principaux bénéficiaires du développement peinent à entendre les bruits de la fatigue planétaire. Comme si le battement d'aile du papillon ne pouvait déclencher de tornade qu'à l'autre bout du monde. D'ailleurs, que les vents s'en prennent à la Louisiane ou l'océan aux côtes aquitaines, c'est la météo que l'on invoque, les secouristes que l'on convoque et l'imprévoyance des élus locaux que l'on tient pour responsables. Obstiné, refusant de soumettre son modèle de développement au diagnostic des experts, l'homme conserve ses ambitions de croissance et n'accepte de réponses aux catastrophes que sous la forme de digues supplémentaires ou de nouvelles technologies. Réfractaire aux changements, il expose ses descendants à devoir les mettre en œuvre sous la contrainte, et peut-être trop tard. Car la conscience indique aussi qu'aucune digue ne suffira à contenir les effets des phénomènes climatiques au long cours. L'avenir du monde ne peut plus attendre.

Dès aujourd'hui, il engage l'homme à renouer avec l'humanisme afin d'améliorer sa condition grâce à la connaissance, la morale et l'éthique. En scellant l'avenir de chacun à celui de tous, le réchauffement climatique ou les migrations sont, de ce point de vue, de formidables invitations à réinventer le monde… Pour sortir de la pauvreté, les pays en développement exigent que soient réalisés d'importants investissements. Or ces derniers demandent à leur tour d'accélérer la croissance économique, amplifiant d'autant l'emprise sur la biosphère et les dérèglements climatiques dont les populations de ces pays sont les premières victimes. À l'évidence, l'urgence n'est donc pas à trouver les moyens de préserver les outils de ce modèle universel, comme semble pourtant l'insinuer l'incantation continue à la croissance, mais à rompre avec le processus pour donner une autre direction au destin commun de l'humanité.

C'est à l'homme de l'inventer

Pour autant le moment n'est déjà plus ni à la décroissance, ni à la fin de l'histoire. Il est à la renaissance et au lancement d'une nouvelle ère. Le temps est arrivé d'une révolution de civilisation, d'une métamorphose économique du monde, d'un découplage du « bien-être » et de l'« avoir plus ». L'urgence n'est plus à blâmer ou à contenir mais à inventer et à oser. À proposer aux jeunes générations une vision du futur ouverte, invitante, accessible, pour qu'à leur tour ils aient envie d'inventer l'avenir.

Sur cette voie et porté par cette même envie, l'Atlas des *Futurs du Monde* propose d'explorer le présent à la recherche de signes du futur. De repérer dans les évolutions qui se dégagent les pistes d'un prochain passé. Loin de vouloir énoncer des prédictions, il souligne certains des risques auxquels nous nous exposerions à ne pas changer nos trajectoires et les options dont nous disposons pour infléchir le cours des choses. De méthode empirique, il décline les évolutions probables et possibles de mouvements actuels. Cependant, comme il aborde des thèmes très vastes et raisonne à de larges échelles, sa démarche prospective rencontre plusieurs limites qu'il conviendra de garder à l'esprit en lisant l'ouvrage.

En premier lieu, la complexité des problématiques implique de prendre en compte un grand nombre de variables qu'il s'agit ensuite de hiérarchiser puis de projeter dans le temps pour en apprécier l'impact. La collecte et le traitement des informations occupent par conséquent une place fondamentale dans cet exercice qui, dès lors, dépend de la fiabilité des données utilisées. Or, qu'elles proviennent d'institutions scientifiques, universitaires ou onusiennes, leur qualité reste largement tributaire des États qui les fournissent, et des systèmes plus ou moins opérants qu'ils utilisent pour les recueillir. Le plus souvent, ces données conservent une part d'imprécision qu'il fallait également rappeler ici.

La difficulté de l'exercice s'accroît ensuite lors de l'élaboration des scénarios sur lesquels repose l'analyse prospective. Pour les construire, la méthode consiste d'abord à sélectionner puis à associer des projections établies à quinze, vingt, voire vingt-cinq ans. Or, si les projections démographiques restent assez fiables à de telles échéances, les modèles utilisés dans les domaines économique ou énergétique sont plus aléatoires. Ils se heurtent à la complexité des phénomènes observés et à la multitude des facteurs qui déterminent leurs évolutions. C'est pourquoi les projections offrent souvent plusieurs hypothèses, tendancielles ou plus extrêmes, dont l'Atlas ne retient que la médiane, par souci de clarté. Pour autant, il convient de rappeler que les projections médianes ne sont pas plus probables que les autres, renvoyant notamment à l'incertitude des comportements humains qui entrent en jeu.

D'ailleurs, pas plus que les hypothèses proposées dans cet atlas ne prétendent décliner toutes les versions possibles de l'avenir, les thèmes qui y sont abordés ne suffisent à en dessiner le portrait. Un peu comme les extraits d'un film, ils invitent à en voir davantage. À leur tour, les scénarios et fictions qu'on trouvera dans ce livre proposent des esquisses de futur, qu'il reviendra à chacun de préciser et à l'histoire de compléter. Car aussi rigoureuses qu'ont été les recherches menées pour élaborer cet ouvrage, elles ne se soustraient pas non plus à l'éventualité d'une rupture historique, ni à cette part d'inédit que le futur réserve. Surtout, elles ne sauraient écarter l'immense capacité de changement que l'homme conserve pour inventer l'avenir du monde et bâtir le futur de l'humanité.

Virginie Raisson, 11 septembre 2010

PREMIÈRE PARTIE

DES VIDES ET DES PLEINS

Plus que toute autre discipline, la démographie est au cœur de l'avenir du monde. Car c'est au fil des évolutions de la population mondiale que le visage de la planète se modifie. Que ses vides et ses pleins se définissent. Que les mobilités du futur s'y dessinent. Comme elle précède ensemble la demande alimentaire, les besoins en énergie ou l'empreinte du développement sur la planète, la question du nombre des hommes et de leur répartition se doit donc de figurer en amont de toute analyse prospective.

À l'échelle du globe, deux tendances se dessinent. Au Sud, la croissance de la population pose d'abord la question des ressources nécessaires au développement et celle des équilibres sociaux et politiques de sociétés économiquement fragiles. Au Nord, le vieillissement bouscule en même temps le dynamisme économique et la solidarité entre générations. D'un monde à l'autre enfin, les hommes se déplacent, soulignant par leurs mouvements les fractures et les interdépendances des pays entre eux.

Si les enjeux liés aux ressources naturelles disponibles ou aux changements climatiques imposent d'appréhender les évolutions démographiques en termes globaux ou à l'échelle de grands ensembles comme la Chine, l'étude des rapports de force et des relations internationales invite rapidement à changer de perspective : à chaque pays son équation démographique et ses solutions pour la résoudre. Ainsi, le déclin démographique pourrait conduire la Russie sur la voie de la fermeture et du repli nationaliste tandis que l'ouverture migratoire américaine devrait au contraire contribuer à maintenir les États-Unis dans leur capacité de grande puissance. De la même façon, si la chute de la natalité pousse les Japonais à rebondir grâce à l'investissement et à l'innovation, elle pourrait fragiliser la cohésion politique d'une Europe encore dépourvue de solidarité sociale et de tout partage migratoire. Enfin, dans une déclinaison plus inattendue, c'est peut-être aussi le vieillissement et les migrations qui donneront sa réponse définitive à la question de l'indépendance du Québec.

La grande transition

Il est des évolutions qui fabriquent l'avenir dans le silence, des révolutions qui bousculent l'ordre du monde en toute lenteur. Les dynamiques démographiques sont de celles-là. Matrices des devenirs d'un monde déjà quatre fois plus peuplé qu'en 1910, elles portent les mutations qui détermineront l'espace et les ressources nécessaires aux générations futures.

LES INCERTITUDES DE LA DÉMOGRAPHIE

Les projections démographiques mobilisent trois variables principales : l'indice de fécondité (nombre d'enfants par femme), le taux de mortalité (nombre de décès pour mille habitants) et l'espérance de vie à la naissance*. Les différences qu'on observe d'un scénario démographique à l'autre tiennent, le plus souvent, au niveau de fécondité retenu pour pouvoir les établir. À de telles échelles, les effets arithmétiques d'une variation même légère de la fécondité se mesure aussitôt en dizaines, voire en centaines de millions de personnes. Ainsi, si elles conservaient leur niveau actuel de fécondité, l'Europe et l'Amérique du Nord ne compteraient plus que 90 millions d'habitants en 2300, tandis que l'Afrique rassemblerait 115 000 milliards d'habitants ! Pour ses analyses, la Division de la population des Nations unies retient trois scénarios. Dans le plus bas des trois, la population mondiale évolue de quelque 7,6 milliards de personnes en 2025 à 7,9 milliards en 2050 avant de décliner au cours des décennies suivantes. Dans le scénario haut, elle passe de 8,3 milliards d'habitants en 2025 à 10,4 milliards en 2050, et continue ensuite de croître. Selon les hypothèses du scénario médian, retenues dans cet ouvrage, la population mondiale progressera de 8 milliards d'individus en 2025 à 9,1 milliards en 2050, avant de se stabiliser aux environs de 9 milliards à partir de 2100. Si ces projections n'ont donc aucune valeur prédictive, elles présentent néanmoins l'intérêt d'inviter les autorités à réagir face aux évolutions démographiques possibles des trente prochaines années.

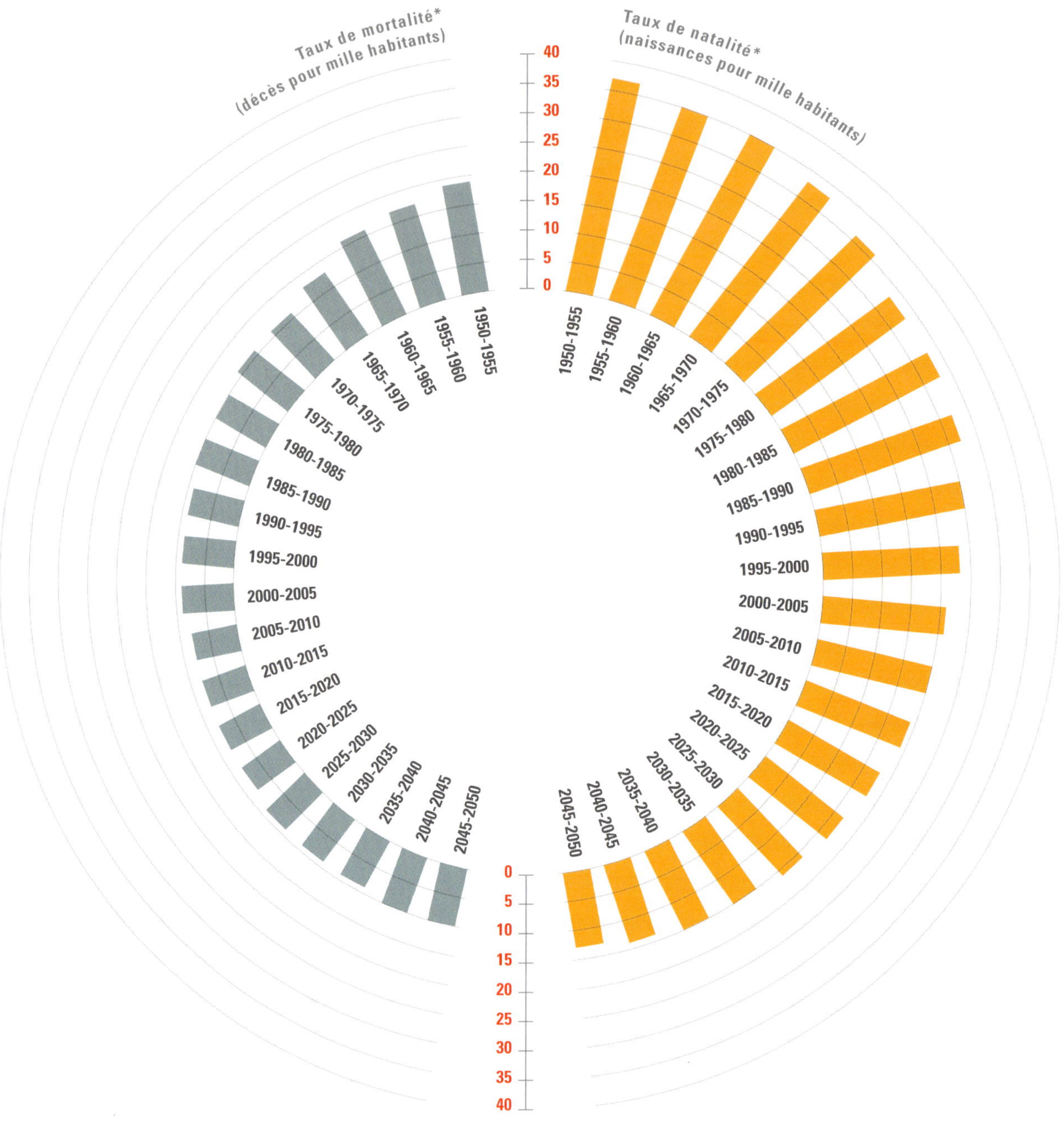

ÉVOLUTION DÉMOGRAPHIQUE MONDIALE, de 1950 à 2050

Source >>> Nations unies, *World Population Prospects : The 2008 Revision*, mai 2009.

* Les mots et les expressions suivis d'un * sont définis dans le glossaire p. 184-187.

Alfred LANDRY, *La Révolution démographique : études et essais sur les problèmes de la population*, Paris, INED, 1982 (1re éd. 1934). >>> Gilles PISON, *Atlas de la population mondiale*, Paris, Autrement, 2009. >>> Jean-Claude CHASTELAND et Jean-Claude CHESNAIS,

Sources >>>>>> ONU, *World Population Prospects : The 2008 Revision*, Département des affaires économiques et sociales, Division de la population, New York, 2009. >>> ONU, *World Population to 2300*, Département des affaires économiques et sociales, Division de la population, New York, 2004. >>> INED, *Atlas de la population*, www.ined.fr >>> « 2009 World Population Data Sheet », Population Reference Bureau, Washington DC, 2009. >>> Gilles PISON, « Tous les pays du monde », *Population et sociétés*, Paris, INED, n° 458, juillet-août 2009.

› Estimée à 250 millions de personnes au début de notre ère, la population mondiale n'augmente que très faiblement pendant près de dix-sept siècles. Oscillant entre des périodes de hausse attribuées à des séquences de prospérité économique, et des périodes de baisse liées aux épidémies, aux famines et aux guerres, elle ne rassemble encore qu'un milliard de personnes en 1800. Sur la même période, la structure démographique des sociétés n'évolue pas davantage. Elle se caractérise par un taux de natalité* soutenu – 5 à 7 enfants par femme en moyenne – et un taux de mortalité* également si élevé qu'il ne permet alors qu'à 2 ou 3 enfants par foyer d'atteindre l'âge adulte.

Porté par les progrès du siècle des Lumières puis par ceux de la révolution industrielle, au XIXe siècle, le continent européen devient alors le théâtre inaugural de transformations démographiques de grande ampleur appelées « transition démographique ». Au fil des deux siècles suivants, celle-ci se propage dans le reste du monde, en observant partout la même séquence : à une situation associant une natalité et une mortalité élevées succède d'abord une période au cours de laquelle la mortalité diminue fortement grâce, notamment, aux progrès sanitaires et alimentaires. Le nombre d'enfants par femme restant provisoirement le même, on voit alors la population augmenter rapidement. À cette phase de forte croissance démographique succède une seconde étape, au cours de laquelle les comportements reproductifs évoluent et font chuter le nombre de naissances par foyer. Quand, finalement, fécondité et mortalité se rejoignent, la transition démographique s'achève, laissant la place à un nouveau régime d'équilibre démographique dans lequel les effectifs de la population se stabilisent.

Un processus démographique commun

Si, à l'aube du XXe siècle, le processus de transition démographique ne concerne encore que l'Europe et l'Amérique du Nord, son impact se ressent déjà dans les chiffres globaux : en 1927, la population mondiale atteint 2 milliards d'individus. Dans la seconde moitié du XXe siècle, le phénomène gagne l'Amérique du Sud puis l'Asie, accélérant d'autant la croissance démographique : la planète compte 3 milliards d'habitants en 1960, 4 milliards en 1974, 5 milliards en 1987, 6 milliards en 1999. Aujourd'hui peuplée par 6,9 milliards d'individus, elle devrait franchir le cap des 7 milliards en 2011. Si, en valeur absolue, l'accroissement de la population mondiale n'a donc jamais été aussi rapide qu'en ce début de XXIe siècle, voilà pourtant déjà plus de 40 ans que le rythme d'augmentation de la population mondiale diminue. De l'ordre de 0,2 % en 1700, 0,35 % en 1800, 0,7 % en 1900, le taux de croissance annuel de la population mondiale passe de 1 % vers 1925 à 1,8 % en 1950, puis à 2,02 % en 1965. Il affiche alors sa valeur maximale. Depuis, contrairement à une idée répandue, le taux de croissance démographique ne cesse de ralentir. Estimé à 1,14 % en 2009, il correspond à une augmentation annuelle de la population de 78 millions de personnes. Appelé à poursuivre sa baisse au cours des prochaines décennies, le taux de croissance démographique ne s'élèverait plus qu'à 0,3 % vers 2050. Quant à l'équilibre (0 %), il pourrait être atteint à l'horizon 2100. Dès lors, la population mondiale se stabiliserait autour de 9 milliards de personnes.

Considérée jusque-là dans sa globalité, l'augmentation de la population mondiale traduit en réalité des évolutions très variables d'une société à l'autre, suivant de près les évolutions respectives de leurs taux de fécondité et de mortalité. En dehors des mesures coercitives parfois utilisées pour contraindre la natalité comme en Chine, la baisse de la fécondité procède de plusieurs facteurs tels que l'alphabétisation des femmes, leur degré d'autonomie, leur pratique de la contraception, leur situation en termes d'emploi, la profession de leur mari, leur statut social, le coût de la scolarisation de leurs enfants ou encore leur cadre de vie. Or, qu'il s'agisse du niveau de vie des femmes, de leur éducation ou de leur accès au système de santé, ces critères reflètent souvent la fragilité économique et sociale d'un grand nombre de pays du Sud. En Afrique, au Moyen-Orient et en Asie du Sud, les indices de fécondité restent ainsi souvent élevés. Et si, en dépit d'un taux important d'analphabétisme des femmes, certains pays comme le Maroc ou le Bangladesh affichent des niveaux de fécondité modérés (respectivement de 2,4 et 2,5 enfants par femme en moyenne), leur cas reste atypique. S'agissant de la baisse de mortalité et de son corollaire, l'allongement de l'espérance de vie à la naissance*, ils renvoient d'abord aux progrès de l'hygiène et de la vaccination, puis à ceux de la médecine et des conditions de travail. Dans les pays développés, c'est dans le champ des maladies cardiovasculaires et des cancers que sont enregistrés les gains les plus importants. De cette façon, l'espérance de vie dans le monde qui, des siècles durant, ne dépasse pas 25 ans, atteint 30 ans en 1900, 46 ans en 1950 et 69 ans en 2010. Selon les projections de l'ONU, elle sera environ de 75 ans à l'horizon 2050. Ici aussi cependant, de très fortes disparités régionales accompagnent les tendances générales. Tandis que la mortalité infantile est près de vingt fois plus forte au Pakistan et au Congo que dans les pays européens, une mortalité adulte élevée se maintient dans de nombreux pays du Sud, à la faveur de l'épidémie de VIH/Sida, de l'extrême pauvreté ou de la guerre, souvent concentrées dans les mêmes pays. Ainsi, on constate que l'espérance de vie à la naissance s'élève à plus de 80 ans au Japon ou en Suisse alors qu'elle dépasse à peine 41 ans en Zambie ou au Zimbabwe.

> **Voilà déjà plus de 40 ans que le taux de croissance démographique mondial ne cesse de ralentir.**

Des devenirs contrastés

Sur la carte des évolutions démographiques probables des prochaines décennies, plusieurs groupes de pays se détachent. Parmi eux, on distingue celui des pays ayant achevé leur transition démographique et qui, à l'exception de la France, de l'Irlande et des États-Unis, affichent un indice synthétique de fécondité (ISF) bien inférieur au seuil de renouvellement des générations (2,1 enfants par femme en moyenne). Ce phénomène, que l'on désigne sous le terme de « seconde transition démographique » et qui caractérise notamment les pays de l'Union européenne (ISF : 1,6), touche aussi d'autres pays comme la Russie (ISF : 1,5), le Japon (ISF : 1,4), la Chine (ISF : 1,6), le Brésil (ISF : 2), la Tunisie (ISF : 2) ou la Thaïlande (ISF :1,8). En fonction des apports migratoires plus ou moins importants qui viendront – ou pas – corriger le solde naturel de ces pays, cette phase de basse natalité les conduira progressivement vers le recul de leur population, même si certains bénéficient encore de l'effet d'inertie des phénomènes démographiques.

Alors que dans les pays du Nord, la transition démographique avait pris la forme d'une trajectoire relativement lente, étendue sur deux siècles et précédée par des progrès techniques, économiques et sociaux importants, elle risque d'infliger un véritable choc à ceux des pays du Sud où elle est encore précoce. Car dans les sociétés plus traditionnelles d'Afrique subsaharienne, les transformations en cours se déroulent à un rythme si rapide qu'elles feront bientôt coexister des populations jeunes, nombreuses et sous-employées avec des populations vieillissantes et relativement nombreuses, ouvrant la voie à de possibles tensions économiques, sociales et familiales. Alors que la population d'Afrique doublera d'ici à 2050, comptant alors 2 milliards d'habitants, rien ne permet en effet aujourd'hui de prévoir dans quelles conditions matérielles, économiques, sociales, sanitaires ou urbaines ce milliard de personnes supplémentaire pourra être accueilli. ‹

La Population du monde. Géants démographiques et défis internationaux, Paris, INED, cahier n° 149, 2e éd., 2002. >>> François HÉRAN, « La population du monde pour les trois siècles à venir : explosion, implosion ou équilibre ? », *Population et sociétés*, Paris, INED, n° 408, janvier 2005.

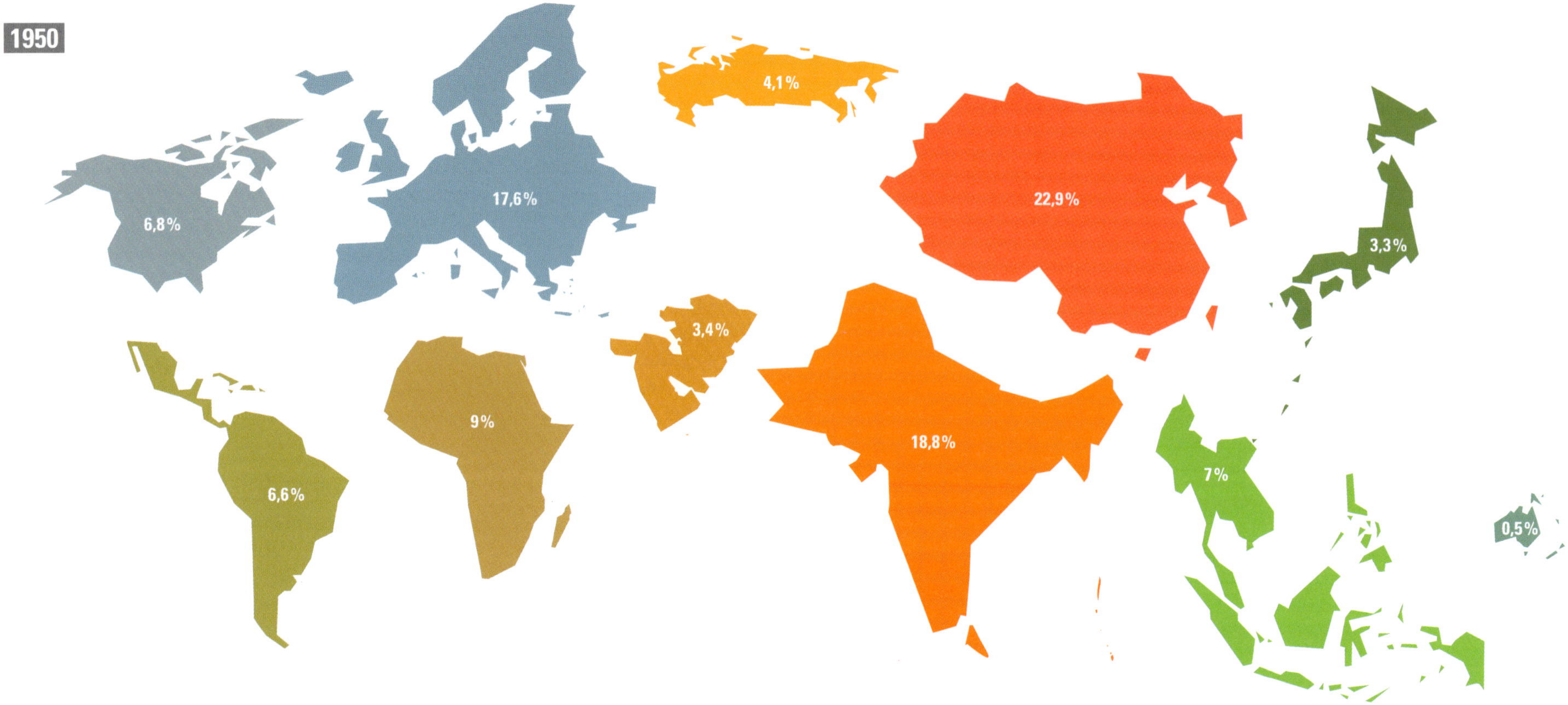

RÉPARTITION DE LA POPULATION MONDIALE PAR RÉGION[1], en 1950 et 2033 (en %)

- Amérique du Nord
- Amérique latine et Caraïbes
- Europe
- Afrique
- Russie
- Asie centrale, Caucase et Moyen-Orient
- Asie de l'Est
- Asie du Sud
- Japon
- Asie du Sud-Est
- Océanie

1. Calculs réalisés pour une sélection de pays dont la liste figure p. 188-189.

UN GRAND BASCULEMENT NORD-SUD

D'ici à 2033, la population mondiale devrait augmenter de 1,56 milliard de personnes pour s'élever à 8,4 milliards d'habitants, soit une hausse de 234 % depuis 1950. Or, comme on le voit sur ces deux cartes où la superficie des grandes régions du monde est proportionnelle à leur poids démographique respectif, la croissance de la population affiche une répartition géographique très inégale. En dépit d'une baisse importante de la fécondité chinoise, l'Asie rassemblera à elle seule encore 58 % de la population mondiale en 2033, soit 4,9 milliards d'individus. Ainsi, elle maintiendra sa position de région la plus peuplée du monde. L'Afrique, elle, connaîtra la croissance démographique la plus forte. Avec une naissance sur huit dans le monde, elle devrait rapidement combler son retard. Tandis qu'elle n'accueillait encore que le dixième de l'humanité en 1950, elle en rassemblera près d'un cinquième en 2033 et même le quart en 2100. À l'exception notoire des États-Unis, dont la position dans l'ordre démographique mondial se maintient grâce à une immigration importante et un indice de fécondité supérieur à deux enfants par femme en moyenne, l'ensemble des pays développés – Russie comprise – se distinguent, pour leur part, par le repli progressif de leur population.

Le nouveau défi démographique

À l'échelle de l'histoire comme à celle de la planète, les évolutions démographiques ne se produisent ni au même moment, ni au même rythme. D'un État ou d'une région à l'autre, elles suivent au contraire des parcours d'ampleur et de durée inégales. Peu à peu, elles modifient la répartition des populations dans le monde, dont elles fixent aussi les futurs grands défis.

Source du graphique >>> Nations unies, *World Population Prospect : The 2008 Revision*, mai 2009.

Sources >>>>>> ONU, *World Population Prospects : The 2008 Revision*, Département des affaires économiques et sociales, Division de la population, New York, 2009. >>>>>> INED, *Atlas de la population* (en ligne). www.ined.fr >>>>>> Gilles PISON, « Tous les pays du monde », *Population et sociétés*, Paris, INED, n° 458, juillet-août 2009. >>> Gilles PISON, « Tous les pays du monde », *Population et sociétés*, Paris, INED, n° 436, juillet-août 2007. >>> Henri LERIDON, « Six milliards… et après ? », *Population et sociétés*, Paris, INED, n° 352, décembre 1999.

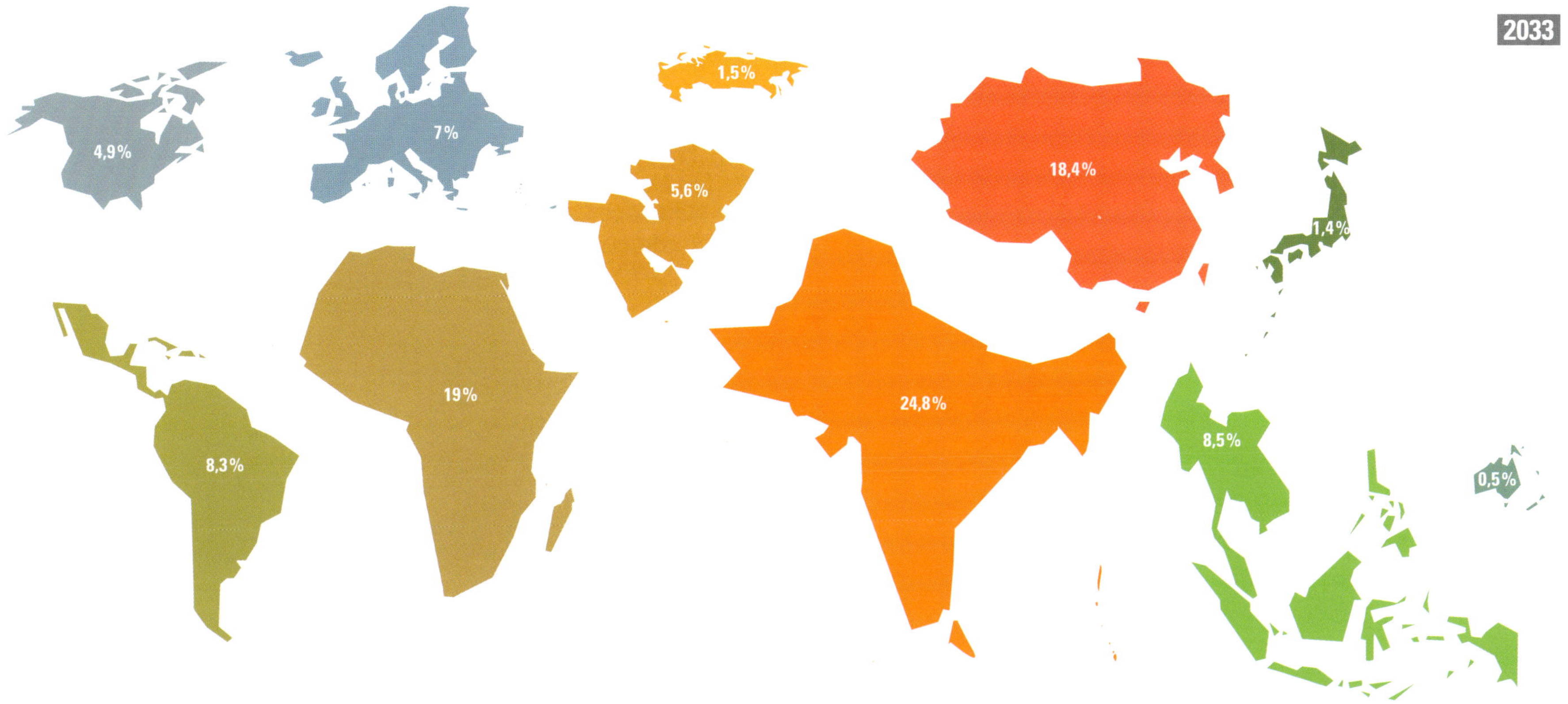

François HÉRAN, « La population du monde pour les trois siècles à venir : explosion, implosion ou équilibre ? », *Population et sociétés*, Paris, INED, n° 408, janvier 2005.

› L'une des caractéristiques majeures du phénomène d'accroissement démographique que la planète connaît aujourd'hui tient à sa géographie Nord-Sud. Un peu comme on considère, en simplifiant à l'excès, que les pauvres sont au sud et les riches au Nord, on pourrait conclure de l'évolution de la population mondiale des prochaines décennies que l'explosion est au Sud et l'implosion au Nord, que les « jeunes » sont au Sud et les « vieux » au Nord. Tandis que la richesse économique mondiale s'est principalement accumulée en Amérique du Nord, en Europe de l'Ouest et dans quelques pays de la région Asie-Pacifique, l'accroissement de la population, lui, se trouve de plus en plus concentré entre l'Afrique et l'Asie. Or, si cette division démographique Nord-Sud correspond aux débuts plus tardifs de la transition démographique dans les pays en développement, elle renvoie également à d'autres différences dont les ressorts dépassent largement les questions de natalité. La principale tient à la durée de la transition démographique et au contexte dans lequel elle se produit. Quand elle se déroule en Europe par exemple, elle s'étend sur un temps long, à une époque d'innovation et de grands progrès techniques, conduisant à l'invention par les Européens eux-mêmes d'un nouveau modèle de production et d'organisation économique. Ainsi, en dépit de plusieurs crises sévères et des conflits qui déchirent le continent, l'Europe occidentale connaît, de 1850 à 1939, près d'un siècle de croissance économique qui précède et accompagne celle de sa population.

Pour de nombreux pays du Sud dont la transition démographique s'est amorcée plus récemment, le décollage économique et agricole tarde à se concrétiser. Entrés dans le processus sans que les conditions endogènes de développement soient réunies, ces États ne peuvent pas compter, *a priori*, sur les bénéfices de leur croissance économique pour faire face aux besoins des populations à venir. Au contraire, plusieurs des pays d'Afrique subsaharienne affichant aujourd'hui l'accroissement démographique le plus rapide ont vu leur PIB diminuer au cours des vingt dernières années. Dans un système économique mondial ouvert, hyperconcurrentiel et inégalitaire, ils doivent donc à présent inventer une voie singulière, où les investissements sociaux sont pensés comme des moteurs de la croissance économique. Pour espérer ne pas seulement subir le choc démographique mais en tirer parti, les pays du Sud devront en effet permettre aux logiques du capital humain et du capital économique de s'entretenir dans une dynamique vertueuse et par ailleurs régionale. Enfin, leur transition démographique se déroulant dans un contexte de raréfaction des ressources et de désordres climatiques croissants, le défi consiste aussi désormais à trouver des solutions innovantes et localement adaptées, afin de ne pas compromettre les capacités de développement des générations futures.

Pour les pays d'Afrique subsaharienne, le défi est immense. Cependant, il n'est pas sans évoquer celui qui a été relevé en Corée du Sud dans la seconde moitié du XXe siècle. Dépourvu de ressources naturelles, densément peuplé et plongé dans la misère par une guerre fratricide, le pays asiatique se range en 1953 parmi les plus pauvres de la planète. Aujourd'hui, la Corée du Sud compte parmi les plus développés. Sans offrir de recette ni universelle ni reproductible sans réserve, son développement accéléré souligne néanmoins les possibles bénéfices d'un investissement massif dans les secteurs sociaux et éducatifs, comme l'avait réalisé le pays du Matin calme, justement au moment où il enregistrait une croissance démographique fulgurante de 100 %, entre 1953 et 1983. ‹

La natalité ralentie

En baisse continue depuis les années 1950, le taux de fécondité mondial moyen amalgame en réalité des situations très différentes d'une population ou d'un pays à l'autre.
Au rang des variables qui influenceront ses prochaines évolutions dans de nombreux États du Sud, le développement économique et l'alphabétisation occupent une place privilégiée.

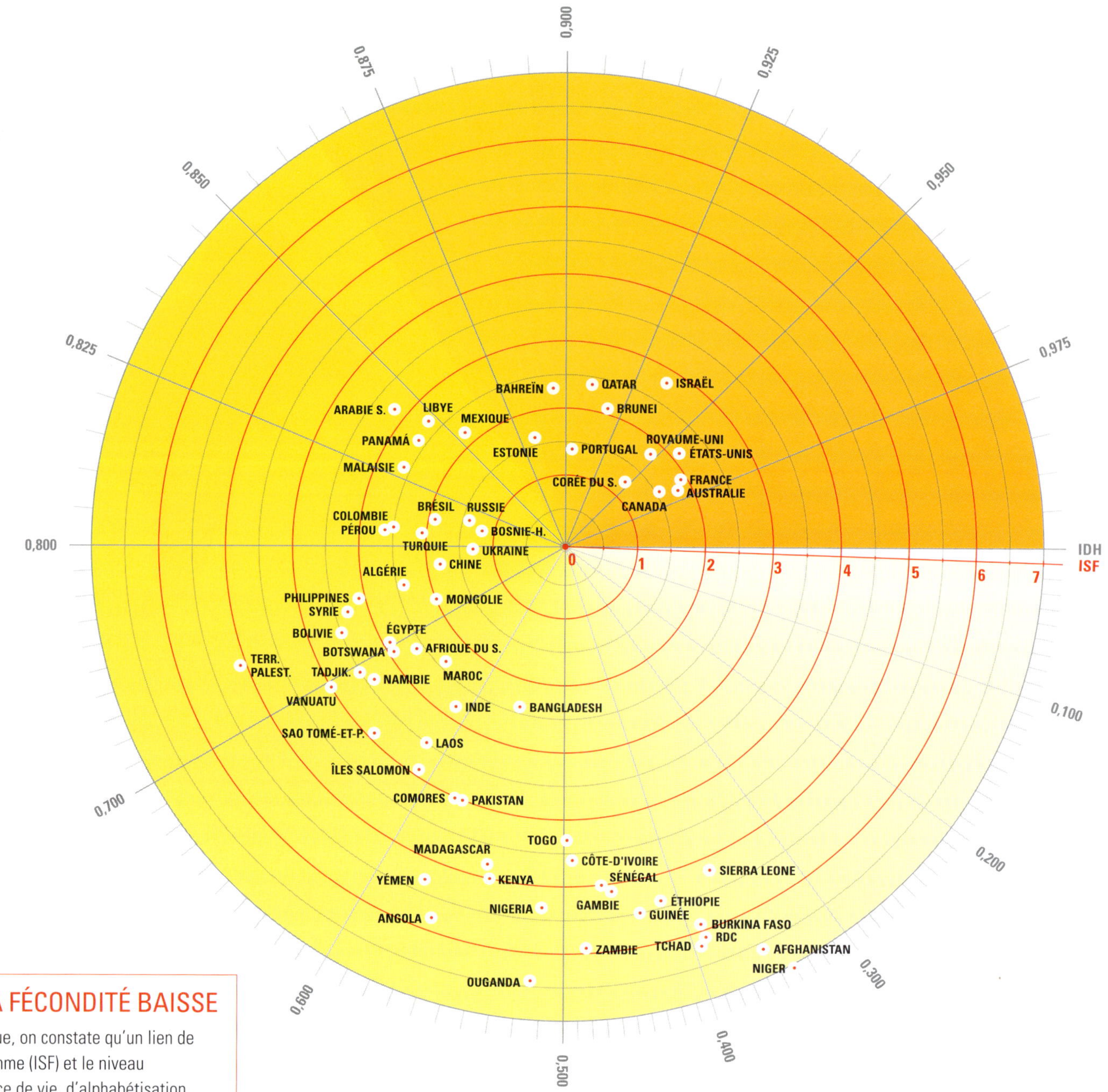

QUAND LE BIEN-ÊTRE PROGRESSE, LA FÉCONDITÉ BAISSE

Quand on les rapporte l'un à l'autre comme sur ce graphique, on constate qu'un lien de corrélation existe entre le nombre moyen d'enfants par femme (ISF) et le niveau de développement d'un pays exprimé en termes d'espérance de vie, d'alphabétisation, de scolarisation et de niveau de vie (IDH*). On observe notamment que les pays dont l'indice de développement est le plus élevé sont, pour la plupart, passés sous le seuil de renouvellement des générations (2,1 enfants par femme en moyenne), voire en dessous de 1,5 enfant par femme. À l'autre extrémité, les pays où la fécondité des femmes est la plus forte se distinguent par des revenus et des niveaux d'instruction beaucoup plus faibles.
Enfin, on relève que plusieurs États font exception : tandis que son niveau de développement le rapproche du Pakistan, le Bangladesh affiche un indice de fécondité deux fois inférieur. Israël, à l'inverse, qui dispose d'un IDH proche de celui du Royaume-Uni ou de la Corée du Sud enregistre une fécondité sensiblement plus élevée, proche de trois enfants par femme.

FÉCONDITÉ DES FEMMES ET DÉVELOPPEMENT HUMAIN, en 2010

ISF Indice synthétique de fécondité (en nombre d'enfants par femme)

IDH Indice de développement humain

Sources >>> Nations unies, *Rapport mondial sur le développement humain*, 2009. >>> PNUD, 2010.

Youssef COURBAGE et Emmanuel TODD, *Le Rendez-vous des civilisations*, Paris, Le Seuil, coll. La République des idées, 2007. >>> Philippe FARGUES, « La femme dans les pays arabes : vers une remise en cause du système patriarcal ? », *Population et sociétés*, INED, n° 387, février 2003. >>>

À l'échelle mondiale, le nombre moyen d'enfants par femme est passé de près de 5 en 1950 à 2,5 en 2010. Selon les projections de l'ONU, il devrait encore diminuer jusqu'à 2,2 vers 2030 et même à 2 en 2050. Si ces données permettent de prévoir un ralentissement global de la natalité, elles ne donnent néanmoins guère d'informations sur le rythme et le processus d'évolution de la fécondité des femmes, très inégaux d'un pays à l'autre. Tandis que les pays industrialisés se situent dorénavant en dessous du seuil de renouvellement des générations (2,1 enfants par femme) et qu'une majorité des pays d'Asie et d'Amérique latine s'en approche, l'Afrique subsaharienne, elle, affiche un nombre moyen d'enfants par femme remarquablement élevé. Dernier engagé dans le processus de transition démographique, le continent regroupe ainsi la plupart des pays dans lesquels les femmes ont en moyenne 5 enfants ou plus. Et même si les modèles démographiques indiquent que ces pays suivront, dans le futur, un parcours identique aux autres, différents scénarios sont possibles. Sans porter de jugement sur les politiques de planification des naissances, on constate ainsi que d'autres voies sont envisageables pour parvenir à maîtriser la natalité, notamment grâce au bien-être des populations et à leur développement économique et social.

Les effets démographiques de l'instruction

Souvent désigné comme un préalable nécessaire à la baisse de la natalité, le développement engendre généralement une baisse rapide du nombre d'enfants par femme. Or, ces dernières décennies, de nombreux pays se sont engagés sur la voie d'un recul de la fécondité sans que leurs populations aient bénéficié, auparavant, d'une amélioration générale de leurs conditions matérielles, sanitaires et sociales. Âge du mariage, accès à l'information et aux moyens de contraception, coûts de scolarisation des enfants, reconnaissance des droits des femmes, statut social et profession du mari : dans la panoplie des facteurs qui agissent sur les comportements reproductifs, certains semblent compter plus que d'autres, notamment quand ils sont liés à l'alphabétisation et à l'éducation. Dans les pays où elle reste faible, la scolarisation des filles ouvrirait donc la possibilité d'un ralentissement accéléré de la natalité. Car si la scolarisation des filles n'offre pas d'explication infaillible aux variations du nombre d'enfants par femme d'un pays à l'autre, une majorité d'exemples permet cependant d'établir qu'elles sont plus souvent corrélées à la fréquentation des écoles qu'à la progression de la richesse par habitant.

Dans la mesure où l'école représente un lieu central pour la diffusion de l'information et de la connaissance, elle constitue aussi une structure déterminante dans les évolutions de la fécondité. Dans les régions où elle s'accroît aujourd'hui, la fréquentation d'un établissement scolaire crée les conditions qui permettent aux jeunes filles de maîtriser leur santé, mais aussi celle de leurs enfants, conduisant ainsi généralement à une diminution de la mortalité infantile. Or, dans le processus de transition démographique, cette baisse conduit bien souvent à celle du nombre d'enfants par foyer.

Par la suite, quand la scolarisation se poursuit dans le secondaire ou par des études supérieures, elle contribue cette fois à repousser l'âge du mariage et, avec lui, la naissance du premier enfant. Parallèlement, elle favorise le contact des élèves avec des systèmes de valeurs différents qui, de nouveau, orientent les jeunes filles vers leurs aspirations propres en termes de maternité. Dans un schéma type, le mécanisme démographique se prolonge ensuite avec l'accès à l'emploi. Facilité par l'instruction, il contribue à améliorer la rémunération des femmes et accompagne ainsi leur émancipation. En parallèle, on observe que les études des garçons prédisposent au partage des objectifs de couple. Enfin, à condition d'avoir été scolarisées pendant un certain nombre d'années, les femmes plus éduquées s'adressent également plus facilement aux structures de santé et se tournent davantage vers celles du planning familial. Ainsi, comme ils sont moins nombreux, en meilleur santé et qu'ils grandissent dans un environnement humainement sécurisé, les enfants des femmes concernées auront plus de chances d'être scolarisés et de contribuer, dans le futur, au développement économique du pays. Présenté ainsi, le processus paraît donc des plus efficaces. Néanmoins, il importe d'évoquer aussi les nombreux obstacles et autres forces de résistance possibles à son bon déroulement.

> Autant que la contraception, la scolarisation est un facteur déterminant pour agir sur la fécondité.

La fécondité complexe

Si les vertus sociales, économiques et démographiques de la scolarisation appellent un effort supplémentaire dans ce domaine, tout indique qu'il sera coûteux et complexe de dépasser le taux actuel de scolarité des enfants dans le monde, qui s'élève à 88 % pour l'école primaire. Car dans les pays où la fécondité est plus élevée, les générations en âge d'être scolarisées devraient encore beaucoup augmenter durant les prochaines décennies. À l'horizon 2015 déjà, l'éducation primaire pour tous imposerait de disposer de 19 millions d'enseignants supplémentaires, mais aussi de pouvoir agir massivement sur la formation des maîtres ou sur le contenu des programmes et des manuels.

L'amélioration de la scolarisation se heurte également à la persistance des inégalités de genre, les filles représentant encore 54 % des enfants non scolarisés et les femmes constituant deux tiers des analphabètes dans le monde. C'est en Afrique subsaharienne, en Asie du Sud et de l'Ouest et dans les pays arabes que les écarts sont les plus marqués. D'une façon plus générale, il se vérifie que les filles issues des foyers les plus pauvres et des familles les plus nombreuses, en milieu rural, ont des chances bien moindres d'entrer à l'école. Parmi les mesures qui permettraient de corriger ces écarts, on peut citer la gratuité scolaire, les facilités de transport, la distribution de nourriture, la dispense de cours dans la langue d'origine pour les enfants issus de minorités ethniques, etc. Encore plus accentuée au niveau du secondaire et des études supérieures, la discrimination dont souffrent les filles dans leur accès à l'instruction imposerait également que des actions spécifiques soient développées pour permettre d'amplifier sensiblement la baisse de la natalité.

Si l'école peut donc jouer un rôle décisif dans la baisse de la fécondité, elle n'agit pas de façon isolée. Cependant, la limite des politiques familiales correspond justement à la difficulté d'isoler les variables et les transformations sociales préalables à une baisse de la fécondité. Par exemple, on sait qu'en favorisant la diffusion de nouveaux schémas familiaux et modèles reproductifs, en facilitant l'accès des familles aux écoles et aux centres de santé, la ville constitue un vecteur actif de la baisse de la fécondité. Au regard des progrès de l'urbanisation dans le monde, celle-ci pourrait donc à son tour largement participer à l'inflexion de la natalité. De la même façon, si le phénomène reste difficile à mesurer, on observe que la télévision, la radio, Internet et les migrations contribuent tous à diffuser des modèles de famille resserrée, agissant progressivement sur les comportements reproductifs. Enfin, si la seule diffusion de moyens contraceptifs ne suffit pas à enclencher une baisse globale de la fécondité, les politiques de planning familial en restent des agents essentiels et la contraception un moyen privilégié, pour les femmes, de choisir et de maîtriser leur fécondité. Or, en 2010, dans le monde, seulement 60 % d'entre elles ont la possibilité d'obtenir un moyen moderne de contraception. Elles ne sont que 20 % en Afrique subsaharienne.

Sources >>> Nations unies, *World Population Prospects : The 2008 Revision*, Département des Affaires économiques et sociales, Division de la population, mai 2009. >>> Jean-Claude CHASTELAND et Jean-Claude CHESNAIS (dir.), *La Population du monde. Géants démographiques et défis internationaux*, Paris, INED, 2002. >>> Philippe HUGON, « Variables démographiques, éducation et santé en Afrique. Ou le mirage des OMD », in Benoît FERRY (dir.), *L'Afrique face à ses défis démographiques, un avenir incertain*, Paris, AFD, CEPED, Karthala, 2007. >>> Zahia OUADAH-BEDIDI et Jacques VALLIN, « Maghreb : la chute irrésistible de la fécondité », *Population et sociétés*, INED, n° 359, juillet-août 2000. >>> Gilles PISON, *Atlas de la population mondiale : faut-il craindre la croissance démographique et le vieillissement ?*, Paris, Autrement, coll. Atlas/Monde, 2009.

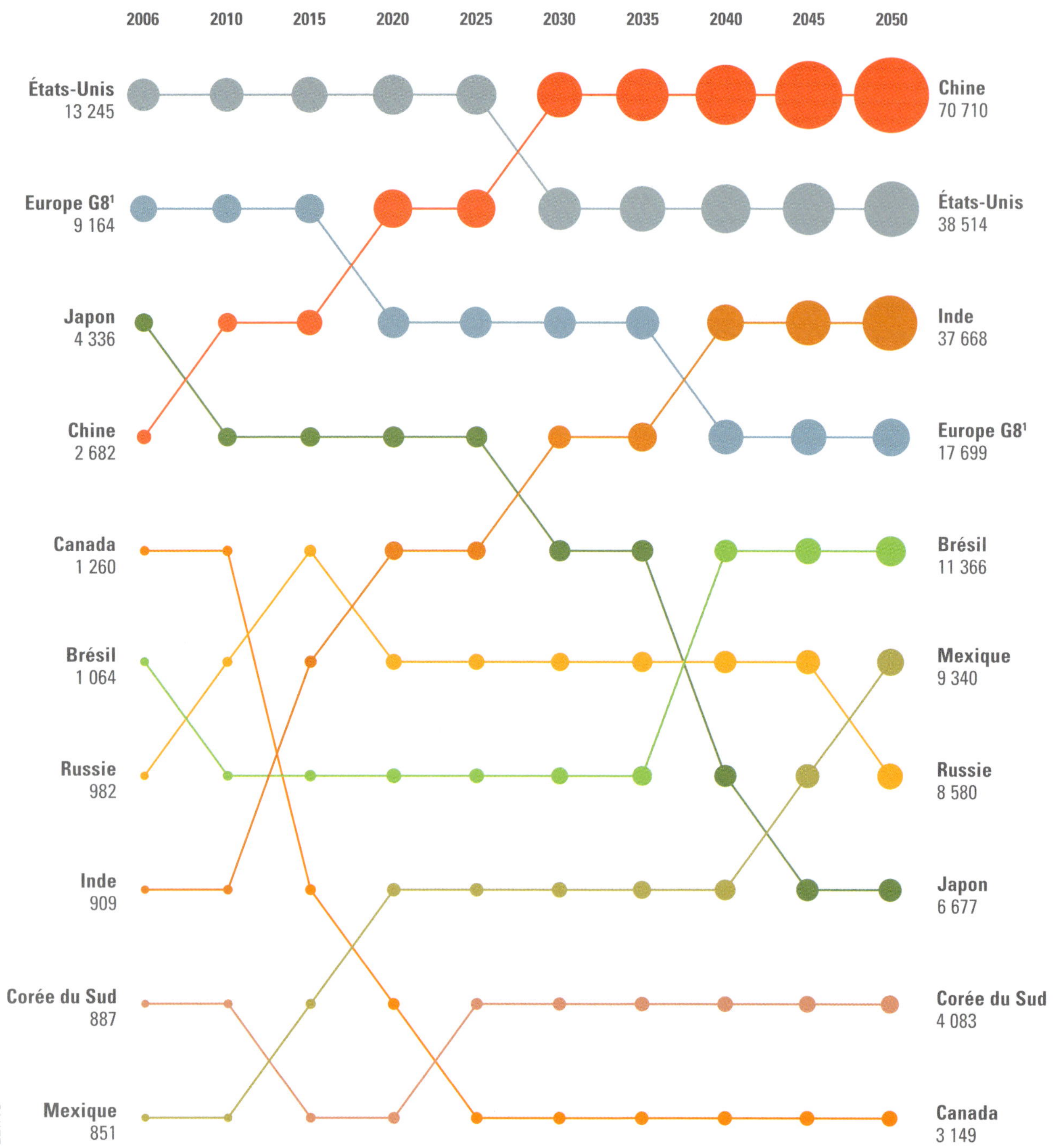

D'une croissance à l'autre

Sur le grand échiquier de la mondialisation, chaque pays place ses pions. Tandis que la Russie, le Brésil et le Canada avancent leurs richesses naturelles, l'Égypte, Singapour et le Panamá jouent leur position stratégique. D'autres enfin, comme l'Inde et la Chine, profitent de leur avantage comparatif démographique. Pour être payante, la tactique du nombre exige cependant de disposer de plusieurs pièces maîtresses à la fois.

CLASSEMENT DES PAYS SELON LEUR PRODUIT INTÉRIEUR BRUT, de 2006 à 2050

PIB en milliards de dollars de parité de pouvoir d'achat

1 000 — 5 000 — 10 000 — 25 000 — 50 000

1 Allemagne, France, Italie, Royaume-Uni.

Sources >>> FMI, *World Economic Outlook Database*, 2010. >>> Goldman Sachs Study, 2008.

Concept graphique original >>> Joe Swainson.

LE NOUVEL ORDRE ÉCONOMIQUE

Sur ce graphique projetant l'évolution possible du classement des dix premières économies mondiales jusqu'en 2050 (à partir de leur produit intérieur brut en 2006), on repère à la fois leur croissance respective par la taille des cercles et la redistribution de la puissance économique à l'échelle mondiale. Ainsi, on relève que, dans ce scénario, tous les pays du Nord régressent dans le classement malgré la poursuite de leur développement, indiquant une croissance moins rapide que celle des pays émergents. Tandis que le PIB de l'Europe et celui du Japon connaissent, par exemple, des hausses respectives de 79 % et 45 % entre 2010 et 2050, celui du Brésil croît de 700 % et celui du Mexique de 800 %. Remontant les filières pour proposer des biens et services toujours plus élaborés, les deux géants asiatiques multiplient quant à eux leur PIB d'ici à 2050 par plus de 15 pour la Chine, par près de 30 pour l'Inde. Rapporté à la structure de populations de ces pays ou groupes de pays, on peut alors s'interroger sur le rôle de leurs évolutions démographiques respectives dans celles de leur croissance économique.

Dominic WILSON et Roopa PURUSHOTHAMAN, « Dreaming With BRICs : The Path to 2050 »,

Sources >>>>> Sebastian SANTANDER (dir.), *L'Émergence de nouvelles puissances : vers un système multipolaire ?*, Paris, Ellipses, 2009. >>>> Christophe JAFFRELOT (dir.), *L'Enjeu mondial : les pays émergents*, Paris, CERI/Sciences Po/*L'Express*, 2008. >>>> CEPII, *L'Économie mondiale 2010*, Paris, La Découverte, coll. Repères, 2009. >>>> Jean-Michel SEVERINO et Olivier RAY, *Le Temps de l'Afrique*, Paris, Odile Jacob, mars 2010. >>>> Inès TRÉPANT, « Pays émergents et nouvel équilibre des forces », *Courrier hebdomadaire*, CRISP, n° 1992-1993, 2008.

❯ Parmi les grandes évolutions mondiales, celles de l'économie comptent certainement parmi les plus difficiles à prévoir. Cependant, en dehors d'effets de conjoncture toujours possibles, la récurrence des cycles économiques dans l'histoire fait apparaître leurs principaux déterminants. Ainsi, plusieurs indicateurs sont disponibles, qui permettent d'élaborer des projections tendancielles. À côté de facteurs macroéconomiques tels que l'investissement et les efforts de recherche et développement, mais aussi de variables écologiques comme l'abondance des matières premières et la renouvelabilité des ressources naturelles, la démographie s'avance comme une variable-clé de la richesse des nations.

Les bénéfices du nombre

Tous les économistes s'accordent sur ce point : le volume des populations respectives de l'Inde et de la Chine a été, est et restera déterminant dans leur processus de croissance économique. Grâce à la main-d'œuvre que leur dynamisme démographique met à disposition de l'industrie (facteurs de production) et aux investissements qu'il permet de capter (capital), les deux puissances asiatiques bénéficient d'un avantage comparatif déterminant. Par ailleurs, à l'heure où la concurrence internationale impose de proposer des produits à forte valeur ajoutée, leur population offre également à l'Inde et à la Chine plusieurs facteurs favorables à l'innovation : « cerveaux » potentiels abondants, diasporas dynamiques, nombreux étudiants à l'étranger, large assiette financière, etc.

À son tour, à la faveur de la hausse des revenus moyens, la croissance économique des deux pays depuis environ un quart de siècle convertit leur population en vaste bassin de consommation. En plus de réduire leur vulnérabilité économique en temps de crise, grâce à une moindre dépendance extérieure, l'Inde et la Chine peuvent donc aussi compter sur la progression de leur demande domestique pour soutenir leur croissance économique et se maintenir dans un cercle vertueux. Entre les deux pays, on note cependant des différences remarquables : tandis que le marché intérieur indien absorbe chaque année près de 80 % des biens et services produits sur le sous-continent, la Chine, elle, réalise plus de 40 % de son PIB à l'export. De la même façon, si les deux pays comptent des populations comparables, l'Inde réunit une classe moyenne estimée à 300 millions de personnes (25 % de ses habitants), quand celle de la Chine ne dépasse pas 100 millions d'individus (7,5 % de ses habitants). Dans un futur proche, la Chine pourrait donc se trouver dans la situation paradoxale où, pour stimuler la demande intérieure par le pouvoir d'achat, elle devrait consentir à élever le niveau général des salaires. Or, ce faisant, elle s'exposerait à perdre quelques points de la compétitivité qui, justement, favorise ses exportations sur le marché mondial et la rend attractive auprès des investisseurs étrangers comme zone de production.

Exemplaire, la Chine l'est également au regard des besoins alimentaires et énergétiques que des générations pléthoriques peuvent induire et des dépendances aux importations qu'elles indiquent alors souvent. Si la puissance agricole de l'Inde et du Brésil leur permet de tendre à l'autosuffisance alimentaire, la Chine et la Russie, elles, restent largement tributaires des denrées produites à l'étranger. De la même façon, en dehors de quelques exemples atypiques comme le Brésil, la facture énergétique d'un pays s'alourdit d'autant plus rapidement quand la croissance de sa population renvoie à celle de son économie. Ainsi, à modèle énergétique et de développement constant, la balance commerciale des pays peuplés et moins bien dotés en ressources naturelles se trouvera de plus en plus affectée à mesure que les réserves mondiales diminueront et que les prix évolueront à la hausse. Déjà, la dépendance de l'Inde au pétrole brut étranger est passée d'à peine 30 % en 1990 à plus de 70 % en 2010.

À l'opposé des exemples chinois et indien, celui de la Russie montre pour sa part que les ressources naturelles peuvent justement constituer un avantage comparatif encore plus décisif pour l'économie d'un pays que sa démographie. Alors que la Fédération russe se caractérise par une population en recul et une faible densité, elle continue d'inscrire son taux de croissance parmi ceux des économies émergentes. Grâce à la rente minière, sur laquelle reposent sa croissance et son budget (40 % des recettes de l'État), elle parvient à résister à la concurrence des économies plus matures comme celles d'Europe occidentale ou du Japon, mais aussi plus dynamiques comme celles de la Corée ou de la Chine. Appelée à croître à mesure que les hydrocarbures se raréfieront dans le monde, la manne gazière de la Russie devrait ainsi lui permettre de poursuivre son développement sur plusieurs décennies, en dépit de son manque de main-d'œuvre, de réformes structurelles insuffisantes et de dépenses d'infrastructures trop faibles.

En économie non plus, il n'est pas de déterminisme démographique. Seulement des contextes.

Justement, dans les pays à forte croissance démographique, la qualité des infrastructures constitue un facteur préalable indispensable au développement économique. En plus de consommations de court terme en matières premières et produits alimentaires, la hausse de la population exige en effet des États qu'ils consacrent une part substantielle de leurs ressources à la construction de logements, à l'enseignement, au système de santé ou, encore, aux réseaux d'assainissement et de transports. Or c'est précisément au poids budgétaire de leurs « investissements démographiques » que le retard de développement des pays du Sud est souvent attribué. Confrontés à une transition démographique à la fois tardive et accélérée, ils soulignent par leur exemple qu'une population ne peut offrir d'avantage économique quasi certain que si ses « qualités » prévalent sur le nombre de personnes qu'elle regroupe. Dans les pays dont les populations augmentent rapidement, la croissance économique dépendra donc à la fois de leur capacité de formation et de la répartition des classes d'âge.

Bientôt l'Afrique

Au regard de ce qui précède, l'avenir économique de l'Afrique subsaharienne se présenterait donc sous de mauvais auspices à l'horizon 2030-2050. Or, depuis quelques années, plusieurs indicateurs macroéconomiques rendent compte de perspectives plus nuancées. Désormais délesté d'une grande partie de sa dette souveraine (ramenée de 85 % à moins de 40 % de son PIB entre l'an 2000 et 2009), le sous-continent affiche également une croissance économique moyenne deux fois plus importante qu'en Europe ou aux États-Unis, soit 4,9 % par an entre 1999 et 2008. Au vu du capital-risque qui converge dans la région, de l'apparition de classes moyennes urbaines dans plusieurs mégapoles africaines et de la bancarisation naissante des transferts de l'immigration, le sous-continent se présente comme la zone possible d'un prochain grand dynamisme commercial dont pourraient émerger à leur tour, de nouvelles puissances économiques. En Afrique du Sud, au Sénégal, en Ouganda ou au Mozambique, les facteurs de développement s'agrègent peu à peu. À la jeunesse provisoire des populations du sous-continent (les moins de 15 ans qui constituent 42 % de la population d'Afrique subsaharienne en 2010 n'en représenteront plus que 28,4 % en 2050), et à la richesse exceptionnelle de ses sous-sols viennent donc désormais s'ajouter une main-d'œuvre de mieux en mieux formée – y compris à l'étranger – ainsi qu'une relocalisation progressive de l'épargne privée, autrefois investie à l'international. En d'autres termes, l'Afrique subsaharienne s'éveille, grâce à sa population et en dépit de sa croissance démographique ! ❮

Goldman Sachs, octobre 2003. >>>> « Les nouvelles puissances : forces et faiblesses », *Diplomatie*, n° 45, juillet-août 2010. >>>> « Les chiffres de l'économie 2010 », *Alternatives économiques*, hors-série n° 82, 4e trimestre 2009. >>>> OMPI, *World Intellectual Property Indicators*, Genève, 2009.

RÉPARTITION DE LA POPULATION CHINOISE PAR PROVINCE, en 2010

Produit intérieur brut par habitant, en 2009
(en milliers de dollars de parité de pouvoir d'achat)

5 — 7 — 10 — 20

1. Région administrative spéciale

Sources >>> China National Bureau of Statistics, 2010 (est.). >>> FMI, World Economic Outlook Database, avril 2010. >>> CIA, World Factbook, juin 2010.

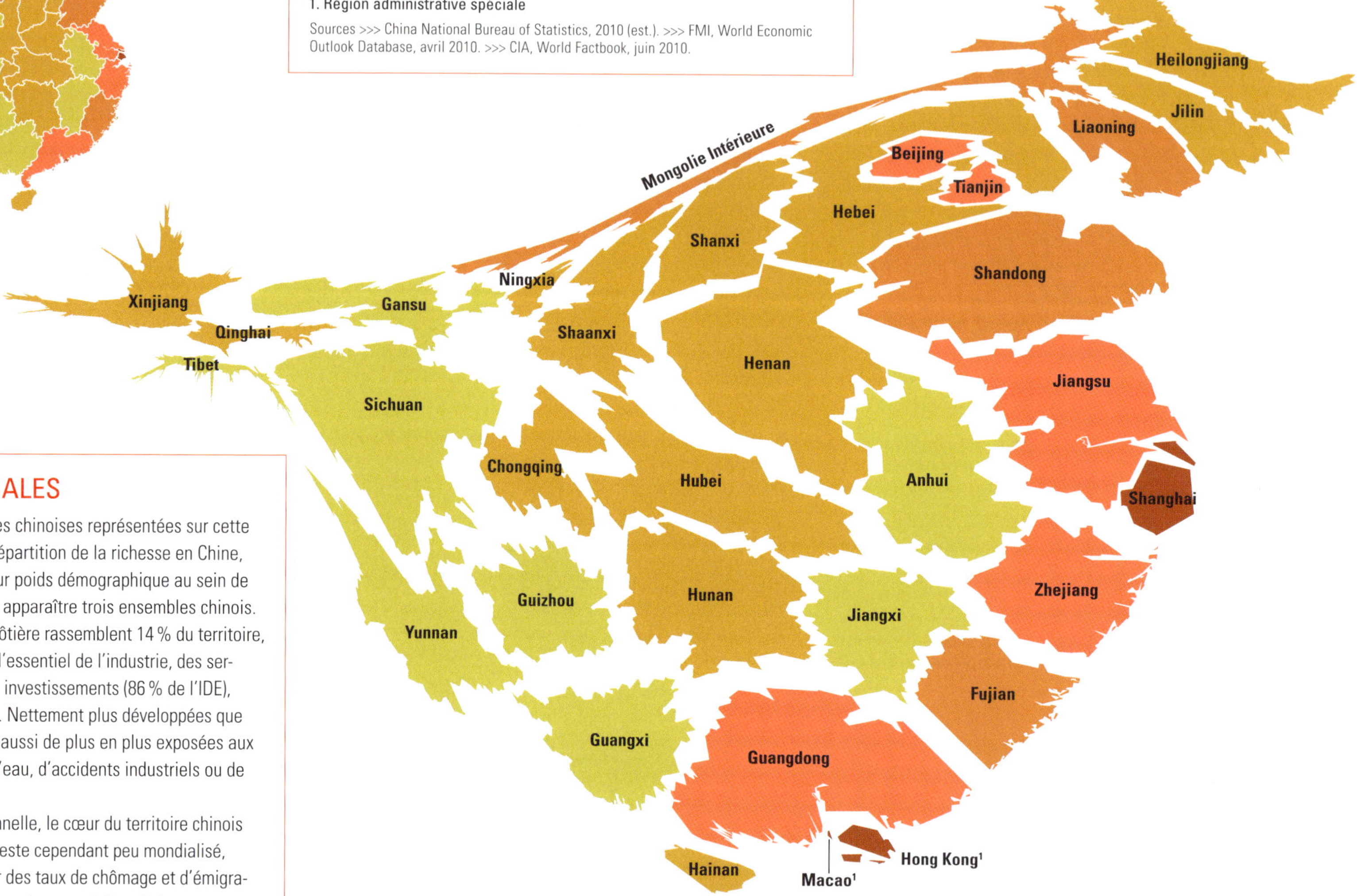

LES PROVINCES INÉGALES

Tandis que la couleur des provinces chinoises représentées sur cette carte donne une indication de la répartition de la richesse en Chine, leur taille est proportionnelle à leur poids démographique au sein de la population totale. Ainsi, on voit apparaître trois ensembles chinois. À l'est, les provinces de la Chine côtière rassemblent 14 % du territoire, 43 % de la population, mais aussi l'essentiel de l'industrie, des services, des exportations (93 %), des investissements (86 % de l'IDE), de l'immigration et de l'innovation. Nettement plus développées que le reste du pays, elles se trouvent aussi de plus en plus exposées aux risques de pollution, de manque d'eau, d'accidents industriels ou de mouvements sociaux.

Foyer agricole de la Chine traditionnelle, le cœur du territoire chinois est lui aussi très peuplé (46 %). Il reste cependant peu mondialisé, faiblement aménagé et affecté par des taux de chômage et d'émigration élevés. Deux fois plus pauvre que la zone côtière, il risque pour sa part d'être surtout touché par le vieillissement de sa population.

Périphérique, enclavée et de géographie hostile, la Chine de l'Ouest représente enfin la plus grande part du territoire (56 %) et des ressources naturelles du pays, mais aussi la plus faible part de sa population (11 %) et de son économie. De peuplement dispersé et ethniquement hétérogène, souvent réfractaires à leur assimilation, les provinces de l'Ouest sont soumises à un contrôle étroit du pouvoir central que vient renforcer la politique de colonisation chinoise menée dans ces provinces. Ainsi, en dépit d'un taux d'accroissement naturel élevé (9,2 ‰), le futur de ces provinces dépend moins de leurs évolutions démographiques que des orientations politiques de Pékin.

CHINE

La question du nombre

Qu'il s'agisse de prix alimentaires, de consommation énergétique ou d'émission de gaz à effet de serre, tout ou presque ramène à la Chine. Suspendu à ses futurs possibles, l'avenir du monde se jouera donc aussi au fil de ses tribulations démographiques.

Carsten A. HOLZ, *China Economic Growth 1978-2025: What We Know Today about China's Economic Growth*, HKUST, 2006. >>> « Cost of Pollution in China: Economic Estimates of Physical Damages », Banque mondiale, février 2007. http://siteresources.worldbank.org/

Sources >>> Peter HO et Eduard B. VERMEER (dir.), *China's Limits to Growth: Greening State and Society*, Malden, Wiley-Blackwell, 2006. >>> Serge BÉSANGER, *Chine : splendeurs et misères de la croissance*, Paris, Alban Éditions, 2008. >>> Pierre GENTELLE (dir.), *Chine, peuples et civilisation*, Paris, La Découverte, (rééd.) 2004 >>> Claude CHANCEL et Éric Charles PIELBERG, *Le Monde chinois dans le nouvel espace mondial*, coll. Major, Paris, PUF, 2e édition, 2008. >>> Diana HOCHRACH, *Pourquoi l'Inde et la Chine ne domineront pas le monde demain*, Paris, Ellipses, 2007.

› Il est deux façons de considérer la population chinoise. Abordée dans sa structure actuelle, elle est nombreuse, jeune, en augmentation et offre au pays un tremplin pour sa croissance économique. Examinée à l'horizon 2033, elle reste une population pléthorique mais déjà vieillissante, et qui ne permet plus à la Chine de garder son rang de pays le plus peuplé du monde. Dans tous les cas, elle oppose au développement de la puissance chinoise des obstacles économiques, écologiques et sociaux de plus en plus difficiles à surmonter.

Selon le grand recensement de 1956, la population chinoise s'élève alors à 582 millions d'habitants. D'après l'ONU, elle en compte 1,35 milliard en 2010 et pourrait osciller entre 1,2 et 1,6 milliard en 2050. À de telles échelles, en effet, une variation – même très faible – de l'indice de fécondité des femmes se mesure en dizaines de millions de personnes. Quoi qu'il en soit, il est probable que la Chine continuera d'alimenter le fantasme d'un pays trop peuplé, que ne viennent pas démentir les quelque 47 000 naissances quotidiennes, soit l'équivalent d'une « population française » tous les quatre ans.

La contrainte des ressources

Dans cette société de tradition rizicole, toute hausse de la population s'avance à la fois comme une nécessité d'accroître la production pour satisfaire la demande alimentaire supplémentaire et comme une opportunité d'améliorer les rendements, grâce à l'intensification du travail humain. Sur ce point, la croissance démographique des trente dernières années ne déroge pas à la règle. Prolongée dans le champ industriel, la mécanique vertueuse permet en effet au pays de devenir une vaste manufacture et ainsi de convertir l'augmentation de sa population en emplois et en croissance économique. Cependant, aussi providentielle que soit la structure démographique chinoise pour le PIB du pays, elle le soumet aussi à des contraintes de plus en plus fortes à mesure que la population et le niveau de développement progressent. Ce faisant, elle expose le monde entier aux effets secondaires de cette double croissance.

En Chine, les terres arables constituent une ressource de plus en plus comptée. Au départ, elles ne représentent que 13 % du territoire. Depuis quelques années, elles se trouvent également confisquées par l'urbanisation très rapide du pays et par la désertification des plaines du Nord. Contrainte de nourrir 20 % de la population mondiale avec seulement 7 % des terres cultivées, la Chine devra donc consacrer une part de plus en plus grande de ses réserves monétaires à l'achat de céréales. Or, comme les crises alimentaires mondiales en 2008 ont permis de le vérifier, la dépendance croissante de la Chine à l'égard de ses importations de denrées tend à amplifier les tendances spéculatives des cours agricoles mondiaux, accroissant ce faisant la vulnérabilité des pays pauvres.

Dans de nombreuses régions, l'eau devient à son tour une ressource rare. Délaissées par les grandes rivières qui s'écoulent du plateau tibétain vers l'est ou vers le sud du territoire, les provinces très peuplées du Hebei et du Shandong souffrent de pénuries sévères, menant progressivement à l'épuisement des aquifères* de la région. Si les dérivations du Yangzi doivent permettre d'améliorer la situation hydrique au nord du pays d'ici à 2014, elles ne resteront qu'une solution partielle et provisoire et n'empêcheront pas la consommation du pays d'atteindre le maximum de ses ressources mobilisables dès 2030, donnant ainsi une nouvelle perspective à ses relations de voisinage. Désormais, le seul moyen pour la Chine d'augmenter ses ressources consisterait en effet à les prélever dans les fleuves himalayens, au détriment des pays qu'ils approvisionnent en aval, en Asie du Sud et du Sud-Est.

Alors que la quête de l'autarcie constitue une dynamique récurrente de l'histoire chinoise et que ses ressources naturelles lui ont permis de rester autosuffisante sur le plan énergétique jusqu'en 1993, la Chine se range désormais au deuxième rang mondial des pays importateurs de pétrole. Plus rapide encore que la croissance de son PIB, la hausse de la demande énergétique répercute notamment l'expansion du parc automobile chinois qui devrait passer de 56 millions de véhicules en 2010 à 130 millions en 2030. Au rythme actuel de la hausse du revenu par habitant, le pays devrait alors importer plus de 80 % de sa consommation de brut. Tandis que les pays industrialisés ont dépassé leur pic de consommation d'hydrocarbures, la Chine constitue ainsi l'une des clés du marché mondial de l'énergie.

Près de 12 % des Chinois auront plus de 65 ans en 2020, 23 % en 2050.

Corollaire de cette hypercroissance multiple, la dégradation de l'environnement permet de mesurer la pression anthropique du développement chinois sur des milieux naturels déjà très exposés aux risques de séismes, d'inondations et de cyclones. Dès aujourd'hui, la pollution de l'air coûterait leur vie à 750 000 personnes par an et celle de l'eau à 600 000 autres. À ces victimes, il faut ajouter celles des catastrophes naturelles*, dont l'ampleur et la fréquence se trouvent peu à peu exacerbées par les changements climatiques. Sur ce volet d'ailleurs, la Chine est un acteur de premier plan. Car à l'émergence économique du pays correspond aussi celle de ses classes moyennes dont l'empreinte écologique* relate l'amélioration du niveau de vie : au CO_2 que les centrales électriques au charbon rejettent dans l'atmosphère pour satisfaire une demande électrique croissante s'ajoutent, par exemple, les émissions de méthane induites par une consommation accrue de viande de bœuf. En 2009, la Chine est devenue le principal pays émetteur de gaz à effet de serre*.

La contrainte sociale

Bien que sa main-d'œuvre nombreuse, bon marché et peu exigeante offre encore à la Chine un avantage comparatif décisif sur le plan commercial, elle pourrait à son tour poser quelques hypothèques sur sa croissance. Ici et là, des grèves et des revendications salariales naissantes rappellent avec la hausse des prix que le grand « atelier du monde » n'est pas à l'abri d'une perte de compétitivité. Très dépendant des marchés extérieurs, il pourrait, en cas de ralentissement, peiner à contenir un taux de chômage dont les experts rapportent qu'il est sous-estimé : situé à 4,2 % par les chiffres officiels, le chômage toucherait en réalité de 10 % à 12 % de la population active. Confrontée à l'arrivée sur le marché du travail de classes actives qui seront deux fois plus nombreuses dans les années 2020-2030 qu'en 1970, la Chine devra alors également faire face à la demande accrue d'emplois qualifiés de la part de jeunes générations plus éduquées que celles qui les précèdent. Or, en dépit d'une hausse des investissements dans les secteurs innovants, la tertiarisation de l'économie chinoise risque de ne pas suffire à absorber les flux de diplômés. Si le manque de débouchés devait persister durablement, il pourrait bientôt bloquer le renouvellement des élites et ainsi exposer le régime à l'explosion violente des frustrations sociales de ce nouveau prolétariat intellectuel chinois.

Au même moment, la Chine devra faire face à une nouvelle problématique sociale : son vieillissement. Accéléré par l'effondrement du taux de natalité* dans les années 1980, celui-ci sera même deux fois plus rapide en Chine qu'au Japon. Selon un scénario médian, la Chine comptera dès 2020 près de 170 millions de plus de 65 ans, soit 12 % de sa population. En 2050, ils en représenteront 42 % ! En plus de peser sur le dynamisme économique du pays, la prise en charge de ces classes d'âge nombreuses pourrait bien être fatale aux solidarités familiales. Or ce sont ces dernières qui, aujourd'hui encore, constituent la charpente de la société chinoise. ‹

INTEAPREGTOPENVIRONMENT/Resources/China_Cost_of_Pollution.pdf >>> « La Chine dans la mondialisation », *Questions internationales*, La Documentation française, n° 32, juillet-août 2008. >>> Alexander VAN DE PUTTE (dir.) , « China and the World Scenarios to 2025 », World Economic Forum, 2005. >>>

CHINE

Les lendemains de la croissance

Parmi les scénarios possibles, celui d'une Chine vieille avant d'être riche et instable avant d'être puissante n'est pas le moins probable. Car la Chine devra bientôt faire face aux répercussions politiques et sociales d'un vieillissement exceptionnellement rapide.

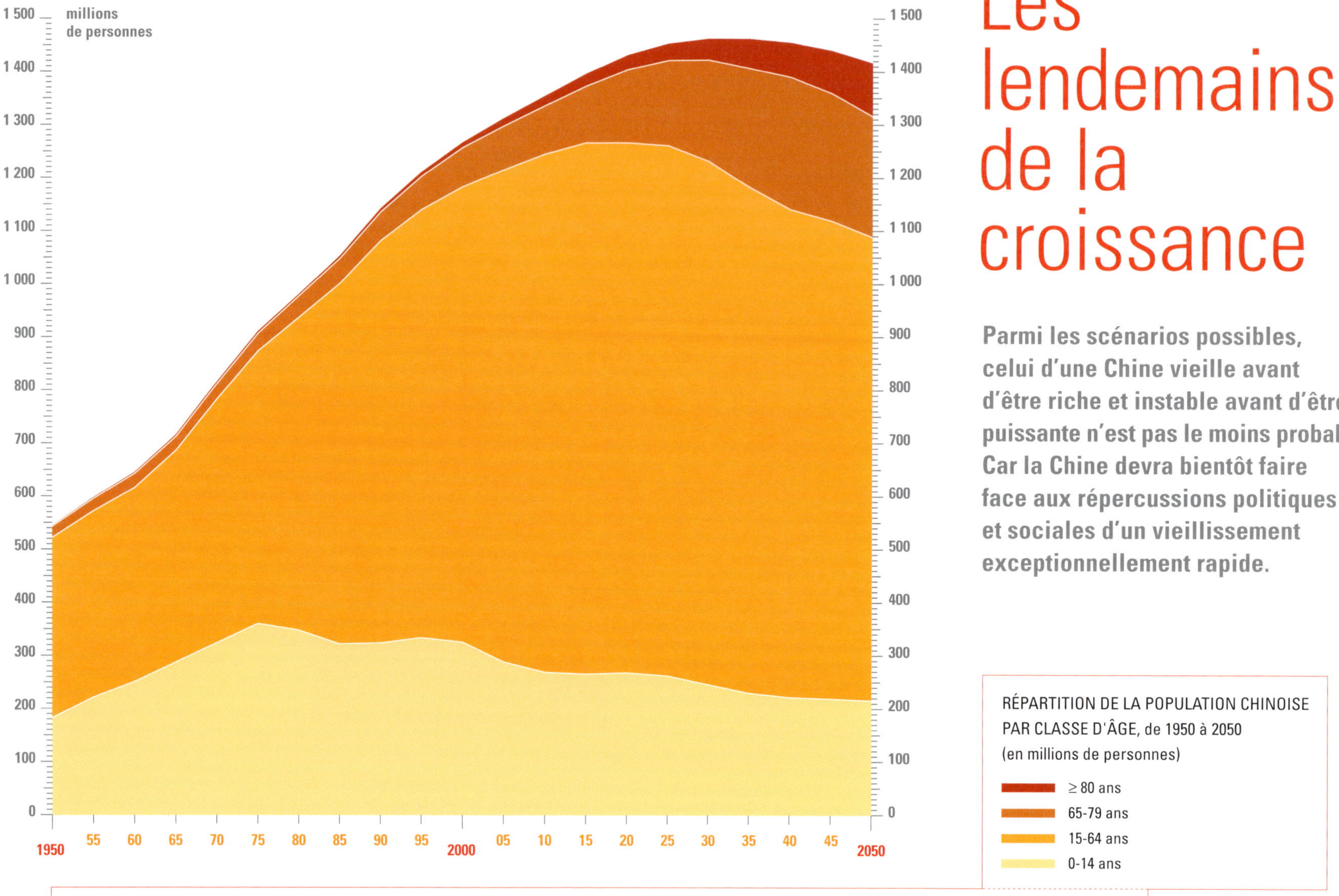

VIEILLE AVANT D'ÊTRE RICHE

Estimée à 40 millions de personnes au début de notre ère, la population chinoise devrait atteindre son maximum vers 2033 avant de stagner, voire de diminuer progressivement si la fécondité des femmes se maintenait à son niveau actuel. Entre-temps, la Chine sera entrée dans une phase de vieillissement rapide et massif. On projette ainsi que l'âge médian, qui s'élevait à 27 ans en 1995 devrait atteindre 39 ans en 2025.

Comme le fait apparaître cette courbe, le processus de vieillissement chinois procède de deux évolutions parallèles : le ralentissement de la natalité faisant passer la part des moins de 15 ans de 39,5 % en 1975 à 18,1 % en 2025 ; l'entrée dans le troisième âge à la même période de générations plus nombreuses nées entre 1950 et 1970 et dont les deux tiers auront survécu grâce à l'allongement de l'espérance de vie*.

À partir de 2030, le vieillissement chinois sera également marqué par la croissance très rapide des 80 ans et plus. De 19,3 millions en 2010, ils devraient passer à près de 41 millions en 2030 et pourrait même dépasser 100 millions de personnes en 2050. Au problème critique de retraite que soulèvera déjà le vieillissement de la population chinoise s'ajoutera alors celui de la prise en charge médicale et sociale de populations particulièrement vulnérables aux maladies et au handicap.

Source des graphiques >>> Nations unies, *World Population Prospects : The 2008 Revision*, mai 2009.

Sources >>> Isabelle ATTANÉ, « Les défis de la Chine : moins de filles, plus de personnes âgées », *Population & sociétés*, INED, n° 416, octobre 2005. >>> Pierre TROLLIET et Jean-Philippe BÉJA, *L'Empire du milliard*, Paris, Armand Colin, 1986. >>> Georges-François DUMONT, « Chine, vers un nouvel enlèvement des Sabines ? », *Géostratégiques*, n° 17, septembre 2007. >>> Yves GUERMOND, *La Chine*, Paris, Belin, 2007. >>> Laurence ROULLEAU-BERGER, Yuhua GUO, Peilin LI et Shiding LIU, *La Nouvelle sociologie chinoise*, CNRS Éditions, 2008. >>> Lionel VAIRON, *Défis chinois : introduction à une géopolitique de la Chine*, Paris, Ellipses, coll. Mondes réels, 2006. >>> Hugues de JOUVENEL (dir.), « Dossier spécial Chine », *Futuribles*, n° 296, avril 2004. >>> Thierry SANJUAN, *Atlas de la Chine : les mutations accélérées*, Paris, Autrement, coll. Atlas/Monde, 2007.

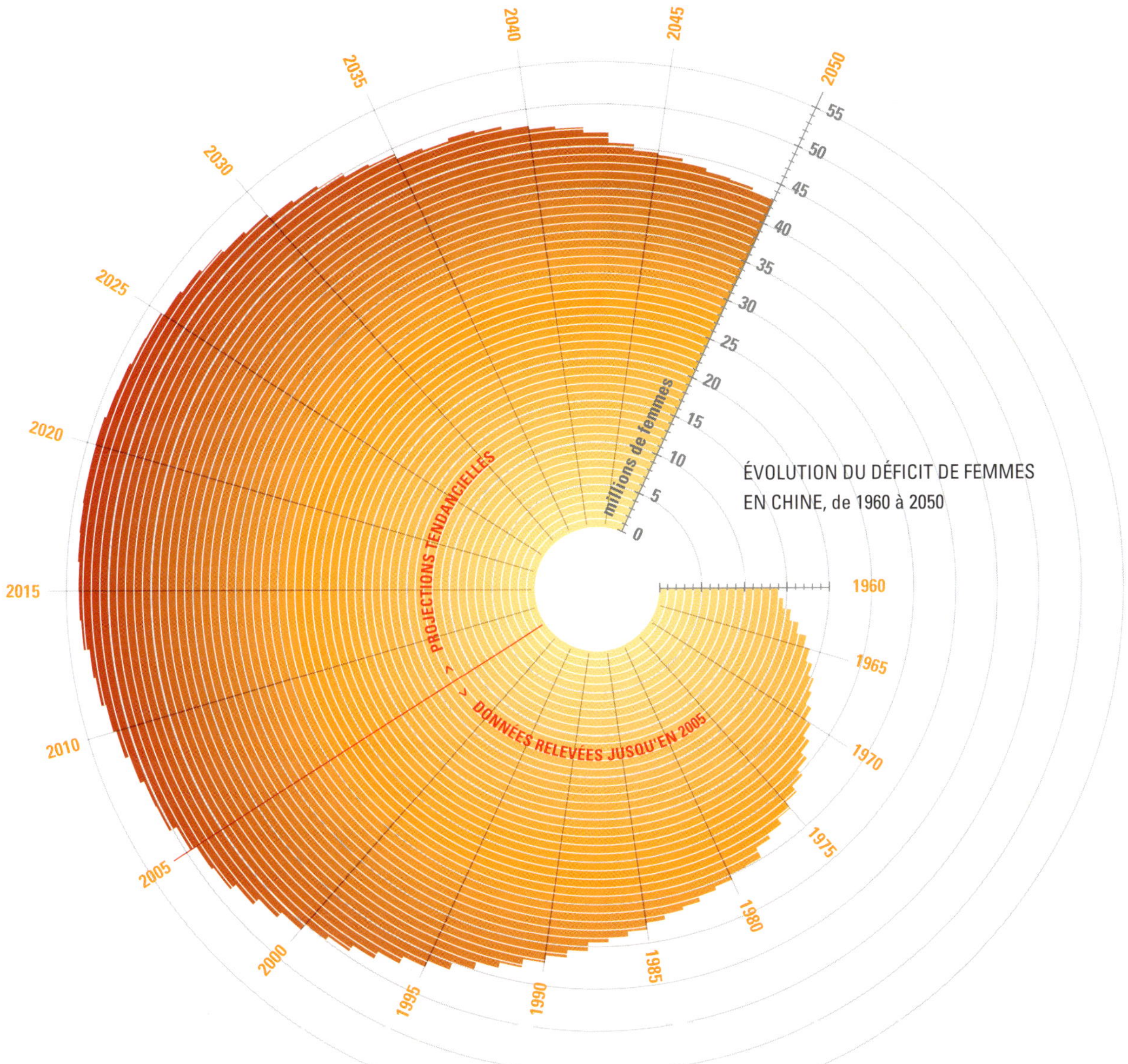

LES GÉNÉRATIONS MANQUANTES

De tradition patrilinéaire et rurale, la société chinoise a toujours préféré les enfants mâles : alors que les filles sont vouées à rejoindre la famille de leur époux, les garçons offrent à leurs parents des bras pour les travaux familiaux et une assurance pour leur retraite. Réputé être l'un des effets de la politique de l'enfant unique, le manque de filles en Chine procède donc sans doute aussi de tendances eugénistes familiales anciennes que le contrôle des naissances est venu légitimer et amplifier. Sans qu'il soit possible de donner une mesure précise des pratiques utilisées pour limiter le nombre d'enfants par foyer (avortement, stérilisation, abandons, sous-enregistrement, voire infanticide), on estime qu'elles ont privé la Chine d'environ 10 millions de filles en vingt ans. Comme cette courbe du déficit de population féminine en Chine le montre, le déséquilibre des genres augmentera jusqu'en 2020. En 2030, ce seront encore près de 1,6 million de Chinois qui ne trouveront pas d'épouses. En plus de compromettre le remplacement des générations qui exigerait, pour compenser la diminution du nombre de mères, que la Chine passe d'un taux de fécondité de 1,77 à 2,3 enfants par femme en moyenne, le déficit de filles devient peu à peu une source importante d'activités criminelles : prostitution organisée, enlèvements, trafics de femmes asiatiques, etc.

› C'est en 1956 que, pour ralentir une croissance démographique jugée trop rapide, les autorités chinoises substituent à la rhétorique nataliste marxiste un régime coercitif de contrôle des naissances. Son volet le plus connu, la « politique de l'enfant unique », est lancé en 1979 et vient alors accélérer la tendance spontanée à la réduction de la natalité. Les données officielles lui attribuent une chute du nombre moyen d'enfants par femme de 2,75 en 1979 à 1,8 en 2006. Sans cette baisse, on calcule que la population chinoise aurait pu compter jusqu'à 1 milliard d'individus supplémentaires en 2030.

C'est sans doute sur le plan social que l'impact de ce demi-siècle de dirigisme familial sera le plus durable. Alors que la famille chinoise constitue la cellule de base de la société et des valeurs traditionnelles, le nombre moyen de personnes par foyer continue de diminuer, passant de 4,8 en 1975 à 3,44 en 2000. Selon certains scénarios démographiques, la part de foyers sans enfant pourrait même atteindre 75 % d'ici à 2025. Déjà, l'ordre confucéen ne résiste plus à l'inversion de la pyramide des âges : tenus d'être obéissants à leurs aînés depuis des générations et de faire preuve de piété filiale en toutes circonstances, les enfants chinois sont à présent placés au centre de toutes les attentions, de tous les investissements et de toutes les pressions.

Paradoxalement, c'est au moment même où les rapports intergénérationnels se trouvent ébranlés par la modernisation du pays et par sa démographie que celui-ci devrait pouvoir s'appuyer sur les solidarités familiales pour affronter son vieillissement. À la faveur d'un allongement de l'espérance de vie de 30 ans depuis 1950 et de l'effondrement concomitant des taux de natalité*, la population des plus de 60 ans devrait croître de 2,1 % par an d'ici à 2050. L'évolution sera même si rapide que d'après les Nations unies, la Chine abritera alors 22,9 % des plus de 65 ans dans le monde pour seulement 16,6 % de la population.

À défaut d'un système de retraite et d'assurance sociale généralisé, c'est encore aux actifs de la famille qu'il revient de prendre en charge enfants et retraités. Pour eux, la pression sera de plus en plus forte. Car si la Chine comptait encore dix actifs pour un retraité en 1993, elle n'en comptera plus que deux en 2040. Parallèlement, les dépenses consacrées aux personnes âgées capteront une part accrue du PIB, contribuant, ce faisant, à ralentir la croissance économique. En l'absence de politique du vieillissement, c'est la stabilité politique même du pays qui pourrait ainsi se trouver fragilisée. Car si la hausse du niveau de vie devait ralentir, le contrat social sur lequel repose le régime serait cette fois bel et bien rompu. ‹

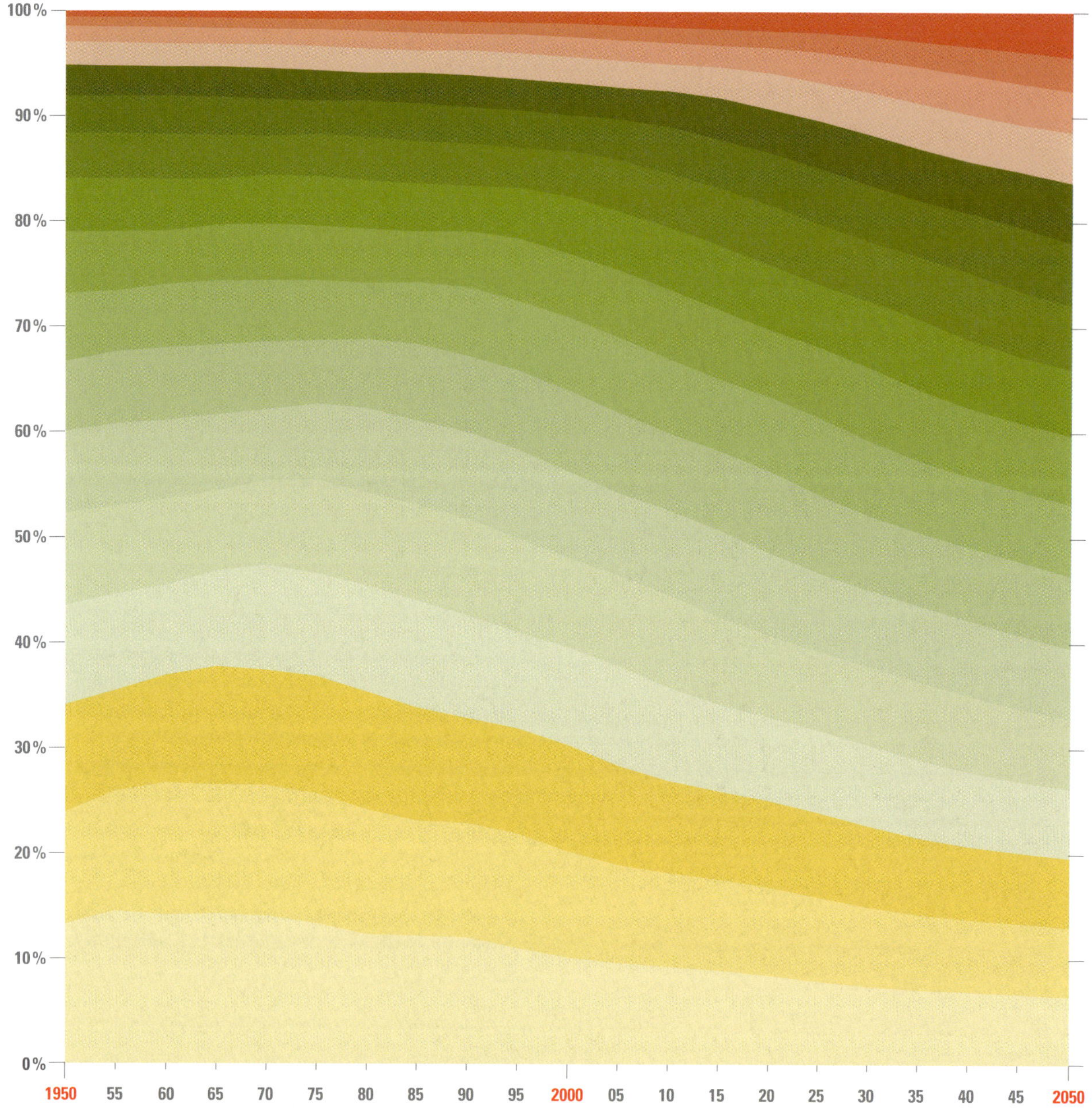

Questions de générations

Dans l'histoire de l'humanité, le XXe siècle restera celui de la croissance démographique et le XXIe siècle celui du vieillissement : désormais dans le monde, les personnes âgées de 60 ans et plus augmentent plus vite que les moins de 15 ans. En bouleversant la répartition des générations, le vieillissement démographique pourrait ainsi soulever des dilemmes sociaux et politiques de plus en plus complexes.

ÉVOLUTION DE LA POPULATION MONDIALE PAR TRANCHE D'ÂGE, de 1950 à 2050 (en %)

- ⩾ 80 ans
- 75-79
- 70-74
- 65-69
- 60-64
- 55-59
- 50-54
- 45-49
- 40-44
- 35-39
- 30-34
- 25-29
- 20-24
- 15-19
- 10-14
- 05-09
- ⩽ 04 ans

Source >> World Population Prospects: The 2008 Revision Population Database http://esa.un.org/unpp/p2k0data.asp

LE VIEILLISSEMENT, UN PHÉNOMÈNE DURABLE

Si l'on exclut le scénario dans lequel une épidémie de grippe entraînerait le décès d'un grand nombre de personnes âgées, il est possible d'avoir une photographie assez précise de ce que sera la structure de la population mondiale d'ici à quarante ans. Dans la mesure où les personnes qui seront âgées de plus de 65 ans en 2050 sont déjà nées en 2010, il est en effet possible de réaliser des projections assez fiables du vieillissement de la population à partir des taux de fécondité et des données de l'espérance de vie. Sur ce graphique qui répartit la population mondiale par tranche d'âge, trois phénomènes apparaissent : le baby-boom, soit une augmentation provisoire du nombre de naissances après-guerre et jusqu'au milieu des années 1970, l'entrée de ces générations nombreuses dans les classes du troisième âge à partir de 2010, le ralentissement continu de la natalité sur la même période. Si le phénomène de vieillissement est donc encore récent, on comprend avec ce graphique qu'il s'amplifiera encore dans la seconde moitié du XXIe siècle, et qu'il durera aussi longtemps que les générations les plus jeunes resteront moins nombreuses que celles qui les précèdent.

Michel LORIAUX, « Vieillissement du monde et mondialisation du vieillissement », *in* Jean-Claude CHASTELAND et Jean-Claude CHESNAIS (dir.), *La Population du monde. Géants démographiques et défis internationaux*, Paris, INED, cahier n° 149, 2e éd., 2002. >>>>>

Sources >>>> ONU, *World Population Prospects : The 2008 Revision*, Département des affaires économiques et sociales, Division de la population, 2009. >>> Gilles PISON, « Le vieillissement démographique sera plus rapide au sud qu'au nord », *Population et sociétés*, Paris, INED, n° 457, juin 2009. >>> Population Reference Bureau, *2009 World Population Data Sheet*, Washington DC, 2009. >>> Konstantinos GIANNAKOURIS, « Ageing Characterises the Demographic Perspectives of the European Societies », Eurostat, *Statistics in Focus*, 72/2008. Richard JACKSON, Neil HOWE *et al.*, *The Graying of the Great Powers. Demography and Geopolitics in the 21st Century*, Center for Strategic and International Studies, Global Aging Initiative, Washington DC, mai 2008. >>> INED, *Atlas de la population* (en ligne). www.ined.fr >>>>

› La population mondiale vieillit. Inédit dans l'histoire, le phénomène est désormais si rapide qu'il est encore difficile de projeter, avec précision, l'ampleur de ses implications à travers le monde. Selon les prévisions de l'ONU, le nombre de personnes âgées de 65 ans et plus devrait tripler à l'horizon 2050. Alors que cette classe d'âge rassemblait 131 millions de personnes en 1950, elle en réunit aujourd'hui 523 millions et devrait compter 1,4 milliard d'individus en 2050. Pour sa part, l'âge médian, qui divise la population mondiale en deux parties égales, passera de 29 ans en 2010 à 34 ans en 2030 et même à 38 ans en 2050.

Parmi les caractéristiques du vieillissement démographique, on relève qu'il concerne davantage les femmes. Plus nombreuses que les hommes à rejoindre les classes plus âgées, elles vont soulever un problème croissant d'isolement et de vulnérabilité. De la même façon, dans les pays en développement, le vieillissement affecte plus particulièrement les zones rurales, sous le double effet du départ des jeunes adultes vers les villes et du retour au village de ceux qui sont devenus vieux. Dans ces pays, le vieillissement constitue donc une source d'inquiétude à la mesure des défis politiques et sociaux qu'il posera.

Généralement pourtant, le vieillissement est le symptôme d'une amélioration générale des conditions de vie. Il procède à la fois des progrès sanitaires et médicaux qui réduisent la mortalité et allongent l'espérance de vie, et de la chute de la fécondité qui accompagne souvent l'alphabétisation et l'amélioration de la condition des femmes. Cependant, il est probable qu'un grand nombre de pays se situeront à un stade trop précoce de leur développement quand ils se trouveront confrontés au choc que leur infligera la nécessité de prendre en charge un nombre important de personnes âgées. Dans les sociétés traditionnelles qui reposent sur un système de solidarités de type familial, la tension pourrait même devenir insupportable au moment où les personnes actives devront faire face à de telles dépenses et qu'il leur sera impossible d'assurer le minimum vital pour leurs parents vieillissants.

Dans les pays du Nord, la problématique n'est pas si différente. Avec, par exemple, un rapport de 13 personnes actives pour 10 personnes dépendantes en moyenne en Europe en 2050, le risque est grand de voir le ressentiment des plus jeunes s'accroître à l'endroit des retraités, quand ceux-ci capteront une part importante des richesses du pays (pensions, assurances santé...). ‹

DE PLUS EN PLUS DE PERSONNES ÂGÉES AU SUD

Longtemps considéré comme un problème de pays riches, le vieillissement concerne en réalité tous les pays dans le monde à mesure qu'ils achèvent leur transition démographique. Encore très marquées d'une région à l'autre, les différences qu'on observe sur ce graphique ne procèdent donc, pour l'essentiel, que d'une question de retard : tandis que le vieillissement démographique des pays développés a débuté vers la fin du XIXe siècle, il s'est amorcé seulement vers l'an 2000 dans les pays en développement, où, par ailleurs, il sera beaucoup plus rapide. Ainsi, au fil de l'achèvement de la transition démographique de pays très peuplés comme la Chine (Asie de l'Est), puis l'Inde (Asie du Sud), les personnes âgées seront plus nombreuses au sud qu'au nord. Tandis que près de la moitié des personnes âgées vivaient dans les pays du Nord en 1950, elles vivront à 72 % dans un pays du Sud en 2033.

Pour autant, elles y seront encore très minoritaires, comme le montre l'âge médian qui sera alors beaucoup plus élevé dans les pays développés qu'en Afrique ou en Asie.

RÉPARTITION DES 65 ANS ET PLUS PAR RÉGION, en 2010 et 2033
(en millions de personnes)

- Europe
- Asie de l'Est
- Asie centrale et du Sud
- Asie du Sud-Est et Océanie
- Amérique latine et Caraïbes
- Amérique du Nord
- Afrique subsaharienne
- Afrique du Nord et Moyen-Orient

Population en 2010 — Population supplémentaire en 2033

+ 135 % Évolution entre 2010 et 2033

43 ans Âge médian en 2033

Source >>> Nations Unies, *World Population Prospects : 2008 Revision*, mai 2009.

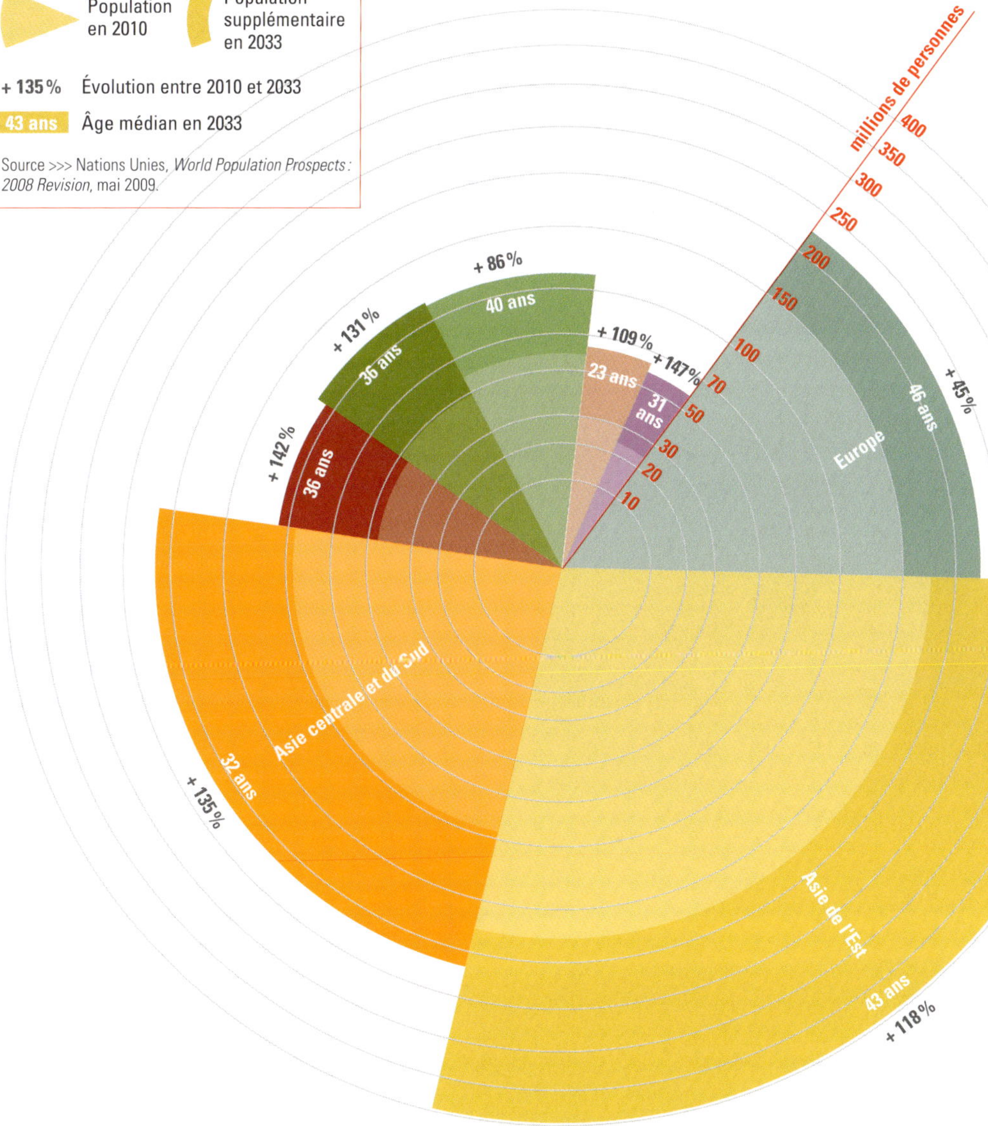

Face à l'hiver démographique

Éloignés par quelque 9000 km et surtout par leurs histoires et leurs cultures respectives, l'Allemagne et le Japon se trouvent confrontés aujourd'hui à des enjeux de société pourtant très similaires. Dans les deux pays, le recul de la population interroge ensemble le dynamisme économique, l'organisation politique et le modèle social.

ÉVOLUTION DE LA POPULATION DES DISTRICTS ALLEMANDS, entre 2010 et 2030 (en %)

-10 | -5 | 0 | +10

– – – Ancienne frontière entre la RFA et la RDA

Source >>> Eurostat, Population and Social Conditions, janvier 2010.

› En 2010, l'Allemagne rassemble 82 millions d'habitants. Selon les prévisions les plus récentes, elle n'en comptera plus que 77 millions en 2033, soit une diminution de 6,1 % en à peine plus de vingt ans. Pour sa part, le Japon, dont la population s'élève aujourd'hui à 127 millions d'habitants, devrait en perdre 15 millions d'ici à 2033, soit une baisse de 11,8 %. À ces premiers chiffres s'associent aussitôt deux tendances caractéristiques du phénomène d'« hiver démographique » : un indice de fécondité durablement bas (1,4 enfant par femme en moyenne en Allemagne et 1,26 au Japon en 2010) ; un taux de mortalité* en hausse (supérieur à 10 ‰ par an) à mesure que les générations antérieures plus nombreuses atteignent 75 ans et plus.

La population allemande en panne

Si le repli démographique de l'Allemagne devient une préoccupation nationale vers 2000, il procède pourtant d'évolutions plus anciennes. Dès les années 1970, les repères familiaux traditionnels reculent au profit de valeurs plus individuelles et de l'émancipation des femmes. Tandis que le couple est désinstitutionnalisé, la diffusion de la pilule contraceptive, la légalisation de l'avortement ainsi que la normalisation du concubinage, des naissances hors mariage et de l'homosexualité contribuent à saper le modèle allemand des trois « K », *Kinder, Küche, Kirche* (les enfants, la cuisine et l'église). Bouleversé par l'histoire récente du pays, le système d'éducation opère lui aussi sa révolution culturelle et se recentre sur la créativité individuelle de l'enfant. Diminué peu à peu par ces transformations sociétales, le nombre de naissances l'est aussi par la faiblesse des structures d'accueil collectives et par les discriminations qui, aujourd'hui encore, imposent aux femmes allemandes de choisir entre maternité et carrière professionnelle. Depuis la réunification en 1990, le taux de natalité* allemand se trouve également affecté par l'incertitude économique qui pèse sur de nombreux foyers à l'est du pays, dès lors hésitants à élargir leur famille. Enfin, l'Allemagne souffre à présent du déficit de femmes en âge de procréer : alors que le pays comptait encore 6,3 millions de femmes âgées de 25 à 34 ans en 1989, elles n'étaient déjà plus que 4,8 millions en 2007. Or, compte tenu des effets d'inertie propres aux phénomènes démographiques et aux changements de mentalité, il est probable que les mesures de politique familiale lancées par le gouvernement allemand depuis 2007 n'aient, pendant longtemps encore, de portée démographique que limitée. Elle sera d'autant plus faible que, depuis plusieurs années, l'Allemagne affiche un taux d'émigration

Stephen SIEVERT et Reiner KLINGHOLZ, « Le décrochage démographique France-Allemagne », *Visions franco-allemandes*, IFRI, n° 16, janvier 2010.

Sources >>>> Évelyne DOURILLE-FEER, « Le Japon : laboratoire mondial du vieillissement », *Futuribles*, n° 321, juillet-août 2006. >>>> Romain GEISS, « Après le Japon, la France... Faire du vieillissement un moteur », Institut Montaigne, décembre 2007. >>>> Ined, 2010. >>>> « L'Allemagne, vingt ans après... », *La Documentation française*, n° 8070, juillet-août 2009. >>> Brigitte LESTRADE, « Le modèle social allemand en sursis ? », IRIS, n° 74, été 2009. >>> Ministère des Affaires intérieures et des Communications du Japon, Bureau des statistiques, 2010. >>>> >>> Nations unies, Division de la population, *World Population Prospects: The 2008 Revision, vol. 1: Comprehensive Tables*, 2009. >>> National Institute of Population and Social Security Research, « Population Projections for Japan: 2006-2055 », *The Japanese Journal of Population*, n° 1, vol. 6, mars 2008.

important, amplifiant encore le déséquilibre de son solde démographique*. À son tour, la carte de la population allemande répercute de plus en plus nettement l'impact des migrations de l'est vers l'ouest du pays. Or, comme la plupart des migrants appartiennent aux jeunes générations, ils privent les Länder de l'ancienne RDA de parents potentiels et y diminuent, ce faisant, le nombre des naissances. De 1998 à 2007, la part des moins de 15 ans dans la population y est passée de 20 % à 12 %.

Envisagée à l'horizon 2033, la démographie allemande pose donc déjà de nombreuses questions : quel avenir, par exemple, se réserve un pays de plus en plus vieillissant à mesure que les générations ne s'y renouvellent plus ? Sur quels ressorts peut-il appuyer sa puissance économique ? Quels mécanismes sociaux doit-il mettre en place pour éviter que les nombreuses générations âgées confisquent aux plus jeunes les moyens de leur avenir ? Peut-on réorganiser une société sur la base d'une nouvelle donne démographique ? Pourrait-on, comme certains le suggèrent, saisir cette « occasion » pour tendre vers une société moins congestionnée et moins prédatrice ?

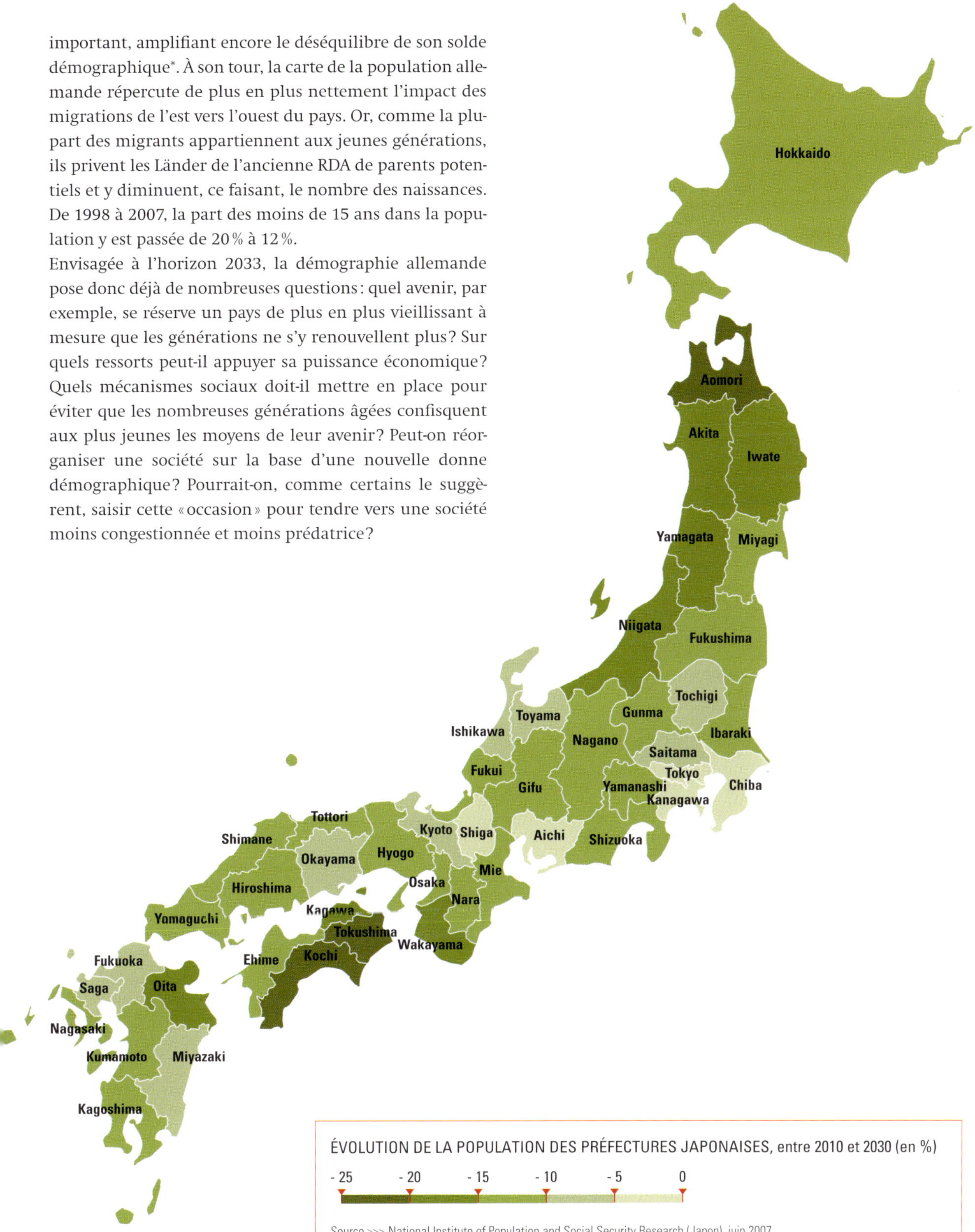

ÉVOLUTION DE LA POPULATION DES PRÉFECTURES JAPONAISES, entre 2010 et 2030 (en %)

Source >>> National Institute of Population and Social Security Research (Japon), juin 2007.

Le laboratoire démographique japonais

Dès les années 1990, les tensions économiques et sociales que le repli démographique exerce au Japon accélèrent la prise de conscience collective et facilitent l'engagement d'importantes réformes publiques. Ainsi, bien que le processus de vieillissement y soit plus avancé qu'en Allemagne, il s'y présente désormais comme un problème d'optimisation sous contrainte.

Le premier défi relevé par le doyen des pays industrialisés est économique. Il doit permettre de pallier les pertes de main-d'œuvre et de production du pays pour préserver les ressources de l'État et le bien-être des Japonais. Pour y parvenir, la stratégie vise à accroître compétitivité et valeur ajoutée en maximisant le taux d'emploi des femmes et des plus âgés ; en consacrant une part importante du budget à la recherche et développement (3,6 % du PIB en 2006) ; en explorant les potentiels de l'économie grise, afin que le marché des séniors propose de nouveaux champs à la consommation et à l'innovation technologique.

Sur le plan social, le principal défi consistera à prendre en charge beaucoup plus de personnes dépendantes sans alourdir la dette publique. Or, d'ici à 2020, le Japon comptera seulement 1,5 actif par retraité et même moins d'un actif pour un inactif. Pour le moment, le gouvernement s'appuie surtout sur la solidarité nationale nippone : d'un côté, il relève le niveau des cotisations et baisse le montant des prestations sociales ; de l'autre, il repousse l'âge légal de la retraite à 65 ans (à partir de 2013) et réduit le montant des pensions de 20 %. Parallèlement, il confie de plus en plus de responsabilités au secteur privé, afin d'alléger les charges de l'État dans les secteurs de l'enseignement, de la santé ou des assurances.

Enfin, le troisième défi démographique lancé au Japon est générationnel. Plus délicat que les deux premiers, il reste sans réponse... Dès 2015, les moins de 15 ans ne représenteront plus que 12,4 % de la population (15,6 millions de personnes) ; ils seront deux fois moins nombreux que les plus de 65 ans qui compteront alors 33 millions de personnes. La question est donc posée de la cohésion d'une société où les jeunes – en majorité enfants uniques – auront la tâche de s'occuper de leurs deux parents et de leurs quatre grands-parents alors que la direction politique du pays, elle, resterait aux mains des plus âgés : les plus de 50 ans détiennent déjà près de 60 % des votes et 70 % du patrimoine financier. En somme, aussi efficaces qu'elles soient, les mesures collaboratives adoptées par le Japon pour amortir les coûts économiques et sociaux de son repli démographique pourraient bientôt trouver leurs limites. Elles pourraient alors conduire l'archipel à se tourner lui aussi vers l'immigration, pour la première fois de son histoire.

UNION EUROPÉENNE

Un vieux continent

Première région du monde à s'être engagée dans la transition démographique, l'Europe est aussi la première à être confrontée au phénomène de vieillissement. Et si les migrations ne viennent pas corriger la tendance, elle s'exposera bientôt au recul de sa population. Saura-t-elle, d'ici là, engager les transformations nécessaires pour ajuster sa réussite économique à son régime démographique ?

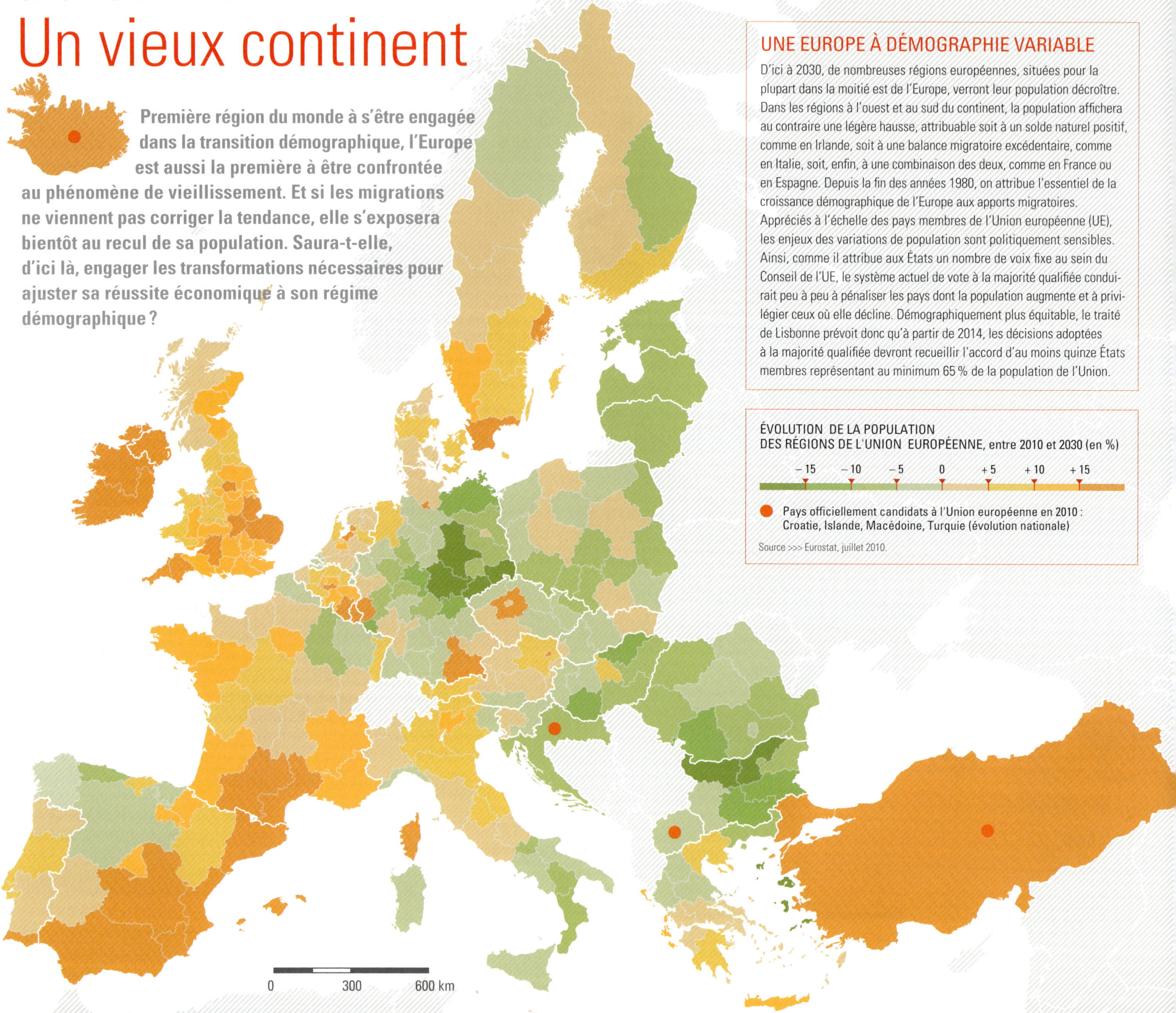

UNE EUROPE À DÉMOGRAPHIE VARIABLE

D'ici à 2030, de nombreuses régions européennes, situées pour la plupart dans la moitié est de l'Europe, verront leur population décroître. Dans les régions à l'ouest et au sud du continent, la population affichera au contraire une légère hausse, attribuable soit à un solde naturel positif, comme en Irlande, soit à une balance migratoire excédentaire, comme en Italie, soit, enfin, à une combinaison des deux, comme en France ou en Espagne. Depuis la fin des années 1980, on attribue l'essentiel de la croissance démographique de l'Europe aux apports migratoires. Appréciés à l'échelle des pays membres de l'Union européenne (UE), les enjeux des variations de population sont politiquement sensibles. Ainsi, comme il attribue aux États un nombre de voix fixe au sein du Conseil de l'UE, le système actuel de vote à la majorité qualifiée conduirait peu à peu à pénaliser les pays dont la population augmente et à privilégier ceux où elle décline. Démographiquement plus équitable, le traité de Lisbonne prévoit donc qu'à partir de 2014, les décisions adoptées à la majorité qualifiée devront recueillir l'accord d'au moins quinze États membres représentant au minimum 65 % de la population de l'Union.

ÉVOLUTION DE LA POPULATION
DES RÉGIONS DE L'UNION EUROPÉENNE, entre 2010 et 2030 (en %)

– 15 | – 10 | – 5 | 0 | + 5 | + 10 | + 15

● Pays officiellement candidats à l'Union européenne en 2010 : Croatie, Islande, Macédoine, Turquie (évolution nationale)

Source >>> Eurostat, juillet 2010.

Sources >>> Gérard-François DUMONT (dir.), *Les Territoires face au vieillissement en France et en Europe : géographie, politique, prospective*, Les Dossiers-Carrefours, Paris, Ellipses, 2006. >>> Wim KOK, *Relever le défi, la stratégie de Lisbonne pour la croissance et l'emploi*, rapport du groupe de haut niveau, Communautés européennes, 2004. >>> Véronique MERAUD et Alexandre DUCHESNE, « Comment les questions démographiques interfèrent-elles dans les débats européens ? », *Population & Avenir*, n°689, septembre-octobre 2008. >>> Gérard-François DUMONT et Pierre VERLUISE, *Géopolitique de l'Europe*, Paris, SEDES, 2009. >>> Michel GODET et Marc MOUSLI, *Vieillissement, activités et territoires à l'horizon 2030*, rapport au Conseil d'Analyse économique, 2006.

❯ En 2010, si l'Union européenne se range encore au troisième rang des puissances démographiques, après la Chine et l'Inde, ses 500 millions d'habitants pèsent cependant de moins en moins lourd à l'échelle de la planète. Tandis que l'Europe rassemblait 20 % de la population mondiale en 1950, elle n'en réunira plus que 8 % en 2030. Surtout, un quart de ses habitants auront alors atteint ou dépassé 65 ans. En même temps que le repli démographique de l'Europe, son vieillissement pourrait donc finir par fragiliser son économie et son système social.

Associés à la possibilité pour les couples de maîtriser leur fertilité et à celle des personnes âgées de vivre plus longtemps, les progrès de l'espérance de vie à la naissance* se traduisent à présent en Europe par une forte augmentation du nombre des personnes plus âgées. À l'échelle de l'UE, la part des 65 ans et plus passera en moyenne de 17 % en 2010 à 25 % en 2030, tandis que celle des 80 ans et plus augmentera de 4 % à 11 %. À terme, sous l'effet de taux de fécondité trop faibles, aucun pays européen n'échappera à la tendance. Pour autant, l'Europe n'est pas un concept démographique et les variations restent très marquées d'un pays à l'autre : tandis qu'en Irlande on enregistre aujourd'hui un indice de fécondité de 1,94 enfant en moyenne par femme, il ne s'élève qu'à 1,27 enfant par femme en Pologne. À l'échelle de l'UE, c'est en Autriche, en Italie, en Grèce et dans les pays d'Europe orientale qu'on relève aujourd'hui les taux de natalité* les plus faibles. Et si, parmi les pays candidats à l'entrée dans l'UE, la Turquie affiche une grande vitalité démographique, son intégration dans l'ensemble européen ne réussirait pas, sur la durée, à changer la donne. Dès lors, la question posée à l'Europe consiste à savoir si elle pourra s'accommoder d'un tel repli démographique et comment, dans ce paysage, elle pourra préserver la croissance économique et ménager la cohésion des sociétés qui la composent.

C'est justement le défi que les États membres de l'UE se sont fixé en 2000, à Lisbonne, en s'accordant sur l'objectif d'appuyer la croissance de la zone sur des activités à forte valeur ajoutée, à faible intensité de main-d'œuvre et à moindre impact écologique. Réaffirmée en 2010, la stratégie européenne pourrait néanmoins ne pas suffire pour surmonter les impacts de sa démographie. Ainsi, bien que l'on puisse considérer que le vieillissement d'une partie importante de la population créera de véritables opportunités économiques dans les secteurs de la santé, des loisirs, de l'aide à la personne ou de la construction et de la gestion d'établissements adaptés, la croissance économique européenne ne sera pas épargnée par la baisse des effectifs, d'une part, par l'augmentation des charges liées à la vieillesse, de l'autre. Déjà, en diminuant la capacité d'épargne, les deux tendances contribueront ensemble à réduire l'assiette disponible pour l'investissement. Ensuite, le départ à la retraite des générations nombreuses issues du baby-boom expose les entreprises à se trouver privées d'une grande part de leur savoir-faire et de leur expérience. Pour les générations de salariés moins âgés qui devront déjà largement contribuer à l'effort social de solidarité avec les retraités, les travailleurs seniors risquent à leur tour de représenter des concurrents dans l'accès aux postes à responsabilité. Pour maintenir à la fois leur facteur de production, leur compétitivité et leur capacité à innover, les entreprises devront donc, en même temps, renouveler leurs modèles d'organisation et se tourner vers d'autres bassins de recrutement. En dépit d'une augmentation encore possible du taux d'emploi des femmes, des seniors ou encore des jeunes issus de l'immigration non européenne, un grand nombre de ces firmes devront ainsi se tourner soit vers la main-d'œuvre étrangère, quand cela sera possible, soit vers la délocalisation de leurs activités dans des pays démographiquement plus dynamiques.

S'ils tardent trop à faire face aux enjeux du vieillissement, plusieurs États membres de l'UE s'exposent également à voir une part de leur propre population rejoindre des sociétés et des économies plus attractives. Parallèlement, dans certains pays européens, on pourrait bientôt assister à de véritables conflits de générations pour l'accès au logement dans les villes du littoral par exemple, ou à l'occasion des arbitrages budgétaires des politiques publiques. Dépendants d'un électorat vieilli et mobilisé par la défense de ses avantages, les élus pourraient à leur tour être tentés de privilégier la prise en charge des plus âgés, au détriment d'investissements dans la recherche ou dans l'éducation des plus jeunes. Ainsi, ils échoueraient à mettre en place les conditions préalables qui, justement, leur permettraient de retrouver au plan scientifique et technique les points de croissance que sa démographie aura alors fait perdre à l'Europe. ❮

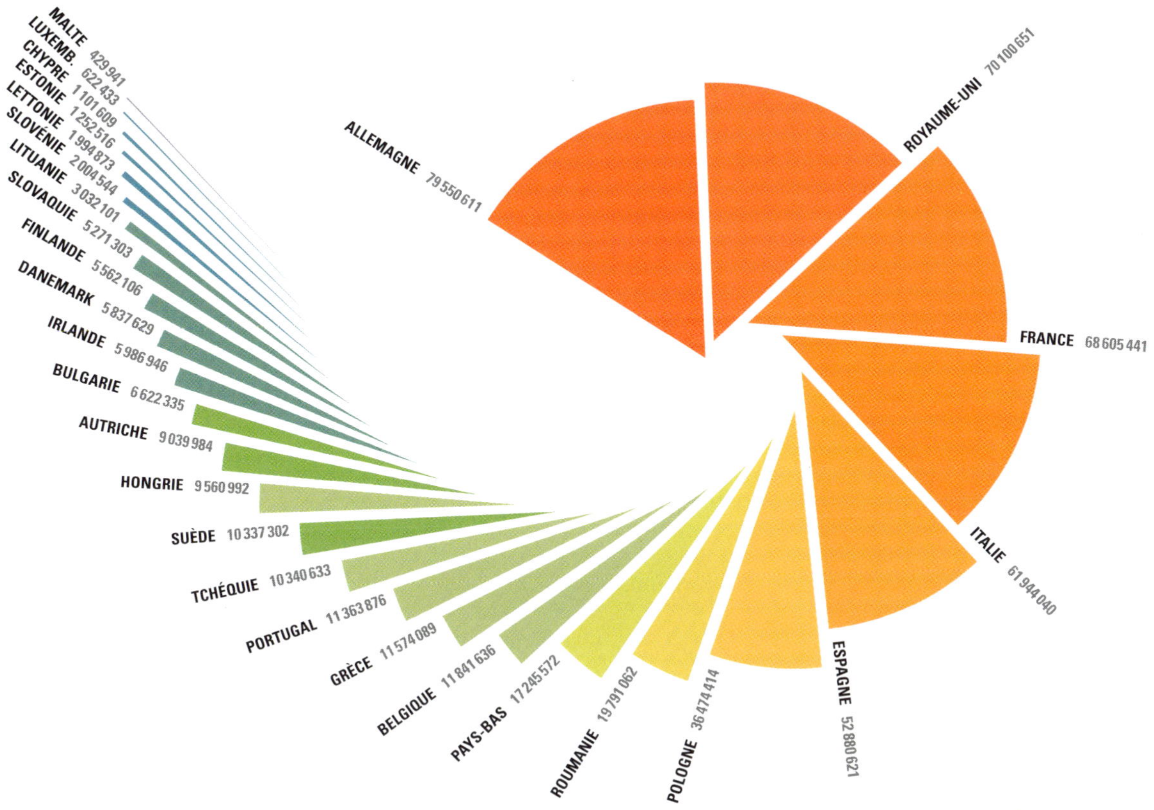

RÉPARTITION DE LA POPULATION DE L'UE27 PAR PAYS, en 2033

79 550 611 Nombre d'habitants

Répartition des voix au Conseil de l'Union européenne, en 2010

3 — 4 — 7 — 10 — 12 — 13 — 14 — 27 — 29

Sources >>> Eurostat, juillet 2010. >>> Conseil de l'Union européenne, août 2010.

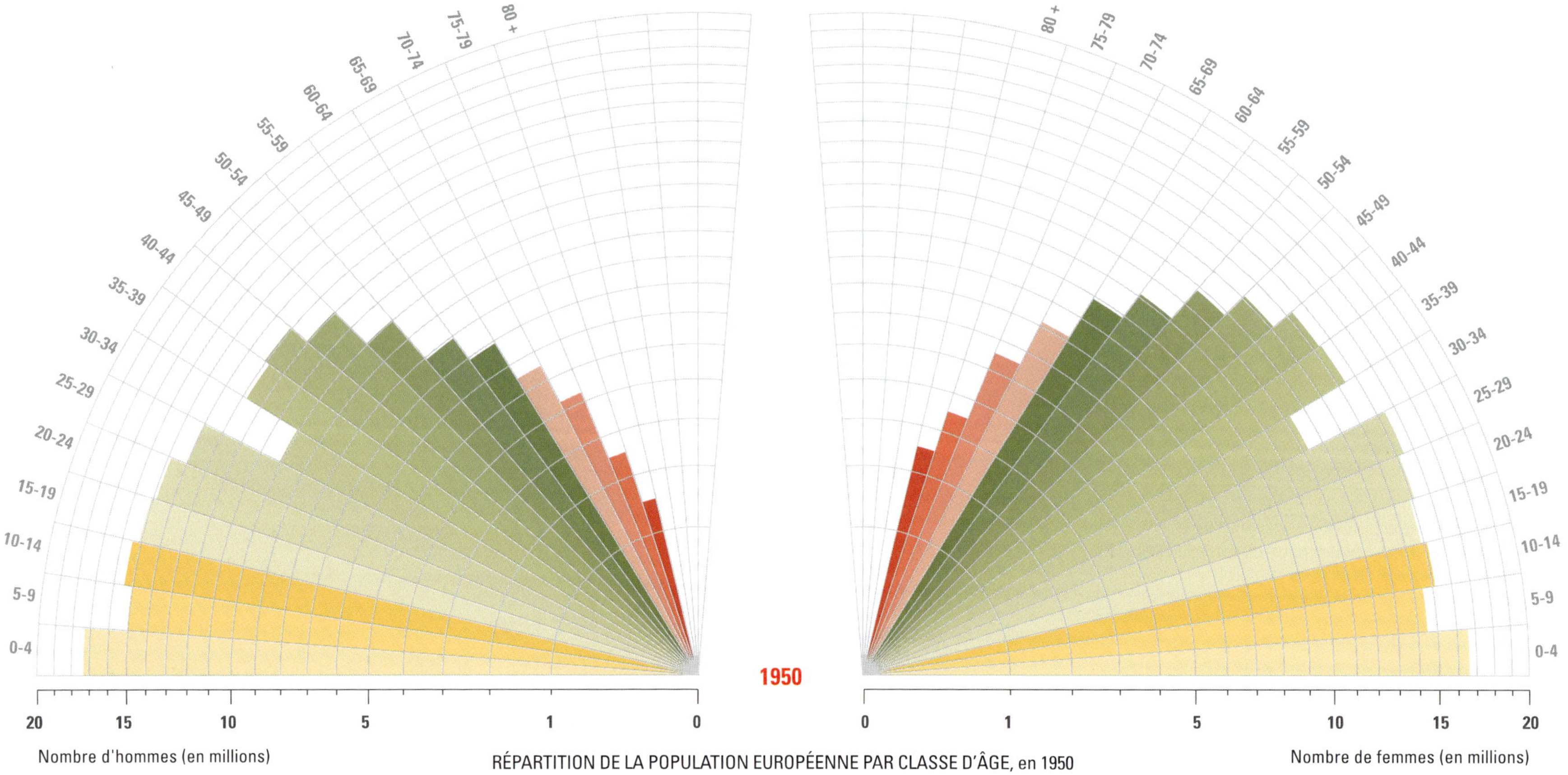

RÉPARTITION DE LA POPULATION EUROPÉENNE PAR CLASSE D'ÂGE, en 1950

UN DOUBLE EFFET VIEILLESSE

L'évolution de la répartition des classes d'âge entre 1950 et 2033 permet de bien mesurer le double vieillissement à l'œuvre en Europe. Jusque dans les années 1950, les progrès que la médecine accomplit permettent d'abord de réduire la mortalité infantile. Depuis, ils profitent surtout aux plus de 65 ans, dont la durée de vie s'allonge chaque année davantage. Ainsi, ils induisent un vieillissement de la population « par le haut » que vient désormais amplifier un phénomène démographique plus conjoncturel : l'entrée des papy-boomers dans les tranches d'âge plus âgées. Parallèlement, on peut observer sur le graphique dont la base et le centre se contractent que les jeunes et les enfants seront, en 2033, moins nombreux que leurs prédécesseurs.

Il s'agit cette fois d'un vieillissement « par le bas », qui traduit la baisse continue du nombre moyen d'enfants par femme en Europe depuis le milieu des années 1960. Bien que certaines projections démographiques indiquent une possible reprise de la natalité européenne dans les prochaines décennies, elle ne suffira pas à compenser la diminution du nombre de femmes et donc de mères potentielles parmi elles.

Enfin, en dépit d'un écart de moins en moins important à chaque génération entre l'espérance de vie à la naissance des femmes et celle des hommes, on voit ici que la population féminine sera, en 2033, sensiblement plus nombreuse dans les tranches les plus âgées, indiquant qu'elles seront alors aussi plus concernées par les risques de veuvage et d'isolement.

UNION EUROPÉENNE

Baby-krach et papy-boom

Couverture santé élargie, retraite par répartition, assurance chômage et prestations familiales : parmi les éléments qui rendent l'Union européenne attractive pour ses ressortissants et enviable dans les pays tiers, son modèle social demeure l'un des plus importants. Affaibli par la démographie du Vieux Continent, il pourrait pourtant bientôt en devenir l'une des plus grandes fragilités.

Source des graphiques >>> Nations unies, Département des Affaires économiques et sociales, *World Population Prospects : The 2008 Revision*, mai 2009.

Sources >>> Gérard-François DUMONT (dir.), « L'Union européenne unie dans la diversité… démographique », *Population & Avenir*, n° 693, mai-juin 2009. >>> François HÉRAN, *Le Temps des immigrés. Essai sur le destin de la population française*, Paris, La Républiques des idées, Seuil, janvier 2007. >>> Alain MONNIER, « Les évolutions démographiques de l'Union européenne », *Questions internationales*, La Documentation française, n° 18, mars-avril 2006. >>> Jeanne RIVA, « Les retraites en Europe : choix de sociétés ou choix étatiques ? », *Europe comparée*, n° 10, avril-septembre 2007.

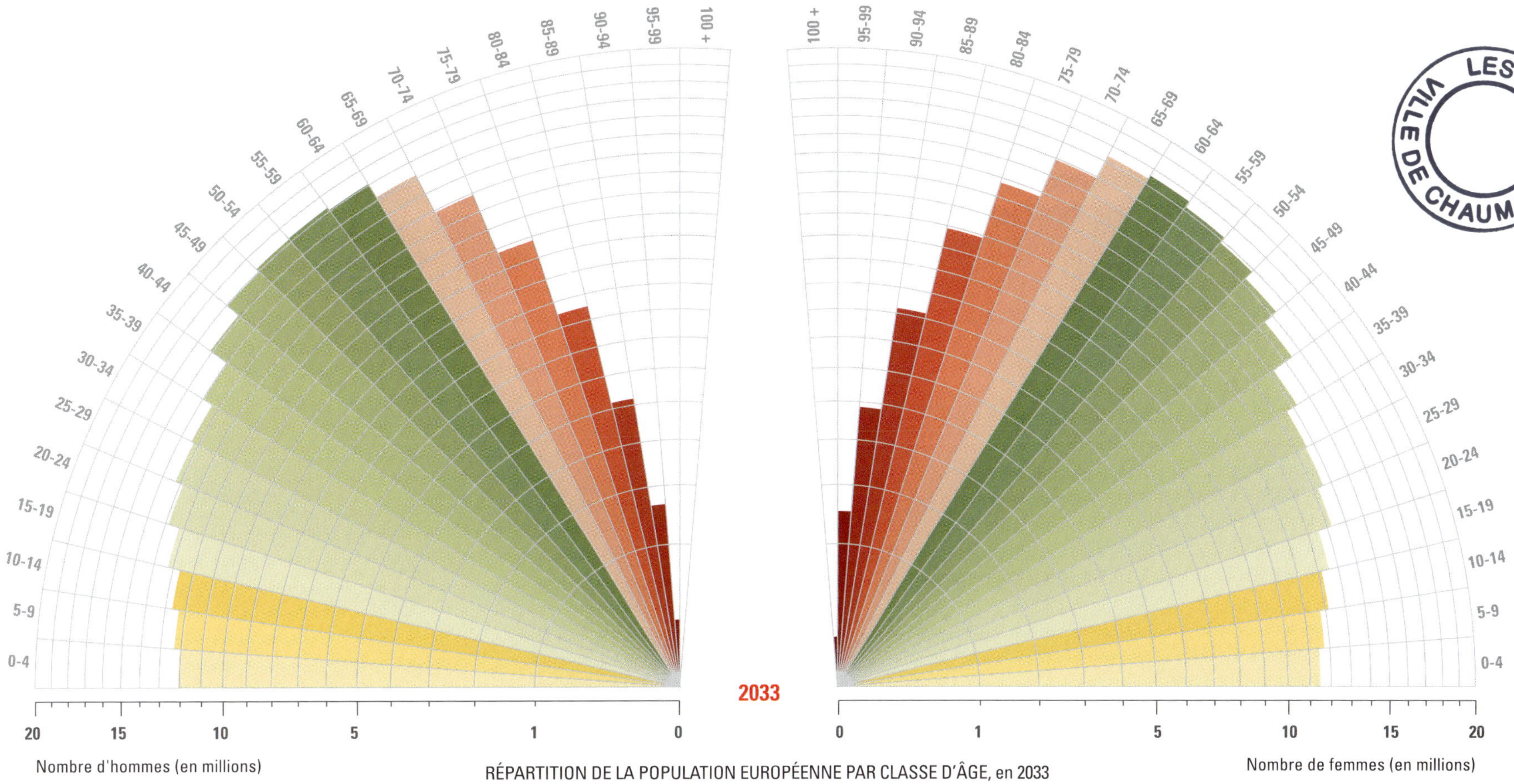

RÉPARTITION DE LA POPULATION EUROPÉENNE PAR CLASSE D'ÂGE, en 2033

› Sous l'effet de la diminution de la fécondité des femmes européennes et du baby-krach (chute du nombre de naissances) qu'elle a fini par entraîner, les personnes en âge de travailler ne représenteront plus que 61 % de la population européenne en 2033, soit une baisse de 6 points par rapport à 2010. Pour les régimes sociaux européens reposant sur l'équilibre entre cotisants et bénéficiaires, l'avenir paraît critique, à moins que les États de l'Union engagent rapidement des réformes aussi nécessaires que politiquement délicates.

Aujourd'hui, au sein de l'Europe, on compte en moyenne 4 personnes en âge de travailler par individu de plus de 65 ans. Elles ne seront déjà plus que 3 en 2025 et 2 en 2060. La « charge » que les inactifs représenteront alors sera d'autant plus lourde que, dans les faits, elle ne sera partagée que par celles – sensiblement moins nombreuses – occupant effectivement un emploi. Peu à peu, le déséquilibre croissant entre actifs et dépendants vient donc hypothéquer le maintien de régimes de protection sociale fondés à l'origine sur des principes de répartition et de solidarité entre les générations. Pour exemple, le financement des retraites qui, dans la plupart des pays européens, capte aujourd'hui près de 10 % du produit intérieur brut, devrait absorber de 5 à 10 points supplémentaires à l'horizon 2030. Or, dans le même temps, la diminution de la population active entraînera une baisse importante des recettes publiques, exposant alors à un accroissement des déficits et à la dégradation du niveau de vie des retraités comme des cotisants.

Au même moment, en dépassant largement les capacités de financement des systèmes de santé, la hausse prévisible des dépenses liées à l'âge fragilisera le système actuel de gratuité totale ou partielle des soins. Le problème deviendra d'autant plus critique à partir de 2025 que les papy-boomers entreront dans la classe d'âge encore plus dépendante des plus de 80 ans.

Pour compenser les déséquilibres sociaux liés au vieillissement et tendre également à les corriger au plan démographique, plusieurs réformes sont évoquées, qui devraient être engagées parallèlement. Parmi elles, on distingue notamment l'allongement de la durée des cotisations sociales, la baisse du niveau des retraites par répartition et celui du taux de remboursement des soins et traitements, la mise en place de systèmes de capitalisation, l'augmentation des prélèvements obligatoires. On retient aussi l'accueil de populations immigrées, l'allongement de la vie professionnelle, l'augmentation du taux d'emploi des personnes en âge de travailler ou encore la formation à tous âges. Enfin, on pourrait également mentionner un ensemble de mesures permettant aux femmes de mieux concilier emploi et vie familiale (multiplication des crèches, aménagement du temps de travail, etc.). Face à de telles mesures, cependant, les pays européens ne sont pas tous égaux. Tandis que l'espérance de vie sans incapacité des Danois s'élève à 73 ans, elle ne dépasse pas 59 ans en Estonie, révélant ainsi l'une des nombreuses disparités qui divisent encore l'espace européen. ‹

Joëlle GAYMU, « Comment les personnes dépendantes seront-elles entourées en 2030 ? Projections européennes », *Population & Sociétés*, INED, n° 444, avril 2008. >>> Eurostat, « Ageing Characterises the Demographic Perspectives of the European Societies », *Statistics in focus*, n° 72/2008, 16 juillet 2008. >>>

La puissance redistribuée

**Peu à peu, les négociations internationales sur le climat et la prolifération nucléaire révèlent que les affaires du monde échappent à l'ordre du XXe siècle.
Déjà, depuis vingt ans, la mondialisation avait substitué aux ennemis stratégiques de la Guerre froide des adversaires économiques. La puissance changerait-elle donc de forme ? Se pourrait-il que la démographie soit un vecteur de ces transformations ?**

› Fondatrice de l'ordre du monde et de ses rapports de force, la puissance changerait-elle de paradigme, d'acteurs et de géographie ? Jusqu'au tournant des années 1990, elle procède avant tout de considérations objectives. La première d'entre elles ramène au territoire, à son étendue, à ses ressources naturelles ou exploitables, à l'ancrage symbolique qu'il représente pour la plupart des nations. Enjeu de pouvoir, d'identité et de convoitises, le territoire impose donc de disposer d'une population assez nombreuse pour l'occuper et des moyens militaires de le défendre. C'est pourquoi, depuis toujours ou presque, la population se range parmi les instruments de la puissance. L'histoire mondiale rapporte de multiples épisodes au cours desquels la croissance démographique précède ou accompagne les ambitions politiques et stratégiques des États. Cependant, elle n'établit aucune corrélation : une population nombreuse sur un vaste territoire constitue un attribut de la puissance, pas son fondement. À ce sujet, la République démocratique du Congo est exemplaire : très étendu, richement pourvu en ressources naturelles, muni d'une population à la fois nombreuse et croissante, le pays

Sources >>> Richard JACKSON, Neil HOWE *et al.*, *The Graying of the Great Powers. Demography and Geopolitics in the 21st Century*, CSIS, 2008. >>> Jean-Claude CHASTELAND et Jean-Claude CHESNAIS (dir.), *La Population du monde. Géants démographiques et défis internationaux*, Paris, INED, 2002. >>>

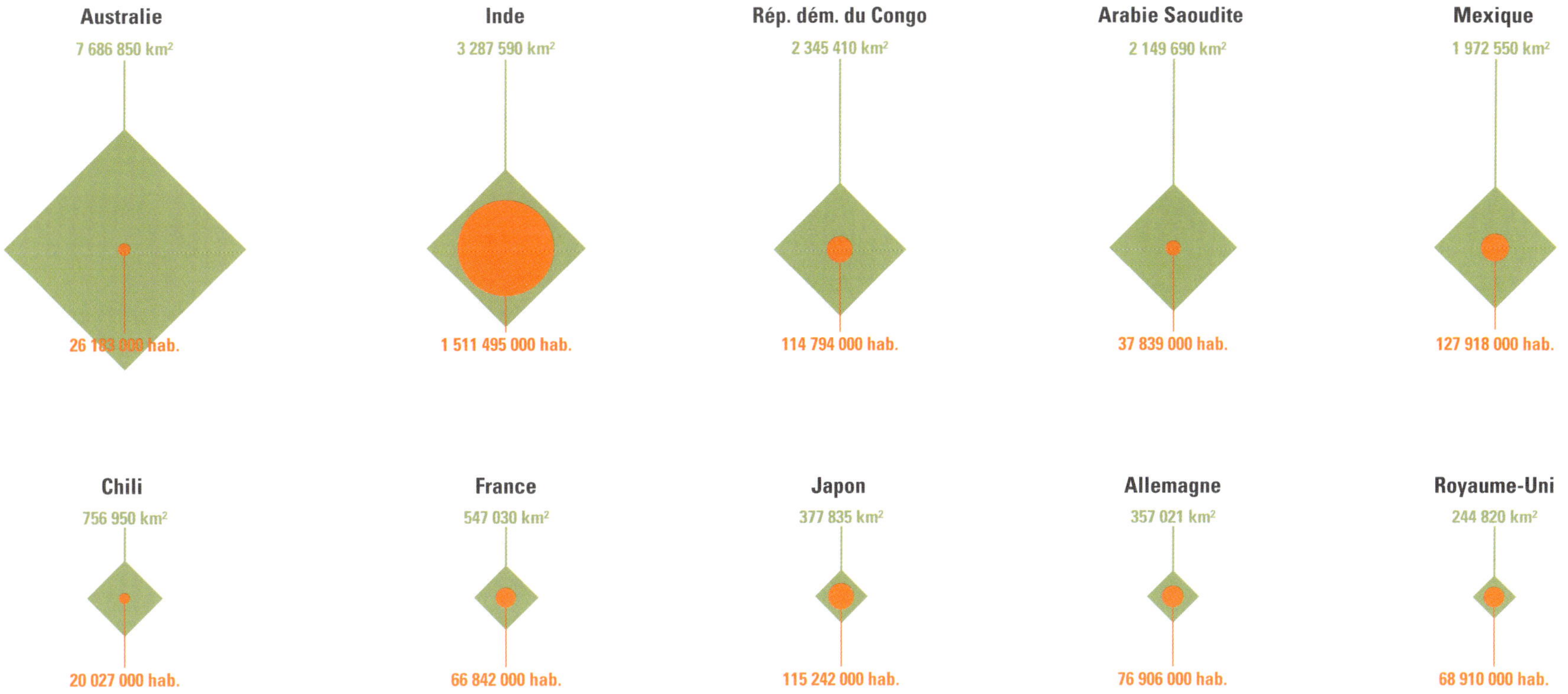

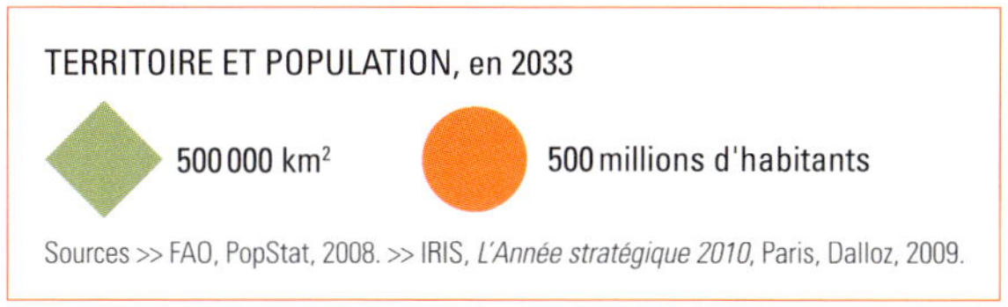

d'Afrique centrale n'a pourtant rien d'une puissance, pas même le devenir. Car disposer des atouts de la puissance ne suffit pas. Il faut aussi vouloir et pouvoir l'exercer.

Dans cette perspective, les capacités militaires d'un pays apparaissent donc indispensables. Et comme elles s'appuient – jusqu'au milieu du XXe siècle – sur les effectifs humains autant que sur les moyens matériels, elles adossent une large partie de la puissance des États à l'importance de leur population. Toutefois, la place de la démographie dans la notion de puissance évolue largement avec la révolution des affaires militaires, la fin de la Guerre froide et le processus de mondialisation. Désormais, la question du nombre ramène davantage à la taille des marchés et à l'abondance de la main-d'œuvre. Sur le plan économique et commercial, elle semble même donner l'avantage à des pays très peuplés comme la Chine. Pour autant, il serait tout aussi hasardeux de vouloir définir un lien mécaniste entre croissance démographique et développement économique, comme le soulignent aujourd'hui de nombreux exemples, du Nigeria à Haïti. Car si la démographie intervient bien comme vecteur de puissance, elle exige au préalable que d'autres facteurs – économiques ou militaires – soient réunis.

Dans les pays développés, la relation entre démographie et puissance économique soulève d'autres enjeux, liés cette fois non plus au volume mais à la structure de la population. En Europe ou au Japon, le dynamisme économique et les budgets de défense pourraient ainsi très mal s'accommoder du vieillissement, du rapport de plus en plus désavantageux entre actifs et inactifs et de l'augmentation des ressources publiques affectées à des populations non productives.

Finalement, on peut donc déjà retenir au moins trois tendances qui, ensemble, esquissent une nouvelle géographie politique mondiale. D'abord, s'il existait un moyen de localiser le barycentre de la puissance dans le monde, on constaterait qu'il se déplace progressivement de l'espace atlantique vers l'Asie et le Pacifique, où en cette première moitié de XXIe siècle se concentrera une large part de la population et de l'économie mondiales. Ensuite, si les États-Unis affichent encore longtemps les moyens démographiques et militaires de leur superpuissance, il est probable que le recul de la population du Japon et de l'Europe finisse par trouver un écho sur le plan politique. Dans un monde où les ressources en hydrocarbures tiennent lieu de forces de projection et la jeunesse d'avantage compétitif, ces pays ne partageront plus, avec les États-Unis, le monopole mondial de la puissance que les Européens détenaient depuis plusieurs siècles. À moins que, de façon improbable, le processus d'intégration européen fasse émerger un acteur unifié de plus de 500 millions d'habitants, voire qu'il intègre la Turquie, offrant alors de nouvelles perspectives démographiques et politiques au Vieux Continent. Enfin, on constate de plus en plus souvent sur la scène internationale que ceux qui comptent dans les affaires du monde sont désormais chinois, indiens, brésiliens ou turcs justement. À l'image de ce qui se passe au G20* depuis 2008, ils imposeront sans doute peu à peu de tenir compte des nouveaux rapports de force politiques et démographiques mondiaux et donc aussi de revoir la répartition des pouvoirs au sein des grandes institutions internationales.

David E. BLOOM, David CANNING et Jaypee SEVILLA (eds.), *The Demographic Dividend. A New Perspective on the Economic Consequences of Population Change*, RAND, Programme « Population Matters », 2003. http://www.rand.org/pubs/monograph_reports/2007/MR1274.pdf.

Jean-Claude CHASTELAND et Jean-Claude CHESNAIS, « 1935-2035 : un siècle de ruptures démographiques », *Politique étrangère*, IFRI, n° 4, 2006. >>> Pierre BUHLER, « Puissance et démographie. La nouvelle donne », *Annuaire français de relations internationales 2004*, volume V, Bruxelles, Bruylant, 2004. >>>

RUSSIE (scénario 1)

Le grand retrait

Obéissant en même temps à des lois démographiques générales et à des tendances qui lui sont plus spécifiques, la Russie enregistre désormais un recul de sa population. En dépit des ambitions du pays de recouvrer une démographie à la mesure de sa puissance, ses taux de natalité et de mortalité actuels accréditeraient plutôt un scénario tendanciel confinant au repli.

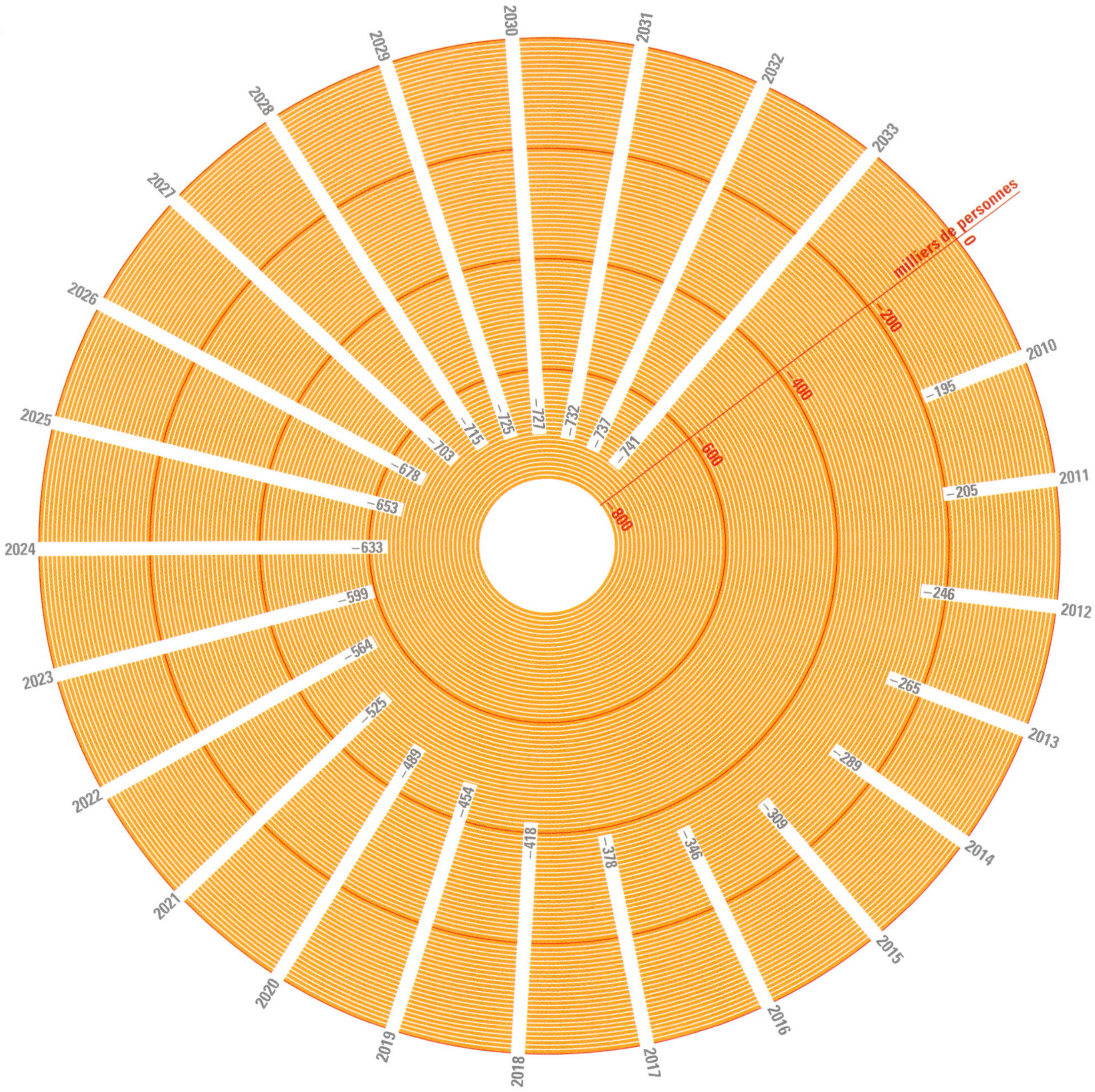

ÉVOLUTION DU SOLDE NATUREL* DE LA RUSSIE, de 2010 à 2033 (en milliers de personnes)

LES EXCÉDENTS DE LA MORTALITÉ

Deux variables interviennent dans la détermination du solde naturel d'une population : la natalité et la mortalité. Négatif dans plusieurs pays européens, le solde démographique naturel y est cependant souvent compensé par l'immigration. En Russie, en revanche, les nouvelles arrivées ne parviennent plus à corriger une surmortalité accrue, que la faible fécondité des femmes russes ne vient pas non plus compenser.

Devenu négatif en 1991, le solde naturel de la population russe pourrait, au rythme actuel, afficher un déficit annuel de plus de 740 000 personnes en 2033. En plus d'un nombre de naissances réduit, ce recul démographique signale à la fois le vieillissement de la population et la dégradation de l'espérance de vie à la naissance. Enfin, si l'on peut observer une légère tendance à la hausse de la natalité depuis le début des années 2000, celle-ci ne procède en réalité que d'un effet de conjoncture, lié au nombre de femmes en âge de procréer à un moment donné. Selon les démographes, l'augmentation des naissances reste cependant trop faible pour que le futur de la population russe s'en trouve modifié.

Source du graphique >>> Goskomstat Rossii, 2010.

Laure DELCOUR, « Comment la Russie voit-elle le monde ? Éléments d'analyse d'une politique en mutation », *Revue internationale et stratégique*, IRIS/Dalloz, n° 68, 4e trimestre 2007. >>> Anatoli VICHNEVSKI, « Russie : les alternatives démographiques », *Futuribles*, n° 322, septembre 2006. >>>

Sources >>> Pascal MARCHAND, *Atlas géopolitique de la Russie*, Paris, Autrement, coll. Atlas/Monde, 2007. >>> Emmanuel TODD, *La Chute finale. Essai sur la décomposition de la sphère soviétique*, Paris, Robert Laffont, 1990 (1re éd. 1976). >>> Jean RADVANYI, *La Nouvelle Russie*, Paris, Armand Colin, 2000. >>> Anatoli VICHNEVSKI, *Les Enjeux de la crise démographique en Russie*, IFRI, coll. Russie.Nei.Visions, n° 41, juin 2009. >>> Anne DE TINGUY, «La sortie de l'Empire: le poids de l'héritage», *Questions internationales - La Russie*, n° 27, septembre-octobre 2007.

❯ Le diagnostic des démographes sur la Russie n'est pas plus équivoque que leur pronostic : la population est entrée dans une phase de recul durable. Tandis qu'elle rassemblait encore 146 millions d'habitants à l'aube du millénaire, elle n'en compte déjà plus que 142 millions en 2010. Ajoutés à une immigration plutôt faible et à une mortalité croissante, les phénomènes d'inertie démographique laissent présager que le déclin se poursuivra ainsi durant plusieurs décennies. Selon les projections médianes de l'ONU, ce repli pourrait même bientôt s'amplifier, réduisant la population russe à 128 millions de personnes en 2030, voire 116 millions en 2050. Si une incertitude subsiste sur l'impact des nouvelles mesures natalistes de Moscou, l'hypothèse d'une reprise de la croissance démographique russe paraît néanmoins improbable.

Un destin démographique sans équivoque

Tandis que, pour de nombreux pays développés, il ne s'agit encore que d'une perspective, le recul de la population russe, lui, s'est amorcé dès la fin des années 1990. Il traduit alors notamment la baisse de natalité intervenue très tôt dans la trajectoire démographique russe. À l'instar des autres pays d'Europe orientale, l'indice de fécondité des femmes russes peine aujourd'hui à dépasser 1,3 enfant en moyenne par femme. Et si les projections de l'ONU prévoient une légère amélioration à l'horizon 2030, l'indice synthétique qui s'élèvera alors à 1,63 enfant par femme n'atteindra toujours pas le seuil de renouvellement des générations. Pour y parvenir, il faudrait auparavant que la Russie infléchisse plusieurs tendances démographiques qui lui sont propres.

Dans le prolongement des bouleversements politiques et économiques du pays depuis vingt ans, on observe par exemple une moindre aspiration des jeunes générations à avoir plusieurs enfants. Socialement et économiquement incertain, le contexte russe se révélerait ainsi peu propice à la fécondité des femmes. On doit aussi évoquer la pratique de l'avortement, imposé en son temps par le régime soviétique comme moyen de contraception. Jusqu'à la fin des années 1990, on compte ainsi chaque année deux fois plus d'avortements que de naissances. Et si la pratique ne constitue plus désormais le principal mode de contrôle des naissances, elle reste fréquente et ses séquelles étendues. On estime que sur 39 millions de femmes en âge de procréer, près de 6 millions sont stériles à la suite, notamment, d'un avortement.

Soucieuses d'inverser la tendance et de favoriser la natalité, les autorités russes réagissent en 2007. Désormais, elles versent aux femmes un «capital maternité» à la naissance de leur deuxième enfant, soit une prime d'environ 267 500 roubles (6 300 euros). Toutefois, en l'absence d'autres mesures d'accompagnement familial, les démographes doutent de l'efficacité durable de la seule incitation financière.

Parmi les caractéristiques de la population russe, on repère également son taux de mortalité*, élevé et croissant. Presque deux fois supérieur à celui des États-Unis, il correspond en Russie à une surmortalité précoce, elle-même liée à plusieurs facteurs. Le premier d'entre eux concerne la privatisation et la décentralisation du système de santé depuis 1990, auxquelles correspondent une diminution de l'accès aux soins mais aussi une dégradation des infrastructures publiques. Performant quand il s'agissait de lutter contre les maladies infectieuses grâce à de grandes campagnes sanitaires et à des mesures prophylactiques comme la vaccination, le système de santé postsoviétique ne parvient pas à s'adapter et à rester efficace face aux pathologies de la modernité comme les cancers ou les maladies cardiovasculaires. De la même façon, alors qu'elles sont maîtrisées dans les pays du Nord, les épidémies de tuberculose et surtout de VIH/sida constituent un témoin supplémentaire des difficultés sociales et sanitaires de la Russie. En progression constante, le virus affecterait déjà 900 000 personnes, soit une séroprévalence 3,5 fois plus forte qu'en France. Enfin, le système de santé semble tout aussi démuni face à la prééminence de l'alcoolisme et à son cortège de maladies vasculaires, d'accidents du travail et d'accidents de la circulation (39 000 morts sur les routes en 2004). Finalement, alors que l'espérance de vie à la naissance* dépasse 80 ans dans la plupart des pays d'Europe occidentale, elle atteint seulement 67 ans en Russie. Au vu de sa relative stagnation depuis plusieurs décennies, l'objectif des autorités russes de la porter à 75 ans d'ici à 2025 paraît pour le moins ambitieux. Il le sera d'autant plus que, sur la même période, la population russe connaîtra justement un vieillissement rapide, lié pour l'essentiel à une augmentation de la part des personnes âgées de plus de 60 ans dans la société. Dépassant à peine 38 ans en 2010, l'âge médian pourrait ainsi atteindre 43,5 ans en 2030 et classer la Russie parmi les pays les plus âgés au monde.

Son repli démographique donne à la Russie les traits d'une société socialement instable.

Entre autres répercussions, la tendance au vieillissement devrait sensiblement alourdir la charge économique et sociale pesant sur la population active. On prévoit en effet que le ratio entre actifs et inactifs pourrait passer de 1,73 en 2010 à 1,21 en 2025. Si, par ailleurs, l'économie russe repose moins sur sa main-d'œuvre agricole ou industrielle que sur l'exploitation des hydrocarbures (40 % du budget en 2008), elle n'en sera pas pour autant épargnée par les effets économiques d'une baisse importante du nombre de travailleurs. Enfin, déjà ébranlée par un passage brutal du communisme à une société individualiste, la société russe pourrait se trouver encore plus fragilisée par l'altération des solidarités intergénérationnelles. Car celle-ci viendrait à son tour aggraver les déséquilibres sociaux induits par l'alcoolisme et la toxicomanie, nettement plus marqués chez les hommes que chez les femmes. Prolongés dans leurs tendances actuelles, les indicateurs démographiques de la Russie lui donnent donc les traits d'une société de plus en plus instable dans le futur.

Entre natalisme et nationalisme

Consciente des risques économiques et sociaux auxquels le repli démographique de la Russie l'expose, ses autorités affichent l'objectif d'en porter la population à 145 millions de personnes en 2025. Irréaliste au regard des taux de mortalité et de natalité prévisibles du pays, l'objectif ne resterait donc accessible qu'à la condition d'une immigration de masse. Or, mis à part les migrants «ethniquement russes», dont le retour des anciennes républiques soviétiques a été fortement encouragé, les autorités ne semblent pas prêtes à assouplir leur politique migratoire, dans un contexte où, par ailleurs, nationalisme et xénophobie sont de plus en plus manifestes.

Placées face au déclin de la population, les autorités sauront-elles en limiter les conséquences économiques et géopolitiques ? Appréciée à l'aune de la longueur de ses frontières, de l'étendue de son territoire et de ses ambitions de puissance, la question devient stratégiquement critique. Au rythme actuel, en effet, le pays pourrait bientôt ne plus disposer des moyens humains suffisants pour maintenir la même influence dans la région, notamment par sa contrainte militaire et policière. La question semble déjà posée dans l'Extrême-Orient russe, où convergent plus ou moins clandestinement d'importantes populations. L'enjeu s'exprime également dans la difficulté croissante des autorités russes à maîtriser les trafics qui se développent le long des frontières et qui sont eux-mêmes porteurs d'une criminalité en augmentation. Où l'on comprend alors que se jouent aussi dans les évolutions démographiques russes de véritables enjeux de sécurité régionale. ❮

Chatham House, *Health and Demography in Russia and China*, Russia and Eurasia Programme, Asia Programme, Centre on Global Health Security: Seminar Summary, 4 juin 2009. >>> Katerina KESA, «Le déclin démographique», *Questions internationales - La Russie*, n° 27, septembre-octobre 2007. >>>

Densité de population, en 2005
(en habitants par km²)
0-10
10-25
25-250
250 et plus
Capitale
Villes
Pergélisol
Pergélisol amené à fondre à l'horizon 2100
Limite actuelle du pergélisol
Limite de région fédérale russe
Frontière internationale
Ressources naturelles en Russie
Nickel
Cuivre
Fer
Diamant
Uranium
Gaz
Pétrole
Charbon
Sources >>> SEDAC, Gridded Population of the World, 2005. >>> Jean RADVANYI, La Nouvelle Russie, Paris, Armand Colin, 2004. >>> GIEC, 2007.
RUSSIE
District fédéral de Sibérie
District fédéral d'Extrême-Orient
NORVÈGE
SUÈDE
FINLANDE
EST.
LET.
LIT.
BIÉLORUSSIE
UKRAINE
GÉORGIE
ARMÉNIE
AZERBAÏDJAN
KAZAKHSTAN
OUZBÉKISTAN
TURKMÉNISTAN
KIRGHIZISTAN
TADJIKISTAN
IRAN
MONGOLIE
CHINE
CORÉE DU NORD
CORÉE DU SUD
JAPON
TAIWAN
Mer de Barents
Mer de Kara
Mer des Laptev
Mer de Sibérie Orientale
Mer Noire
Mer Caspienne
Mer d'Aral
Lac Balkach
Lac Baïkal
Mer de Chine Orientale
Golfe du Bengale
Mer
Mourmansk
Arkhangelsk
Saint-Pétersbourg
Pskov
Novgorod
Vologda
Kotlas
Smolensk
MOSCOU
Toula
Riazan
Nijni Novgorod
Kazan
Voronej
Saratov
Samara
Oufa
Perm
Khanty-Mansiïsk
Iekaterinbourg
Tioumen
Tcheliabinsk
Orenbourg
Volgograd
Rostov
Krasnodar
Stavropol
Astrakhan
Vladikavkaz
Grozny
Vorkouta
Doudinka
Igarka
Toura
Tiksi
Iakoutsk
Okhotsk
Magadan
Omsk
Tomsk
Novosibirsk
Barnaoul
Krasnoïarsk
Abakan
Kyzyl
Irkoutsk
Tchita
Birobidjan
Khabarovsk
Ioujno-Sakhalinsk
Vladivostok
PÉKIN
Volga
Don
Petchora
Ob
Iénisseï
Léna
Kolyma
Irtych
Angara
Amour
Syr-Daria
Amou-Daria
Indus
Brahmapoutre
Salouen
Mékong
Jinsha Jiang
Huang He

RUSSIE-CHINE

Un territoire si vaste

Neuf fois moins peuplée que la Chine, la Russie possède néanmoins un territoire presque deux fois plus grand et, surtout, richement doté en ressources naturelles et en matières premières. Lancés dans un nouveau face-à-face économique sur leurs confins au nord-ouest de l'Eurasie, les deux pays y réinventent le concept de frontière.

› S'étirant sur près de 4300 km, la frontière sino-russe soulève à elle seule de nombreux enjeux économiques et politiques entre les deux voisins et guère moins de fantasmes sur leurs intentions réciproques. Dans les visions géopolitiques russes, on retrouve souvent le spectre de l'invasion chinoise. À l'appui de cette représentation, les chiffres sont éloquents : tandis que la population de la Russie recule et que celle de la Chine augmente, on compte déjà dix-neuf Chinois du côté sud de la frontière pour seulement un Russe côté nord. Sur la carte des densités de population, le contraste est saisissant.

Les écarts ne sont pas moins saillants au plan des richesses naturelles, opposant les régions arides et les sols dégradés du Nord-Est chinois aux ressources forestières et sous-sols très riches de l'Extrême-Orient russe et de la Sibérie. À elle seule, cette dernière région détient 40 % des forêts du pays, 77 % de ses réserves de pétrole, 85 % de ses stocks de gaz naturel et 80 % de ses ressources en charbon. Pour sa part, l'Extrême-Orient russe possède les plus importants gisements de métaux rares et de minéraux.

Sur le plan agricole, on estime que chaque Russe dispose d'une superficie de terres arables en moyenne huit à dix fois plus étendue que celle d'un Chinois. Or, à mesure que le désert avance vers Pékin et que le dégel du pergélisol fait miroiter de nouvelles perspectives de cultures en Russie, l'écart des richesses potentielles entre les régions voisines s'accentue. C'est pourquoi, en dépit de la signature, en juin 2005, d'un traité bilatéral garantissant l'abandon réciproque de toute revendication territoriale, les médias russes continuent d'entretenir le doute. Faisant fi des statistiques officielles qui indiquent une immigration légale chinoise très faible dans la partie orientale de la Russie, ils évoquent des chiffres plus ou moins fantaisistes, variant de 700 000 à plusieurs millions de clandestins, installés ou saisonniers.

Au regard de la diminution des capacités humaines et matérielles russes dans la région, on peut se demander si, en réalité, la source des inquiétudes ainsi éveillées ne se situe pas davantage en Russie qu'en Chine... De 6 millions d'habitants environ en 2010, la population de l'Extrême-Orient russe devrait déjà diminuer jusqu'à 4,5 millions de personnes en 2015. Par conséquent, si la Fédération russe est particulièrement bien pourvue en territoire et en ressources naturelles, elle ne disposera bientôt plus de moyens humains suffisants pour leur exploitation, ni même pour la construction d'infrastructures ou l'entretien des équipements d'évacuation des ressources. C'est donc dans ce cadre particulier, et dans un contexte de déclin démographique russe rapide, que vient s'inscrire la signature, ces dernières années, de plusieurs accords de coopération avec la Chine.

Selon les termes du plus récent d'entre eux, conclu à New York à l'automne 2009, les ressources exploitées par des entreprises chinoises dans les régions de Sibérie et d'Extrême-Orient seront elles-mêmes largement destinées au marché chinois : exploitation forestière et commerce du bois ; mise en place de ligne de ferry ; construction de lignes de chemin de fer, de gazoducs, d'une usine de traitement du gaz, d'une centrale nucléaire, d'infrastructures de logements et de télécommunication ; exploitation et acheminement du charbon par voie ferrée ; mise en place de zones de libre-échange, etc. En Sibérie et en Extrême-Orient russe, les projets se multiplient. À la Russie, ils offrent de réaliser, à sa place, une partie des lourds investissements nécessaires à l'exploitation de ses ressources ; au marché chinois, ils fournissent une partie des matières premières qui lui manquent ; aux populations venues du Nord de la Chine, enfin, ils proposent un emploi dans des sociétés chinoises.

Dans un futur plus lointain, plusieurs scénarios restent possibles, largement orientés par la démographie. Dans un premier, l'Est de la Russie est délaissée par ses populations russophones, à la faveur des populations chinoises de plus en plus nombreuses qui s'y installent et qui en assurent le développement. Profitant de la moindre présence des Russes dans la zone, elles y facilitent peu à peu la mainmise économique de la Chine sur la région. Déterminé à ne pas en perdre le contrôle, surtout celui de ses sous-sols, Moscou rétorque alors par des mesures hostiles aux migrants chinois et adopte, en même temps, une posture de plus en plus agressive vis-à-vis de Pékin.

Dans un second scénario, moins délétère et plus probable, la tendance au recul de la population à l'est du pays s'inverse lentement grâce à la mise en œuvre, par les autorités russes, d'une politique volontariste de peuplement, que facilitent de fortes incitations matérielles. À son tour, la pression démographique chinoise devient l'instrument d'une coopération active des deux pays, grâce à l'adoption de plusieurs accords bilatéraux portant, notamment, sur l'exploitation des ressources agricoles et naturelles de la Sibérie et de l'Extrême-Orient russe. À mesure que les interdépendances économiques et sociales se développent, elles amènent les deux pays à dessiner un espace géopolitique de type inédit, où, à la faveur d'intérêts mutuels bien compris, les réalités démographiques et économiques prennent le pas sur la souveraineté politique. ‹

Sources >>> Sébastien COLIN, *Le Développement des relations frontalières entre la Chine et la Russie*, Les études du CERI, n° 96, juillet 2003. >>> Ernest RAIKLIN, « The Chinese Challenge to Russia in Siberia and the Russian Far East », *The Journal of Social, Political and Economic Studies*, vol. 33, n° 2, été 2008. >>> Anne DE TINGUY, « La Russie et ses frontières, vingt ans après l'éclatement de l'empire soviétique », Sciences Po/CERI/CNRS, septembre 2009.

Vassili KACHINE, « Russie-Chine : une kyrielle de contrats très prometteurs paraphés dans le domaine énergétique et financier », *RIA Novosti*, 15 octobre 2009. >>>>> Sabrina VIDALENC, « Extrême-Orient russe : une nouvelle frontière ? », Sciences Po/CERI/CNRS, septembre 2009. >>>>

RUSSIE (scénario 2)

S'ouvrir ou s'adapter

En supposant que la Russie tente l'ouverture migratoire et mette en œuvre une stratégie d'adaptation économique à sa future donne démographique, elle resterait alors l'acteur de son destin, se donnerait d'autres moyens d'influence et échapperait à un déclin programmé. Possible, ce scénario exigera cependant pour devenir probable que les élites réajustent leur vision du pouvoir et leurs ambitions de puissance.

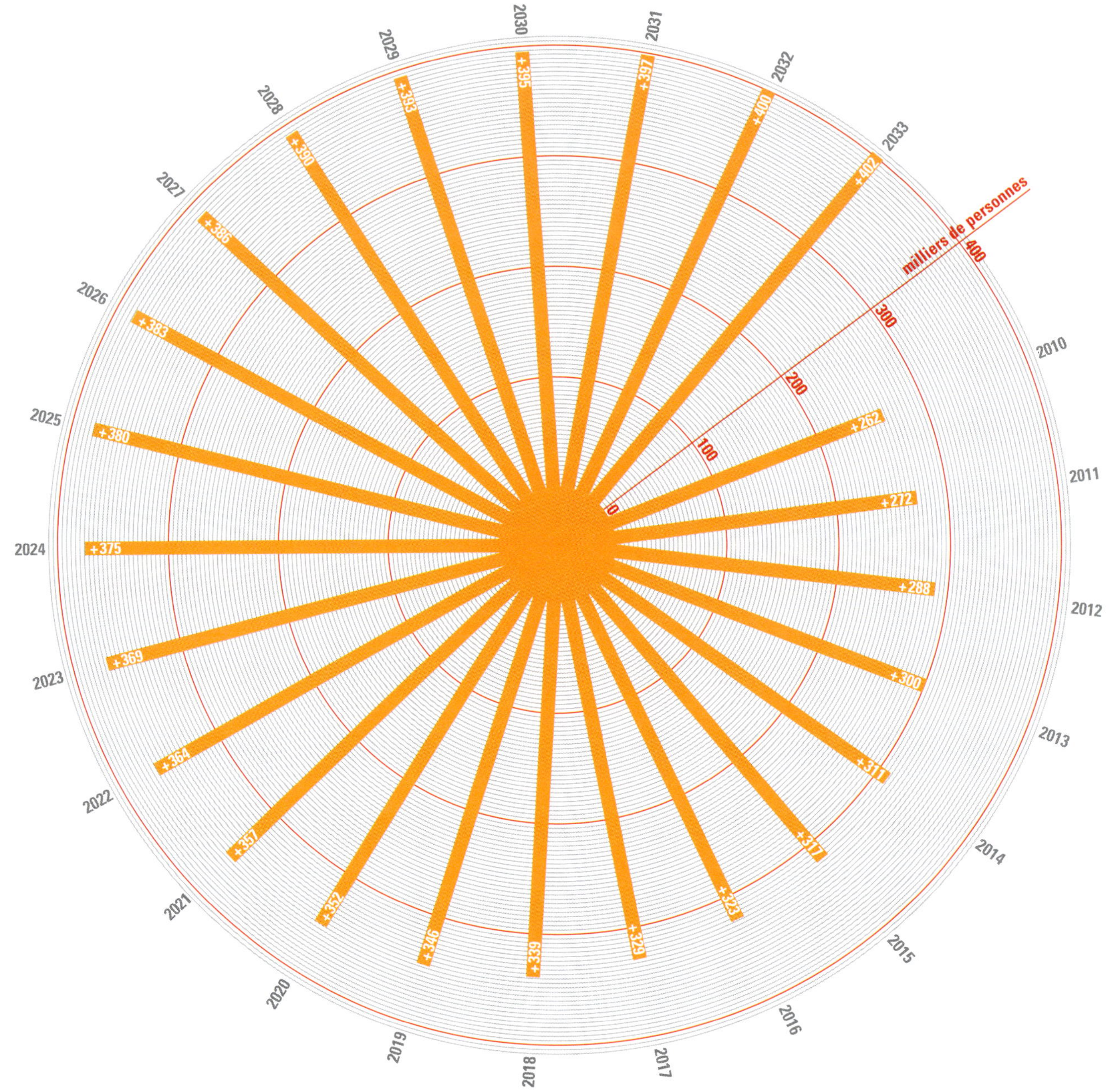

ÉVOLUTION DU SOLDE MIGRATOIRE DE LA RUSSIE, de 2010 à 2033
(en milliers de personnes)

LE GRAND CHASSÉ-CROISÉ DES POPULATIONS EN RUSSIE

Dans les années 1990, la chute de l'URSS et sa dislocation entraînent de profonds changements de la population russe, sous l'effet, notamment, du vaste chassé-croisé des personnes déplacées par l'histoire sur l'ancien territoire soviétique.
Au même moment, le solde naturel de la Russie entre dans une période de recul. C'est donc dans ces circonstances d'hémorragie démographique que la Russie devient, en quelques années, une terre d'immigration.
Désormais confrontée aux effets du vieillissement et à la diminution, durable, du nombre d'actifs dans sa population, la Russie devra donc continuer de faire appel à une main-d'œuvre étrangère de remplacement. Indispensables à l'économie russe, issus pour l'essentiel des anciennes républiques soviétiques devenues indépendantes comme la Géorgie, le Kazakhstan, l'Ouzbékistan ou l'Ukraine, ces migrants rencontrent néanmoins une hostilité xénophobe répandue au sein de la population russe.

Source du graphique >>> Goskomstat Rossii, 2010.

Irina KUKLINA, « The World in 2025 : Focus on Russia », ICISTE, Moscou, 2008. >>> Marlène LARUELLE, « La xénophobie et son instrumentalisation politique en Russie. L'exemple des skinheads », *Revue internationale et stratégique*, Paris, IRIS/Dalloz, n° 68, 4e trimestre 2007. >>>

Sources >>> Adeline BRAUX, « L'émigration des pays de la CEI vers la Russie : enjeu de politique intérieure et extérieure ? », *Revue internationale et stratégique*, Paris, IRIS/Dalloz, n° 68, 4e trimestre 2007. >>> Yann BREAULT, Pierre JOLICŒUR et Jacques LÉVESQUE, *La Russie et son ex-empire*, Paris, Presses de Sciences Po, 2003. >>> Anne DE TINGUY (dir.), *Moscou et le monde*, Paris, CERI/Autrement, 2008. >>> Adeline BRAUX, *Politique migratoire et gestion de la diversité culturelle en Russie : l'exemple de Moscou*, Paris, CERI, coll. Les études du CERI, n° 158, novembre 2009.

› En 2007, dans un document intitulé *Conception de la politique démographique de la Fédération de Russie jusqu'en 2025*, les pouvoirs publics russes expriment, pour la première fois aussi clairement, leur détermination à enrayer le recul démographique de la Fédération. Tandis que les projections de l'ONU prévoient que la population russe oscillera, en 2030, entre 122 millions (scénario bas) et 135 millions d'habitants (scénario haut), les autorités de Moscou se fixent comme objectif de « *stabiliser la population à 142-143 millions de personnes d'ici à 2015 et de créer des conditions qui lui permettront de passer à 145 millions de personnes d'ici à 2025* ». Pour accompagner leur détermination, elles l'assortissent de diverses incitations. Cependant, si les nouvelles dispositions natalistes peuvent faciliter un sursaut démographique du pays, elles se heurteront, auparavant, à l'inertie des phénomènes démographiques, reportant leurs effets sur les générations suivantes. Il est par ailleurs probable que ces mesures ne suffiront pas à atteindre les objectifs des autorités russes. Pour y parvenir, ces dernières devront savoir dépasser les seuls enjeux de natalité et investir davantage les champs sanitaires, migratoires et économiques de la société.

> Pour atteindre ses objectifs de puissance, l'économie russe devra faire mieux avec une population moindre.

Les leviers du changement

Déterminante par ses répercussions sur le bas de la pyramide des âges, la faible fécondité des femmes se trouve également relayée dans les tranches plus âgées par l'augmentation de la mortalité précoce. Tandis qu'en France, on enregistre en moyenne 8,7 décès pour mille habitants par an, la moyenne s'élève à 15 pour mille en Russie. L'écart qui, en 2010, sépare les taux de mortalité infantile des deux pays n'est pas moins marqué : alors qu'il ne dépasse pas 3,8 décès en moyenne pour mille enfants de moins d'un an dans l'Hexagone, il atteint 8,9 décès pour mille naissances en Russie. Révélant le niveau médiocre d'un système de santé public délaissé, cette surmortalité générale renvoie en particulier à la faiblesse des ressources financières allouées à la santé. C'est pourquoi, en plus des mesures de prévention et des campagnes de sensibilisation que les autorités auront à mener pour diminuer les comportements à risque, il leur faudra également accroître leurs investissements. Pour accéder à leurs ambitions, elles devront notamment rapprocher la part du PIB qu'elles accordent à la santé (3,6 % en 2009) de celle que les pays industrialisés lui consacrent (7 % du PIB en moyenne). Pour autant, aussi nécessaires que soient ces efforts budgétaires et sanitaires, ils ne pourront avoir d'impacts démographiques réels que limités dans le temps, puisqu'ils seront bientôt rattrapés par les effets du vieillissement de la population sur la mortalité adulte.

En réalité, à l'instar de nombreux pays développés en Europe, en Amérique du Nord et dans la région du Pacifique Sud, les Russes pourraient ralentir la baisse de leur population encore davantage par une plus grande ouverture de leur territoire et de leur société aux migrants. Avec 32 000 départs pour 279 000 entrées en 2009, la Russie affiche d'ailleurs déjà un solde migratoire largement positif. Loin d'indiquer une tendance pour l'avenir cependant, ces chiffres traduisent en fait deux mouvements de populations bien distincts. Le premier correspond au retour de nombreux « Russes ethniques » en provenance des anciennes républiques soviétiques, devenues indépendantes à la dislocation de l'empire. Massif dans les années 1990, ce flux de compatriotes pourrait bientôt se tarir, en dépit des effets possibles mais éphémères du nouveau plan adopté, en 2006, pour inciter quelque 300 000 Russes vivant dans la CEI et les États baltes à revenir. Le deuxième mouvement migratoire vers la Russie rassemble des travailleurs étrangers, issus, en majorité des États limitrophes. Migrants temporaires plus souvent que permanents, sans doute clandestins pour un grand nombre d'entre eux, ils sont la proie régulière de mouvements d'opinion racistes. Offrant à la Russie de compenser partiellement le déséquilibre de son solde démographique naturel, l'objectif formulé par les autorités d'atteindre un solde migratoire annuel de 300 000 personnes en 2025 leur imposera donc aussi de savoir lever les nombreuses résistances xénophobes au sein de la population et de la classe politique, voire de réviser leur propre vision de la répartition et de la centralisation de l'autorité sur le territoire.

Bien que les « Russes ethniques » et les minorités historiques (Tatars, Bachkirs, Bouriates, Daghestanais et Oudmourtes) constituent près de 80 % de la population et concentrent encore tous les pouvoirs, ils sont aussi les plus touchés par le déclin démographique. Peu à peu, leur part au sein de la population devrait donc diminuer, transformant la répartition ethnique du pays à la faveur des populations non russes. Acceptant de partager une part du développement économique de la Sibérie et de l'Extrême-Orient russe avec des sociétés et des migrants d'origine chinoise, les élites russes ne semblent pas prêtes à concéder aux nouveaux venus le moindre droit politique, réel ou symbolique. Par conséquent, si le rapport des influences économiques et politiques continuait d'évoluer sur un mode aussi contradictoire, le pays pourrait bien s'exposer à connaître quelques fortes tensions sur ses confins, sur fond de repli nationaliste prorusse. Si, au contraire, Moscou cédait une part de contrôle ou de pouvoir faute de disposer des moyens humains et matériels pour le maintenir partout, c'est le modèle d'allégeance russe qui pourrait se trouver fragilisé, donnant potentiellement un nouvel essor aux mouvements séparatistes. Aux frontières du pays avec les États du Caucase et avec le Kazakhstan, on peut en effet s'attendre peu à peu à l'installation durable d'une main-d'œuvre de voisinage, initialement temporaire. Or, si ces populations viennent ainsi combler le dépeuplement des marges orientales et méridionales de la Russie, elles représentent, pour ces élites russes, une force politique centrifuge redoutable. Un risque de basculement géopolitique de la Russie, notamment vers l'Asie.

Les voies de l'ajustement

Quand on le déroule, le scénario du sursaut démographique privilégié par les autorités russes ne résiste donc guère au principe de réalité, sauf à croire que la société russe puisse accepter une mutation profonde de ses mentalités et de son identité dans un avenir proche. C'est donc, finalement, un autre scénario que les autorités pourraient choisir d'écrire, reposant, lui, sur les lois de l'adaptation. Dans l'hypothèse où l'accord signé avec la Chine en 2009 ouvrait la voix à une forme de partenariat pour un développement mutuellement profitable des ressources situées à l'est de la Russie, Moscou allégerait son budget des investissements réalisés, sur son territoire, par son partenaire chinois. Assurée, par ailleurs, de la hausse des prix du gaz dans les prochaines décennies et donc de l'inflation de sa rente énergétique (25 % de son PIB en 2008), la Russie se trouverait alors dans une position financière prédisposant à la modernisation de son économie.

À condition de vouloir s'émanciper de l'économie de la rente et de renoncer aux industries les plus demandeuses de main-d'œuvre ; à condition, surtout, de faire le pari de l'économie de l'innovation, en investissant, notamment, dans la formation des jeunes, dans le développement des services et dans la modernisation des structures économiques du pays, la Russie pourrait optimiser sur le plan économique les effets du sursaut démographique, attendu d'ici à 2050. Dès 2033, elle pourrait stabiliser sa population autour des 130 millions et accéder alors, enfin, au rang de « puissance moderne ». ‹

Nikita MKRTCHIAN, « La politique d'immigration de la Russie. Tours et détours », *Le Courrier des pays de l'Est*, La Documentation française, n° 1060, 2007.>>> Henri DUQUENNE, « Les mouvements extrémistes en Russie », *Le Courrier des pays de l'Est*, La Documentation française, n° 1060, 2007. >>>

ÉTATS-UNIS

E pluribus unum

Tout comme la devise de l'Union européenne indique qu'elle est « unie dans la diversité », il est inscrit sur le dollar américain que les États-Unis sont « un à partir de plusieurs » (*E pluribus unum*). Le resteront-ils d'ici à l'horizon 2050 ? D'ici là en effet, l'immigration croissante posera à la société américaine et à sa tradition d'ouverture la question délicate de sa diversification raciale et culturelle. Celle aussi du communautarisme qui s'y renforce, à la faveur de crispations politiques, religieuses et sociales.

LA MOSAÏQUE DES ANCÊTRES

Sur cette carte des États-Unis, où les couleurs indiquent l'ascendance la plus partagée au sein de chaque comté, on déchiffre à la fois l'histoire communautaire du pays et les racines de son futur. Par exemple, on retrouve facilement les origines anglo-saxonnes et notamment allemandes des États-Unis, ainsi que l'empreinte de la conquête du territoire américain, à partir de la côte est et de la région du Midwest. Près d'un siècle et demi après la fin guerre de sécession, on s'aperçoit aussi que les populations afro-américaines restent essentiellement concentrées dans la *Black Belt* des anciens États sudistes (esclavagistes). Enfin, on repère l'impact de l'immigration hispanique avec la concentration de populations d'ascendance mexicaine dans les comtés frontaliers du Sud, dans les grandes villes industrielles du Nord-Est et en périphérie des métropoles du Midwest. Plus encore que sur la carte, c'est à l'occasion des élections que l'on mesure le mieux l'incidence politique de la géographie communautaire. Ainsi, lorsqu'elles sont placées en situation de majorité, on observe que les minorités ont tendance à voter pour l'un des leurs lors de scrutins locaux. Au niveau fédéral, leur vote peut également se révéler décisif : les groupes ayant une forte croissance démographique sont concentrés dans plusieurs des États comptant le plus grand nombre de grands électeurs (Californie, Floride…). En somme, avec le temps, l'élection du président américain dépendra de moins en moins des populations d'origine européenne.

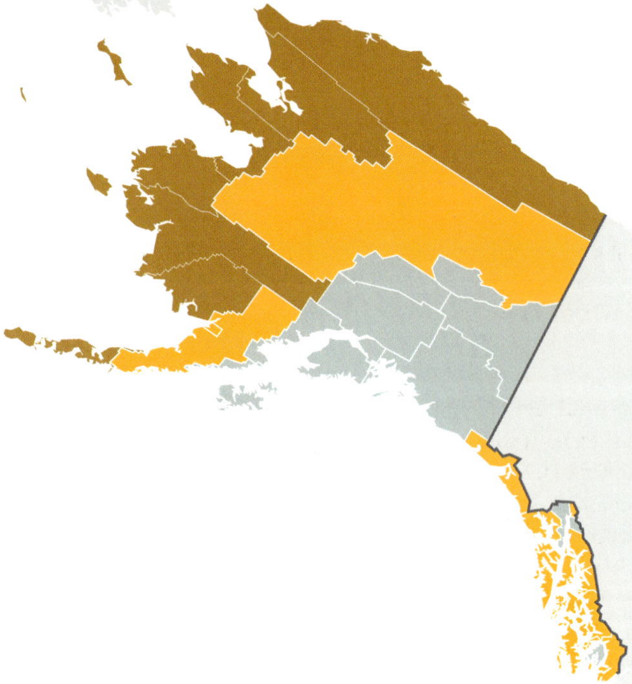

ORIGINE MAJORITAIRE DES ANCÊTRES PAR COMTÉ, en 2000

- Américain
- Indien d'Amérique
- Aléoute/Eskimo
- Afro-américain
- Hollandais
- Anglais
- Finlandais
- Français
- Allemand
- Irlandais
- Norvégien
- Espagnol
- Italien
- Mexicain
- Portoricain
- Autres

Source >>> U.S. Census Bureau, Census 2000 special tabulation, 2000.

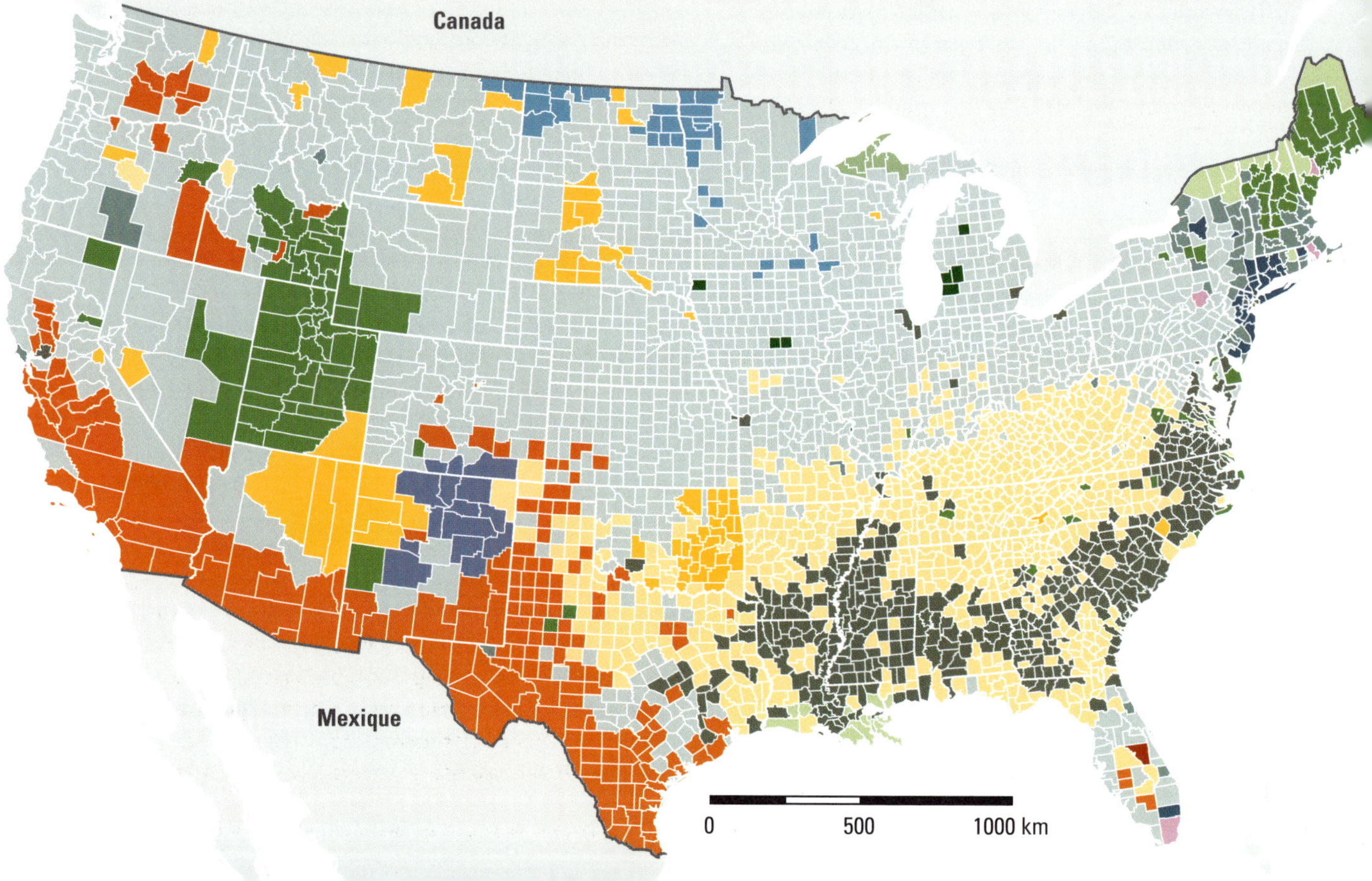

Sur le plan démographique, les États-Unis se distinguent à plus d'un titre des autres pays développés. Alors que de nombreux pays européens vieillissent et qu'un certain nombre verront leur population diminuer sensiblement dans les prochaines décennies, les États-Unis continuent d'afficher une croissance démographique remarquable : peuplés de 317 millions d'habitants en 2010, ils en compteront près de 404 millions en 2050 dont moins de 20 % auront plus de 65 ans (Blancs* pour les trois quarts). Comme aujourd'hui, les États-Unis seront alors le troisième pays le plus peuplé au monde, après l'Inde et la Chine. Cette progression de la population américaine correspond elle-même à deux caractéristiques démographiques du pays : l'indice de fécondité élevé (près de 2,1 enfants en moyenne par femme) qui se maintient au-dessus du seuil de renouvellement des générations ; un nombre annuel important de nouveaux migrants, situé autour de 1,5 million de personnes en 2010, et qui pourrait atteindre 2 millions de personnes d'ici une trentaine d'années. Ainsi, au milieu du siècle, les migrants et leurs descendants représenteront ensemble plus de 80 % de la croissance démographique étatsunienne. Auparavant, à partir de 2025, la part de la population née à l'étranger sera plus élevée que jamais dans l'histoire du pays et plus de la moitié des enfants américains appartiendront à une minorité raciale ou ethnique*. En résumé, l'immigration est de nouveau en train d'écrire le prochain chapitre de l'histoire des États-Unis et de leur peuplement.

> En 2025, la part de la population née à l'étranger sera plus élevée que jamais.

L'immigration controversée

L'histoire de la future population américaine commence en fait dès le milieu des années 1960, à la faveur du mouvement pour les droits civiques. Sans prendre conscience qu'ils allaient mettre un terme à des décennies de domination européenne, les membres du Congrès adoptent alors la loi Hart-Celler (1965) qui abolit le régime discriminant des quotas migratoires imposés depuis la grande dépression. La même année, ils suppriment le système de migrations temporaires réservé aux Mexicains puis, trois ans plus tard, la prohibition de l'immigration asiatique. Depuis, on assiste donc à la recomposition raciale des États-Unis, au gré de l'arrivée des populations qui viennent s'y installer. Dans leur majorité, elles sont originaires du Mexique, mais aussi des Philippines, d'Inde, de Chine, du Vietnam, du Salvador, du Pakistan ou de Corée. Curieusement, alors que les pays européens ont largement refermé leurs frontières depuis la fin des Trente Glorieuses, les États-Unis n'ont jamais réellement révisé leur politique migratoire et restent partagés entre pragmatisme économique et protectionnisme sécuritaire. À quelques années du moment où les Blancs perdront leur majorité démographique absolue dans le pays, le peuple américain reste également très divisé entre les partisans du multiculturalisme* favorables à l'ouverture, et ceux du nativisme*, une vieille théorie américaine, opposés à toute nouvelle immigration.

Depuis une dizaine d'années, deux éléments sont venus relancer le débat sur l'immigration, égratignant au passage le mythe de la terre d'accueil et de l'intégration américaines. En renvoyant les États-Unis au rang d'ennemis de l'islam, les attentats terroristes perpétrés par Al Qaïda le 11 septembre 2001 ont offert une vaste chambre d'écho à la théorie du « choc des civilisations* » du politologue Samuel Huntington. En même temps, ils ont désigné des millions de boucs émissaires, voire de suspects (les musulmans), au sein même de la population américaine. Un amalgame en amenant un autre, ce furent bientôt les migrants clandestins qui se trouvèrent ciblés par les nouvelles dispositions de contrôle des frontières et de sécurité du territoire. Estimés entre 11 et 12 millions de personnes, ils sont mexicains pour près de deux tiers, et viennent chaque année gonfler la population des Hispaniques* nés ou légalement installés dans le pays. Pour une frange conservatrice de l'électorat américain, ce n'est donc plus seulement le territoire des États-Unis qui se trouve menacé. C'est le cœur de son identité. Dans la vision des conservateurs, la part croissante des populations hispanophones et catholiques au sein de la population américaine renvoie en effet au déclin de l'Amérique blanche, anglo-saxonne et protestante. Elle projette dans le futur le visage d'une Amérique colorée où les minorités seront majoritaires. Reprenant le modèle de pensée assimilationniste*, le désormais célèbre Huntington lance alors la polémique. Dans un ouvrage datant de 2004, il décrit comment l'immigration hispanique, notamment mexicaine, expose les États-Unis à un risque de division en deux sociétés, composées de deux peuples distincts, dotés de deux cultures (anglaise et hispanique) et surtout de deux langues (l'anglais et l'espagnol). Réanimant le nativisme, il articule en termes universitaires les multiples frustrations que suscite la transformation de certaines régions sous l'effet d'une immigration mexicaine importante. Considérant que l'identité américaine procède intrinsèquement de la culture, de la religion et de la langue des premiers colons européens, les valeurs fondatrices se trouveraient selon lui menacées par la venue de nouveaux immigrés hispaniques. De plus en plus nombreux et venant d'un pays frontalier, ils menaceraient notamment d'imposer leur hégémonie linguistique dans les États où ils sont installés, et seraient donc d'autant plus résistants à l'impératif d'assimilation de la nation américaine.

Les nouveaux enfants de l'Amérique

Au total, les Hispaniques représentent 47 millions de personnes résidant aux États-Unis dont deux tiers de Mexicains, les autres étant essentiellement portoricains, cubains, salvadoriens et dominicains. En 2008, 62 % d'entre eux étaient nés aux États-Unis, citoyens américains par le droit du sol. Traditionnellement implantée dans les États situés le long de la frontière mexicaine et dans les métropoles du Nord-Est comme New-York, la population hispanique se disperse aujourd'hui dans d'autres grandes métropoles et vers le Midwest. Désormais, elle constitue la « minorité » la plus importante des États-Unis, dépassant en nombre Noirs*, Asiatiques* et Amérindiens*. Ainsi, près de quatre siècles après l'arrivée en Amérique des premiers esclaves, l'« Autre » de l'Américain blanc n'est plus noir et descendant d'Africains. Il est plutôt basané, catholique et parle espagnol. Comme les Hispaniques sont également beaucoup plus jeunes que les Blancs, ils sont à la fois le moteur de la croissance démographique du pays et celui de plusieurs secteurs économiques à haute intensité de main-d'œuvre. Souvent d'origine rurale, peu qualifiés – contrairement aux migrants d'origine asiatique –, les migrants de première génération, légaux ou clandestins, représentent ainsi la main-d'œuvre bon marché indispensable aux exploitations agricoles du sud des États-Unis et aux secteurs des services non qualifiés. Cette contribution majeure à l'économie américaine, formelle et informelle, est certainement le premier élément qui permet d'expliquer l'échec des tentatives répétées pour réformer la politique migratoire à l'échelle fédérale. Le second est politique. Comme le dernier scrutin présidentiel est venu le confirmer, les citoyens américains hispaniques participent de plus en plus aux élections, soulignant ainsi le rôle décisif qu'ils pourraient tenir – par leur nombre – dans le choix des successeurs d'Obama. Partagés entre des valeurs morales et familiales conservatrices et des préoccupations centrées sur les questions de santé et d'éducation, ils constituent désormais les électeurs à préserver ou à conquérir, laissant ainsi ouvertes les questions de l'immigration et de la future société américaine. Trop communautaire pour être hispanisée, pas assez métissée pour devenir post-raciale, l'Amérique de demain reste donc à découvrir.

Sources >>>> Frédéric SALMON, *Atlas historique des États-Unis de 1783 à nos jours*, Paris, Armand Colin, 2008. >>>> Frédérick DOUZET, « Le cauchemar hispanique de Samuel Huntington », *Hérodote*, Paris, La Découverte, n° 115 (4/2004), 2004. >>> Samuel P. HUNTINGTON et Barbara HOCHSTEDT, *Qui sommes-nous ? Identité nationale et choc des cultures*, Paris, Odile Jacob, 2004. >>>> Mark Hugo LOPEZ et Paul TAYLOR, *Dissecting the 2008 Electorate: Most Diverse in US History*, Washington DC, Pew Hispanic Center, 2009. >>>> Els DE GRAAUW et François VERGNIOLLE DE CHANTAL, « Les défis de la réforme de l'immigration sous la présidence Obama : entre pragmatisme national et pressions subnationales », *Hérodote*, Paris, La Découverte, n° 132 (1/2009), 2009.

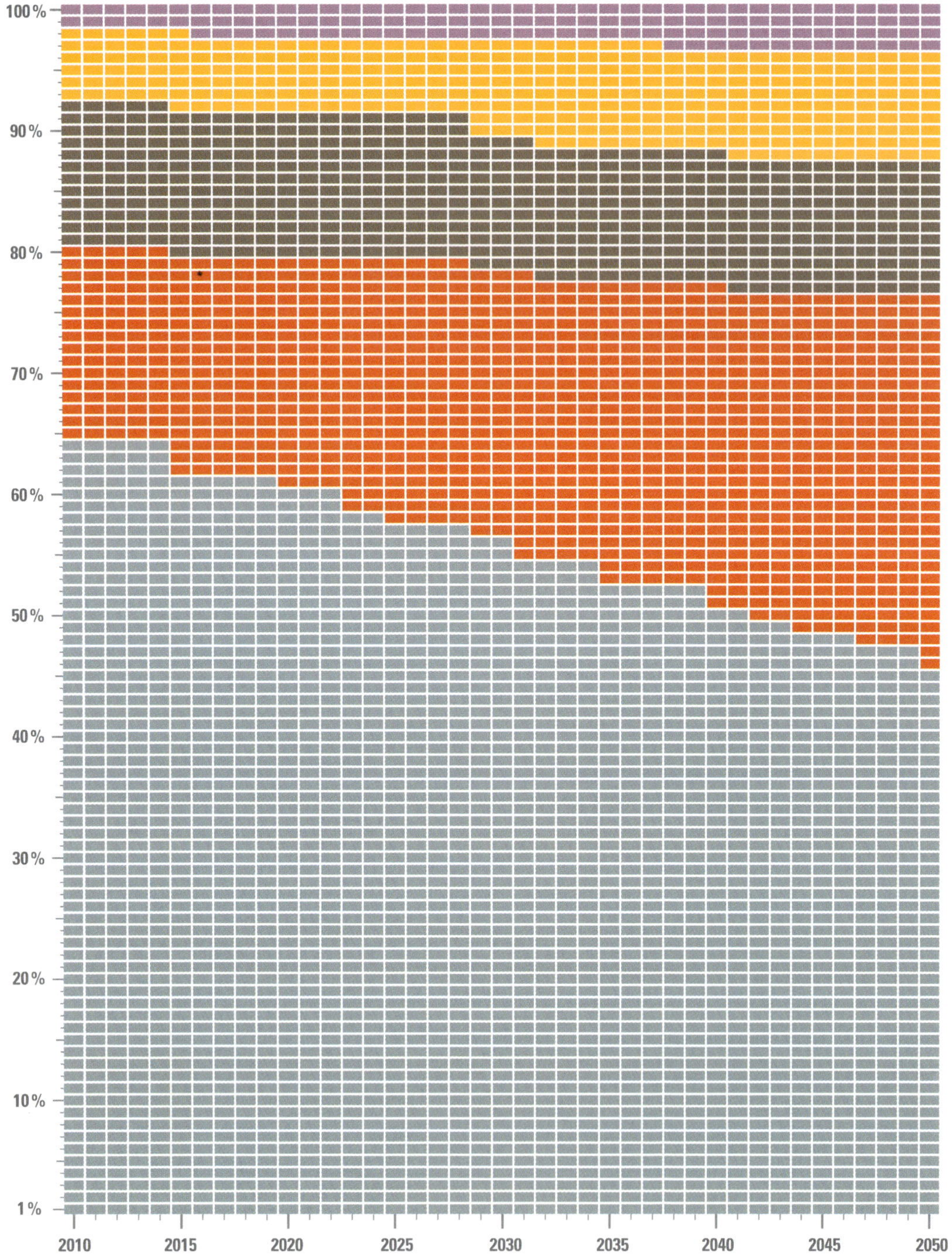

RÉPARTITION DE LA POPULATION AMÉRICAINE PAR APPARTENANCE ETHNIQUE ET RACIALE, de 2010 à 2050

Blancs* Hispaniques* Noirs* Asiatiques* Autres

Source >>> U.S. Census Bureau, Population Division, décembre 2009.

ÉTATS-UNIS

Les minorités majoritaires

Les États-Unis changent de visage. Tandis que les Hispaniques sont déjà plus nombreux que les Noirs, la part des Blancs dans la population ne cesse de diminuer. Vers 2040, ils pourraient même ne plus être majoritaires.
À quelle Amérique pourrait alors ressembler le quatrième successeur du président Obama en 2033 ? À celle du repli sur soi des communautés ? À celle du mythe intégrateur de la nation ? Ou à celle de la diversité ethnique et de la pluralité culturelle ?

L'AMÉRIQUE MOINS BLANCHE

En 2010, la population blanche non hispanique représente 66 % de la population des États-Unis. Cependant, comme le fait apparaître ce graphique, il s'agit là d'une situation provisoire : d'ici à trente ans environ, les Blancs non hispaniques seront minoritaires. Parmi les différentes communautés, celle des Latinos (hispano-américains) enregistrera la progression la plus marquée : en 2050, près d'un Américain sur trois sera hispanique. D'un point de vue arithmétique, les Blancs non hispaniques formeront alors la minorité la plus nombreuse.
Difficilement envisageable ailleurs dans le monde, la répartition raciale de la population ne procède ni de sondages, ni de calculs scientifiques. Elle est établie à partir du questionnaire du Bureau américain du recensement, dans lequel il revient aux individus eux-mêmes de cocher leur(s) race(s) et leur(s) ethnie(s) d'appartenance dans une liste fermée (Blancs, Noirs, Hispaniques, Asiatiques, Amérindiens, autres, etc.). Depuis 2000, le formulaire permet même d'en revendiquer plusieurs à la fois. L'enjeu est sensible. Car cette classification des communautés renvoie non seulement à un mécanisme de reconnaissance identitaire, mais aussi aux nombreuses politiques de traitement préférentiel des minorités *(affirmative action)* visant à corriger une histoire nationale discriminatoire et à promouvoir la diversité. Finalement, le classement des minorités permet aussi de mesurer l'écart croissant qui sépare l'Amérique blanche des Pères fondateurs de la société de plus en plus cosmopolite que constituent les États-Unis.

Sources >>> Pew Research Center, *US Population Projections: 2005-2050*, Washington DC, 2008. http://pewhispanic.org/reports/report.php?ReportID=85 >>>>>> Jeffrey PASSEL et Paul TAYLOR, *Who's Hispanic?*, Washington DC, Pew Hispanic Center, 2009. >>> Pew Hispanic Center, *Statistical Profile of the Hispanic and Foreign-Born Population in the US*, Washington DC, 2010. http://pewhispanic.org/reports/report.php?ReportID=120 >>> Gilles PISON, « Forces et faiblesses de la démographie américaine face à l'Europe », *Populations et sociétés*, Paris, INED, 2008.

MEXICO, MARDI 18 JANVIER 2033, *EL MUNDIAL*

« Il fait une chaleur exceptionnelle ce mardi à Washington. Selon les relevés météorologiques américains, ce serait même le 18 janvier le plus chaud de tous les temps. Pourtant, l'Histoire retiendra sans doute autre chose de cette journée. Car de mémoire d'Américain, jamais aucune investiture n'avait rassemblé une foule si nombreuse au pied du Capitole. Une foule si mélangée et si métissée, à l'image de ceux qui ont choisi Leslie Cordero Mendoza pour diriger le pays. Au moment de poser sa main sur la Bible, c'est donc à eux et à sa famille que pensera la 48e présidente des États-Unis, qui devient en même temps première femme et première Chicana* à entrer à la Maison Blanche. *« Il n'est pour moi ni plus grand honneur ni plus grande fierté que la confiance que vous m'avez faite aujourd'hui pour représenter la nation américaine, toute la nation, dans toute sa diversité. Vous m'avez reconnue comme l'une des vôtres : à mon tour, je m'engage à écouter chacune et chacun d'entre vous, et à vous entendre tous. »* C'est par ces mots qu'au soir de son élection, le 2 novembre dernier, la petite-fille d'immigrés mexicains avait remercié ses supporters, suscitant de nombreux commentaires. Premier à réagir, le candidat républicain Benjamin Lake, lui avait alors adressé ses vœux en ces termes : *« Je félicite Leslie Mendoza pour sa victoire. Dès ce soir, je prierai Dieu pour elle et pour notre nation… pour qu'elle devienne la présidente de tous les Américains… Oui, je dis bien "tous" ! »* Suspectée tout au long de la campagne par ses adversaires de vouloir privilégier l'Amérique des minorités, Leslie Mendoza aura donc la tâche difficile de convaincre l'Amérique conservatrice et protectionniste de sa volonté de réconciliation nationale.

Lors des élections primaires pourtant, elle avait affiché l'objectif de mettre fin au régime de traitement préférentiel des minorités raciales pour lui substituer une politique sociale mieux ajustée aux nouvelles réalités économiques et démographiques du pays. Ainsi, la candidate démocrate avait conquis la majeure partie des grands électeurs noirs. *« Le mentor de Mme Mendoza doit s'appeler Fidel Chavez Morales ! »* avait alors ironisé son adversaire, s'assurant ainsi les voix de la communauté cubaine de Floride, aussi conservatrice qu'attachée à la reconnaissance de son identité spécifique. Mais ce sont les émeutes ethniques à Los Angeles au printemps 2032 qui, finalement, auront permis à l'avocate hispanique d'emporter la partie. Car elles lui auront offert de convaincre facilement les Californiens qu'en ayant elle-même grandi à East-L.A., elle serait plus à même d'apaiser le climat social. Peu après, les milieux d'affaires avaient à leur tour rejoint sa campagne, persuadés qu'elle serait mieux placée pour normaliser les relations américano-mexicaines, sérieusement dégradées depuis le lynchage de jeunes Latinos dans un poste frontière américain.

Au moment de prêter serment, il revient à Leslie Mendoza de donner tout son sens au choix de la nation. Gageons qu'elle invoquera pour cela l'Amérique qui lui ressemble : multiculturelle, libérée de son passé et de ses démons ségrégationnistes. L'Amérique, en somme, que le monde attendait depuis le départ d'Obama. Mais soudain la foule se tait : *« Je me présente. Je m'appelle Leslie Cordero Mendoza. Je suis une petite-fille d'Abraham, une fille de John, une petite sœur de Barack. C'est ma mère qui m'a donné mon nom et c'est l'Amérique qui m'a donné un avenir. »* Assise au premier rang des invités, une petite femme brune essuie une larme… »

LES LATINOS EN PLEIN ESSOR

En 2010, les Hispaniques représentent 15 % de la population des États-Unis. Nés pour les deux tiers sur le sol américain, ils sont en majorité enfants ou petits-enfants de migrants. En effet, si l'augmentation de la population latino dans les années 1980-1990 était plus liée à l'arrivée de nouveaux immigrés qu'à la croissance naturelle de la communauté hispano-américaine, les années 2000 ont vu la tendance s'inverser : aujourd'hui, le solde migratoire hispanique est inférieur au nombre de naissances dans la communauté latino, dont la remarquable vitalité démographique (2,9 enfants en moyenne par femme) dépasse celle de toutes les autres communautés (près de 2,1 enfants à l'échelle nationale). Résultat : en 2050, 35 % des moins de 18 ans aux États-Unis seront hispaniques, soit encore un peu moins que les enfants blancs non hispaniques (40 %) mais déjà plus que les enfants noirs (14 %) ou asiatiques (10 %). De la même façon, la part des Latinos – notamment des Mexicains – restera prépondérante parmi les nouveaux arrivants, légaux ou clandestins.
Ainsi, bien qu'un repli protectionniste reste toujours possible, on prévoit que le nombre d'entrées nettes de migrants hispaniques par décennie se stabilisera entre 8 et 9 millions de personnes dans les années 2020-2030. Les Hispaniques qui sont déjà les principaux acteurs de la croissance démographique américaine devraient donc le rester encore longtemps.

NATALITÉ ET SOLDE MIGRATOIRE DES HISPANIQUES, de 1960 à 2030 (en millions de personnes)

Immigration nette — Naissances

Source >>> Latino National Survey, 2006.

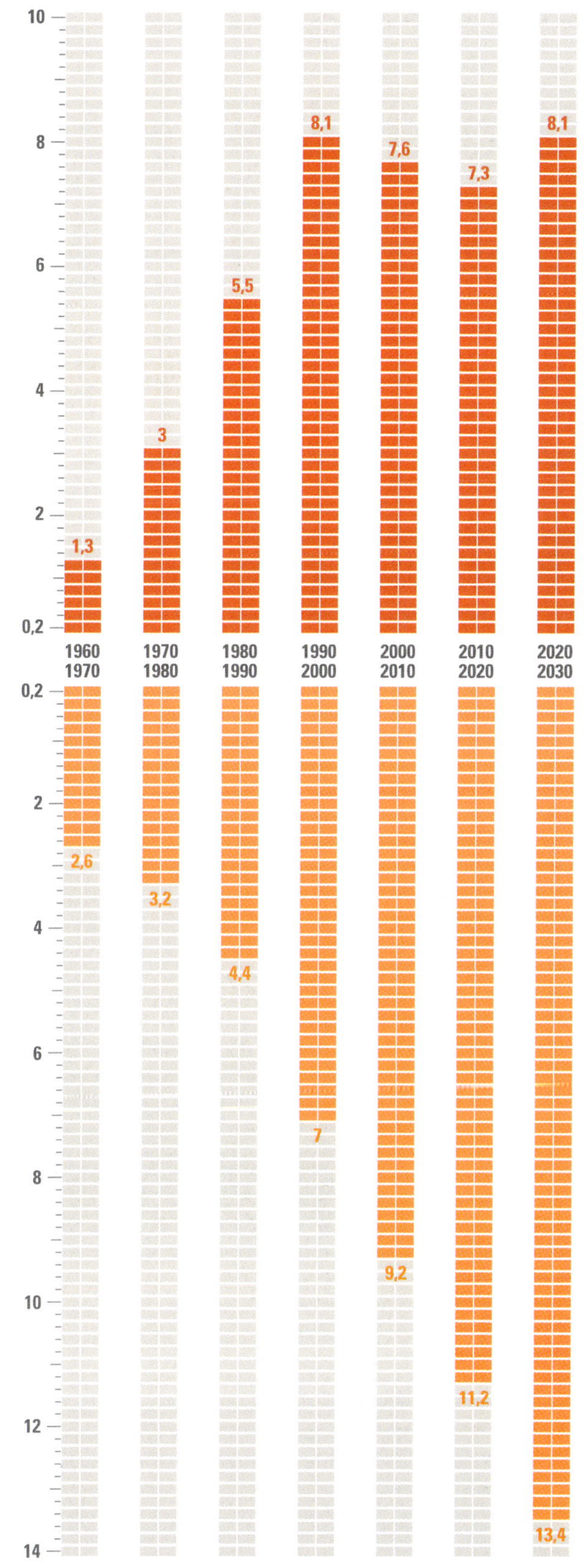

Une nouvelle géographie humaine

Présentes à toutes les époques de l'Histoire, les migrations connaissent aujourd'hui une croissance sans précédent. Facilitées par l'ouverture des frontières, la généralisation des passeports, mais aussi les besoins de main-d'œuvre, elles se redéployent dans une nouvelle géographie. Stimulées par la mondialisation, le développement des réseaux, des communications et des transports, elles se globalisent. Ainsi, elles recomposent peu à peu la carte du monde.

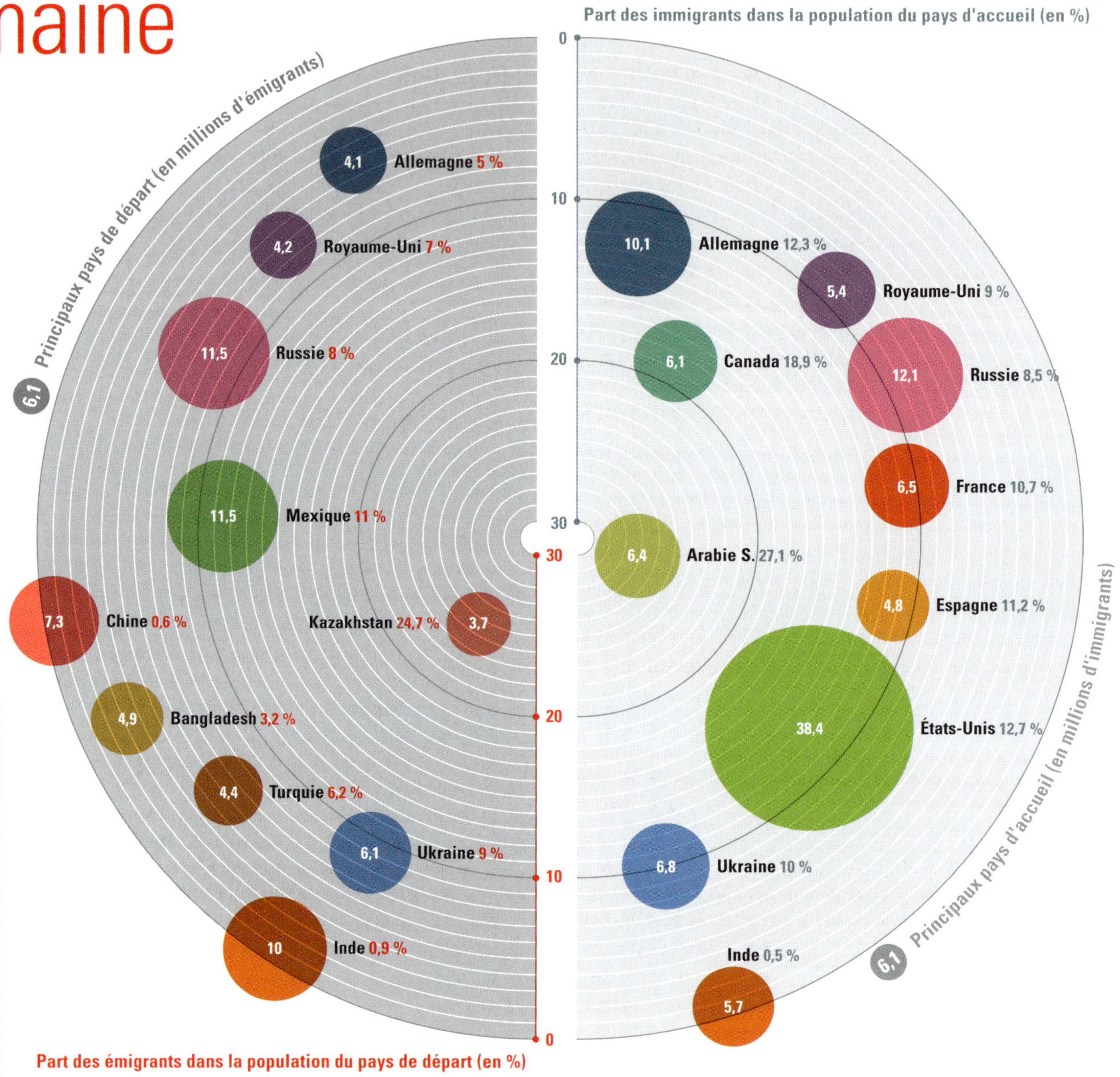

MIGRANTS INTERNATIONAUX (STOCKS), en 2005

DES STATISTIQUES ALÉATOIRES

Sur ce graphique se trouvent répartis les dix principaux pays de départ de migrants internationaux dans le monde, ainsi que les dix premiers pays d'accueil. Qu'il s'agisse des pays d'origine ou d'installation, les chiffres reportés ici comptabilisent le total des populations installées hors de leur pays d'origine, de plus ou moins longue date. Autrement dit, ils renseignent sur les stocks de migrants cumulés au fil du temps dans les pays d'accueil, mais ne donnent pas d'indication sur les flux migratoires qui, pour leur part, enregistrent le nombre d'entrées et de sorties au cours d'une année. À cette précaution sur la nature des chiffres s'ajoutent celles qu'impose leur maniement. Elles procèdent notamment de l'invisibilité statistique des migrations clandestines, de la fiabilité des données recueillies dans certains États, ainsi que de la grande disparité des nomenclatures qu'ils utilisent. En effet, qu'il s'agisse de la nationalité, du lieu de naissance, de la durée de l'expatriation, de sa direction ou de son motif, les critères utilisés dans la définition du migrant diffèrent sensiblement d'une source à l'autre.

Sources du graphique >>> Banque mondiale, 2008. >>> Ined, 2010.

Sources >>> PNUD, « Lever les barrières : mobilité et développement humains », *Rapport sur le développement humain 2009*, 2009. http://hdr.undp.org/en/media/HDR_2009_FR_Complete.pdf >>> Gildas SIMON, *La planète migratoire dans la mondialisation*, Paris, Armand Colin, 2008. >>> Catherine WIHTOL DE WENDEN, *La Globalisation humaine*, Paris, PUF, 2009. >>> Catherine WIHTOL DE WENDEN, *Atlas mondial des migrations*, Paris, Autrement, 2009.

› D'ampleur et de dispersion jusque-là inédites, les migrations contemporaines procèdent également de dynamiques nouvelles et de paramètres de plus en plus nombreux. D'un pays ou d'un individu à l'autre, elles renvoient à des réalités de durée, d'importance et de nature très diverses. Très difficiles à chiffrer quand elles sont clandestines, elles n'autorisent guère de projections qui soient fiables sur la durée. Pourtant, sans annoncer le futur, l'augmentation récente des mobilités internationales et leur redéploiement fournissent déjà quelques indications sur la place qu'elles prennent peu à peu dans l'organisation du monde. En effet, alors que les migrants internationaux ne représentaient encore que 75 millions de personnes en 1965, on estime qu'ils sont désormais plus de 200 millions. Ensemble, ils constitueraient déjà le cinquième pays le plus peuplé de la planète. Si, par ailleurs, ils ne rassemblent encore que 3 % de la population mondiale, leur nombre augmente chaque année de 2,9 % alors que, pour sa part, la population mondiale ne progresse que de 1,2 % par an.

Le chassé-croisé planétaire

Sur le plan géographique, la mobilité internationale affiche d'abord une répartition très inégale : à eux seuls, 28 pays accueillent 75 % des migrants. Toutefois, les flux migratoires actuels et les tendances qu'ils expriment montrent aussi que, désormais, tous les pays du monde ou presque sont concernés par le phénomène migratoire : pays de départ, d'accueil ou de transit, ils sont même de plus en plus souvent les trois à la fois. Ainsi, faute de pouvoir atteindre les États-Unis ou l'Europe, un nombre croissant des migrants finissent par s'installer dans les pays de transit, comme le Mexique ou le Maroc. En Turquie ou en Thaïlande, ce sont les émigrés qui, par leur départ, suscitent une immigration de remplacement. Dans l'ancien espace communiste en Europe orientale, le droit de sortir du territoire acquis à la fin de la guerre froide est devenu depuis un droit à la mobilité. Avec les élargissements successifs de l'Union européenne, les migrations ont même été commuées en mode de vie par de nombreux Polonais et Roumains, qui se déplacent ainsi au Royaume-Uni, en Allemagne, en Italie, en Irlande et en Autriche. Pour leur part, des centaines de milliers de travailleurs des pays de la CEI comme l'Ukraine ou le Kazakhstan continuent leurs allers-retours vers la Russie où, à temps partiel, ils comblent le déficit de main-d'œuvre. Traditionnellement très ouverte aux demandeurs d'asile issus de l'ancienne Europe de l'Est, l'Allemagne reste également l'un des pays les plus attractifs pour l'immigration internationale : de passage ou plus durable, de travail ou familiale, elle émane surtout d'autres pays de l'Union européenne, de Turquie et d'ex-Yougoslavie. Plus récemment, l'Allemagne est également venue se ranger parmi les principaux pays de départ. Diplômés ou retraités, les émigrés allemands se dirigent vers les États-Unis, le Royaume-Uni, l'Autriche, l'Espagne et surtout la Suisse. Pour les États du sud de l'Union européenne (à l'exception de la France), la tendance est inverse : à la faveur de leur position de poste frontière mais aussi de confins économique et démographique de l'Europe, l'Espagne, l'Italie et le Portugal sont passés en moins de vingt ans d'un statut de terre d'exil à celui de terre d'accueil. Désormais, l'Espagne se range même parmi les premières destinations migratoires mondiales et dépasse la France en valeur relative. En valeur absolue cependant, la France conserve son deuxième rang dans la hiérarchie européenne des pays d'immigration, loin derrière l'Allemagne. Vient ensuite le Royaume-Uni où l'ouverture du marché du travail aux étrangers en 2004 a également fait converger d'importants flux de migrants, temporaires ou permanents, en provenance de Pologne, du Pakistan, d'Inde et des pays du Commonwealth.

Avec les changements climatiques, l'Afrique constitue la plus grande inconnue pour les migrations futures.

La réorganisation des flux

Parmi les évolutions récentes de la géographie migratoire mondiale, la prépondérance de l'Asie est l'une des plus saillantes. Rapportés aux seuls flux actuels, ceux qui sont issus d'Inde et de Chine seraient même les plus importants. Or compte tenu des fractures socioéconomiques qui subsistent dans les deux pays, de l'importance de leurs diasporas et de leurs réservoirs respectifs de main-d'œuvre, ils devraient encore longtemps alimenter les flux migratoires mondiaux. Parallèlement, ils pourraient également en absorber davantage. Dynamisme économique, besoin croissant de compétences, déficit d'expérience et amélioration du niveau de vie : les deux pays deviennent en effet de plus en plus attractifs pour les migrants, y compris pour les expatriés chinois et indiens dont l'expérience et les réseaux se trouvent ainsi valorisés.

Au regard de la faiblesse démographique structurelle des États du golfe Persique et de la stabilité de leur rente pétrolière, la convergence massive de main-d'œuvre vers ces économies compte également parmi les tendances migratoires de long terme. Dans leur majorité, les immigrés qui convergent vers cette région viennent d'autres pays arabes ainsi que des régions d'Asie du Sud et du Sud-Est. Terre d'immigration par excellence, depuis longtemps classés en tête des pays d'accueil, les États-Unis devraient également conserver durablement leur statut, en particulier grâce au maintien d'une politique migratoire attractive et sélective. Ainsi, en dépit d'un contrôle renforcé aux frontières et des controverses sur les migrations clandestines, les États-Unis demeureront la destination privilégiée d'une vaste majorité de migrants qui, pour les plus nombreux, sont originaires d'Amérique latine, d'Asie et d'Europe. Confronté aux effets sociaux et économiques d'un vieillissement démographique rapide, le Canada devrait lui aussi rester une destination migratoire majeure des vingt prochaines années. L'une des plus sélectives aussi, grâce à sa position géographique particulière.

Moins documentées, mal connues et sous-enregistrées, les mobilités africaines constituent finalement la plus grande incertitude migratoire des prochaines décennies. En dehors des populations que les crises alimentaires et les conflits armés chassent de leurs pays pour des durées plus ou moins longues, les migrants africains ne représentent encore qu'une part mineure des flux de migrants répertoriés dans les statistiques mondiales. Elles pourraient cependant y introduire de fortes variations au fil, notamment, des mutations démographiques des pays africains, de leur capacité à attirer les investissements internationaux et les délocalisations industrielles, de l'efficacité des politiques dites de « codéveloppement » menées par les États européens, de la réponse que les pays développés donneront à leur pénurie de main-d'œuvre, de la situation alimentaire et de l'impact des changements climatiques dans les pays du Sahel.

À l'échelle mondiale, on prévoit d'ailleurs que le réchauffement climatique multipliera de deux à cinq fois le nombre de migrants d'ici à 2050, tous déplacements confondus. Si d'autres scénarios avancent des mouvements de moindre amplitude, la population des grands deltas asiatiques suffit à elle seule à prendre la mesure de la variabilité de ces futurs flux migratoires : dans ces régions, la montée du niveau de la mer chasserait de leur terres des dizaines de millions de personnes.

Finalement, ce que les dynamiques migratoires actuelles disent du monde en gestation, c'est qu'elles détacheront peu à peu la géographie humaine des logiques de territoires et imposeront, comme le climat, de donner un sens politique à « l'espace mondial ». Ainsi, elles obligeront à savoir inventer d'autres rapports aux frontières et de nouvelles formes de citoyenneté. ‹

D'un monde à l'autre

Si à l'échelle internationale, la migration renvoie au passage par un individu d'une frontière administrative, la frontière qu'une large part des migrants cherche à franchir est en réalité démographique, économique et sociale. Ainsi, la répartition de la population et de la richesse dans le monde et leurs évolutions donnent déjà quelques premières tendances possibles des flux migratoires futurs.

DES ÉCARTS PROPICES AUX MIGRATIONS

Globalement, on estime que 40 % de la population mondiale partage 5 % du revenu mondial tandis que les 10 % les plus riches en captent 54 %. Sur le cartogramme ci-dessous où chaque pays est représenté par un rond proportionnel à ses revenus (PIB), on voit aussi que la richesse mondiale se répartit en trois groupes : celui des pays très développés en Europe, en Amérique du Nord et en Asie de l'Est ; celui des économies intermédiaires en Amérique latine et en Europe orientale ; celui des pays les plus pauvres en Asie et en Afrique. Pour sa part, l'importance des revenus de l'Inde et de la Chine – dont on connaît par ailleurs la forte croissance – doit être modérée par le poids de leurs populations respectives.
Sachant que les écarts économiques et démographiques animent la plus grande part des flux migratoires, ces deux cartogrammes permettent d'en saisir les orientations globales, depuis les régions moins développées et plus peuplées vers celles qui sont plus riches et démographiquement moins actives. Au vu du dynamisme économique des pays « émergents » et des perspectives démographiques d'ici à 2050, on peut toutefois penser que les migrations se déploieront peu à peu vers de nouveaux pays d'accueil, tandis que l'offre de migrants issus des régions devenues démographiquement stables pourrait diminuer.

RÉPARTITION DE LA RICHESSE MONDIALE, en 2007

Produit intérieur brut (PIB)
(en milliards de dollars de parité de pouvoir d'achat)

500
100

Indice de développement humain* (IDH)

0 | 0,500 | 0,800 | 0,900 | 1
Faible | Moyen | Élevé | Très élevé

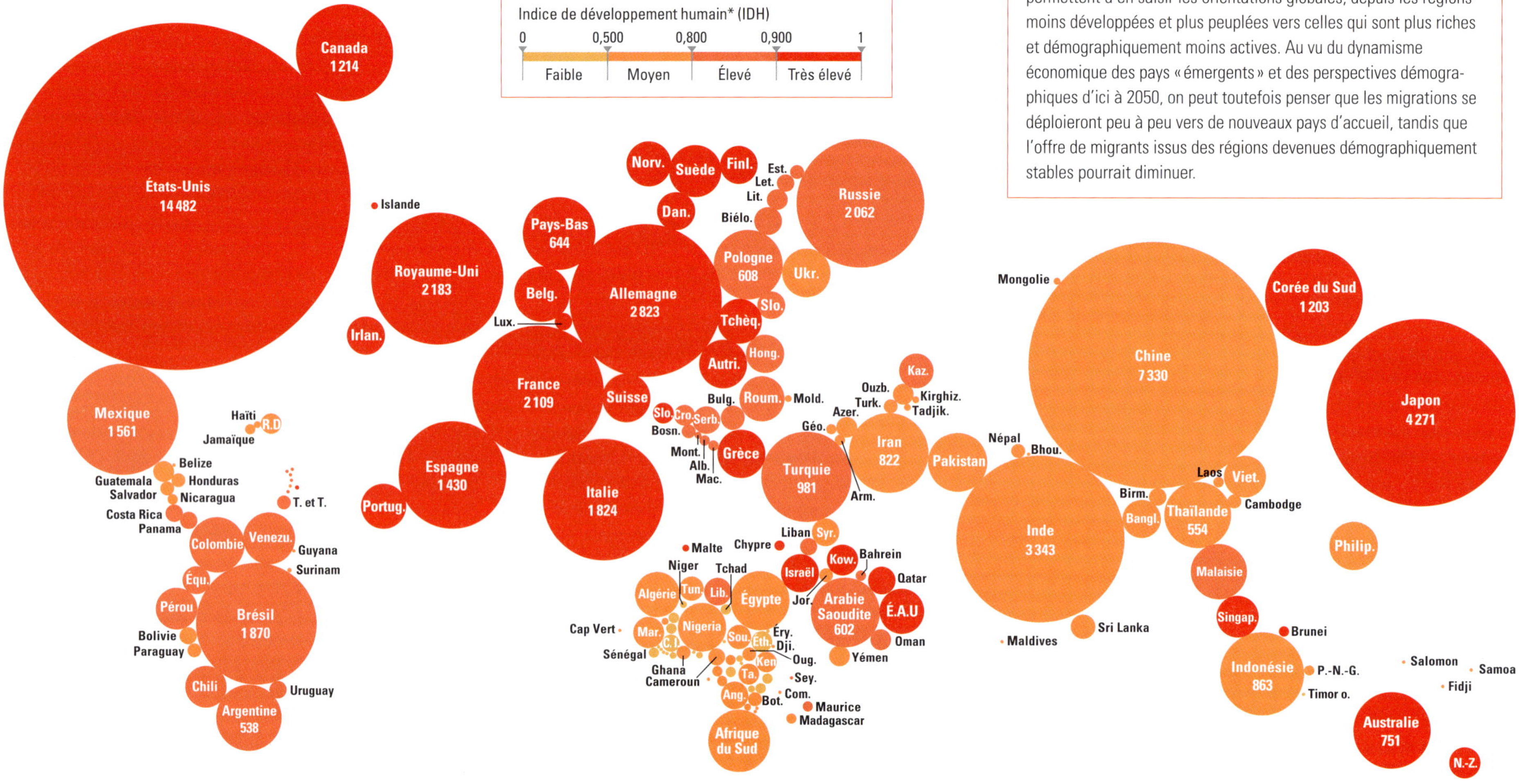

Sources du cartogramme >>> PNUD, « Lever les barrières : mobilité et développement humains », *Rapport mondial sur le développement humain*, 2009. >>> IRIS, *L'Année stratégique 2010*, Dalloz, 2009.

Sources >>> GCIM, « Les migrations dans un monde interconnecté : nouvelles perspectives d'action », *Rapport de la Commission mondiale sur les migrations internationales*, 2005. >>> PNUD, « La coopération internationale à la croisée des chemins : l'aide, le commerce et la sécurité dans un monde marqué par les inégalités », *Rapport mondial sur le développement humain 2005*, Paris, Economica, 2005. >>> OCDE, *Perspectives des migrations internationales : SOPEMI 2008*, Paris, OCDE, 2008.

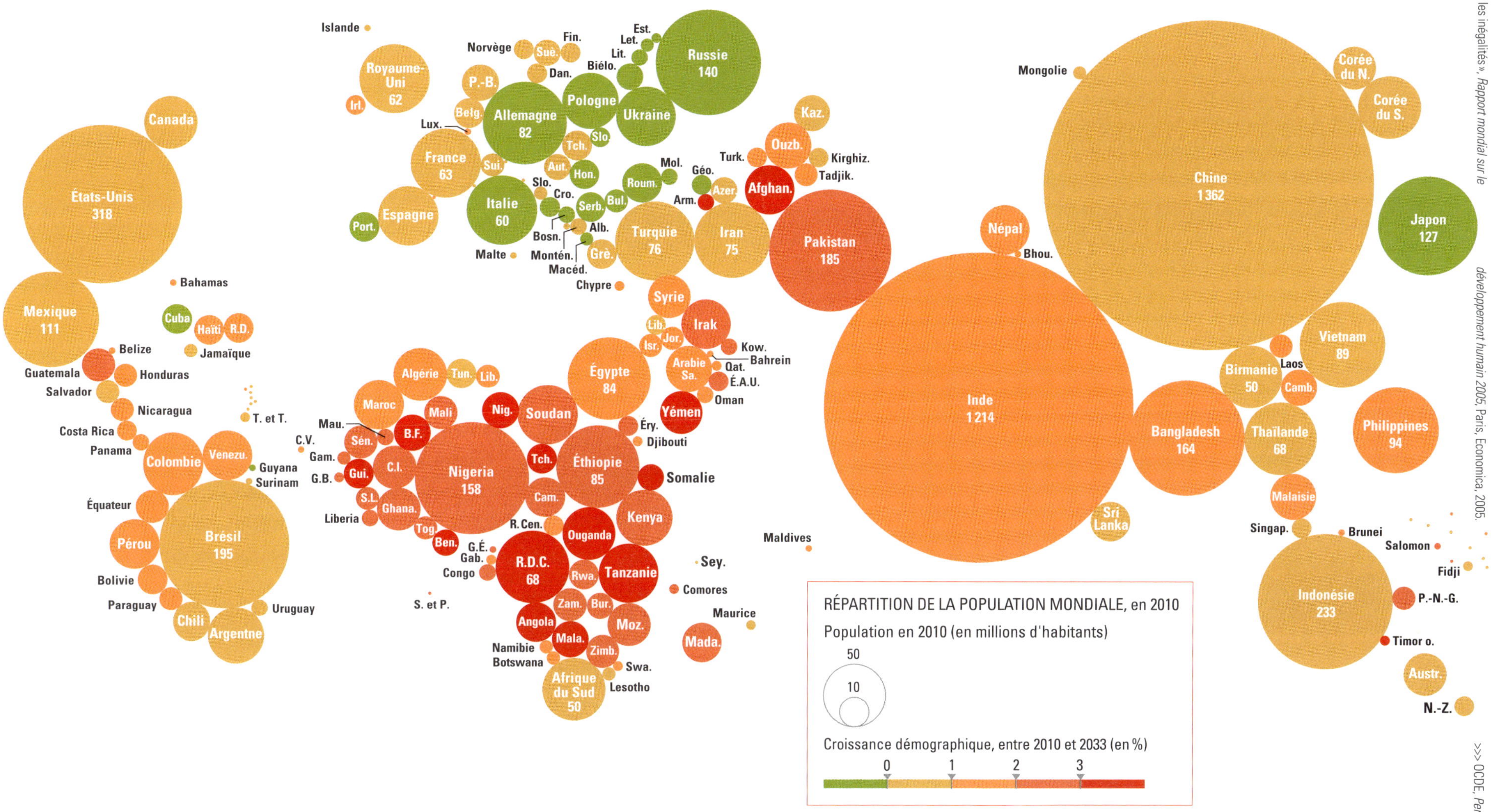

› Si de très nombreux facteurs individuels peuvent motiver un départ, la recherche d'une vie meilleure sur les plans social, économique et professionnel en constitue néanmoins le principal ressort. Alors que la fin de la Guerre froide a largement tari les mouvements de réfugiés et que la mondialisation ne cesse d'accroître les flux et les transferts de toutes sortes, la géographie des migrations souligne plus que jamais les fractures économiques mondiales.

Portés par l'espoir d'un emploi, d'une carrière ou encore d'un accès à des systèmes de santé et d'éducation plus performants, les migrants sont, pour la plupart, originaires de pays en développement. Dans leur majorité (56 %), ils sont installés dans les pays très développés (IDH ≥0,900). Ainsi, alors que le nombre de migrants vivant dans les pays en développement a progressé de 88 millions en 1990 à 93 millions en 2010, il est passé de 66 millions à 120 millions dans les pays très développés. Parallèlement, si l'on rapporte les migrations aux évolutions de la population des pays d'accueil, on peut aussi constater que les migrants contribuent de plus en plus souvent à y combler un déficit démographique. On considère par exemple que la migration internationale représentait 56 % de la croissance de la population des pays développés de 1990 à 2000, pour seulement 3 % dans les pays en développement. On estime même que sans les migrants, la population européenne aurait diminué de 4,4 millions de personnes entre 1995 et 2000.

Projetées à l'aune du modèle migratoire qui s'est imposé depuis trente ans, les migrations devraient rester le reflet des évolutions économiques et démographiques des prochaines décennies. Parmi les plus déterminantes, on retient le vieillissement en Europe, où l'âge médian est supérieur de 20 ans à celui de Afrique subsaharienne. On relève en même temps la pénurie de main-d'œuvre indispensable et non délocalisable (bâtiment, soins, services...) qui se précise dans la plupart des pays développés. On peut également souligner le dynamisme des puissances émergentes et l'attractivité croissante qu'elles exerceront pour les migrations économiques et professionnelles. On note enfin toute l'incertitude des évolutions économiques africaines. Dans un scénario déjà éprouvé en Asie où investissements et main-d'œuvre se conjuguent en nourrissant la croissance, on pourrait imaginer que l'Afrique suscite à son tour un mouvement beaucoup plus important de délocalisations vers certains pays du continent, où les entreprises seraient attirées à la fois par la main-d'œuvre bon marché, l'accès aux ressources et la proximité du marché européen. Limitée par la fermeture du Vieux Continent aux migrations peu qualifiées, une partie des flux migratoires serait ainsi captée par le continent lui-même. ‹

Source du cartogramme >>> Nations unies, Division de la population, World Population Prospects : The 2008 Revision Population Database. http://esa.un.org/UNPP

QUÉBEC

Les lendemains du souverainisme

L'indépendance du Québec a-t-elle encore un futur ? Quelle place la mondialisation laisse-t-elle au souverainisme* de la province canadienne ? Dispose-t-elle toujours des moyens démographiques de sa « liberté » politique ? En somme, le Québec est-il encore maître de son destin ?

LA BELLE PROVINCE

À l'échelle de l'Amérique du Nord, le Québec apparaît à la fois comme le Finistère nord des terres habitées et comme le trait d'union entre les États-Unis et le monde arctique. S'il est la plus vaste des dix provinces canadiennes, il n'est pas la plus peuplée : avec 23,2 % de la population du pays, il se place loin derrière l'Ontario qui en compte 38,8 %. Pour l'essentiel, la population du Québec n'occupe qu'une frange étroite au sud du territoire, où se concentre également toute l'activité économique et politique de la province. Entre autres ressources, le Québec dispose de nombreux minerais et métaux, de bois, mais aussi d'un puissant réseau hydrographique, qui fournit une part importante de son énergie. Indispensable à l'économie de la province, cette richesse hydroélectrique – dont le Québec exporte 10 % – reste néanmoins très insuffisante pour l'extraire de sa dépendance à l'égard du pétrole, dont une partie vient d'Alberta, l'une des provinces canadiennes hostiles à son indépendance.

Sources >>>>> Yves BOURDON et Jean LAMARRE, *Histoire du Québec : une société nord-américaine*, Laval, Beauchemin, 1998. >>> Serge COURVILLE, *Le Québec, genèses et mutations du territoire. Synthèse de géographie historique*, Québec, Presses de l'Université de Laval, 2000. >>>> Simon LANGLOIS, « Tendances de la société québécoise. Une révolution sociale et culturelle », *in Québec 2000*, Montréal, Fides, 1999. >>> Paul-André LINTEAU *et al.*, *Histoire du Québec contemporain*, 2 volumes, Québec, Boréal, 1994. >>>

› Quelle place le Québec occupera-t-il finalement dans le monde : celle d'un État souverain comme le proposent les indépendantistes, ou celle d'une province canadienne comme leur répondent les autorités fédérales ? La question trouvera-t-elle sa réponse par un retour aux urnes ou, plus subtilement, au fil des évolutions qui travaillent le Québec en profondeur ? Quelles que soient les réponses que l'avenir retiendra, elles partageront en tout cas les mêmes fondements historiques : l'acte du Québec, qui crée la province en 1774 ; l'acte constitutionnel de 1791 qui la divise en deux entités (le Haut-Canada, de langue et de tradition britanniques ; le Bas-Canada, francophone, catholique et de droit civil) ; la loi constitutionnelle enfin, qui fonde la Confédération du Canada en 1867 et qui, en échange de l'intégration du Québec à l'ensemble fédéral, lui concède une certaine autonomie. À partir de là, la nation québécoise dispose d'une identité culturelle, d'un territoire et de son propre avenir politique, qu'elle s'efforce depuis de préserver au sein du vaste ensemble anglo-saxon d'Amérique du Nord.

Un modèle de société singulier

Dans les années 1960, le particularisme culturel du Québec s'assortit cette fois de la singularité de son modèle économique et social. Unique à l'échelle du continent, l'expérience social-démocrate québécoise s'appuie à la fois sur un État providence interventionniste et sur l'émergence d'une classe moyenne francophone de plus en plus nombreuse. Lancé par la « Révolution tranquille » de Jean Lesage, défendu par les indépendantistes du Parti québécois puis remis en question par les progrès du libéralisme économique dans le monde, le modèle québécois continue pourtant de séduire, moins sans doute pour sa dimension culturelle que pour son offre d'alternative au modèle social dominant en Amérique du Nord. Pour autant, les spécificités du Québec suffiront-elles à légitimer durablement ses désirs d'émancipation ? La réponse vient d'abord des Québécois, dont une majorité s'est exprimée deux fois contre le projet indépendantiste, en 1980 et 1995. Lors de scrutins plus récents, les électeurs ont même plébiscité le parti libéral, opposé au séparatisme. L'avenir, quant à lui, soulève deux hypothèses : la première interroge le projet souverainiste lui-même, que les Québécois pourraient juger de plus en plus inadapté, voire anachronique au regard des nouvelles perméabilités internationales ; dans la seconde hypothèse, ce sont les électeurs qui pourraient évoluer vers une répartition socioculturelle de moins en moins favorable au mouvement francophone. Dans tous les cas, il convient pour répondre d'identifier les « variables » qui détermineront ensemble les lendemains du projet souverainiste.

La première de ces variables est démographique. Elle recompose la population de la province en modifiant sa répartition par classes d'âge, catégories sociales et origines culturelles. Ainsi, tandis que la population francophone fut très longtemps plus féconde et plus jeune que la population anglophone, les descendants de la première sont de moins en moins nombreux et de plus en plus âgés. Autrement dit, si la part des Québécois qui partagent le patrimoine linguistique et culturel fondateur de la société traditionnelle du Québec reste largement majoritaire, elle devrait progressivement diminuer au profit de populations anglophones ou allophones, autochtones ou immigrées, fédéralistes ou simplement indifférentes aux objectifs des souverainistes. En effet, tandis que les onze peuples natifs du Québec ne voient pas ce qui, dans le projet indépendantiste, pourrait réduire leur précarité économique et sociale, les migrants – de plus en plus nombreux et de moins en moins francophones – privilégient pour leur part le modèle anglo-américain. Quant aux jeunes générations francophones, elles se montrent sensibles au dynamisme et aux arguments des mouvements fédéralistes et amalgament plus volontiers que leurs aînés leur double identité, québécoise et canadienne. En définitive, si les souverainistes québécois veulent rester fédérateurs et ajuster leur proposition à la nouvelle donne démographique provinciale, ils se trouvent dans la situation paradoxale de devoir s'ouvrir à ce qui, justement, fragilise l'intégrité de leur projet politique.

> Plus les Québécois seront minoritaires, plus leur autonomie sera grande.

Face aux principes de réalité

Tout aussi déterminante pour l'avenir du projet souverainiste, l'économie lui oppose, elle aussi, des principes de réalité plutôt défavorables. Au premier abord, le Québec avance pourtant une économie solide, tertiaire à 70 %, tournée vers l'étranger et dont le PIB dépasse celui de nombreux pays européens. S'appuyant sur une main-d'œuvre hautement qualifiée, l'économie de la province affiche même la part de productions de haute technologie la plus élevée au monde après le Japon. Cependant, les atouts économiques multiples du Québec ne suffisent pas à masquer les fragilités qui pourraient faire obstacle à son émancipation. La première d'entre elles désigne la dépendance du Québec dans ses échanges avec les autres provinces canadiennes et son déficit commercial de plus en plus favorable à la Colombie-Britannique et à l'Ontario. Jadis excédentaire, la balance commerciale internationale du Québec tend elle aussi à se dégrader, alourdie chaque année davantage par sa facture pétrolière. Bien qu'il soit un grand producteur d'hydroélectricité, le Québec montre en effet une dépendance énergétique croissante, qui ne devrait culminer que vers 2018, quand la province atteindra son pic de consommation. Parallèlement, les fédéralistes insistent sur le fait que d'un point de vue économique et à l'heure où les États se rassemblent dans des organisations régionales telles que l'Accord de libre-échange nord-américain (ALENA), l'émancipation par l'indépendance n'est déjà plus pertinente, voire pas tenable. Sur le plan monétaire par exemple, l'indépendance n'offrirait de choix au nouvel État que la création de sa propre devise, exposant alors son économie au risque de change, ou le maintien du dollar canadien, qui priverait le Québec de tout contrôle sur sa politique monétaire.

Quant aux promesses sociales du modèle souverainiste, elles se révéleront de plus en plus difficiles à tenir à mesure que le vieillissement de la population alourdira la part du budget consacrée aux retraites.

Finalement, le dernier déterminant objectif de l'avenir du souverainisme québécois est exogène et reste entre les mains de Washington et d'Ottawa. Principaux partenaires économiques du Québec dont ils absorbaient encore 72 % des exportations en 2008 (88 % en 2000), les États-Unis ne manifestent aucune sympathie pour un projet de sécession d'inspiration antilibérale et jugé porteur de troubles financiers, monétaires et juridiques. Profondément réfractaire à la partition du Canada, Ottawa hésite pour sa part de moins en moins à dissuader toute tentation souverainiste québécoise. Déjà, en août 1998, la Cour suprême fédérale avait invalidé le droit de sécession au sein de la Fédération, confisquant ainsi aux Québécois le droit de choisir, serait-ce par référendum, la voie de l'indépendance. Conscient de la situation sociale fragile du Québec, dont le taux de chômage est l'un des plus élevés en Amérique du Nord, la capitale fédérale ne renoncerait pas non plus à diminuer les transferts fédéraux vers la province rebelle (4 % de son PIB), menaçant ainsi son État providence d'étranglement budgétaire.

Ainsi, analysé à la lumière de la prospective, l'indépendantisme québécois se trouve face à une triple impasse, économique, sociale et internationale. Sur le plan identitaire en revanche, la question posée par les souverainistes reste entière et pourrait donc ouvrir la voie vers une autonomie encore plus grande. Elle sera même culturellement d'autant plus fondée que la nation québécoise sera de plus en plus minoritaire au sein du Canada. ‹

Stéphane PAQUIN (dir.), *Histoire des relations internationales du Québec*, Montréal, VLB, 2006. >>> *Political Handbook of the Americas 2008*, Regional Political Handbook of the World, CQ Press, a Division of Congressional Quarterly Inc., Washington D.C., 2008. >>> OCDE, *OECD Economic Surveys: Canada*, juin 2008.

QUÉBEC

L'indépendance sous influence démographique

Traditionnellement francophone et catholique, la population québécoise change de visage… Portés par les évolutions démographiques de la province canadienne, les flux migratoires en modifient peu à peu le profil religieux et linguistique tout en réduisant la part des descendants directs de son histoire singulière. Quels impacts auront-ils sur l'avenir politique du Québec ?

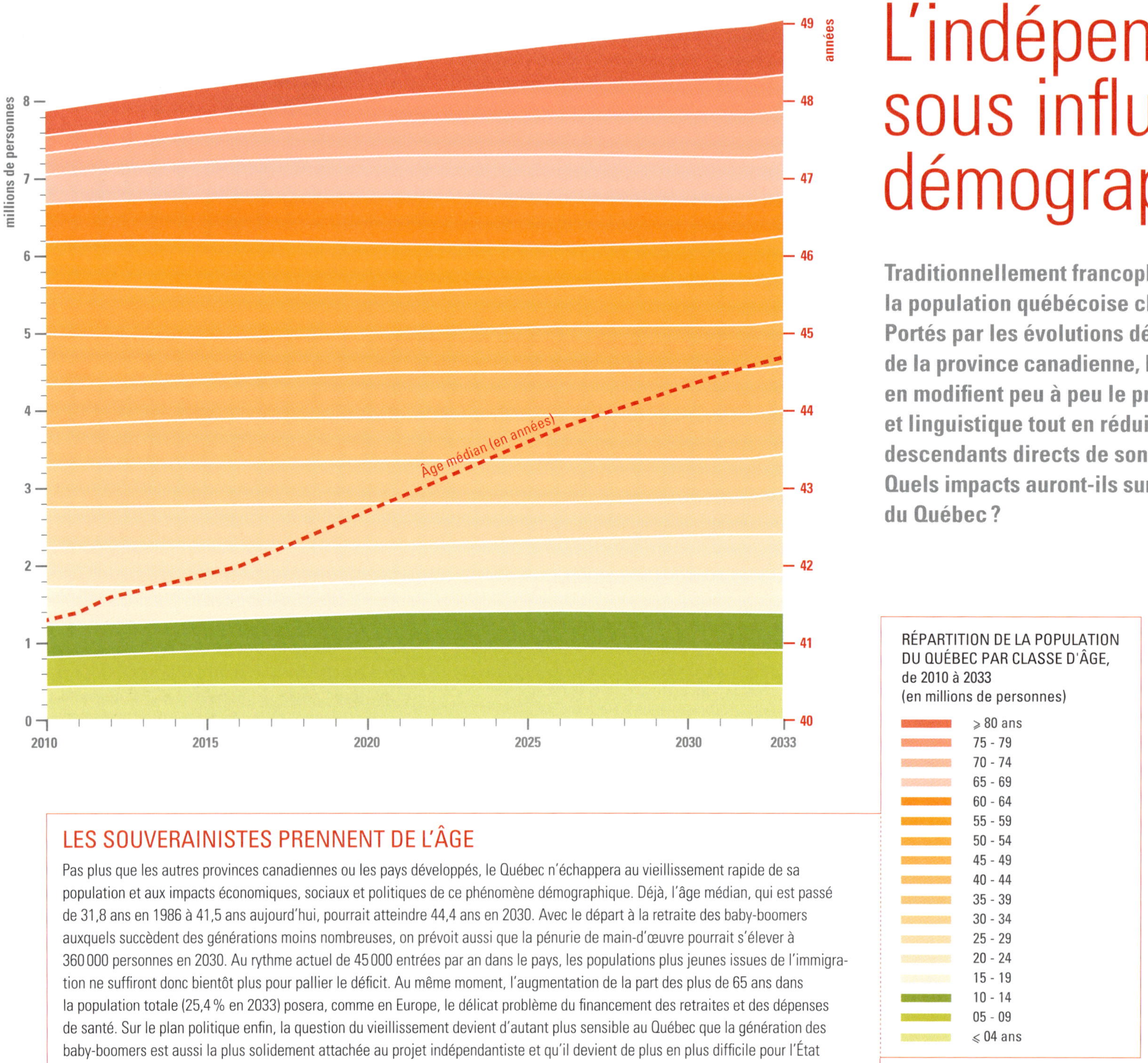

LES SOUVERAINISTES PRENNENT DE L'ÂGE

Pas plus que les autres provinces canadiennes ou les pays développés, le Québec n'échappera au vieillissement rapide de sa population et aux impacts économiques, sociaux et politiques de ce phénomène démographique. Déjà, l'âge médian, qui est passé de 31,8 ans en 1986 à 41,5 ans aujourd'hui, pourrait atteindre 44,4 ans en 2030. Avec le départ à la retraite des baby-boomers auxquels succèdent des générations moins nombreuses, on prévoit aussi que la pénurie de main-d'œuvre pourrait s'élever à 360 000 personnes en 2030. Au rythme actuel de 45 000 entrées par an dans le pays, les populations plus jeunes issues de l'immigration ne suffiront donc bientôt plus pour pallier le déficit. Au même moment, l'augmentation de la part des plus de 65 ans dans la population totale (25,4 % en 2033) posera, comme en Europe, le délicat problème du financement des retraites et des dépenses de santé. Sur le plan politique enfin, la question du vieillissement devient d'autant plus sensible au Québec que la génération des baby-boomers est aussi la plus solidement attachée au projet indépendantiste et qu'il devient de plus en plus difficile pour l'État providence québécois vieillissant de convaincre de la vitalité de son modèle culturel et social. Avec la population, c'est donc aussi le mot d'ordre souverainiste qui risque ainsi de prendre un coup de vieux.

Sources des graphiques >>> *Projections démographiques pour le Canada, les provinces et les territoires, 2005-2031*, Statistique Canada, décembre 2005.

Sources >>>>> Louis DUCHESNE, « La population du Québec au xxᵉ siècle : un siècle de mutations », *in* Institut de la Statistique du Québec, *Le Québec chiffres en main, édition 2010*, Québec, 2010. >>>> Institut de la Statistique du Québec (ISQ), Le Québec, *chiffres en main, édition 2009*, Québec, 2009. >>>> ISQ, *Perspectives démographiques du Québec et des régions, 2006-2056, édition 2009*, Québec, 2009.ISQ, *Le Québec statistique 2002*, Québec, 2002. >>>> ISQ, *Le Bilan démographique du Québec*, Québec, 2009.

UNE CROISSANCE DÉMOGRAPHIQUE AU RALENTI

Appelé à rester positif, contrairement à celui de pays comme l'Allemagne, la Russie ou l'Italie, le solde démographique* du Québec ne va cesser de diminuer dans les deux prochaines décennies, passant de 69 000 personnes en 2010 à 48 000 personnes en 2033. Comme on le voit sur le graphique, le nombre de naissances au Québec devrait rester stable dans les prochaines décennies, du moins si se confirme le scénario dans lequel le taux de fécondité actuel – relativement faible – du Québec est maintenu.
Au même moment, cependant, le vieillissement de la population devrait, lui, conduire à une hausse du nombre annuel de décès d'un tiers ou presque d'ici à 2033. Ainsi, il pourrait dépasser celui des naissances dès 2029. Dans l'hypothèse probable où le nombre de migrants arrivant chaque année au Québec n'augmente pas, l'immigration pourrait donc bientôt ne plus suffire à stabiliser le solde démographique de la province canadienne. Or à cette comptabilité démographique théorique s'associent aussitôt deux enjeux géopolitiques déterminants pour l'avenir de la province au sein du Canada : son poids démographique dans la fédération, en recul constant depuis le milieu du xxᵉ siècle, et son attractivité, dont on mesure le recul par la part d'émigrants qui quittent le Québec non pas pour l'étranger, mais pour d'autres provinces canadiennes (28 809 personnes en 2001, 35 692 en 2008).

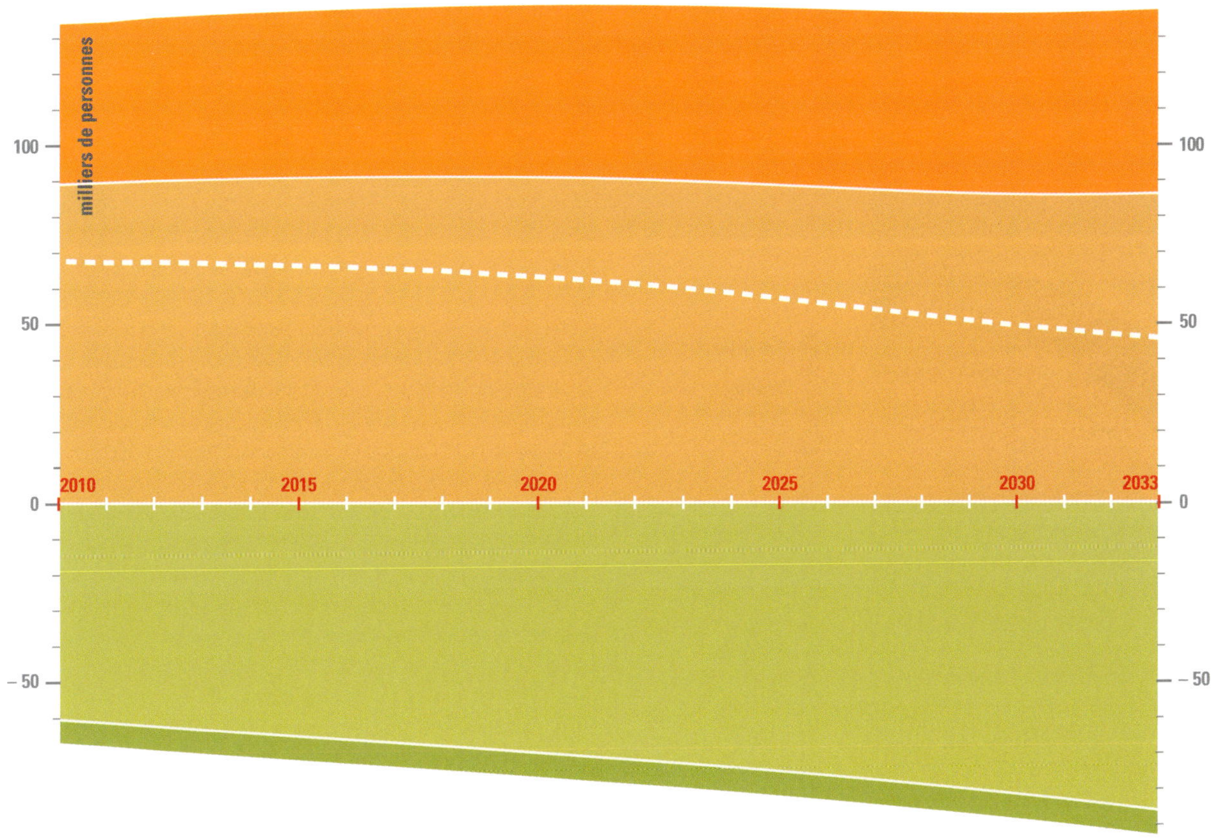

ÉVOLUTION DU SOLDE DÉMOGRAPHIQUE ANNUEL DU QUÉBEC, de 2010 à 2033 (en milliers de personnes)

Immigrants · Naissances · Décès · Émigrants · Solde démographique annuel total

❯ Parmi les éléments fondateurs de l'identité québécoise et du souverainisme* de la province au sein du Canada, le catholicisme et la langue française ont certainement été les plus déterminants. À son tour, le dynamisme démographique des populations francophones a longtemps contribué à renforcer leur positionnement politique face aux anglophones protestants, tant à l'échelle provinciale que fédérale. Au regard des fondements culturels de la société québécoise, il paraît donc primordial pour déterminer l'avenir du séparatisme de la province de l'envisager à la lumière de ses perspectives démographiques. Ainsi, on peut se demander si les souverainistes pourront encore longtemps faire prévaloir le particularisme culturel de la province au sein de la Fédération compte tenu du recul de son poids démographique dans la population canadienne : de 29 % dans les années 1960, celui-ci pourrait même ne pas dépasser 22 % en 2033.
À l'échelle même du Québec, la croissance de la population s'essouffle. Avec un nombre de décès qui rejoindra peu à peu celui des naissances, l'essor de la population québécoise, qui pourrait passer de 7,8 millions en 2010 à 8,8 millions en 2033, ne tiendra pour l'essentiel qu'à l'entrée au Québec de jeunes immigrés. Si elle est indispensable au maintien de l'activité économique et à l'équilibre social de la province, l'immigration internationale au Québec interroge cependant de plus en plus la viabilité politique du projet indépendantiste. Alors que, dans les années 1950, plus de 90 % des migrants étaient d'origine européenne, ils viennent désormais d'Afrique (29 %), d'Asie (27,2 %), d'Amérique centrale et des Antilles (22,2 %). Pour la plupart étrangers à l'héritage socioculturel francophone, non catholiques et de plus en plus allophones*, ces nouveaux Québécois – dont la fécondité est la plus forte – ne se reconnaissent pas dans le projet séparatiste. En gagnant le Québec où ils acquièrent plus volontiers la langue anglaise, c'est avant tout le mode de vie anglo-américain qu'ils cherchent à rejoindre. Pas plus qu'ils ne partagent l'histoire de la province, ils n'adhèrent donc aux valeurs et aux objectifs que le souverainisme s'efforce de défendre. Invité par ces nouvelles populations à repenser ses marqueurs identitaires pour favoriser leur intégration, le Québec s'éloigne peu à peu d'une définition avant tout culturelle de la nation québécoise en valorisant de plus en plus les valeurs civiques. Finalement, au-delà des arguments économiques que la mondialisation et les autres provinces canadiennes opposent au séparatisme du Québec, c'est donc d'abord sa démographie qui rend l'avènement de son indépendance chaque jour moins probable. ❮

The USA and Canada 2008, Europa Regional Surveys of the World, 10e éd., Londres, Routledge, 2007. >>>>> Institut de la statistique du Québec, www.stat.gouv.qc.ca/ >>>>> Gouvernement du Canada, http://canada.gc.ca >>>>> Gouvernement du Québec, www.gouv.qc.ca >>>>

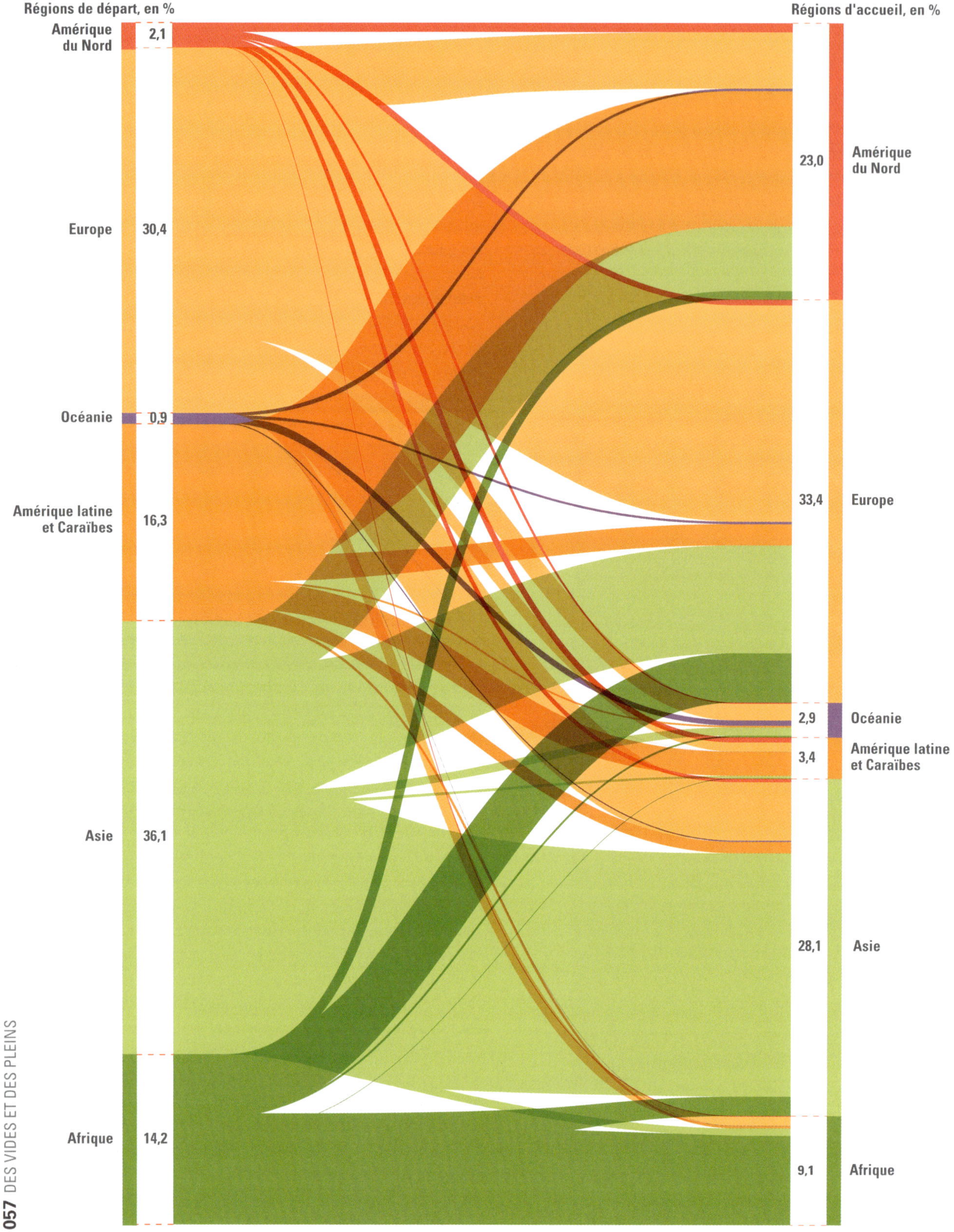

RÉPARTITION GÉOGRAPHIQUE MONDIALE DES MIGRANTS INTERNATIONAUX, en 2005

Les futurs migratoires

Du point de vue statistique, le migrant type du futur sera asiatique. Originaire d'un pays en développement, il sera plutôt qualifié et se déplacera, pour des raisons économiques, vers une zone urbaine d'un autre pays d'Asie. Cependant, au vu du contexte mondial, des mobilités actuelles et de leurs motivations, les prévisions migratoires restent surtout très hypothétiques.

LE FAUX DÉSORDRE DES MIGRATIONS

Qu'est-ce qui organise la géographie migratoire internationale ? Sur ce graphique où les migrants sont répartis par région d'origine et d'accueil, les migrations semblent déterminées par la proximité géographique : environ la moitié des migrants internationaux se déplacent dans leur région. Ainsi, 52,6 % des migrants africains résident dans un autre pays africain ; 59 % des émigrés européens sont en Europe et 54,7 % des asiatiques restent en Asie. Si l'on classe les régions en fonction du nombre total de migrants résidents, les principales régions d'accueil sont alors l'Europe (70 millions), l'Asie (61 millions) et l'Amérique du Nord (50 millions), suivies de l'Afrique (19 millions), l'Amérique latine (7 millions) et l'Océanie (6 millions). Si l'on classe ensuite les régions en fonction de la part des migrants au sein de leur population, l'ordre change de nouveau : ainsi, les immigrés ne représentent que 8,8 % de la population en Europe, mais 13,6 % en Amérique du Nord et même 16,4 % en Océanie. Enfin, quand on ventile les migrations selon le niveau de développement des pays d'origine et d'accueil, on voit que les pays développés rassemblent le plus grand nombre de migrants (stocks). Cependant, si on s'en tient aux flux, on constate que dans 60 % des cas les migrations surviennent entre pays de même catégorie de développement et moins d'une fois sur trois directement d'un pays en développement vers un pays développé.

Source du graphique >>> PNUD, « Lever les barrières : mobilité et développement humains », *Rapport mondial sur le développement humain*, 2009.

Concept graphique original >>> Sistema Design Italia (Milan, 2008).

Sources >>> PNUD, « Lever les barrières : mobilité et développement humains », *Rapport sur le développement humain 2009*, 2009. http://hdr.undp.org/en/media/HDR_2009_FR_Complete.pdf >>> OCDE, *L'Avenir des migrations internationales vers les pays de l'OCDE*, Paris, OCDE, 2009. >>>> OCDE, *A Profile of Immigrant Population in the 21st Century*, Paris, OCDE, 2008 >>>> Catherine WIHTOL DE WENDEN, *Atlas mondial des migrations*, Paris, Autrement, 2009. >>>> MANPOWER, *Le Marché du travail sans frontières*, Bruxelles, 2008

S'il est peu d'exercices de prospective plus aventureux que celui consistant à décrire les migrations du futur, on peut néanmoins formuler quelles évolutions du contexte mondial leur seraient favorables. On peut aussi tenter de hiérarchiser quelques-unes des dynamiques dont procèdent les mobilités internationales et qui, sans déterminer le futur, donnent déjà une trame de tendances possibles.

En dehors des mouvements forcés de populations liés aux guerres, aux massacres, aux crises alimentaires et bientôt au climat, les mobilités internationales s'organisent avant tout à l'articulation des évolutions économiques et démographiques mondiales. Ainsi, on peut penser que si la croissance économique reprend partout dans le monde, la demande de main-d'œuvre augmentera aussitôt. Rapidement, on pourrait même voir se développer des formes de concurrence internationale dans certains secteurs ou pour certains métiers. Au contraire, dans un scénario de ralentissement économique que la raréfaction des matières premières pourrait entraîner, la demande de main-d'œuvre pourrait également diminuer, ne laissant de liberté d'entrer ou de circuler dans les pays développés qu'aux migrants les plus qualifiés. Dans un troisième scénario, le vieillissement accéléré de la population des pays de l'OCDE absorberait peu à peu leur croissance économique tandis que de leur côté les puissances émergentes consolideraient leur développement, augmenteraient leurs excédents commerciaux et investiraient dans les pays en développement. Alors que les pays de l'OCDE fermeraient davantage leurs frontières aux travailleurs étrangers, les flux migratoires se trouveraient alors en partie détournés vers les économies émergentes et quelques pays en développement.

Une tendance à la fermeture sélective

À ces scénarios économiques simplifiés s'associent à leur tour les effets politiques de la mondialisation. Dans de nombreux pays, plus ou moins développés, l'ouverture des frontières et des marchés ainsi que l'augmentation rapide des flux financiers et commerciaux ont peu à peu nourri des réactions de repli nationalistes et identitaires, se confondant bientôt avec des préoccupations sécuritaires. Dans les démocraties européennes par exemple, la mise en place de politiques d'immigration sélectives et les moyens déployés pour lutter contre les migrations clandestines ne semblent pas infléchir l'hostilité d'une partie des opinions publiques aux migrations, intra-européennes comprises. À défaut de pouvoir recourir aux travailleurs étrangers pour pallier la pénurie croissante de main-d'œuvre, une option pourra consister, pour les pays européens vieillissants, à délocaliser davantage d'industries et de services vers les pays en développement, y attirant ensemble investissements et migrants. En Russie, on avance d'autres hypothèses. Alors que la pression xénophobe prive aujourd'hui les dirigeants de recourir aux migrations pour pallier le recul démographique national, certains scénarios n'excluent pas que les territoires très peu peuplés à l'est du pays ne résisteront pas à la pression des populations nombreuses de Chine du Nord où l'eau et la terre viennent à manquer. Dans les prochaines décennies, les grands espaces orientaux russes pourraient ainsi attirer de nombreux migrants chinois, fût-ce clandestinement. Dans tous les cas, l'Europe et la Russie soulèvent à leur tour la même question de l'orientation possible des politiques migratoires dans le futur. Alors que se creusera la fracture entre des populations riches et vieillissantes au nord, pauvres et en âge de travailler au sud, pourront-elles garder pour principal objectif de contenir les flux de migrants ? Continueront-elles de se limiter à réduire la pression en amont, en tentant de dissuader les candidats au départ, en régulant leurs espoirs par la législation et en canalisant leur mobilité par des systèmes de quotas et de critères sélectifs (migrations saisonnières, niveau de qualification, permis de circulation à points...) ?

> Partout dans le monde, on manquera bientôt de personnels qualifiés.

Un imaginaire migratoire mondialisé

Si l'idée se répand en effet depuis quelques années dans les pays développés que l'immigration sélective constitue un bon compromis entre exigences démographiques et tensions sociales, la « formule » pourrait pourtant trouver ses limites. La première d'entre elles tient aux représentations subjectives des migrants qui, justement, échappent aux politiques. Mus par le désir d'améliorer leur niveau de vie, les candidats au départ se trouvent confortés dans leurs aspirations par la diffusion continue d'images similaires dans le monde entier. À la télévision, sur internet, ils se voient proposés les mêmes univers de pays occidentaux riches et prospères, auxquels sont de plus en plus souvent assimilés les États du golfe Persique. Rarement démenti par les touristes ou les émigrés eux-mêmes, « l'imaginaire migratoire » se développe... plutôt indifférent aux évolutions des opinions publiques et des législations des pays d'accueil, mais beaucoup plus sensible au volume des fonds que les émigrés envoient dans leur pays d'origine.

Déjà mondialisé par les satellites, les diasporas, le téléphone portable ou les progrès de l'anglophonie, l'espace des mobilités internationales se trouvera donc aussi de plus en plus intégré par la pénurie de cadres et de personnels qualifiés. Accentué par le départ à la retraite des baby-boomers dans les pays de l'OCDE d'une part, par le développement des économies émergentes de l'autre, le manque d'expérience et de savoir-faire se répand dans tous les pays ou presque. Il pourrait donc bientôt et durablement opposer Européens, Australiens, Américains, Chinois et Indiens dans leurs efforts pour recruter des comptables, des scientifiques ou des commerciaux, de toutes origines. Peu à peu, la demande mondiale de main-d'œuvre hautement qualifiée fera ainsi apparaître de nouvelles figures de la mobilité internationale, élargissant ce faisant la diversité des profils migratoires. Débauchage, surenchère salariale, formation intensive en langues étrangères : dans certains secteurs d'activité à haute valeur ajoutée, les entreprises chinoises et indiennes sont déjà confrontées aux prémices du déficit de personnels hautement qualifiés.

Progressivement, les migrations de compétences pourraient donc se trouver organisées en fonction de stratégies nationales d'acquisition de savoir-faire, d'expérience et de réseaux. Déjà, 23,6 % des migrants des pays de l'OCDE détiennent un diplôme de l'enseignement supérieur contre seulement 19,1 % dans la population nationale. Soucieux d'enrichir leurs ressources en personnel qualifié sur le long terme, certains pays développés comme les États-Unis ou l'Australie mènent dès à présent des politiques destinées à attirer et à fixer les meilleurs étudiants-chercheurs étrangers. À leur tour, sélectionnés pour étudier dans les plus grandes universités du monde, encouragés à acquérir une expérience à l'étranger, les jeunes migrants asiatiques – la moitié des étudiants internationaux aujourd'hui – se verront proposer des opportunités de plus en plus attrayantes de valoriser leur expérience internationale, par et dans leur pays d'origine. À l'émergence d'un marché mondial des compétences devrait donc aussi correspondre une compétition mondialisée des systèmes d'enseignement supérieur, ainsi qu'une très forte croissance des migrations internationales d'étudiants : leur nombre pourrait passer de 2,5 millions en 2005 à 8 millions en 2025.

Si rapportés aux migrations familiales, aux mouvements de réfugiés et aux flux de travailleurs non qualifiés, les étudiants internationaux et les migrants qualifiés ne représenteront encore longtemps qu'une part réduite des migrants, ils renouvellent plus que d'autres les problématiques migratoires. Pour l'avenir, ils laissent entrevoir la constitution d'un marché global des mobilités.

Christophe JAFFRELOT et Christian LEQUESNE (dir.), *L'Enjeu mondial. Les Migrations*, Paris, Presses des Sciences Po/L'Express, 2009. >>>

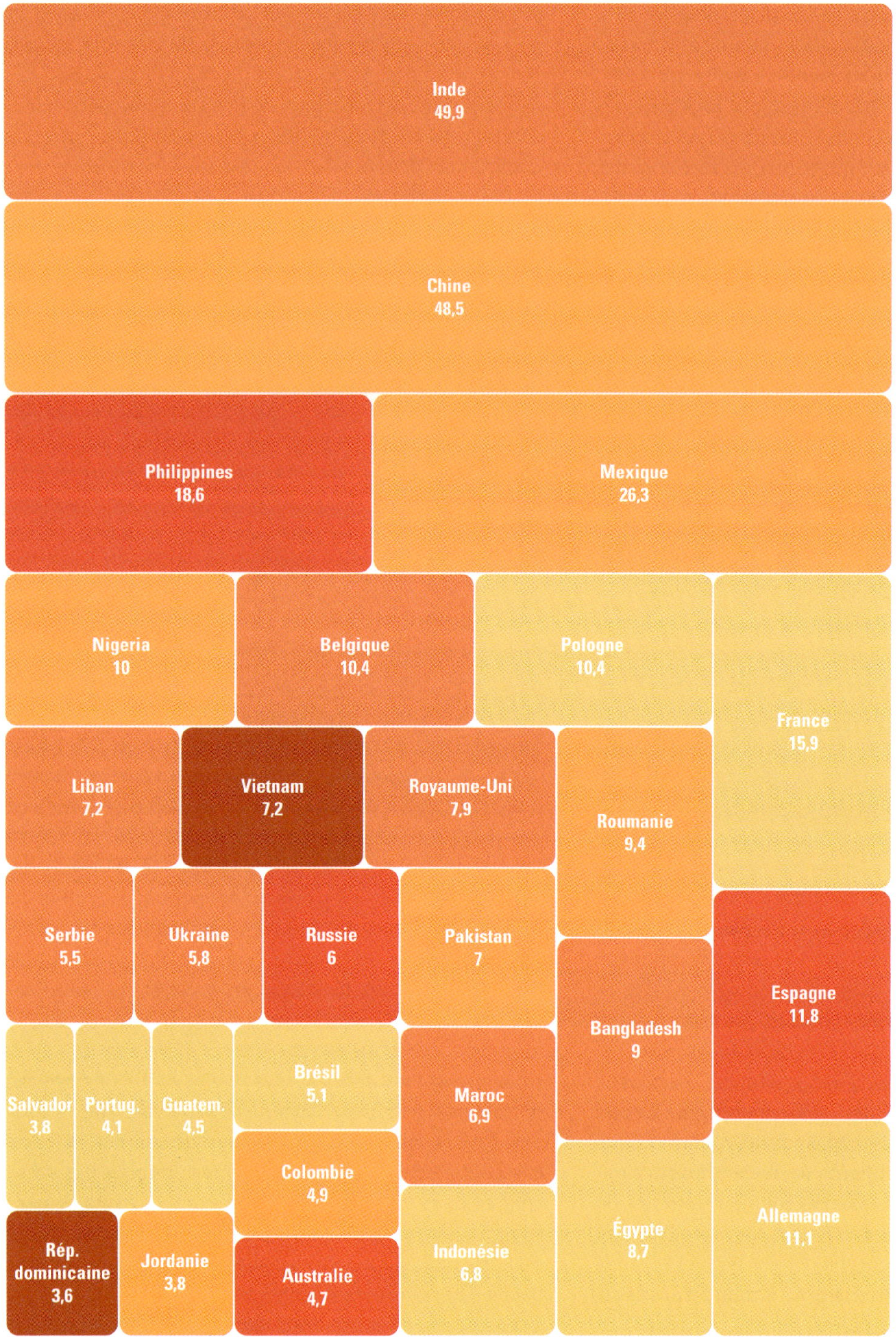

TRANSFERTS FINANCIERS ENTRANTS PAR PAYS, en 2008

France 15,9 — Volume des fonds envoyés par les expatriés français vers la France (en milliards de dollars)

Part des transferts financiers dans le PIB des pays récipiendaires (en %)
0 — 1 — 2,5 — 10 — 15

Les profits de la mobilité internationale

Si les migrations traduisent d'abord les écarts de développement dans le monde, pourraient-elles devenir un moyen privilégié de les réduire ? Une ressource économique à part entière des pays d'exil ? Un nouveau ressort de la croissance économique dans les pays d'accueil ?

DES TRANSFERTS INDISPENSABLES

Estimés à plus de 300 milliards de dollars depuis 2007, les envois de fonds des émigrés vers leur pays d'origine représentent près du triple de l'aide publique au développement*. En moyenne, ils constituent 2 % du PIB des pays en développement. Cependant, comme le font apparaître ces graphiques qui classent les 30 principaux pays émetteurs de fonds à gauche, les 30 principaux pays récepteurs à droite, certains pays comme le Vietnam ou les Philippines affichent une dépendance économique particulièrement marquée vis-à-vis des revenus migratoires. Première source de devises pour de nombreux pays en développement, les transferts représentent de plus en plus souvent le moyen d'améliorer la solvabilité de ces États et, avec elle, leur accès aux emprunts internationaux.

Sources du graphique >>> Banque mondiale, *Balance of Payments Statistics Yearbook*, 2008. >>> Banque mondiale, Databank, 2008.

Sources >>> Banque mondiale, *Migration and Remittances Factbook 2008*, Washington, 2008. >>> El Mouhoub MOUHOUD, « Les transferts de fonds des migrants, facteur économique majeur », *in* Bertrand BADIE et Dominique VIDAL (dir.), *L'État du monde 2010*, Paris, La Découverte, 2009. >>> OCDE, *Perspectives des migrations internationales : SOPEMI 2009, Gérer les migrations au-delà de la crise*, Paris, OCDE, 2009. >>> Céline LAISNEY, « La main-d'œuvre mondiale à l'horizon 2030 », *Futuribles*, n° 352, mai 2009.

❯ Comparée à la croissance des flux migratoires des dix dernières années, l'augmentation des fonds envoyés par les migrants dans leur pays d'origine est nettement plus rapide : leur volume global est passé de 102 milliards de dollars en 1995 à environ 319 milliards de dollars en 2009. Pour de nombreux pays en développement, cette manne de l'émigration constitue à présent une part majeure de leur économie : en plus d'offrir une contribution financière nette plus importante et plus directe que l'aide publique au développement*, les transferts représentent à la fois une source d'investissement et un système de protection sociale et d'assurance vieillesse. Aussi, convaincues de l'impact économique des transferts, de nombreuses institutions suggèrent de les organiser, de les mutualiser et de les bancariser. Tentés d'accroître cette nouvelle manne financière, certains États comme l'Indonésie ou les Philippines élaborent pour leur part de véritables stratégies pour exporter vers les pays développés la main-d'œuvre qui leur manque. Ce faisant, ils font de plus en plus reposer leur développement sur le revenu des migrants.

Parallèlement au retour d'épargne des migrants, on reconnaît aujourd'hui à la mobilité internationale de nombreux autres effets vertueux pour les pays du Sud. Sur le plan social et politique, le recul permet ainsi de constater que les migrants contribuent aux évolutions des systèmes sociaux, mais aussi au renouvellement du débat politique, parfois même aux progrès de l'État de droit. Quand ils sont sensibilisés dans les pays d'accueil, ils participent à faire connaître les droits humains dans leur pays d'origine. Pour sa part, la féminisation de la mobilité internationale accélère l'émancipation des femmes et conduit, ce faisant, à la baisse des taux de fécondité dans les pays en développement. Enfin, bien qu'elles contribuent à la fuite des cerveaux, les migrations qualifiées participent de plus en plus à la mondialisation des connaissances et aux transferts de technologie vers les pays en développement. Ainsi, quand les diasporas scientifiques restent en contact avec leur pays d'origine ou qu'elles y développent des réseaux, elles contribuent à la circulation des savoirs et deviennent à la fois des vecteurs de développement dans leur pays d'origine et des relais d'influence dans les pays d'accueil.

Dans les pays développés au contraire, l'écart s'accroît entre la perception des migrations par une part de l'opinion publique et ce que les chiffres indiquent sur leur apport pour les pays d'accueil. En Europe, par exemple, on juge l'immigration plus facilement intrusive sur le plan culturel que bénéfique sur le plan social. Bien que les migrants permettent de maintenir des activités délaissées par les populations nationales (bâtiment, restauration, nettoyage, aide à la personne…) et qu'ils contribuent à corriger les déséquilibres démographiques des pays européens, on s'attarde toujours plus volontiers sur le volume des prestations sociales dont bénéficieraient leurs familles. Si, par ailleurs, on valorise volontiers la créativité artistique et sportive des migrants, leur contribution à la consommation et à l'emploi demeure largement moins médiatisée. Or, selon les calculs de la Banque mondiale, l'augmentation de 3 % de la main-d'œuvre des pays industrialisés par l'immigration en 2006 y a dégagé un revenu supplémentaire de 160 milliards de dollars, soit davantage que les gains tirés de la libéralisation du commerce de marchandises. Pour leur part, les études menées sur la Californie et l'Espagne soulignent la contribution décisive de l'immigration à leur croissance économique. En Italie, où le solde migratoire a été multiplié par 7,5 entre 2000 et 2007, on a constaté que le taux de chômage était passé de 10,1 % à 6 % sur la même période. On pourrait multiplier les exemples. Pourtant, des Pays-Bas à l'Italie, de l'Autriche à la France, le débat public sur les politiques migratoires n'intègre toujours pas ces données et se trouve même détourné par la crise économique, la faiblesse des taux d'emploi ou les questions de répartition des richesses.

Finalement, au motif que leurs opinions publiques sont réfractaires à l'immigration et qu'il faut contenir la pression de l'extrême droite, les gouvernements de l'Union européenne retiennent des politiques migratoires sélectives, établies en fonction de leurs besoins de main-d'œuvre immédiats. Or, sans attendre l'avenir, on peut déjà relever plusieurs paradoxes : celui d'engager des politiques à contre-courant de la mondialisation des échanges, celui de vouloir contenir l'immigration tout en négligeant ce qui motive les individus à partir, celui de vouloir ajuster le calendrier démographique de l'Europe aux échéances électorales de ses États membres, celui enfin d'attendre des pays de départ qu'ils participent à l'endiguement des migrations, alors que mobilités et transferts deviennent justement des moyens décisifs de leur développement. ❮

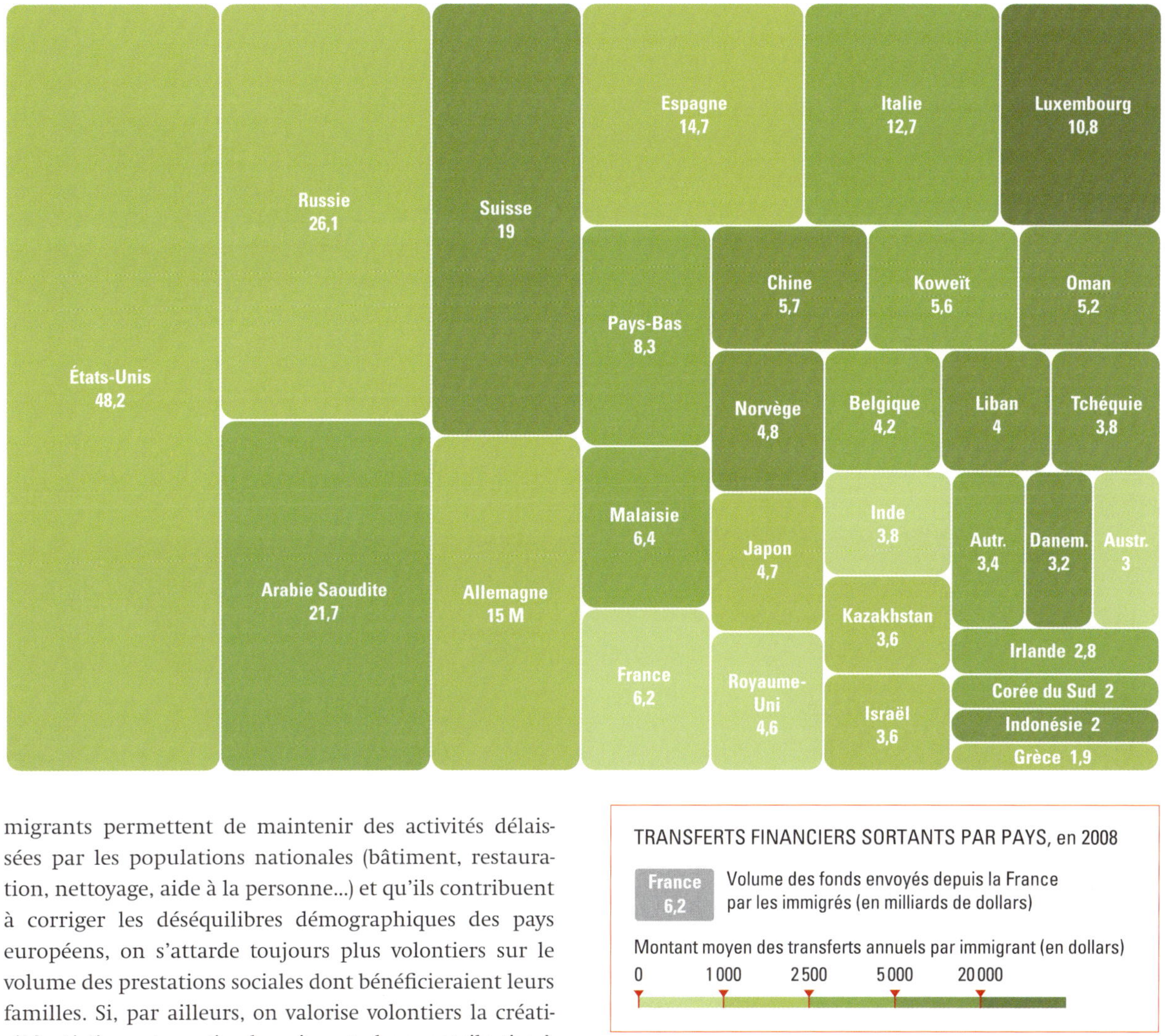

Sources du graphique >>> Banque mondiale, *Balance of Payments Statistics Yearbook*, 2008. >>> Nations unies, Département des Affaires économiques et sociales, Population Division, International Migration, 2009.

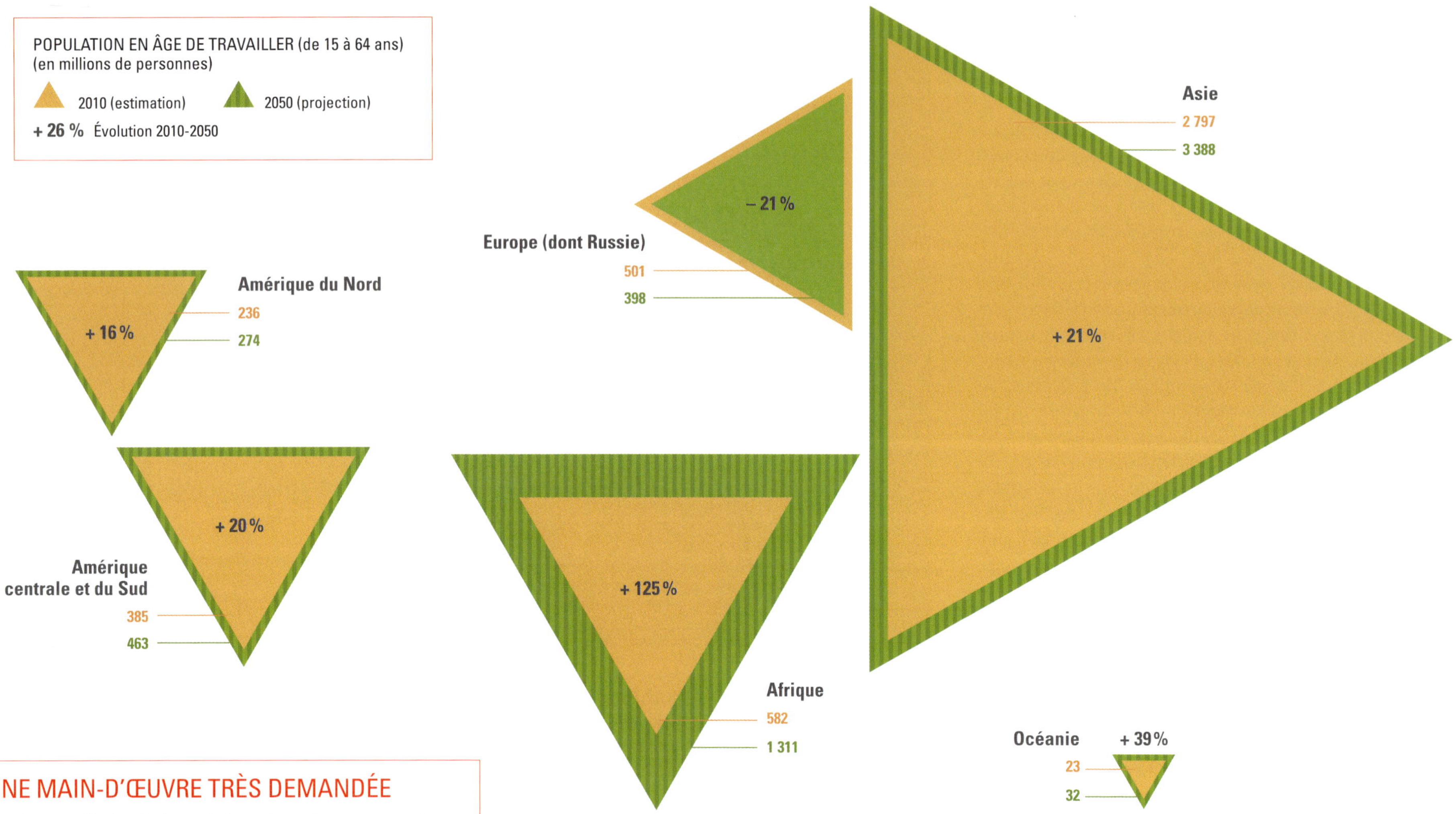

UNE MAIN-D'ŒUVRE TRÈS DEMANDÉE

Dans les pays développés, la population active est une ressource de plus en plus rare. Ainsi, quand on répartit l'évolution démographique de la population en âge de travailler par continent, on mesure aussitôt les écarts considérables qui se creusent dans le monde : d'ici à 2050, la main-d'œuvre disponible augmentera de 729 millions de personnes en Afrique, de 591 millions en Asie et diminuera de 103 millions de personnes dans les pays européens. Tandis que la moitié de la population aura alors moins de 25 ans au sud de la Méditerranée, vieillesse et richesse se concentreront dans les 25 pays les plus développés au monde où augmentera aussi la demande de biens et de services.

Par conséquent, il paraît très improbable que les pays les plus industrialisés puissent s'en tenir durablement à leur stratégie d'endiguement consistant à ajuster l'offre à leur demande, c'est-à-dire à trier les candidats au départ en fonction de leurs besoins spécifiques de compétences. À leur tour, les États du Sud qui seront confrontés au problème de devoir fournir un emploi à une classe d'âge pléthorique pourraient fort bien se montrer moins coopératifs pour lutter contre l'immigration clandestine, si les pays du Nord n'intégraient pas davantage la demande d'émigration dans leurs politiques d'accueil.

Les migrations partagées

Alors que les mobilités internationales sont appelées à connaître une croissance rapide dans les prochaines décennies, elles ne renvoient encore à aucune forme de régulation commune, ni à aucune gouvernance réunissant migrants, pays de départ et pays d'accueil.
Or, sur la durée, cette absence de mécanisme d'accompagnement des migrations expose à la fois à une plus forte criminalité du passage, à une plus grande précarité des personnes et à de moindres bénéfices potentiels pour les États.

Sources du graphique >>> PNUD, « Lever les barrières : mobilité et développement humains », *Rapport sur le développement humain 2009*, 2009. >>> « The Commonwealth and British Export Growth 2010-2050 », *Global Britain Briefing Note*, n° 58, 5 mars 2010.

Besoin de main-d'œuvre et de compétences dans les pays développés, de transferts et de savoir-faire dans les pays en développement, désir des migrants d'améliorer leurs conditions de vie : rarement dans l'histoire la demande de mobilité ne fut aussi forte qu'aujourd'hui. Or, à ce jour, les migrations qui restent soumises à la seule compétence des États ne font encore l'objet d'aucune forme de gestion ou de gouvernance commune. À mesure que la pression migratoire augmente, l'absence de concertation et de vision globales oppose ainsi de plus en plus les intérêts en jeu et facilite toutes formes de dérives. Au premier rang d'entre elles, la clandestinité souligne l'écart croissant entre l'offre et la demande de migrants, ainsi que le décalage de leurs logiques respectives. Soucieux de résorber les problèmes d'intégration et l'inquiétude de leurs opinions publiques, les pays développés limitent, par les textes, le nombre de nouvelles arrivées. Or on constate qu'en dépit de critères d'admission très restrictifs, leurs politiques échouent à dissuader la plupart des candidats au départ. Pour un grand nombre d'entre eux, la question est bien moins celle de la régularité administrative que celle de leur accès à une vie rêvée. Rarement découragés, ils élaborent ainsi des stratégies de contournement de plus en plus sophistiquées pour gagner leur pays de destination. Une fois sur place, ils optent pour l'installation définitive, craignant de ne plus pouvoir revenir s'ils retournaient dans leur pays d'origine. En effet, contrairement à une idée répandue, moins les migrants peuvent circuler, plus ils se sédentarisent dans les pays d'accueil. Et réciproquement.

> Le plus grand défi consistera à porter un regard nouveau sur les migrations.

Les risques du statu quo

Parallèlement, on observe aussi que plus les frontières sont fermées, plus les candidats au départ s'adressent à des réseaux informels pour organiser leur transfert. La stratégie consistant à réfréner l'immigration sans donner de réponse globale à l'émigration pose en effet le problème des filières criminelles, dont la prospérité augmente à la faveur des restrictions imposées à la mobilité. Mondialisés, épargnés par une répression disparate, motivés par des tarifs et une demande de passages en hausse, ces trafiquants de désirs constituent, avec leur proposition de « services », une offre efficace de mobilité. Pour les populations qui recourent à leurs réseaux, ils sont aussi le premier maillon d'une longue chaîne de souffrances. En l'absence de mécanisme d'accompagnement ou de régulation des mobilités, des millions de clandestins se trouvent aujourd'hui dans un état d'extrême vulnérabilité. Dépourvus de statut juridique à l'échelon international, ils quittent leur pays sans recours possible à la moindre protection. Confrontés au renforcement du contrôle des frontières physiques, plusieurs milliers d'entre eux y laissent leur vie chaque année. Facilement amalgamés aux réseaux criminels qui les escroquent, ils renvoient à la fermeture administrative des frontières les violences que les passeurs leur infligent. Exposés au risque de refoulement des pays où ils s'installent, soustraits au droit social et syndical des pays hôtes par leur clandestinité, ils taisent les abus auxquels de nombreux employeurs les soumettent.

Plus globalement, du Royaume-Uni à l'Arizona, en l'absence d'information et de marquage clairs sur le marché de l'emploi ou dans les discours politiques, c'est l'ensemble des migrants de travail qui se trouvent fréquemment suspectés de concurrence salariale déloyale par les employés nationaux. Pour leur part, les syndicats se trouvent très partagés entre cette frustration de leurs membres et la nécessité qu'ils voient à éviter les délocalisations et donc à appréhender la question des migrations de façon globale. À leur tour, mairies, districts et autres préfectures des pays hôtes redoutent d'avoir à gérer les problèmes sociaux et d'intégration des populations immigrées, et plus encore parfois de devoir en répondre devant leurs administrés nationaux. Parallèlement, ils rechignent aussi à affronter l'activisme perturbateur du monde associatif qui les interpelle sur le respect des droits humains, l'accès à l'éducation ou le droit au logement. Quant aux États d'accueil, ils se trouvent sommés d'arbitrer entre des perspectives démographiques de long terme et des enjeux d'ordre sécuritaire, sociétal, économique et social de plus court terme. Cédant au calendrier électoral dont ils dépendent pour mettre leurs politiques en œuvre, ils peinent à engager ensemble et avec tous les acteurs concernés, une réflexion collective ayant pour objectif de concilier leurs propres intérêts (besoin de main-d'œuvre qualifiée), ceux des migrants (protection, circulation) et ceux des pays d'origine (investissements, savoir-faire). Or, si la multiplicité des acteurs renvoie à la difficulté de rapprocher leurs préoccupations, il se dégage néanmoins de plus en plus clairement qu'une profonde révision d'approche, d'échelle et de moyens sera incontournable.

Qu'il s'agisse d'optimiser les bénéfices économiques et démographiques de la mobilité internationale ou d'en réduire les risques humains et sécuritaires, le renforcement probable de la pression migratoire mondiale indique en effet qu'il n'y aura de réponse adaptée que partagée entre tous les acteurs concernés. Ainsi, tout comme la lutte contre les réseaux criminels impose aux États d'origine, de transit et d'accueil de coopérer sur le plan technique et politique, elle ne trouvera d'efficacité durable qu'à deux conditions : la possibilité pour les candidats au départ d'accéder à d'autres parcours et d'autres formes de migrations ; l'adoption de droits spécifiques à la mobilité internationale que les migrants pourraient invoquer dans les États où ils se trouvent. Mais auparavant, d'autres étapes auront dû être franchies.

Les interdépendances de la mobilité

La plus difficile consistera sans doute à poser puis à imposer un regard totalement nouveau sur le phénomène lui-même. Car à mesure que le nombre de migrants augmente, les fantasmes culturels et religieux qu'ils animent aussi. Or ce n'est qu'en sortant des visions stéréotypées et des réactions manichéennes qu'il deviendra possible de mutualiser les intérêts de toutes les parties concernées, imposant pour cela d'associer des représentants de la société civile au processus de réflexion. Cependant, il est probable que les efforts menés en faveur d'une gouvernance globale des mobilités se heurteraient aussi aux États et à leur détermination à préserver ce que la mondialisation leur laisse de souveraineté sur leurs territoires. Or sur ce point, on observe sur la durée que plus les parcours migratoires s'amplifient et se diversifient, plus le phénomène échappe à la logique des États ; plus la mondialisation accroît les interdépendances, plus les migrations s'imposent comme une dynamique autonome et globale. Agrégat complexe de préférences et de stratégies individuelles, peu lisibles et résilientes, les migrations n'offrent en somme qu'une prise limitée aux politiques des États. Dès lors, plusieurs conclusions s'imposent : c'est à l'échelle globale que les mesures de régulation seront les plus pertinentes ; celles-ci ne trouveront d'efficacité que dans l'articulation entre les ressorts individuels de la mobilité et les problématiques des États ; pour y parvenir, ces derniers devront eux-mêmes les reconnaître, les intégrer et les banaliser, tant sur le plan social que politique. Enfin, pour optimiser les bénéfices de la mobilité, tous les acteurs devront aussi se saisir des dynamiques qui lient les migrations et le développement : soutenus dans leurs efforts d'augmentation de l'épargne productive, de création d'emplois, de formation ou de lutte contre l'exode de cerveaux, les pays en développement n'en seront que de meilleurs partenaires pour la mise en place d'un système migratoire régulé, sécurisé et profitable à tous.

Sources >>>>>> Bertrand BADIE, Rony BRAUMAN, Emmanuel DECAUX, Guillaume DEVIN et Catherine WIHTOL DE WENDEN, *Pour un autre regard sur les migrations. Construire une gouvernance globale*, Paris, La Découverte, 2008. >>>>>> François HÉRAN, *Le Temps des immigrés. Essai sur le destin de la population française*, Paris, Seuil, Coll. La République des Idées 2007. >>>> Michèle TRIBALAT, « Effets démographiques de l'immigration étrangère: Éléments de comparaison européenne », *Futuribles*, n° 343, juillet-août 2008. >>> Migreurop, *Atlas des migrants en Europe, Géographie critique des politiques migratoires*, Paris, Armand Colin, 2009.

Metropolis

Des premières cités antiques aux mégapoles contemporaines, la ville a toujours offert une matière abondante aux visions du futur. Qu'elle évoque un avenir radieux ou bien l'apocalypse, la ville du futur se présente ainsi comme le témoin de chaque époque, dont elle agrège les espoirs et les angoisses, les préoccupations et les idéologies. Réinventée au fil de l'histoire, elle évolue avec les sociétés dont elle est le reflet.

LA CITÉ DU FUTUR, 1948

Sources >>>>>>> Thomas MORE, *L'Utopie (Utopia,* 1516*)*, Paris, Flammarion, 1993. >>> Ildefons CERDÀ, *La Théorie générale d'urbanisation* (*Teoría general de la urbanización,* 1867), Besançon, Éditions de l'Imprimeur, 2005. >>> LE CORBUSIER, *La Ville radieuse : éléments d'une doctrine d'urbanisme pour l'équipement de la civilisation machiniste* (1935), Paris, Éditions Vincent Fréal et Cie, 1964. >>> Ebenezer HOWARD, *Les Cités jardins de demain* (*Garden Cities of Tomorrow,* 1902), Paris, Sens et Tonka, 1998. >>> Mike DAVIS, *Dead Cities*, Paris, Les Prairies ordinaires, 2009. >>> Mike DAVIS, *City of Quartz. Los Angeles, capitale du futur*, Paris, La Découverte, 1997. >>> Olivier JONAS et Éric LAPIERRE, *Le Rétro-futur des villes. Représentations comparées entre la science-fiction, l'utopie architecturale et la prospective urbaine*, Paris, FNSP, 2002.

› Inépuisable source d'inspiration, la ville du futur évoque chez ceux qui l'imaginent, la planifient ou la rêvent, deux types de représentations. Dans une première approche, philosophes, urbanistes et architectes s'efforcent d'inventer la ville idéale, en plaçant la modernité et le progrès au service du bien-être des hommes. Dans une seconde approche, que nourrissent ensemble des travaux scientifiques et les fantasmes propres à toute époque, artistes, écrivains et cinéastes montrent la ville comme un lieu de désordre et d'angoisse, aussi propice au chaos qu'aux dérives autoritaires. Dans tous les cas, quel que soit le dessein qui anime ces projections urbaines, elles gardent en commun d'offrir une réflexion sur l'avenir de l'humanité.

À la recherche de la cité idéale

Bien avant que l'urbanisme devienne une discipline à part entière, la ville est pensée comme le moyen d'offrir aux hommes une vie meilleure. Dès l'Antiquité, Romains et Athéniens commencent ainsi à rechercher l'organisation spatiale idéale de la ville. Toutefois, les premiers projets s'appuyant réellement sur une réflexion architecturale et urbaine ne voient le jour qu'au XVe siècle, pendant la Renaissance. Précurseur de l'urbanisme, l'architecte Leon Battista Alberti pose alors les bases de la future discipline dans son œuvre *De re aedificatoria* qu'il rédige entre 1443 et 1452. En 1459, son élève Bernardo Rossellino se voit confier par le pape de réaménager le bourg de Pienza en Toscane, en appliquant strictement les principes urbanistiques énoncés quelques années plus tôt.

Au début du XVIe siècle, un nouveau genre littéraire voit le jour sous la plume du philosophe humaniste Thomas More, « l'utopie ». Formé à partir du grec *ou-topos* qui signifie à la fois « en aucun lieu » et « lieu du bonheur », l'utopie porte alors la quête d'une société idéale et sans défaut. Avant de renvoyer à des rêves irréalisables, les utopies désignent donc des projets de « bonne » société, organisée et conçue pour être bien gouvernée. Critique acerbe de la société anglaise de l'époque, le modèle utopique de Thomas More se distingue aussi par l'attention particulière qu'il porte à l'organisation de l'espace et aux questions d'aménagement. L'île d'Utopie compte ainsi 54 villes identiques, toutes bâties sur un même schéma comprenant la maison, le marché, le temple et la rue. Rationnelle et foncièrement égalitaire, la société utopique s'avance en somme comme la plus aboutie des civilisations. Paru en 1516, *Utopia* de Thomas More connaît un grand retentissement à sa sortie et influencera par la suite de nombreux penseurs de la ville.

Au XIXe siècle, les villes s'étendent, se multiplient et se transforment. Elles deviennent aussi plus denses, soulevant alors des enjeux d'insalubrité de plus en plus critiques. C'est dans ce contexte qu'apparaissent les premiers urbanistes professionnels, qui s'efforcent d'appliquer au tissu urbain un traitement inspiré des principes sanitaires de l'époque. Représentants des courants humanistes et hygiénistes de la seconde moitié du XIXe siècle, ils organisent leur réflexion autour de trois principes d'aménagement : hygiène, lumière et circulation. Ainsi, au même moment, le préfet Eugène Haussmann et l'architecte Ildefons Cerdà conduisent les premières expériences de planification urbaine, l'un à Paris, l'autre à Barcelone. Grandes percées axiales, ouvertures à la circulation de l'air et de la lumière, ségrégation spatiale et sociale de l'espace : ils inventent la ville du XXe siècle. Cependant, même assainies, les villes continuent de concentrer toutes les formes de frustrations sociales et de tensions possibles : pauvreté, promiscuité, chômage et manque de logement deviennent des problématiques récurrentes des pays industrialisés. Encouragés par certains industriels, urbanistes et architectes tentent alors d'imaginer des solutions et préconisent de se recentrer sur des projets à taille humaine. En 1898, l'urbaniste Ebenezer Howard expose ainsi son concept de cité-jardin : entouré d'une ceinture verte destinée à répondre aux besoins alimentaires de la population, le modèle trouvera sa première application en 1903, à Lechtworth, au nord de Londres.

Au XXe siècle, la ville continue son expansion démographique, sur un mode plus ou moins anarchique selon les agglomérations. Imposant aux planificateurs de pouvoir offrir un logement aux flux de travailleurs qui convergent en nombre vers les centres urbains, la ville appelle désormais un urbanisme de masse, décliné ici et là en fonction de la contrainte géographique : construction de grands ensembles dans les faubourgs des villes européennes et prolifération de maisons individuelles en Amérique du Nord. Parallèlement, architectes et urbanistes continuent de rêver la ville idéale. Au Congrès international d'architecture d'Athènes de 1933, l'architecte suisse Le Corbusier lance le concept de « Ville fonctionnelle » dont le schéma s'organise en quatre zones indépendantes, qui correspondent chacune à une fonction spécifique : la vie, le travail, les loisirs, les transports. Abondamment décrié à partir des années 1960, le modèle de planification urbaine de Le Corbusier inspire auparavant plusieurs grands urbanistes dans leurs efforts pour reconstruire l'Europe après la Seconde Guerre mondiale. Parmi les nombreuses villes nouvelles que l'on voit ainsi sortir de terre dans la seconde moitié du XXe siècle, deux exemples marquent les esprits : la ville de Chandigarh en Inde, élaborée par Le Corbusier ; celle de Brasilia au Brésil, imaginée par Lúcio Costa et Oscar Niemeyer. Depuis lors, la ville ne cesse de suggérer d'autres projets, plus ou moins utopistes et dans lesquels, désormais, la nature reprend sa place. Délaissée pendant plus d'un siècle par les urbanistes, celle-ci constitue en effet, avec les enjeux de sécurité, la nouvelle pierre angulaire des villes de demain.

> Dès l'Antiquité la ville est pensée comme le moyen d'offrir aux hommes une vie meilleure.

Les cités de l'apocalypse

Pauvreté, violence, criminalité, insalubrité... Loin des visions idéalisées, la ville des artistes renvoie davantage aux maux de la société moderne que dessinateurs, écrivains et cinéastes poussent à leur paroxysme. Dès la fin du XIXe siècle, des œuvres littéraires envisagent les futurs urbains par leurs ultimes dérives et proposent une vision apocalyptique de la ville dont l'homme aurait disparu, laissant la nature reprendre ses droits. Parmi les illustrations cinématographiques récentes d'apocalypse urbaine, le film de Roland Emmerich, *Le Jour d'après*, met en scène des mégapoles américaines balayées par les effets d'un brutal changement climatique. Cependant, c'est encore le plus souvent la ville qui soumet les éléments et mène les civilisations à leur perte. Fantasmée par les cinéastes, la ville du futur pervertit en même temps les rapports que les hommes entretiennent entre eux et avec la nature. Polluée, violente et déshumanisée, elle offre ainsi un prétexte aux tentations sécuritaires et autoritaires que l'hypermodernité des moyens technologiques rend possibles. À la suite du film *Metropolis*, que Fritz Lang réalise en 1927, la ville devient le décor, voire l'acteur principal de très nombreux films. Près de soixante ans plus tard, *Blade Runner* de Ridley Scott et *Brazil* de Terry Gilliam donnent aussi leur cadre aux dérives des sociétés. À leur tour, de nombreuses bandes dessinées s'emparent de cette vision babélienne des villes du futur. Parmi elles, on retient notamment le cycle des *Cités obscures* de François Schuiten et Benoît Peeters, ou l'univers de *L'Incal* imaginé par Alexandro Jodorowsky et dessiné par Moebius.

Finalement, à chaque époque ses rêves et ses utopies, ses fantasmes et ses angoisses. Inspirante ou chimérique, la ville du futur ne cessera donc jamais d'être réinventée. ‹

La transition urbaine

Il faudra à peine deux siècles à l'humanité pour inverser la tendance : à 90 % rurale au milieu du XIXe siècle, elle sera urbanisée à 70 % au milieu du XXIe. Or, sur la même période, la population mondiale sera passée d'environ 1,3 milliard à 9 milliards d'habitants. Si le schéma général de la transition urbaine est le même partout, son calendrier et son impact montrent de grandes disparités d'une région à l'autre.

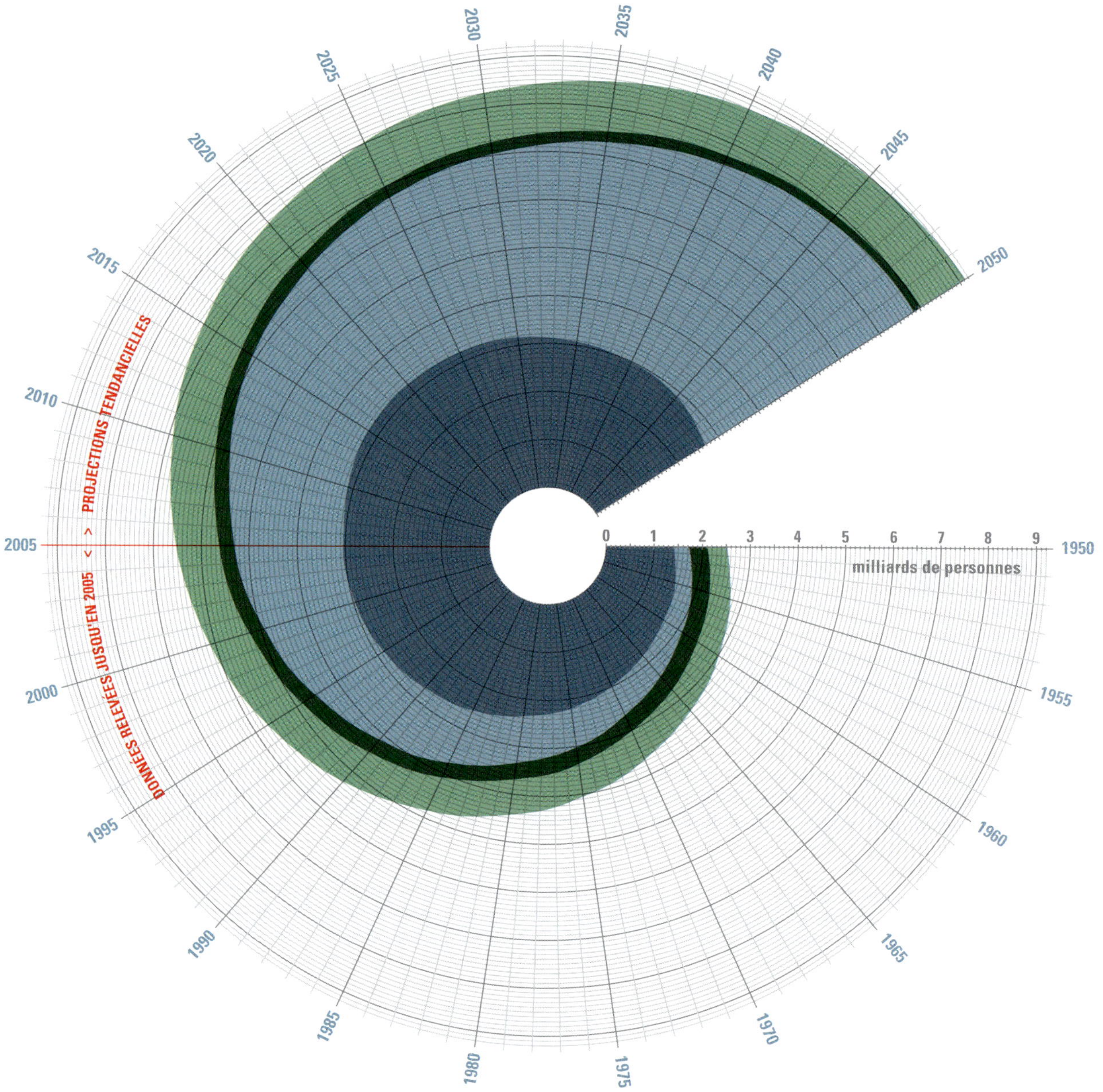

ÉVOLUTION DES POPULATIONS URBAINE ET RURALE, de 1950 à 2050
(en milliards de personnes)

Régions développées*

- Population rurale
- Population urbaine

Régions moins développées*

- Population rurale
- Population urbaine

Source >>> Nations unies, *World Population Prospects : The 2008 Revision*, mai 2009.

UNE URBANISATION INACHEVÉE

Depuis les années 1950, la croissance de la population vivant en ville varie sensiblement d'une région à l'autre. Les pays en développement sont ceux où elle progresse le plus rapidement : alors que la croissance urbaine des pays développés ne dépassait pas 1,4 % en moyenne entre 1950 et 2005, elle s'élevait à 3,6 % dans les pays en développement. Si d'ici à 2030 les régions les moins développées devaient absorber la quasi-totalité de la croissance urbaine, aucune d'elles n'aura alors atteint le taux d'urbanisation d'Europe occidentale ou d'Amérique, dont la transition est beaucoup plus ancienne. Comme ils sont plus peuplés, les pays en développement rassemblent le plus grand nombre des citadins dans le monde. À l'horizon 2030, il devrait encore y progresser de 2,5 milliards à 3,8 milliards de personnes, et même à 5,18 milliards de personnes en 2050. Ralentie par des taux de croissance démographique faibles ou négatifs et par un taux d'urbanisation déjà élevé, la croissance urbaine des régions développées sera, elle, beaucoup plus faible, passant de 929 millions de personnes en 2010 à 1,03 milliard en 2030, puis 1,1 milliard en 2050. De la même façon, le rythme mondial de croissance de l'urbanisation devrait peu à peu ralentir, passant d'environ 1,85 % en 2010 à 1,5 % en 2030. À ce stade, l'augmentation du nombre d'urbains s'élèvera cependant encore à 72 millions de personnes chaque année.

Source >>> ONU, *World Urbanization Prospects : The 2009 Revision*, Département des affaires économiques et sociales, 2010. >>> ONU, *World Urbanization Prospects : The 2007 Revision*, Département des affaires économiques et sociales, 2008. >>> ONU, *World Population Prospects : The 2008 Revision*, Département des affaires économiques et sociales, Division de la population, 2009. >>> Jacques VÉRON, *L'Urbanisation du monde*, Paris, La Découverte, 2006. >>> Jacques VÉRON, « *La moitié de la population mondiale vit en ville* », *Population et sociétés*, INED, n° 435, juin 2007. >>> Jean-Claude CHASTELAND et Jean-Claude CHESNAIS (dir.), *La Population du monde. Géants démographiques et défis internationaux*, Paris, INED, 2002. >>>

› Quand elle rassemblera près de 5 milliards d'habitants en 2033, la population urbaine sera aussi nombreuse que la population mondiale en 1987. Dès à présent, on compte 3,48 milliards de citadins, soit 4,7 fois plus qu'en 1950. Aussi avancée que soit l'urbanisation de la planète, elle constitue toutefois une tendance récente dans l'histoire de l'humanité : jusqu'au milieu du XIXe siècle, seulement 10 % de la population mondiale vit en milieu urbain.

C'est en Europe que s'amorce le processus, à la faveur de la révolution industrielle et de la transition démographique. Tandis que l'amélioration de la productivité agricole permet de dégager de la main-d'œuvre et que le recul de la mortalité favorise l'accroissement de la population, l'activité urbaine et industrielle offre des emplois en nombre croissant et draine vers les villes des populations de plus en plus nombreuses. Ainsi, pendant plusieurs décennies, l'exode rural reste le principal moteur de l'urbanisation. Le phénomène gagne rapidement le Nord puis le Sud du continent américain, avant de s'étendre aux régions asiatique et africaine où l'urbanisation continue de progresser. D'ores et déjà, la ville rassemble plus de la moitié de la population mondiale dont elle concentre aussi l'essentiel des activités économiques, politiques et culturelles.

Encore inférieur à 30 % de la population, soit 730 millions de personnes vers 1950, le taux d'urbanisation mondial devrait s'approcher des 60 % en 2033, soit près de 4,9 milliards d'habitants. Car au phénomène de migrations vers les agglomérations, qui continue de gonfler la population des centres urbains dans les pays en développement, s'ajoute maintenant la croissance naturelle des villes elles-mêmes. Ainsi, comme on dispose du modèle de transition démographique pour penser les évolutions démographiques mondiales, on peut décrire à présent celui de la transition urbaine par lequel la majorité de la population devient citadine. À des époques différentes et sur des temps plus ou moins longs, le processus se déroule en trois phases : une première phase de lente augmentation de l'urbanisation, une deuxième d'accélération, et enfin une troisième phase de stagnation, quand les modes de vie des urbains et l'accès à la santé et à l'éducation infléchissent les indices de fécondité et contribuent à stabiliser la part de citadins. Sur le plan économique et social en revanche, la transition urbaine conduit à des situations très variables d'une région à l'autre : alors que dans les pays du Nord, la croissance urbaine a constitué un moteur décisif du progrès des sociétés, dans les pays pauvres, elle renvoie surtout aux difficultés de logement, d'emploi, de transport et de pollution qui contribuent ensemble à ralentir le développement. ‹

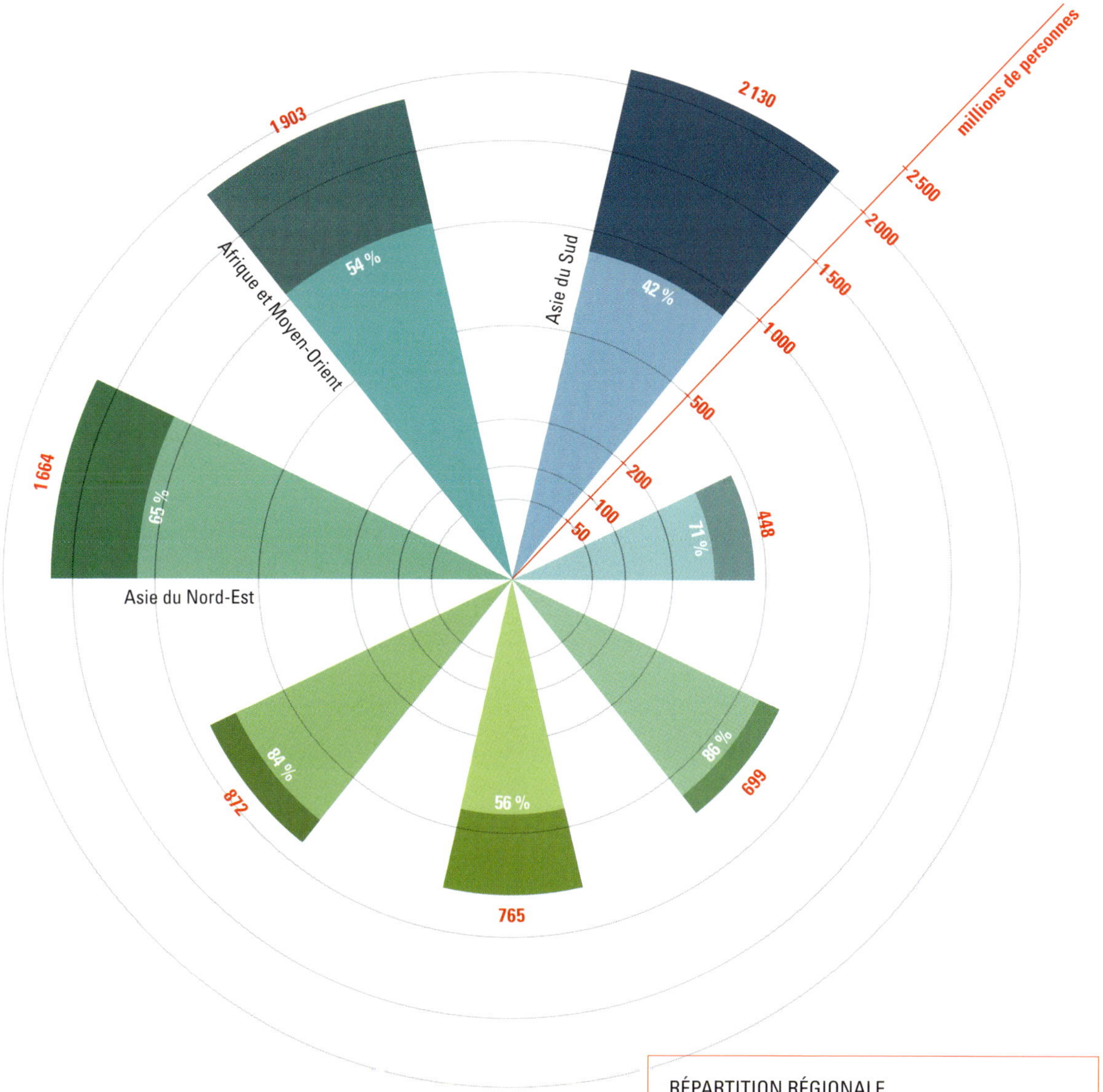

DES CITADINS INÉGALEMENT RÉPARTIS

Urbanisée à plus de 80 % en 2010, l'Europe ne rassemble cependant qu'une part réduite de la population citadine mondiale. À l'inverse, l'Asie, dont la transition urbaine s'achèvera au-delà de 2030, regroupe déjà la moitié des citadins de la planète, soit 1,75 milliard de personnes. À elles seules, la Chine et l'Inde en réunissent un peu plus du quart. C'est en Afrique que le taux d'urbanisation est le plus faible. C'est aussi là qu'il progresse le plus rapidement : depuis 1950, la population urbaine y augmente de 4,3 % en moyenne par an. Bien que l'exode rural demeure un facteur important de l'urbanisation en Afrique et en Asie, les croissances variables des populations urbaines renvoient aujourd'hui, pour l'essentiel, au taux de croissance de la population totale.

RÉPARTITION RÉGIONALE
DE LA POPULATION URBAINE, en 2033
(en millions de personnes et en %)

- Europe orientale, Asie centrale et Caucase
- Amérique du Sud, centrale et Caraïbes
- Asie du Sud-Est et Océanie
- Europe occidentale et Amérique du Nord
- Population totale
- Population urbaine
- 71 % Part de la population urbaine dans la population totale

Sources >>> Nations unies, World Urbanization Prospects : The 2009 Revision Database, 2009. >>> Nations unies, *World Population Prospects : The 2008 Revision*, mai 2009.

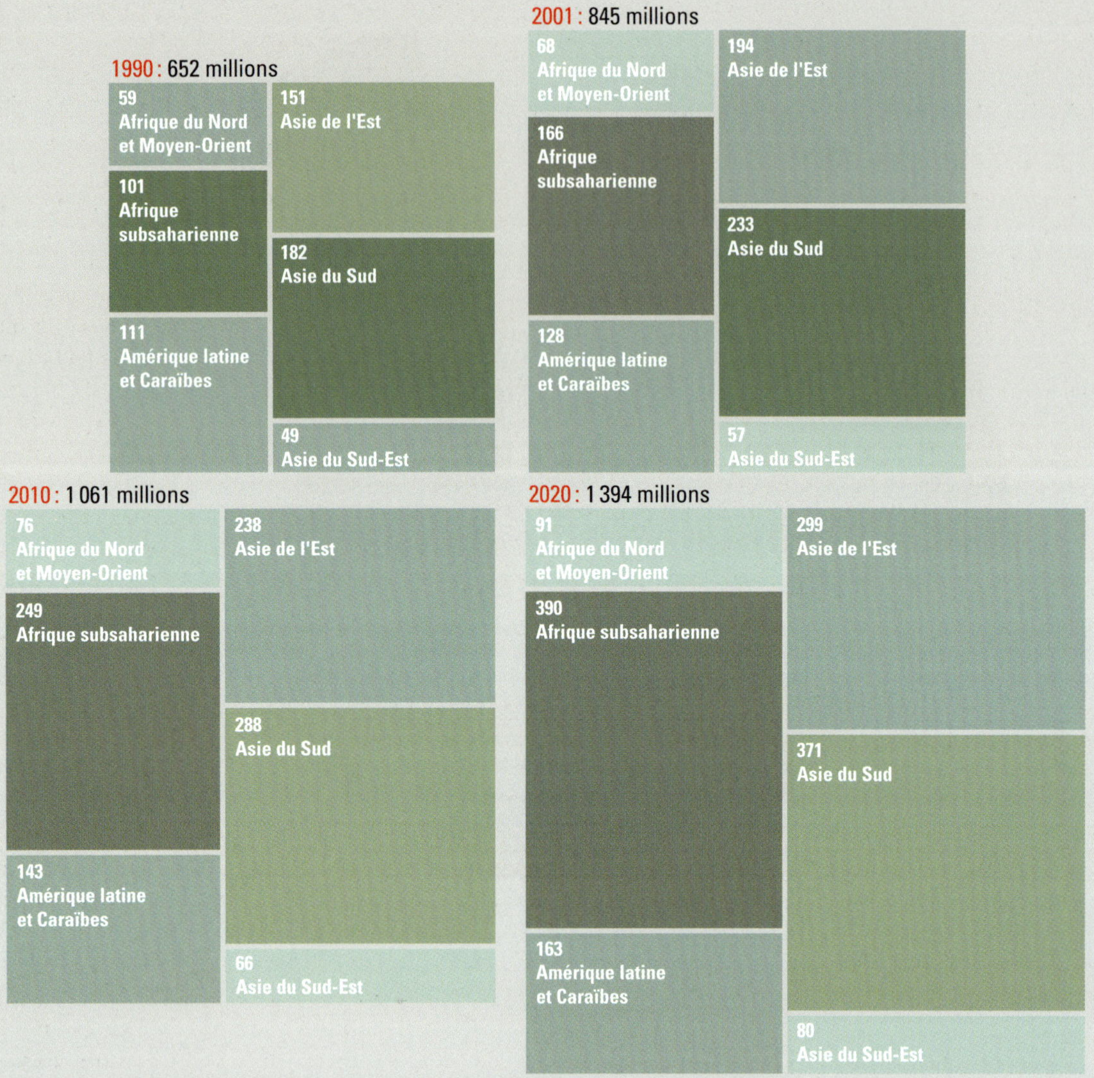

Crise de croissance

Si, dans les pays développés, les processus de développement économique, de progrès technologique et d'urbanisation sont historiquement inséparables, l'essor des villes ne renvoie pas à une dynamique aussi vertueuse dans les pays du Sud. À défaut de disposer des capacités économiques et sociales nécessaires pour absorber ensemble la croissance démographique et l'exode rural, la ville fait peser sur le futur de ces pays l'hypothèque de la misère qui s'y fabrique.

RÉPARTITION DE LA POPULATION DES BIDONVILLES PAR RÉGION, de 1990 à 2020

Part de la population urbaine vivant dans des bidonvilles (en %)

20 30 50 70

249 Population des bidonvilles (en millions de personnes)

Sources >>> Nations unies, ONU-Habitat, *Enhancing Urban Safety and Security: Global Report on Human Settlements*, 2007. >>> Nations unies, *World Urbanization Prospects : The 2008 Revision*, mai 2009.

BIDONVILLES, DÉJÀ UNE PERSONNE SUR SIX DANS LE MONDE

Presque tous les bidonvilles de la planète sont situés dans les pays en développement, où ils se concentrent autour des grandes agglomérations. On compterait aujourd'hui dans le monde entre 200 000 et 250 000 bidonvilles rassemblant, chacun, de quelques centaines à plus d'un million d'habitants. L'Asie et l'Afrique, dont l'urbanisation est la plus récente, sont aussi ceux qui accueillent le plus grand nombre d'établissements humains informels. À elles seules, les cinq plus grandes métropoles d'Asie du Sud (Karachi, Mumbai, Delhi, Kolkata et Dhaka) regroupent 15 000 bidonvilles, où vivent plus de 20 millions de personnes au total. Dans certains pays, c'est même une majorité de la population urbaine qui vit dans ces zones de précarité : 79,3 % au Laos, 71,7 % au Pakistan, 70,8 % au Bangladesh. En Afrique subsaharienne, où plus des deux tiers de la population urbaine vivent dans des bidonvilles, la proportion atteint même 94,2 % au Soudan, 94,1 % en République centrafricaine et 91,3 % au Tchad. Finalement, on projette qu'entre 1990 et 2020, la population des bidonvilles augmentera de 94 %, soit plus rapidement que la population mondiale (+ 45 %) et que la population urbaine (+ 85 %). Ainsi, si la croissance démographique devient le moteur principal de la croissance des villes, l'exode rural continuera à jouer un rôle important dans l'urbanisation de nombreux pays.

Sources >>> ONU-Habitat, *The Challenges of Slums. Global Report on Human Settlements 2003*, Nairobi/Londres, ONU-Habitat/Earthscan, 2003. >>> ONU-Habitat, *Enhancing Urban Safety and Security. Global Report on Human Settlements 2007*, Nairobi/Londres, ONU-Habitat /Earthscan, 2007. >>> ONU, *World Urbanization Prospects: The 2009 Revision*, Département des affaires économiques et sociales, 2010. >>> Jacques VÉRON, « Enjeux économiques, sociaux et environnementaux de l'urbanisation du monde », *Mondes en développement*, n° 142, 2008/2. >>> ONU-Habitat, *State of the World's Cities 2006-2007. The Millenium Development Goals and Urban Sustainability: 30 Years of Shaping the Habitat Agenda*, Nairobi/Londres, ONU-Habitat/Earthscan, 2006.

› Bien que le phénomène d'urbanisation demeure un facteur de progrès économique et social au plan historique, de nombreux pays du Sud se heurtent aujourd'hui à ses limites. En Afrique subsaharienne et dans certains pays d'Asie, le mécanisme de rattrapage qui devait permettre aux pays en développement de profiter des dynamiques de croissance inhérentes à l'essor urbain semble désormais enrayé par une hausse trop rapide de la population des grandes agglomérations. Tandis que les mégapoles de ces régions continuent d'attirer une main-d'œuvre agricole excédentaire, elles ne parviennent déjà plus à créer assez d'emplois pour absorber la croissance naturelle des populations citadines. Ainsi, aux migrants qui convergent vers les villes pour échapper à la pauvreté, celles-ci offrent de moins en moins de chances de s'en extraire. En Afrique et en Amérique latine, elles contribuent même à entretenir les mécanismes socio-économiques qui favorisent les inégalités.

Les villes discriminantes

Le défi que devraient relever les pays en développement pour réussir leur transition urbaine est à la mesure de leur croissance démographique : chaque mois, les villes du Sud doivent absorber 5 millions d'habitants supplémentaires, soit 95 % de la croissance des villes dans le monde. Au rythme actuel, la population urbaine des pays en développement devrait doubler d'ici à 2050. L'ONU prévoit aussi que sur les 6,3 milliards de citadins que comptera alors la planète, près des deux tiers vivront en Asie et en Afrique, où se concentrera également une large part de la pauvreté, de la précarité et des inégalités mondiales. Appliqué aux grandes villes de la planète, l'indice de Gini, qui permet de mesurer les écarts de revenus au sein d'une population, souligne le niveau élevé d'inégalité qui caractérise déjà de nombreuses mégapoles en Amérique du Sud et en Afrique subsaharienne : tandis qu'un indice de 1 désigne l'inégalité maximale et que 0,4 représente le niveau d'alerte international, on constate que plusieurs villes y dépassent 0,6 – un seuil considéré comme socialement explosif –, voire 0,7 : Bogota (Colombie), São Paulo (Brésil), Johannesburg et Le Cap (Afrique du Sud)...

Parmi les facteurs urbains socialement discriminants, le logement se place certainement au premier rang. En 2005, l'ONU-Habitat estimait que 2 milliards de personnes auraient besoin d'un logement d'ici à 2030. Pour répondre à la demande, il faudrait donc pouvoir construire 96150 logements par jour, soit 4000 par heure d'ici à 2030. Surtout, il faudrait pouvoir investir des fonds dont ne disposent ni les États, ni le secteur privé, ni les populations concernées : les pays qui afficheront l'urbanisation la plus rapide dans les prochaines décennies sont en effet aussi ceux qui comptent aujourd'hui la plus grande proportion de personnes vivant sous le seuil de pauvreté. En Asie et en Afrique, 60 % d'entre elles vivent avec moins de 2 dollars par jour. Globalement, on estime que la pauvreté urbaine pourrait ainsi affecter 45 % à 50 % de la population des villes dans le monde en 2020, donnant la mesure de la future précarité urbaine. C'est dans les bidonvilles qu'elle restera le plus visible, soulignant l'incapacité des nombreuses grandes villes des pays en développement à faire bénéficier les nouveaux arrivants des infrastructures urbaines minimales (logement en dur, eau, électricité, voirie, évacuation sanitaire...).

Au début des années 2000, selon ONU-Habitat, près d'un milliard de personnes vivaient dans des bidonvilles. On estimait alors que si aucune action n'était entreprise, elles pourraient être jusqu'à deux fois plus nombreuses d'ici à 2030. Les bidonvilles rassembleraient alors près de la moitié de la population urbaine mondiale.

> **D'ici à 2030, il faudrait construire 4 000 logements par heure dans le monde.**

Slums en Inde et au Pakistan, *favelas* au Brésil, *villas miserias* (« villes misères ») en Argentine, *poblaciones callampas* (« peuplements champignons ») au Chili, *umjondolo* en Afrique du Sud, *shammasa* au Soudan ou *iskwaters* aux Philippines : s'ils portent des noms différents d'un pays à l'autre, les bidonvilles ramènent partout aux mêmes problématiques urbaines, aux mêmes processus d'exclusion. Cependant, au-delà de la ségrégation sociale qu'ils inscrivent dans le territoire des villes, les bidonvilles renvoient aussi aux stratégies de survie et au pragmatisme inventif que les habitants déploient pour s'y loger, mener des affaires, développer des activités culturelles et même inventer des formes d'organisation sociale et d'autogestion innovantes, efficaces et démocratiques. Pour autant, aussi créatifs que soient ces quartiers, ils restent avant tout le produit de la misère sociale, de la pauvreté et du sous-développement. Loin d'offrir une plateforme à la croissance, ils consacrent la rupture du lien historique entre urbanisation et développement et concentrent à eux seuls tous les problèmes majeurs auxquels les villes du Sud seront confrontées.

Les insécurités urbaines

En dépit de la hausse des revenus que l'urbanisation favorise, la difficulté de nombreux États à faire face à la demande d'infrastructures sanitaires, éducatives et sociales dans les villes y limite la possibilité pour leur population d'améliorer leurs conditions de vie. Ainsi, la multiplication de vastes établissements humains, construits spontanément, de manière informelle, souvent sur des zones à risques, constitue un facteur important d'accroissement du nombre de victimes de catastrophes naturelles. Dans un environnement de grande promiscuité, l'absence d'accès à l'eau potable et au réseau d'assainissement offre également un terrain privilégié au développement épidémique de certaines pathologies (diarrhées, choléra...). De la même façon, l'absence de système d'évacuation et de traitement des déchets dans les quartiers défavorisés expose leurs populations aux multiples risques liés à la pollution. À son tour, le manque d'infrastructures scolaires et sociales ne permet pas d'inviter les nouveaux urbains à modifier leurs comportements et à changer certaines de leurs pratiques, ce qui, pourtant, renforcerait la prévention des risques.

À l'insécurité sociale et sanitaire liée aux conditions de vie, il faut enfin associer l'insécurité physique due à la violence urbaine, à la criminalité et aux activités illicites. Dans tous les pays, on constate qu'en l'absence de croissance économique et de perspectives d'emplois, l'urbanisation accélérée stimule le développement de l'économie informelle, qui vient alors pallier l'insuffisance des revenus. Parallèlement, en limitant le déploiement de la puissance publique dans les quartiers défavorisés, les ressources limitées des États favorisent le développement de zones grises qui échappent totalement ou presque à leur contrôle, à l'exemple des *favelas* brésiliennes qui s'organisent à la lisière de l'État de droit. Dépourvues des moyens et des effectifs nécessaires pour assurer la sécurité de tous les habitants, les forces de police deviennent alors souvent l'agent de protection des classes sociales privilégiées. Ce faisant, elles participent à l'émergence de villes duales et contribuent à la fragmentation de sociétés déjà fragiles. Car si le côtoiement de l'opulence et de la misère sur un territoire restreint n'est pas l'apanage des pays en développement, il y prend cependant des dimensions incomparables à celles des ghettos américains ou des banlieues françaises.

Tandis que de nombreux pays asiatiques parviendront à convertir les villes en foyers de croissance économique dans les trois prochaines décennies, il faudra sans doute davantage de temps aux mégapoles africaines pour assurer la même fonction de développement. Le temps en tout cas que les investissements soient réalisés pour permettre au continent de toucher, comme l'Asie, les dividendes économiques de sa transition démographique. ‹

La ville globale

Peuplées comme des pays, riches comme des États, les mégapoles se multiplient et donnent de nouveaux contours à la géographie démographique, économique et politique mondiale. Creusets de populations, d'influence et de pouvoirs, elles interrogent le modèle traditionnel des relations internationales et pourraient même, peu à peu, en bouleverser les hiérarchies.

Sources >>>>> Saskia SASSEN, *La Ville globale. New York, Londres, Tokyo (The Global City*, 1991), Paris, Descartes et Cie, 1996. >>>> ONU-Habitat, *State of the World's Cities 2010-2011. Cities for All : Bridging the Urban Divide*, Nairobi/Londres, ONU-Habitat/Earthscan, 2010. >>>> ONU-Habitat, *Rapport annuel 2009*, Programme des Nations unies pour les établissements humains, 2010. >>>> « Villes mondiales : les nouveaux lieux de pouvoir », *Sciences humaines*, Grand Dossier n° 17, n° 17, décembre 2009/janvier-février 2010. >>>> Mastercard Worldwide, *Worldwide Centers of Commerce Index 2008*, 2008. >>>> Robert FOSSAERT, « Les villes mondiales, villes du système mondial », *Hérodote*, Paris, n° 101, 2001/2. >>>> « Dossier : Ville-monde, villes monstres ? », *Raisons politiques*, Paris, Presses de Sciences Po, n° 15, 2004/3.

DE LA MÉGAPOLE À LA VILLE GLOBALE

Parmi les évolutions qui caractérisent le futur des villes, la tendance au gigantisme est l'une des plus importantes. Alors que seules deux villes comptaient plus de 10 millions d'habitants en 1950 (Tokyo et New York), elles sont aujourd'hui vingt et une et pourraient être vingt-neuf en 2025. Cependant, plus encore que leur poids démographique, c'est la capacité d'influence internationale de certaines de ces mégapoles et leur participation à la globalisation qui marqueront l'avenir. Car les « villes globales », qui occupent une place centrale dans le système économique et politique mondial, constituent désormais l'un des principaux moteurs de la création de richesse et de l'innovation technologique. Déjà, plusieurs d'entre elles affichent des revenus supérieurs à ceux des États comme la ville de Tokyo dont le PIB est deux fois plus élevé que celui du Brésil.

Si, pour la plupart, les villes globales sont encore situées dans les pays du Nord (Paris, Londres, Tokyo, Singapour, New York, etc.), elles se déploient déjà aussi dans les pays émergents (Mumbai, Shanghai, São Paulo) et sans doute bientôt dans les pays en développement (Mexico, Jakarta, Bangkok). On les distingue par leur niveau élevé de participation au réseau économique, communicationnel, financier, politique et culturel mondial. À la faveur de leurs interdépendances mutuelles, elles tendent à se détacher peu à peu de leur ancrage national. Contributrices nettes aux flux de l'économie mondialisée, elles rassemblent à la fois les sièges de grandes multinationales, les principales places boursières et concentrent la plupart des activités de services (finance, comptabilité, assurance, information, conseil, publicité, etc.). Poumons économiques des pays où elles sont situées, souvent capitales de leurs États d'appartenance, les villes globales constituent donc aussi les postes de commandement de l'économie mondiale.

VILLES MULTIMILLIONNAIRES, en 2025
(en millions d'habitants et par période d'entrée dans la catégorie)

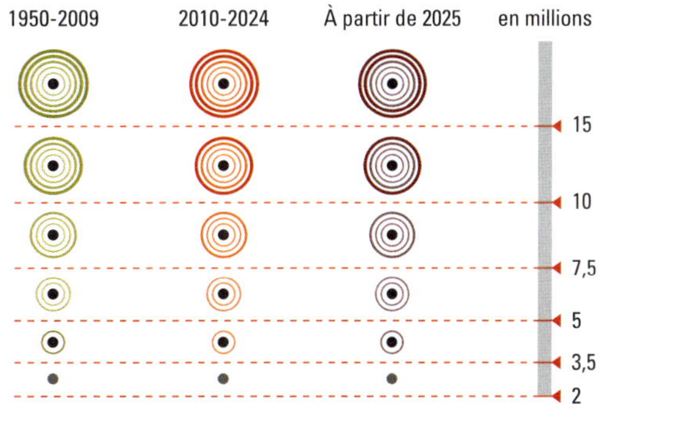

Source >>> Nations unies, *World Urbanization Prospects : The 2009 Revision Database*, 2009.

› Si l'urbanisation désigne un processus historique et global, elle correspond cependant à un phénomène qui n'est ni continu au plan géographique, ni homogène en termes de développement. Par le même mot, elle renvoie à la fois à de vastes mégapoles de plusieurs millions d'habitants, aux villes de plus ou moins 500 000 habitants qui accueilleront la plus grande part de l'accroissement urbain mondial, ou encore à la myriade d'agglomérations comptant à peine 100 000 habitants et qui maillent le réseau citadin planétaire. Pour qui s'intéresse aux futures grandes villes et aux enjeux qu'elles soulèveront, il est donc bien difficile d'en avoir une géographie et surtout une hiérarchie précises à l'horizon 2030. Cependant, on peut déjà penser que d'ici à quelques années, plusieurs agglomérations du Sud parviendront à rejoindre le sommet du classement, en matière de dynamisme et d'attractivité économiques. Pour autant, il est peu probable que les villes du Nord se trouvent alors déclassées : grâce à la performance de leurs systèmes d'éducation, de formation et de recherche, mais aussi à leur avance en termes de revenus, d'équipements ou de transports, les mégapoles américaines, européennes et d'Asie orientale devraient conserver, d'ici à 2030, leur rang de pôles économiques et technologiques mondiaux.

À mesure qu'elles s'étendent, se mondialisent et gagnent en pouvoirs, les mégapoles posent de plus en plus clairement la question de leur gouvernance et de la légitimité des acteurs publics chargés de leur gestion. À de telles échelles urbaines, les décisions qu'ils prennent engagent en effet bien plus de personnes que leurs seuls administrés. Qu'il s'agisse des marchés publics, de gestion de l'eau ou d'émissions de gaz à effet de serre, leur pouvoir d'influence et de nuisance dépasse ainsi largement le cadre municipal, au point parfois de les opposer aux intérêts de leurs États d'appartenance. Dépassés par les problématiques spécifiques des villes globales, leurs modes de gestion actuels imposeront donc peu à peu d'être réinventés ou, pour le moins, ajustés. Parmi les questions qui se poseront alors, celle du lien entre les gouvernements de ces villes géantes et les États dont elles relèvent sera centrale. Il s'agira, par exemple, de déterminer à qui revient l'arbitrage quand leurs intérêts divergent dans l'espace de la ville elle-même. De même, la concurrence entre ces entités pourrait trouver un nouveau terrain dans le champ diplomatique, le risque étant de voir les réseaux nationaux supplantés par les connexions qui relient les mégapoles directement entre elles, échappant ainsi au contrôle des États. ‹

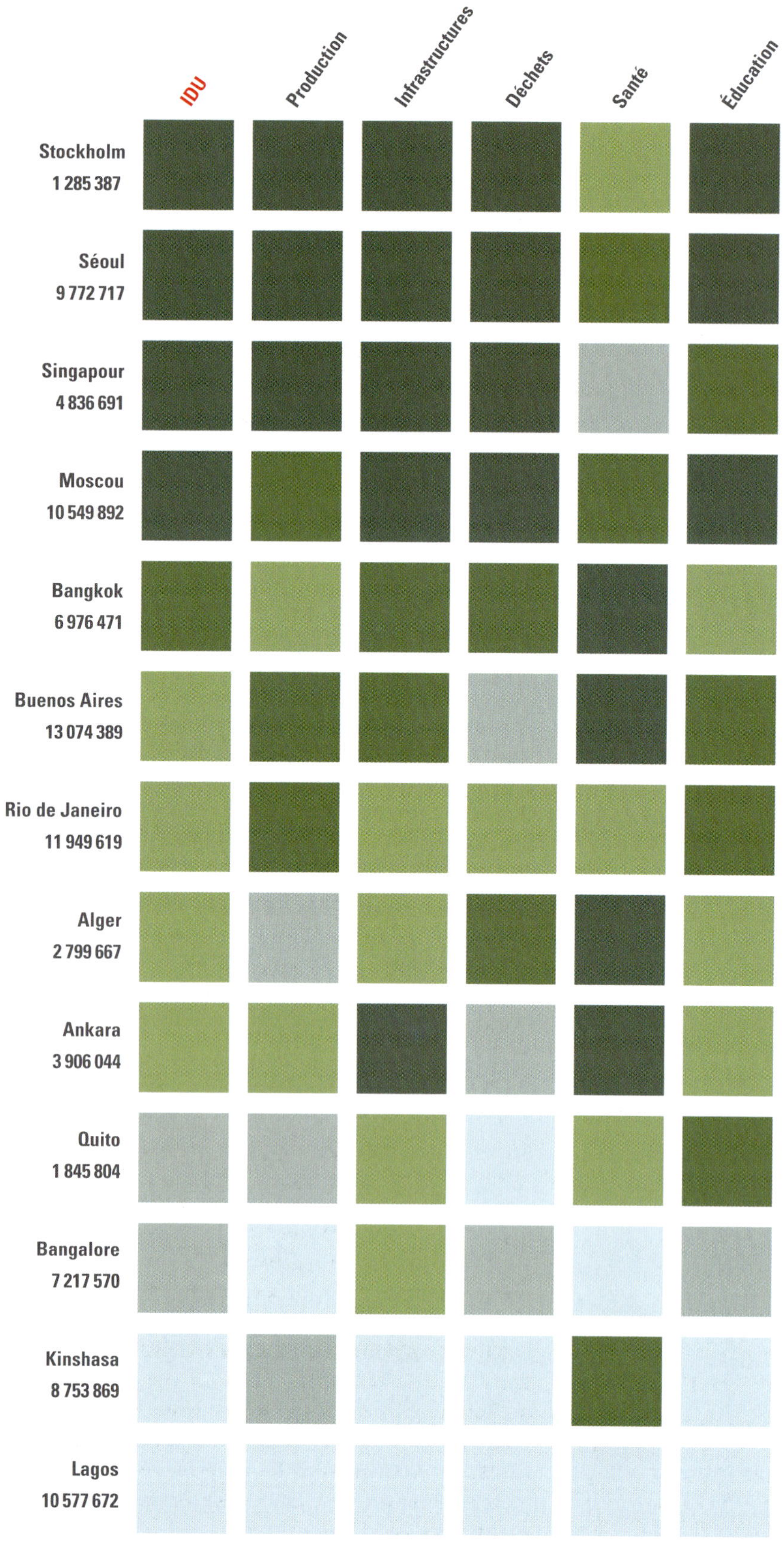

Les paradoxes urbains

Grande créatrice de richesses, la ville est aussi grande consommatrice d'écosphère*. Aujourd'hui, les villes absorbent à elles seules 75 % de l'énergie produite dans le monde et émettent 75 % des gaz à effet de serre* libérés sur la planète. À mesure qu'augmentera la population urbaine, les villes constitueront donc un paramètre de plus en plus déterminant dans la lutte contre le réchauffement climatique.

L'INDICE DE DÉVELOPPEMENT URBAIN (IDU)

Dans la grille ci-contre, les villes sont classées dans l'ordre décroissant de leur indice de développement urbain, dont l'objectif est de mesurer la qualité de vie dans les villes. Il permet aussi de comparer le niveau d'accès à certains services et infrastructures. Cinq critères sont utilisés pour le calcul de l'IDU : production (création de richesses), infrastructures (système d'égoûts opérationnel, raccordement à l'eau courante, à l'électricité et au téléphone), déchets (collecte, stockage et retraitement des déchets), santé (espérance de vie et mortalité infantile), éducation (alphabétisation et mixité des effectifs). Finalement, quand on classe ces mêmes villes en fonction du PIB de leur pays d'appartenance, on vérifie sans surprise que la qualité de l'environnement urbain reste liée, pour l'essentiel, au niveau de développement économique.

INDICE DE DÉVELOPPEMENT URBAIN (IDU), en 2001

Très bon | Bon | Moyen | Mauvais | Très mauvais

Stockholm
1 285 387 Nombre d'habitants en 2010

Sources >>> Global Urban Observatory, ONU-Habitat, *Global Urban Indicators, version 2*, 2001.
>>> Nations unies, « Population of Urban Agglomerations with 750,000 Inhabitants or More in 2009, by Country, 1950-2025 », *World Population Prospects : The 2009 Revision*, mai 2009.

Sources >>>>> Programme des Nations unies pour l'environnement, *L'Avenir de l'environnement mondial 3. Global Environment Outlook 3*, PNUE/De Boeck, 2002. >>>>> ONU-Habitat, *State of the World's Cities 2008-2009. Harmonius Cities*, Nairobi/Londres, ONU-Habitat/Earthscan, 2008.

❯ Qu'il s'agisse des transports, du logement, de l'industrie ou, plus généralement, des modes de consommation et des pratiques urbaines, la ville est à l'origine d'un très grand nombre de désordres écologiques : effet de serre, épuisement des ressources, dégradation des écosystèmes*, pollutions, fragilisation des sols, etc. Si l'on mesure l'impact de ces problématiques environnementales à l'échelle globale, elles n'engagent pas pour autant de la même façon toutes les villes dans le monde. Elles varient avec les dynamiques démographiques et de développement économique des États et changent aussi à chaque stade de l'urbanisation. D'un pays à l'autre, elles font ainsi ressortir la relation très paradoxale entre développement et environnement : à l'instar du fauve prédateur qui participe à l'équilibre biologique des écosystèmes, le développement constitue à la fois la plus grande menace pour l'écosphère et l'une des conditions nécessaires pour sa préservation.

La ville tentaculaire

Déjà urbanisés à près de 80 %, les pays développés ne soulèvent plus guère de problèmes écologiques qui soient liés au processus même d'urbanisation et à la progression de l'emprise sur les milieux naturels. En revanche, les fonctions de la ville et la manière dont s'y organise la vie économique et sociale se révèlent particulièrement énergivores. Matériaux utilisés, manque d'isolation, systèmes de chauffage inadaptés : dans les villes du Nord, l'habitat constitue le premier secteur de dépense d'énergie. Cependant, grâce à l'amélioration de l'efficacité énergétique* des logements et bureaux, il est aussi une source majeure d'économies potentielles.

> La ville ne supportera durablement ni le coût de l'énergie, ni le prix écologique de sa consommation.

L'organisation spatiale du territoire de la ville, ses équipements de transports collectifs et la distance séparant les quartiers résidentiels des zones d'activité économique représentent trois autres grands déterminants de la consommation d'énergie et des émissions de gaz à effet de serre. D'une façon générale, la circulation automobile tend à augmenter avec l'étalement géographique de la ville. Sur ce point, Los Angeles constitue l'exemple le plus caractéristique des « villes plates » américaines où, dans les années 1970-1980, l'étalement urbain s'est réalisé à la faveur de la congestion du réseau routier et de la fragmentation sociale et ethnique des populations. Dépassées par le prix croissant des hydrocarbures et par la nécessité de limiter les changements climatiques, les villes plates imposeront dans les prochaines décennies de repenser ensemble leur urbanisme, la répartition de leurs activités et leurs schémas de circulation. Par comparaison, les villes européennes dont le tissu urbain est plus dense sont également plus frugales sur le plan écologique, indiquant les économies d'échelle qu'un moindre étalement urbain permet de réaliser aussi bien en termes de logements et de transports que de production de services collectifs.

En l'absence de planification, les enjeux environnementaux soulevés par les villes dans les pays du Sud sont eux très liés au déroulement même du processus d'urbanisation et à son rythme accéléré. Parmi les premiers symptômes d'un environnement dégradé, la très mauvaise qualité de l'air dans les villes d'Afrique et d'Asie répercute à la fois la multiplication des véhicules et leur mauvais entretien, la croissance du taux de congestion automobile et les émissions industrielles en périphérie et l'utilisation ménagère de bois de feu, de charbon, de paraffine et de déchets pour le chauffage et la cuisson. À cette pollution atmosphérique s'en ajoutent d'autres, liées en particulier à l'absence de traitement des déchets : trop peu collectés et plus ou moins toxiques, ils sont directement déversés dans les rivières, déposés dans les terrains vagues ou encore brûlés en plein air. Souvent mal entretenues, les décharges posent à leur tour des problèmes croissants de santé publique, notamment pour les populations riveraines et celles qui les exploitent.

Finalement, sur des modes différents dans les pays du Nord et dans les pays du Sud, l'impact des villes sur leur environnement dépasse amplement l'espace qu'occupent leurs territoires. Pour le mesurer, on utilise le concept d'empreinte écologique*, qui convertit en hectares globaux la surface terrestre et aquatique nécessaire à l'approvisionnement des villes en ressources naturelles et à l'assimilation des déchets qu'elles produisent. Ainsi, on calcule que l'empreinte écologique de la ville de Londres – où 12 % de la population britannique vit sur 170 000 hectares – s'élève à près de 21 millions d'hectares globaux, soit 125 fois la superficie de la ville, l'équivalent de la totalité des terres productives du pays. Pour leur part, les Parisiens consommeraient une surface équivalant à environ 300 fois celle de leur agglomération. Car à l'exemple des pollutions ou de la consommation d'énergie, l'empreinte des villes varie avec la structure économique et le niveau de développement des pays : tandis qu'une ville de 650 000 habitants en Amérique du Nord consomme l'équivalent de 30 000 km² de terre pour satisfaire ses besoins (hors industrie), la même ville n'absorbera que 2 900 km² en Inde. Au regard de la progression des changements climatiques et de la raréfaction des ressources naturelles d'une part, de l'augmentation de la population urbaine et de la hausse de son niveau de vie de l'autre, le mode de développement des villes s'apparente de plus en plus à une impasse environnementale. Dans toutes les régions, le modèle actuel de développement des agglomérations impose d'être remplacé par d'autres schémas urbains, à la fois plus écologiques et plus durables, moins néfastes et moins polluants, permettant de satisfaire ensemble les contraintes environnementale, fonctionnelle, économique et sociale des villes. Selon les stades d'urbanisation et de développement des pays, plusieurs voies sont envisageables.

La ville durable

Au nord, où le tissu urbain est inscrit dans le territoire depuis longtemps et où les aménagements sont déjà très structurés, les évolutions toucheront, en priorité, aux modes de vie, de consommation et de déplacement. Elles imposeront d'adopter des politiques publiques locales de plus en plus astreignantes visant à modifier les comportements : fiscalisation du recyclage des déchets et de l'amélioration énergétique de l'habitat, promotion des pratiques de télétravail et de covoiturage, rationalisation des éclairages publics et optimisation des sources naturelles de lumière, développement des équipements facilitant la fluidité des transports urbains, etc.

Dans les pays du Sud, l'émergence du concept de ville durable se heurte moins au problème du bâti et des aménagements existants qu'à la précarité des habitants, au manque de moyens financiers des États et au déficit de sensibilisation publique. Dès lors que pauvreté et sous-développement constituent le contexte socio économique de l'urbanisation d'un pays, l'urgence n'est pas à la protection de l'environnement, même si les populations concernées sont les premières victimes de sa détérioration. Souvent moins mobilisés par les enjeux écologiques globaux que par le développement de leurs économies, les dirigeants du Sud ne manifestent encore qu'une faible réceptivité à l'invitation internationale de modifier leurs trajectoires urbaines. Dans ces pays, les logiques de ville durable ne pourront donc s'imposer qu'à la faveur préalable d'un meilleur accès des populations à l'eau, aux équipements sanitaires et aux infrastructures d'assainissement qui contribueront à leur tour au ralentissement des dégradations de l'environnement. En d'autres termes, la question écologique imposera de répondre auparavant aux volets sociaux du développement humain. ❮

>>> ONU-Habitat, *Cities in a Globalizing World. Global Report on Human Settlements 2001*, Nairobi/Londres, ONU-Habitat/Earthscan, 2001. >>>> ONU-Habitat, *Annual Report 2007*, Programme des Nations unies pour les établissements humains, 2008. >>>>

Mathis WACKERNAGEL, Justin KITZES, *et al.*, « The Ecological Footprint of Cities and Regions : Comparing Resource Availability with Resource Demand », *Environment and Urbanization*, vol. 18, n° 1, avril 2006.

Ecopolis

Verticales ou flottantes, autonomes et bioclimatiques, les villes de demain prennent forme. À Londres et à Stockholm, les écoquartiers proposent dès à présent de renouer avec l'utopie de cités ouvertes, durables et humaines. À Abou Dhabi et en Corée du Sud, les écovilles proposeront bientôt la maquette d'un futur urbain résolument écologique et technologique.

GWANGGYO, CORÉE DU SUD

Gwanggyo est une future ville coréenne qui sera située à 35 km au sud de Séoul. Imaginé par une équipe néerlandaise (MDRDV), son centre-ville devrait accueillir 77 000 habitants. Conçu pour être autosuffisant sur le plan énergétique, il sera composé de huit gratte-ciel mêlant espaces de promenades, logements, bureaux et autres équipements d'une ville moderne. (*Gwanggyo Power Center © MVRDV.*)

Sources >>>>>>> ONU-Habitat, *Planning Sustainable Cities. Global Report on Human Settlements 2009*, Nairobi/Londres, ONU-Habitat/Earthscan, 2009. >>>> ONU-Habitat, *Rapport annuel 2009*, Programme des Nations unies pour les établissements humains, 2010. >>>> Pierre JACQUET, Rajendra K. PACHAURI et Laurence TUBIANA (dir.), *L'Annuel du développement durable 2010. Regards sur la terre. Villes, changer de trajectoire*, Paris, Presses de Sciences Po, 2010. >>>> Gabriel WACKERMANN (dir.), *Ville et environnement*, Paris, Ellipses, 2005. >>>> « Villes mondiales : les nouveaux lieux de pouvoir », *Sciences humaines*, Grand dossier n° 17, décembre 2009/janvier-février 2010.

❯ On peut proposer au moins trois scénarios du futur de la ville. Dans le premier, les tendances actuelles se prolongent poussant les grandes agglomérations à l'étalement urbain et à la ségrégation sociale de leurs populations. Le deuxième scénario fait sortir de terre la cité idéale, en donnant ainsi une réalité à plusieurs siècles d'utopie. Dans le dernier scénario, la ville actuelle offre son cadre à celle du futur grâce à de nombreux aménagements collectifs et technologiques, qui permettront progressivement de répondre aux nouvelles exigences urbaines de durabilité écologique et sociale.

Au regard des dynamiques propres à chaque espace urbain, il est probable que la ville du futur empruntera, finalement, aux trois scénarios à la fois. D'un pays à l'autre, elle trouvera différents contours, variant au gré des contraintes géographiques, historiques, climatiques, démographiques et économiques de chacun d'eux.

La ville postindustrielle

Dans l'une de ses premières déclinaisons, la ville du futur sera coréenne et devrait voir le jour en 2020 : imaginée comme une cité postindustrielle, l'*Ubiquitus City* de Songdo se caractérisera d'abord par sa densité informatique et numérique. Tout entière tournée vers les technologies de l'information, la ville est destinée à accueillir les centres de recherche publics sud-coréens. Pour convaincre les grandes entreprises internationales de s'y installer également, ses concepteurs offrent à leurs cadres et à leurs familles de « vivre dans un espace urbain idéal ». Pour assurer leur sécurité et leur confort, les technologies les plus sophistiquées sont convoquées. Reliés en réseaux, les systèmes d'information géographiques* (SIG) devront, par exemple, assister les habitants dans chacune de leurs activités quotidiennes. Dans les logements, des systèmes de capteurs aux sols permettront d'alerter les urgences hospitalières en cas de chute des personnes âgées. Omniprésentes dans la ville, les caméras de vidéosurveillance offriront aux parents de suivre leur enfant pendant son trajet vers l'école. Depuis longtemps fantasmée par la science-fiction, la société urbaine hyperconnectée et hypercontrôlée pourrait donc prendre corps à Songdo, déclassant quelque peu le film de Steven Spielberg *Minority Report*.

Dans le champ des nouveaux paradigmes urbains, environnement et durabilité s'imposent comme des préoccupations majeures. À leur tour, ils mobilisent tous les volets de l'innovation pour diminuer l'empreinte écologique* des villes. Tandis que la production d'énergie renouvelable (solaire, éolienne, biomasse) doit permettre de tendre vers l'autonomie énergétique, le développement de transports propres et collectifs ainsi que l'architecture et l'isolation des bâtiments doivent restreindre la demande. Grâce au recyclage intégral des déchets, à celui de l'eau par des toits végétaux et à la production biologique et locale des produits agricoles, l'usage des ressources naturelles devient lui aussi beaucoup plus durable. Enfin, la place réservée aux espaces verts et aux piétons dans la ville ainsi que la construction d'immeubles à taille humaine contribuent, pour leur part, à améliorer la qualité de vie des populations urbaines.

C'est à Dongtan, près de Shanghai, qu'aurait dû être inaugurée, en 2010, la première écocité chinoise. D'abord suspectée de n'être qu'un projet écologique de vitrine dans un pays rassemblant, par ailleurs, 20 des 30 villes les plus polluées au monde, puis abandonnée pour des motifs obscurs, Dongtan reste néanmoins l'emblème de la ville futuriste chinoise et de la volonté du pays de trouver des issues aux impasses énergétiques et écologiques de son urbanisation.

> Dans les pays émergents, la ville du futur se construit. En Europe, elle a déjà ses murs.

Annoncée en 2006 par le prince héritier d'Abou Dhabi, la ville de Masdar (« source » en arabe) sera donc, peut-être, la première cité au monde qui proposera à ses habitants de mener une vie sans déchets ni émissions de carbone. Conçue par l'agence du grand architecte britannique Norman Foster, la future écoville arabe s'étendra sur 6,5 km² sur lesquels, à partir de 2020, 90 000 habitants vivront en plein désert. Compacte et partiellement souterraine pour rester fraîche, entourée de murs pour la protéger des vents chauds, Masdar appliquera, pour la première fois, les principes bioclimatiques à l'échelle d'une ville entière. Alimentée pour l'essentiel par l'énergie solaire, elle proposera à ses habitants de se déplacer à pied, en vélo ou, pour les plus longues distances, en PRT (*personal rapid transit*), un système de véhicules-tramway électriques, autoguidés sur un réseau de monorails. Enfin, pour limiter le dessalement d'eau de mer, des techniques de recyclage innovantes permettront de récupérer les eaux usées pour l'irrigation des cultures alimentaires et la production de biocarburants.

La ville sociale et responsable

Si les urgences écologiques et énergétiques offrent, dans les pays émergents, un terrain propice à l'invention de concepts de ville totalement inédits, elles donnent aussi leur impulsion à des projets moins spectaculaires et moins onéreux dans les pays déjà très urbanisés. Plus proches du présent, ils consistent notamment à convertir l'existant pour l'ajuster aux nouvelles exigences environnementales. En Europe, par exemple, les écoquartiers préfigurent déjà le futur urbain dans les pays industrialisés. Conçus pour présenter un bilan carbone neutre, ils concentrent les différentes fonctions de la ville dans un espace réduit et diminuent ainsi le besoin de transport. Privilégiant les matériaux de construction recyclés et les produits biologiques locaux, les quartiers durables rassemblent à leur tour toutes les techniques disponibles pour réduire l'empreinte écologique. Dans le plus célèbre des écoquartiers européens, à BedZED (*Beddington Zero Energy Development*) au sud de Londres, elle a déjà été diminuée de moitié par rapport au reste du pays. Inspirés par la mise à jour écologique d'utopies urbaines plus ou moins anciennes, les écoquartiers comme ceux de Vesterbro au Danemark, de Vauban à Fribourg-en-Brisgau en Allemagne ou de EVA Lanxmeer aux Pays-Bas donnent aussi à la notion de ville durable des tonalités sociales et participatives. Organisés autour des principes de mixité, de responsabilité et de gouvernance commune, ils développent les concepts d'écocitoyenneté, invitant les habitants à devenir les acteurs de l'amélioration de leur cadre de vie, mais aussi de la préservation globale de l'environnement.

Technologique, écologique et socialement responsable, la ville du futur se devra enfin de rester également ouverte sur le monde, engagée dans les jeux de la globalisation, au cœur des réseaux scientifiques et culturels internationaux. Attractives pour les entreprises et l'innovation grâce à des équipements efficaces et sophistiqués, les grandes métropoles de demain devront offrir une plateforme performante aux nouvelles formes de l'activité économique et du développement. C'est dans cette dynamique que viennent s'inscrire, par exemple, les études d'aménagement du bassin de la Seine (Paris, Rouen, Le Havre), qu'une série de transformations portuaires, de nouvelles infrastructures logistiques et d'équipements urbains devraient permettre de mieux insérer dans l'économie monde, de rendre plus attractif au plan culturel et scientifique, et plus harmonieux au plan social et écologique.

Finalement, à l'exemple du Grand Paris, il est probable que la ville du futur soit déjà dans ses murs. Car si l'avenir donne à voir quelques exemples de villes nouvelles sorties de terre à la force de milliards d'euros, il conduira surtout à transformer les environnements urbains actuels grâce aux technologies, à de nouveaux modes de transport et à des projets architecturaux ambitieux.

DEUXIÈME PARTIE

UNE PLANÈTE TROP PEUPLÉE ?

On ne compte plus les ouvrages, les articles de presse et autres conférences qui font état d'une planète déjà ou bientôt trop peuplée. Invariablement ou presque, ils s'appuient sur le même paradigme malthusien : la population mondiale continue de croître alors que les ressources de la planète sont limitées et que les équilibres écologiques se détériorent de toute part. Retenu à titre de preuve, l'épuisement des terres agricoles s'imposerait désormais comme une fatalité. À leur tour, les guerres de l'eau seraient inévitables en dépit du doute que l'absence de précédent peut encore inspirer. Enfin, témoin de la surcharge démographique planétaire, le réchauffement climatique ne laisserait plus d'autre choix à l'humanité que le contrôle des naissances.

Si au regard des dégradations de l'environnement en cours, les préoccupations qui gouvernent ce type de projections sont en tout point légitimes, elles imposent justement plus que jamais de savoir prendre de la distance pour pouvoir interroger les faits avec rigueur. Écartant ainsi les fantasmes préconçus d'un monde trop peuplé, l'analyse prospective donne à ces questions un tout autre écho. Certes, la croissance démographique des prochaines décennies soulèvera, dans les pays en développement, des problèmes sociaux et environnementaux colossaux, qu'il convient donc de répertorier. Pour autant, aucun d'eux ne valide encore l'idée qu'il existerait une population maximale que la terre pourrait supporter.

Examinées tour à tour, les problématiques mondiales de l'agriculture, de l'alimentation et de la raréfaction des ressources en eau offrent un terrain d'étude éclairant, tant sur les idées reçues que sur les défis qu'il convient de relever sans délai. Ainsi, en posant la question fondamentale de nos modèles de développement et de consommation, la prospective soustrait la question des responsabilités au champ démographique pour la replacer dans le champ du politique et de l'économique. Qu'il s'agisse de gérer des différends hydrauliques en Asie du Sud, d'améliorer l'efficacité de l'eau en Égypte ou d'accroître la productivité agricole en Afrique, il n'est en effet d'échec assuré que les politiques qui ne sont pas engagées.

La nouvelle équation alimentaire

Compte tenu des projections démographiques mondiales, des disponibilités en terres arables de la planète et de l'amélioration des rendements que l'on peut espérer, sera-t-il possible d'assurer la sécurité alimentaire globale d'ici à 2050 ? Maintes fois posée dans le passé et chaque fois résolue, l'équation alimentaire mondiale semble néanmoins de plus en plus complexe.

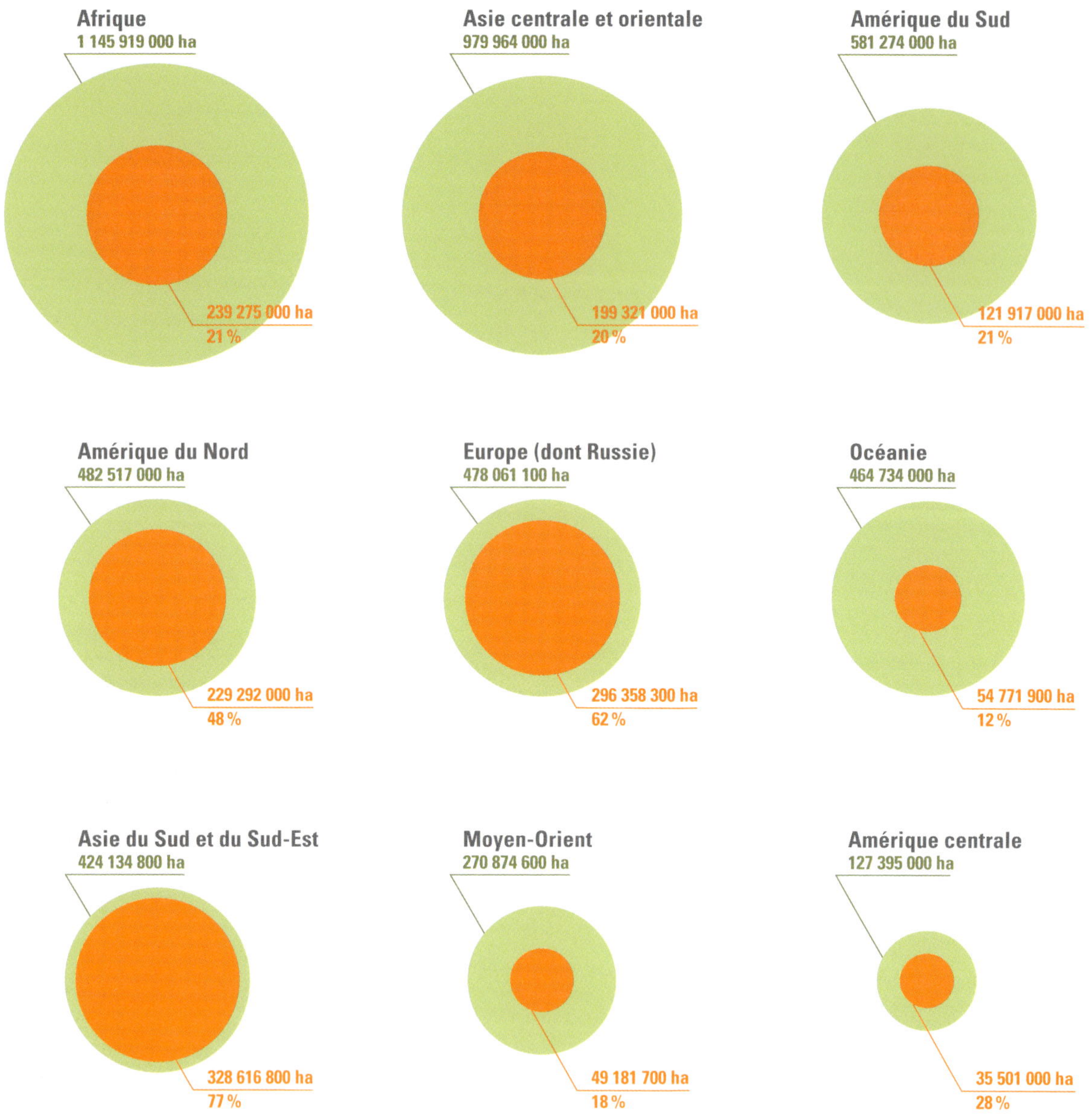

DES TERRES AGRICOLES PAS SI DISPONIBLES

Selon les estimations de la FAO*, seul le tiers des terres cultivables de la planète est effectivement cultivé, ce qui porte à croire que l'agriculture disposerait encore de grands espaces pour se développer. En réalité, on constate que les volumes de terres disponibles varient considérablement d'une région à l'autre et qu'une part importante d'entre elles se situe en Afrique ou en Asie centrale, dans des pays qui ne possèdent pas les moyens nécessaires pour les mettre en culture (irrigation, intrants*, infrastructures).

Encore boisées, trop arides, moins fertiles, dégradées, moins accessibles ou plus fragiles : à la répartition inégale des terres cultivables non exploitées s'ajoute aussi généralement une moindre capacité productive. En somme, les meilleures terres sont déjà exploitées et celles qui ne le sont pas encore n'offrent pas, dans leur ensemble, la perspective de réaliser un gain de production important.

RÉPARTITION MONDIALE DES TERRES ARABLES, en 2005

- Terres cultivables
- Terres cultivées
- 21 % Part des terres cultivées dans les terres cultivables

Sources >> FAO, 2005. >> Marc DUFUMIER, « Sécurité alimentaire et développement durable », *Futuribles*, n° 352, mai 2009.

Sources >>>>> Michel GRIFFON, *Nourrir la planète*, Paris, Odile Jacob, 2006. >>>> Bruno PARMENTIER, *Nourrir l'humanité*, Paris, La Découverte, 2007. >>> Jelle BRUINSMA, *World Agriculture : Towards 2015-2030. An FAO Perspective*, FAO, Londres/Rome, 2003. >>> OCDE/FAO « Perspectives agricoles de l'OCDE et de la FAO 2009-2018 », Synthèse, 2009. >>> Frank TENKORANG, James LOWENBERG-DEBOER, « Forecasting Long-Term Global Fertilizer Demand », FAO, Rome, 2008. ftp://ftp.fao.org/agl/agll/docs/globalfertdemand.pdf FAO, « L'agriculture mondiale à l'horizon 2050 », pour le forum d'experts de haut niveau « Comment nourrir le monde en 2050 ? », 12-13 octobre 2009. >>>

› Du point de vue agricole, les améliorations apportées pendant la seconde moitié du XXe siècle furent aussi spectaculaires en termes de techniques que de rendements ou de production. Développement de l'irrigation et de la mécanisation, sélection des espèces, amélioration des intrants : ainsi, contrairement à de nombreuses projections plus ou moins malthusiennes, les progrès de l'agriculture ont contribué à la fois à faire face à une hausse de 140 % de la population mondiale entre 1950 et 2000, à réduire la part de personnes souffrant de la faim de 33 % à 17 % entre la fin des années 1960 et l'année 2000 et à élever la consommation alimentaire moyenne de 2 450 à 2 800 calories par personne et par jour.

Alors que la croissance démographique se poursuit à un rythme soutenu, la première moitié du XXIe siècle s'est amorcée sous des auspices écologiquement plus contraignants, soulevant de nouveau la question de savoir comment la Terre pourra durablement répondre aux besoins de sa population. Chiffré et simplifié, le problème s'énonce ainsi : sachant que d'ici à 2050, la terre comptera environ 2,5 milliards d'habitants supplémentaires et que la production alimentaire mondiale devra avoir progressé d'environ 70 % pour satisfaire la demande globale, sachant aussi que d'ici à 2030 la production d'agrocarburants* pourrait utiliser 4 % des surfaces arables mondiales, de quels moyens dispose-t-on pour assurer la sécurité alimentaire mondiale ?

Étendre les terres cultivées

En théorie, la mise en culture de nouvelles terres devrait permettre d'augmenter largement la production agricole. La piste paraît d'autant plus prometteuse que seulement 1,4 des 4,3 milliards d'hectares cultivables de la planète est aujourd'hui exploité. Ainsi, des pays comme la Russie, l'Ukraine ou l'Argentine disposent à la fois d'importantes surfaces exploitables et des moyens économiques et techniques de les mettre en culture. De leur côté, des pays comme le Brésil ou l'Indonésie gagnent chaque année sur la forêt de vastes terres agricoles qu'ils affectent à la production de canne à sucre ou d'huile de palme. Au Canada ou en Sibérie, le réchauffement climatique pourrait à son tour offrir à l'agriculture de nouveaux espaces, dans des territoires jusque-là trop froids pour être exploités. D'autres gains agricoles pourraient encore être réalisés avec la remise en culture des terres de jachère, tant dans les pays du Sud que dans les pays développés des régions tempérées. En Europe où elles ont pour vocation de soutenir les prix agricoles, les jachères pourraient fournir à elles seules 20 millions de tonnes de céréales, soit davantage que les importations de toute l'Afrique subsaharienne !

Aussi prometteur soit-il, le recensement des terres cultivables renvoie aussitôt à celui des obstacles qui limitent la possibilité d'augmenter la production mondiale par leur mise en culture. Le premier d'entre eux est économique. Ainsi, en Afrique, sur 1,14 milliard d'hectares disponibles (dont 400 millions de très bonnes terres), seulement 240 millions sont actuellement cultivés. Qu'il s'agisse des outils, des engrais ou de l'irrigation, les moyens économiques et matériels manquent en effet cruellement aux pays africains pour valoriser leur capital foncier agricole. Le deuxième obstacle à l'extension des terres est écologique. Alors que la déforestation représente une source importante d'émission de CO_2 et une perte considérable de biodiversité, elle ne permet d'obtenir que des sols de qualité médiocre. De la même façon, la faisabilité, la durabilité et l'impact de l'exploitation agricole des écosystème* situés dans les régions septentrionales de la planète restent à vérifier. La troisième difficulté est liée à la qualité et à l'accessibilité des terres théoriquement cultivables. Pour une large part, il s'agit en effet de sols dégradés, contaminés, parfois situés dans des zones en pente, fréquemment soumis à des climats arides et à l'érosion, ou bien encore éloignés des ressources en eau. Pour être exploitables, bon nombre de ces terres exigeraient donc de réaliser d'importants aménagements, le plus souvent trop coûteux pour être rentables ou accessibles. Enfin, en s'emparant d'espaces de plus en plus importants et parfois des meilleures terres, l'urbanisation contribue elle aussi à réduire la superficie globale des terres exploitables. Finalement, si l'on s'en tient aux prévisions de la FAO, la superficie des terres arables ne devrait progresser que de 5 % d'ici à 2050, soit un gain de 120 millions d'hectares dans les pays en développement et un recul de 50 millions d'hectares dans les pays développés.

> En théorie, les moyens d'accroître la production agricole mondiale sont suffisants pour permettre d'accéder à la sécurité alimentaire.

Améliorer les rendements

Bien plus que par l'extension des terres cultivables, c'est donc surtout par l'amélioration des rendements à l'hectare qu'on pourra accroître la production alimentaire mondiale. Et comme les pays de culture intensive en Asie, en Amérique du Nord et en Europe enregistrent des rendements déjà très élevés, les efforts devront se concentrer en priorité dans les pays africains et sud-américains. Ils devront d'abord porter sur l'irrigation, car si 50 % de la nourriture produite en Inde et en Indonésie proviennent de terres irriguées, 70 % en Chine et 80 % au Pakistan, seulement 5 % des terres arables d'Afrique subsaharienne sont irriguées. Dans la mesure où l'irrigation permet d'obtenir des rendements 2 à 5 fois supérieurs, les possibilités d'augmenter la production des pays africains sont donc substantielles même si elles restent également très coûteuses. Les marges de progression ne sont pas moins importantes en termes d'outils et de transport. Alors qu'on recense environ 1,3 milliard d'actifs agricoles dans le monde, on ne compte encore que 28 millions de tracteurs et 4,5 millions de moissonneuses-batteuses, pour la plupart concentrés dans les pays développés. Pour leur part, une majorité d'agriculteurs des pays en développement continuent d'exercer leur activité sans outil ni moyen de transport, fussent-ils mécanique ou animal. Ainsi, tandis qu'un fermier nord-américain peut à lui seul cultiver jusqu'à 100 hectares par an grâce à ses engins automoteurs, la surface annuelle par actif ne dépasse pas le demi-hectare dans certaines régions d'Afrique subsaharienne. Ici aussi, les gains de productivité possibles sont donc majeurs, mais exigeraient de faire des investissements souvent hors de portée des pays concernés. À son tour, un usage plus intense de fertilisants agricoles pourrait permettre d'améliorer la productivité dans plusieurs régions. Car l'utilisation d'engrais, qui s'élevait en 2007 à 250 kg en moyenne par hectare en Europe occidentale et aux États-Unis, à 73 kg en Amérique latine, ne dépassait pas 9 kg à l'hectare en Afrique subsaharienne. Enfin, parmi les autres secteurs porteurs de progrès agricoles et alimentaires, on peut encore retenir la biologie avec la sélection des espèces végétales et animales, la génétique avec le développement des organismes génétiquement modifiés (OGM), les sciences vétérinaires avec le croisement des espèces.

En théorie, les moyens susceptibles d'accroître la production agricole pourraient donc largement suffire à assurer la sécurité alimentaire mondiale. En pratique cependant, leur mise en œuvre rencontre deux limites critiques : celle des investissements qui devront être préalablement engagés pour financer la modernisation agricole des pays en développement, soit là où les besoins augmentent le plus rapidement ; celle des écosystèmes que l'agriculture intensive contribue largement à détériorer alors que son avenir dépend de leur qualité et donc de leur préservation. ‹

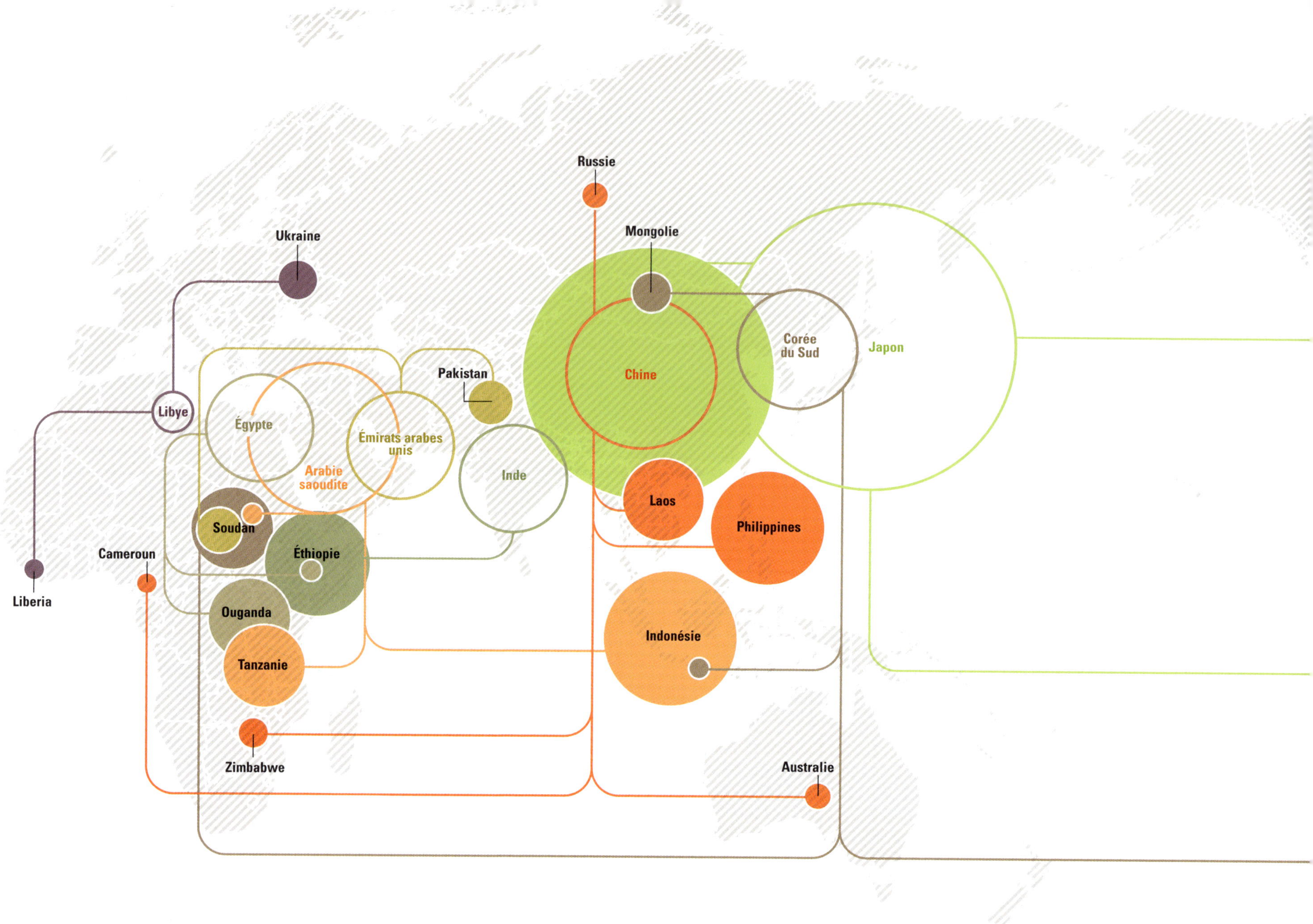

Le grand monopoly des terres arables

Que l'on songe à la conquête des Amériques, à la colonisation de l'Afrique et de l'Asie ou à l'expulsion des Maoris et des Aborigènes de leurs terres d'Océanie, on s'aperçoit que la quête de terre est une dynamique continue, souvent violente et très ancienne. Loin de diminuer avec la croissance des échanges agricoles, le processus s'est ajusté aux lois du marché et pourrait même connaître un nouvel essor dans les prochaines décennies.

Sources >>> GRAIN, « Main basse sur les terres agricoles en pleine crise alimentaire et financière », octobre 2008. http://www.grain.org/front_files/landgrab-2008-fr-annex.pdf >>> « Touche pas à mes terres : le Sud face à la razzia des pays riches », *Courrier International*, n° 991, 29 octobre 2009. >>> Lorenzo COTULA, Sonja VERMEULEN, Rebeca LEONARD, James KEELEY, « Land Grab or Development Opportunity? Agricultural Investment and International Land Deals in Africa », IIED/FAO/IFAD, 2009 : http://www.fao.org/docrep/011/ak241e/ak241e00.htm

Des stocks agricoles en baisse, une hausse de la demande alimentaire à la mesure de la croissance économique et démographique mondiale, de plus en plus de terres consacrées au bétail ou à la production d'agrocarburants* : d'année en année, la tension sur les terres arables s'accroît et suggère aux pays qui en manquent d'en louer ou d'en acheter là où elles sont encore abondantes. Parmi les principaux acquéreurs, on trouve des pays très peuplés comme l'Inde, ou encore comme la Chine dont les espaces agricoles diminuent avec le développement industriel et l'urbanisation tandis que ses ressources en eau atteignent un seuil critique. On compte ensuite les États du golfe Persique, particulièrement démunis sur le plan agricole, mais beaucoup moins sur le plan financier, et aussi des pays de l'OCDE* comme le Japon et la Corée du Sud, géographiquement exigus au regard de leur population et très dépendants sur le plan alimentaire. Citons enfin des pays en développement comme l'Égypte, dont les ressources limitées en terre et en eau diminuent à mesure que la population s'accroît. Pour renforcer leur sécurité alimentaire, la stratégie de ces pays consiste donc à trouver sur le marché international de vastes espaces arables qu'ils louent ou achètent à bon prix et qu'ils rendent ensuite cultivables grâce à leurs ressources financières. On parle alors d'externalisation de la production agricole. En plus de sécuriser leurs approvisionnements, cette pratique permet également aux pays acquéreurs de limiter les coûts intermédiaires et de réduire ainsi de 20 % à 25 % la facture de leurs importations alimentaires.

S'il procède donc avant tout d'une logique agricole, le nouvel essor du marché international de terres arables répond également à la recherche de placements rémunérateurs par des fonds spéculatifs et autres investisseurs du secteur agroalimentaire. Pour ces acteurs financiers, les menaces qui pèsent sur l'agriculture (changement climatique, dégradation des sols, baisse des ressources en eau, stagnation des rendements) constituent désormais des opportunités de profits croissants et durables. C'est pourquoi au fur et à mesure que les marchés agricoles se tendent et que la demande de terres augmente, le contrôle des sols fertiles et proches des ressources en eau intéresse de plus en plus de sociétés d'investissement.

À l'autre bout de la chaîne, les États vendeurs ne sont pas moins motivés par ces transactions. Généralement situés au Sud, la plupart, tels l'Ouganda, le Cambodge, le Pakistan ou le Soudan, ne disposent pas des moyens nécessaires pour exploiter leurs espaces cultivables disponibles. Pour ces pays, la vente ou la location de terres représentent donc une source de revenus et d'avantages potentiellement substantielle. En plus des liquidités que l'acquéreur verse au vendeur, les transactions foncières sont en effet fréquemment assorties de promesses de coopération : contrats pétroliers, transferts de technologie, programmes de recherche et d'amélioration génétique, construction d'infrastructures, formation, etc. Dans certains cas, une part fixe de la production des terres achetées serait même réservée au marché national. Cependant, tandis que le doute s'instaure quant à la mise en œuvre et la portée réelles de tels accords, le paradoxe s'accroît de voir des pays précaires sur le plan alimentaire exporter les denrées qui manquent à leurs populations.

Si l'on s'en tient aux facteurs qui relancent la quête mondiale de terres agricoles depuis les années 2000, il est probable que ces transactions foncières internationales se multiplieront au cours des prochaines années. Il est également possible que, dans les pays vendeurs les plus touchés par la crise alimentaire, la perte de souveraineté agricole au profit d'acquéreurs étrangers et privés suscite une hostilité croissante de la population à l'égard de ce type d'investissements. Dans certains cas, elle pourrait même conduire à des troubles sociaux de plus en plus graves, à l'image des émeutes qui se sont déroulées à Madagascar en 2009, en réaction au projet de location de terres arables malgaches au groupe sud-coréen Daewoo.

ACQUISITIONS INTERNATIONALES, PUBLIQUES ET PRIVÉES, DE TERRES AGRICOLES, de 2008 à 2009 (location ou vente, en hectares)

Pays acquéreur
Pays vendeur

Japon : 12 317 262
Chine : 12 000 400
États-Unis : 216 862
Brésil : 100 000

Arabie Saoudite : 2 695 117
Indonésie : 2 185 000
Tanzanie : 500 000
Soudan : 10 117

Corée du Sud : 1 075 000
Soudan : 774 000
Mongolie : 270 000
Argentine : 21 000
Indonésie : 10 000

Chine : 2 179 571
Philippines : 1 240 000
Laos : 705 000
Zimbabwe : 101 171
Russie : 80 400
Australie : 43 000
Cameroun : 10 000

Libye : 264 000
Ukraine : 247 000
Liberia : 17 000

Égypte : 860 127
Ouganda : 860 127
Éthiopie : 20 000

Inde : 765 000
Éthiopie : 765 000

Émirats arabes unis : 742 470
Soudan : 378 000
Pakistan : 364 470

L'abc de la demande agricole

Parmi les variables qui détermineront la sécurité alimentaire mondiale dans les prochaines décennies, l'évolution de la demande de produits agricoles précédera toutes les autres. Or compte tenu de la croissance démographique, des changements d'habitudes alimentaires et de la lutte contre l'effet de serre, elle pourrait bientôt soumettre l'agriculture à de délicats arbitrages entre alimentation, bétail et carburant (abc).

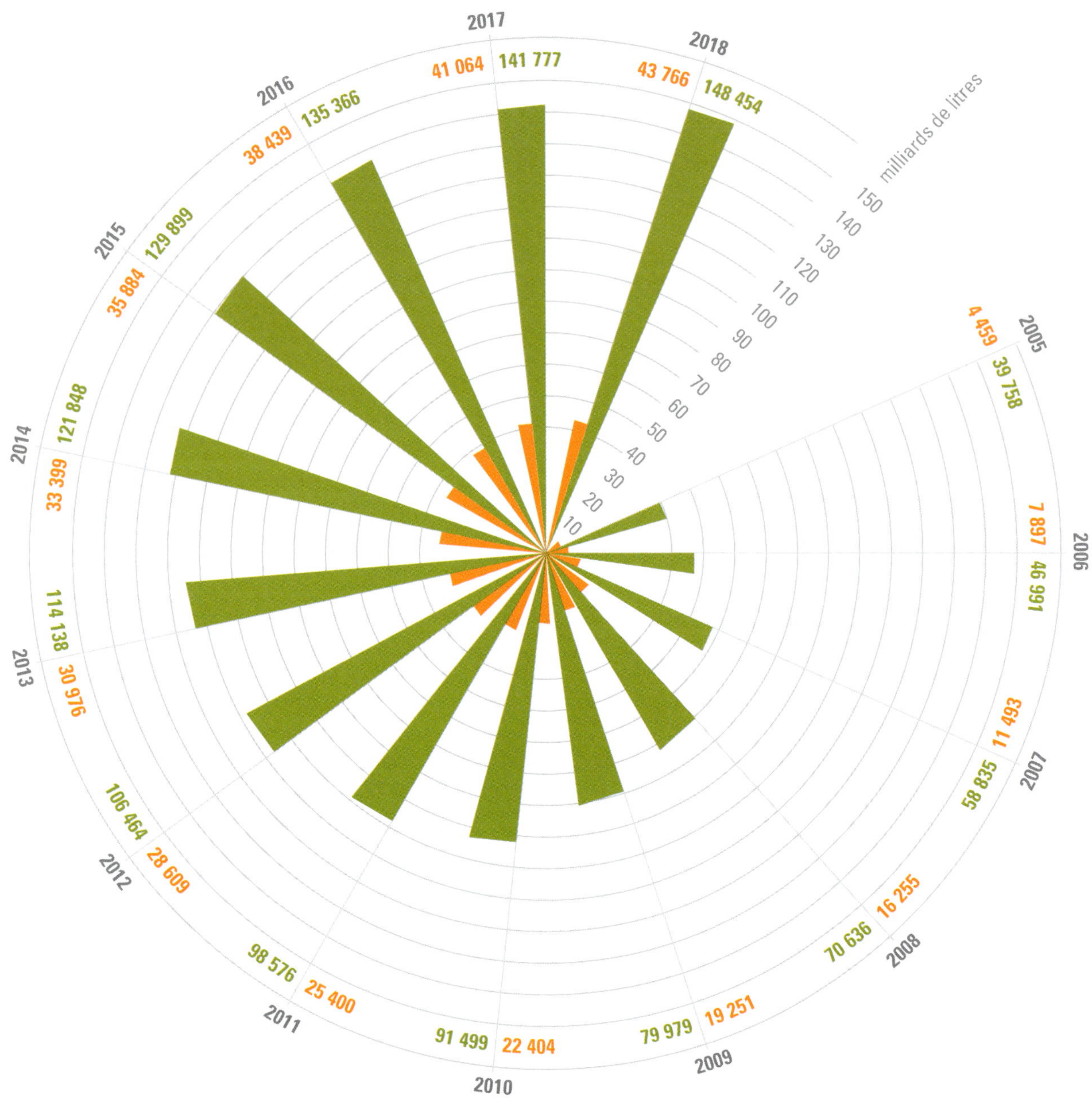

L'IMPACT AGRICOLE DE L'ÉNERGIE VÉGÉTALE

Selon le type d'agrocarburant (bioéthanol ou biodiesel), les techniques de production et les matières premières utilisées (canne à sucre, maïs, colza, huile de palme, betterave, jatropha), la substitution des carburants fossiles par les agrocarburants dans le secteur des transports permet de réduire de 10 % à 90 % les émissions de gaz à effet de serre liées à la combustion. Sur la base des données actuelles, les projections estiment également que la production de bioéthanol et de biodiesel qui a déjà triplé depuis 2000 devrait encore doubler au cours des dix prochaines années. Or s'ils ne comptent encore que pour 1,5 % de l'énergie utilisée dans le transport routier, les agrocarburants de première génération* emploient déjà 2 % des terres arables mondiales et représentent 7 % de la consommation mondiale de céréales secondaires*, 9 % de la consommation d'huiles végétales. Au moment où les changements climatiques créent de nouvelles menaces pour la production vivrière de nombreux pays, l'agroénergie qui introduit une demande supplémentaire de produits agricoles impose à l'agriculture mondiale de relever un défi de plus en plus complexe.

ÉVOLUTION DE LA PRODUCTION MONDIALE D'AGROCARBURANTS, de 2005 à 2018 (en milliards de litres)

- Biodiesel
- Bioéthanol

Sources >> OCDE, 2005. >> FAO, 2005.

Sources >>> Jean-Paul CHARVET, « L'agriculture mondialisée », *Documentation photographique*, n° 8059, Paris, La Documentation française, septembre-octobre 2007. >>> FAO, « World Agriculture : Towards 2030/2050. Prospects for Food, Nutrition, Agriculture and Major Commodity Group. Interim Report », Global Perspective Unit, Rome, juin 2006, http://www.fao.org/ES/esd/AT2050web.pdf >>> Philippe COLLOMB, *Une voie étroite pour la sécurité alimentaire d'ici à 2050*, FAO, Economica, 1999. >>> Sylvie BRUNEL, *Nourrir le monde. Vaincre la faim*, Paris, Larousse, 2009. >>> Siwa MSANGI, Mark ROSEGRANT, « World Agriculture in a Dynamically-Changing Environment: IFPRI's Long-Term Outlook for Food and Agriculture under Additional Demand and Constraints », International Food Policy Research Institute, juin 2009, ftp://ftp.fao.org/docrep/fao/012/ak970e/ak970e00.pdf >>

› Bien que la production record de céréales en 2008 semble confirmer que des hausses de l'offre agricole sont encore possibles à l'échelle mondiale, on peut se demander si elles seront suffisantes pour répondre aux évolutions de la demande. Comme par le passé, la progression des besoins alimentaires sera fixée en premier ressort par l'augmentation de la population, qui déterminera à son tour l'accroissement de la production. Ainsi, pendant que la croissance démographique mondiale annuelle passait de 1,9 % dans les années 1970 à 1,2 % dans les années 2000, celle de la production agricole passait de 2,5 % à 1,5 %. Pour autant, le défi des quatre prochaines décennies consistera à satisfaire une demande alimentaire mondiale dont l'augmentation sera cette fois-ci deux fois plus élevée que celle de la population. Dans certaines régions, elle sera même amplifiée par d'autres facteurs démographiques. Ainsi, à volume égal, les besoins alimentaires d'une population varient selon sa structure par âge, les femmes enceintes et les plus jeunes ayant besoin de manger davantage que les personnes plus âgées. De ce fait, on prévoit un ralentissement relatif de la demande alimentaire des pays européens, dont la part des moins de 25 ans diminue d'année en année. En sens inverse, l'augmentation de la demande nutritionnelle des pays à forte croissance démographique comme en Afrique subsaharienne pourrait, elle, être sensiblement amplifiée. De la même façon, plus le niveau d'activité physique d'un individu est élevé, plus ses besoins énergétiques sont importants, et inversement. Or comme l'activité physique est en moyenne plus faible en ville qu'en milieu rural, le mouvement d'urbanisation rapide qui caractérise de nombreux pays en développement devrait plutôt contribuer à y modérer la croissance de la demande. À son tour, la taille des individus indique une consommation calorique plus ou moins grande. En Asie de l'Est où la taille moyenne devrait le plus progresser, la croissance des besoins alimentaires pourrait ainsi être amplifiée de 2,8 %. Au final, tous facteurs démographiques confondus, la FAO* prévoit des évolutions régionales contrastées. En Afrique subsaharienne par exemple, le taux de couverture de la demande par la production recule de nouveau. En Afrique du Nord et au Moyen-Orient confondus, il pourrait même passer de 65 % en 1996 à 56 % en 2030. En Asie du Sud, la croissance de la demande restera supérieure à celle de la production jusqu'en 2015 ; au-delà, la hausse de la production agricole devrait légèrement dépasser celle de la demande. Enfin, c'est dans les pays démographiquement les moins dynamiques que l'on continuera de dégager les marges de production les plus importantes, en Europe occidentale et orientale notamment.

> D'ici à 2050, le défi consistera à satisfaire une demande alimentaire mondiale dont l'augmentation sera deux fois plus forte que celle de la population.

La mondialisation alimentaire

Bien que les céréales demeurent partout dans le monde la base de l'alimentation, le régime des pays industrialisés – qui se distingue par une consommation élevée de viande et de lait – progresse désormais dans de nombreux pays. Que l'on considère l'ensemble des pays en développement, on s'aperçoit que la consommation annuelle de viande y a déjà évolué de 10 kg par personne en moyenne au milieu des années 1960 à 26 kg à la fin des années 1990 ; il pourrait même dépasser 35 kg par personne en 2030. Pour sa part, la consommation de produits laitiers, qui a progressé dans le même temps de 28 kg à 45 kg, pourrait atteindre 60 kg, voire beaucoup plus d'ici à 2030.

Plus ou moins avancée selon les régions du globe, cette convergence des habitudes alimentaires est portée par plusieurs facteurs. Le plus décisif est économique. Car on observe qu'indépendamment de la géographie, de l'histoire, de la culture ou de la religion, la ration énergétique moyenne augmente avec le développement économique. De la même façon, l'augmentation du pouvoir d'achat des individus se traduit le plus souvent par une croissance importante de la consommation de sucres simples et de protéines animales (viande et produits laitiers), au détriment des protéines végétales (légumes secs et céréales) et des amidons (pain, pomme de terre). Néanmoins, comme permet de le vérifier le chevauchement croissant des régimes alimentaires de pays aussi éloignés que les États-Unis et le Japon, les changements de pratiques alimentaires ne procèdent pas seulement de l'inclination « spontanée » des consommateurs : pour une large part, ils ont été induits par le développement du commerce alimentaire international, par le modèle d'agriculture d'exportation des pays développés et par la promotion mondiale des modes de consommation occidentaux menée par l'industrie agroalimentaire (chaînes de restauration rapide, plats prêt-à-cuire, cuisinés et/ou surgelés, livraisons à domicile, etc.). Finalement, en dehors du niveau de revenus, les seuls facteurs qui devraient durablement pondérer la mondialisation alimentaire sont pour l'essentiel culturels et religieux : interdiction de manger du bœuf dans la religion hindoue ; interdiction de manger du porc dans les religions juive et musulmane.

En plus des enjeux de santé publique soulevés par cette évolution mondiale des comportements, la question se pose désormais des volumes céréaliers que l'agriculture devra fournir pour répondre à l'accroissement de la demande alimentaire animale, notamment celle du bétail.

La facture céréalière des agrocarburants

Déjà à l'œuvre sur le plan nutritionnel, les changements alimentaires mondiaux ne devraient se répercuter pleinement sur le plan agricole qu'à partir de 2050, au moment où l'agriculture sera également confrontée à l'augmentation de la production d'agrocarburants. Dans la mesure où celle-ci accroît dès aujourd'hui la demande de produits agricoles, on peut redouter qu'elle finisse par peser aussi sur les disponibilités de denrées alimentaires. Le risque est d'autant plus réel que la production d'agrocarburants devrait s'amplifier à mesure que les sources d'énergies fossiles s'épuisent et que leur prix augmente. Soucieux d'améliorer leur sécurité énergétique, de limiter leur dépendance aux importations de pétrole et de réduire leurs émissions de CO_2, les pays développés et les principaux pays émergents ont donc choisi de mener des politiques de soutien actif à leurs agriculteurs et aux cultures destinées à produire des carburants. Encore faible en termes énergétiques, l'impact de ces mesures est déjà sensible sur le plan alimentaire. Car en captant une part croissante des produits agricoles, la fabrication d'agrocarburants amplifie la tendance à la hausse des prix alimentaires et pénalise les consommateurs les plus pauvres. Selon certaines projections, l'augmentation de la production d'éthanol et de biodiesel d'ici à 2050 pourrait même contribuer à accroître de plusieurs millions le nombre d'enfants d'âge préscolaire souffrant de malnutrition en Afrique subsaharienne et en Asie du Sud. À long terme, plusieurs scénarios sont envisageables. On peut imaginer que la hausse du prix des produits agricoles servant à fabriquer les carburants soit telle qu'elle en rende l'usage moins rentable, continuant cependant de limiter l'accès aux produits alimentaires dans les pays du Sud. On peut également espérer que les agriculteurs des pays en développement finissent, eux aussi, par profiter de l'émergence de nouveaux marchés et de l'augmentation des prix grâce aux investissements qui pourraient être réalisés dans ces pays pour y améliorer l'accès aux intrants*, à la technologie et au crédit. Comportement, consommation énergétique, investissements : et si la hausse de la demande alimentaire n'était pas vraiment une question agricole ? ‹

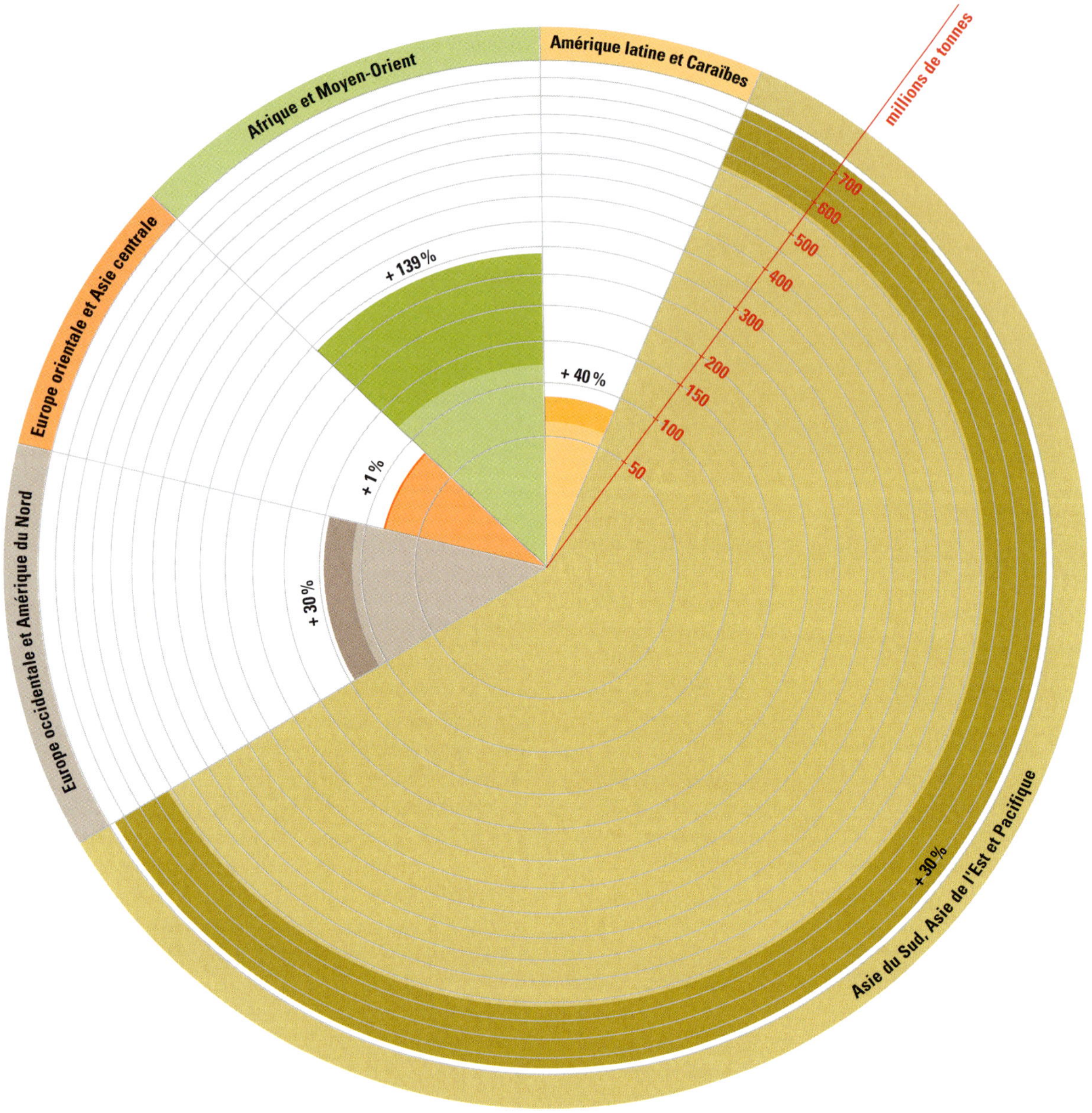

Des céréales très demandées

Alors qu'on avait relégué ce type de révoltes sociales au passé, les « émeutes de la faim » de 2007 et 2008 sont venues replacer la question alimentaire au cœur des enjeux du futur. Déclenchées par la flambée des prix de nombreux produits agricoles, elles répercutaient en réalité la tension croissante entre l'offre et la demande céréalières, ainsi que la peur qu'elle génère sur les marchés mondiaux.

LA DEMANDE CÉRÉALIÈRE HUMAINE, DURABLEMENT CROISSANTE ET INÉGALE

Croissance démographique mais aussi économique, hausse des revenus, augmentation de la production agricole et développement des échanges : de multiples facteurs contribuent à faire progresser la demande globale de produits alimentaires, celle de céréales en particulier. Selon certaines projections, la consommation énergétique individuelle moyenne pourrait ainsi progresser de 2 770 calories par jour en 2003-2005 à 3 500 calories en 2050. Dans les seuls pays en développement, elle pourrait passer de 2 200 calories à 2 950 calories par jour sur la même période.
Toutefois, il est aussi probable que de grandes inégalités subsistent dans l'accès aux produits d'alimentation. Elles s'exprimeront alors par une prévalence accrue des problèmes de santé liés à l'obésité au sein de la population mondiale et par la persistance de foyers de malnutrition chronique à l'échelle locale ou régionale.

RÉPARTITION DE LA DEMANDE CÉRÉALIÈRE PAR RÉGION, en 2010 et 2050 (en millions de tonnes et en %)

Demande en 2000

Demande supplémentaire en 2050 (projection)

+ 139 % Augmentation 2000-2050

Sources des graphiques >> FAO >> IFPRI IMPACT.

Sources >>>>>>>>>> Michel GRIFFON, « Profond changement dans l'ordre alimentaire mondial », *Projet*, n° 307, Ceras, novembre 2008, http://www.ceras-projet.com/index.php?id=3404 >>>>>>>>>>> Siwa MSANGI, Mark ROSEGRANT, « World Agriculture in a Dynamically-Changing Environment: IFPRI's Long-Term Outlook for Food and Agriculture under Additional Demand and Constraints », International Food Policy Research Institute, juin 2009, ftp://ftp.fao.org/docrep/fao/012/ak970e/ak970e00.pdf >>>>>>>>>> OCDE, « La hausse des prix alimentaires : causes et conséquences », septembre 2008, http://www.oecd.org/dataoecd/11/57/40926060.pdf

Quand elle est instaurée dans les années 1990, la libéralisation des marchés agricoles doit avoir pour premier effet de faciliter l'équilibre entre l'offre et la demande, puis de favoriser la baisse des prix et, ainsi, d'améliorer l'accès aux ressources alimentaires. De son côté, le développement du secteur agroalimentaire propose d'étendre la disponibilité mondiale d'un certain nombre de produits de standard international. La sécurité alimentaire ne serait plus l'affaire que de quelques années. Aujourd'hui pourtant, la fluctuation des prix agricoles et la progression de la malnutrition viennent rappeler la grande complexité de l'échiquier alimentaire que travaillent les jeux parfois contradictoires de l'offre et de la demande.
Globalement, on ne produit pas là où la population augmente le plus et où, par ailleurs, la nourriture fait déjà le plus défaut. Ainsi, alors que l'Afrique subsaharienne a entamé son « explosion démographique », voilà environ trente ans que la production n'y augmente pas davantage que la population ; autrement dit, que l'offre recule face à la demande. En Amérique latine, le choix de ne pas entreprendre les réformes agraires nécessaires au développement d'exploitations familiales a conduit à privilégier les filières d'exportation, au détriment du marché local et de l'alimentation des plus pauvres. De son côté, l'Asie poursuit sa croissance démographique et économique alors que les rendements y plafonnent et que, dans la plupart des pays, les possibilités d'extension des terres y sont plutôt faibles. En Chine, la propension de la classe moyenne à consommer des produits carnés démultiplie la demande en céréales pour nourrir les animaux producteurs de viande ; une tendance que l'on sait mondiale. De la même façon, la consommation croissante d'agrocarburants* amplifie la pression sur la production céréalière en Europe et aux États-Unis où l'agriculture est déjà très intensive.

À chaque époque sa réponse au défi de nourrir une population en forte croissance : le développement économique et la révolution verte dans les années 1970, la privatisation et le commerce international dans les années 1980, la dérégulation des marchés dans les années 1990-2000. Désormais, on privilégie surtout les investissements dans le secteur de la production vivrière, le développement des biotechnologies et la maîtrise des comportement alimentaires. Si certains doutent que ces mesures permettent de satisfaire les besoins agricoles en 2050, l'ampleur des progrès accomplis depuis plus de cinquante ans pour réduire la faim donnerait plutôt raison à ceux qui en prennent le pari.

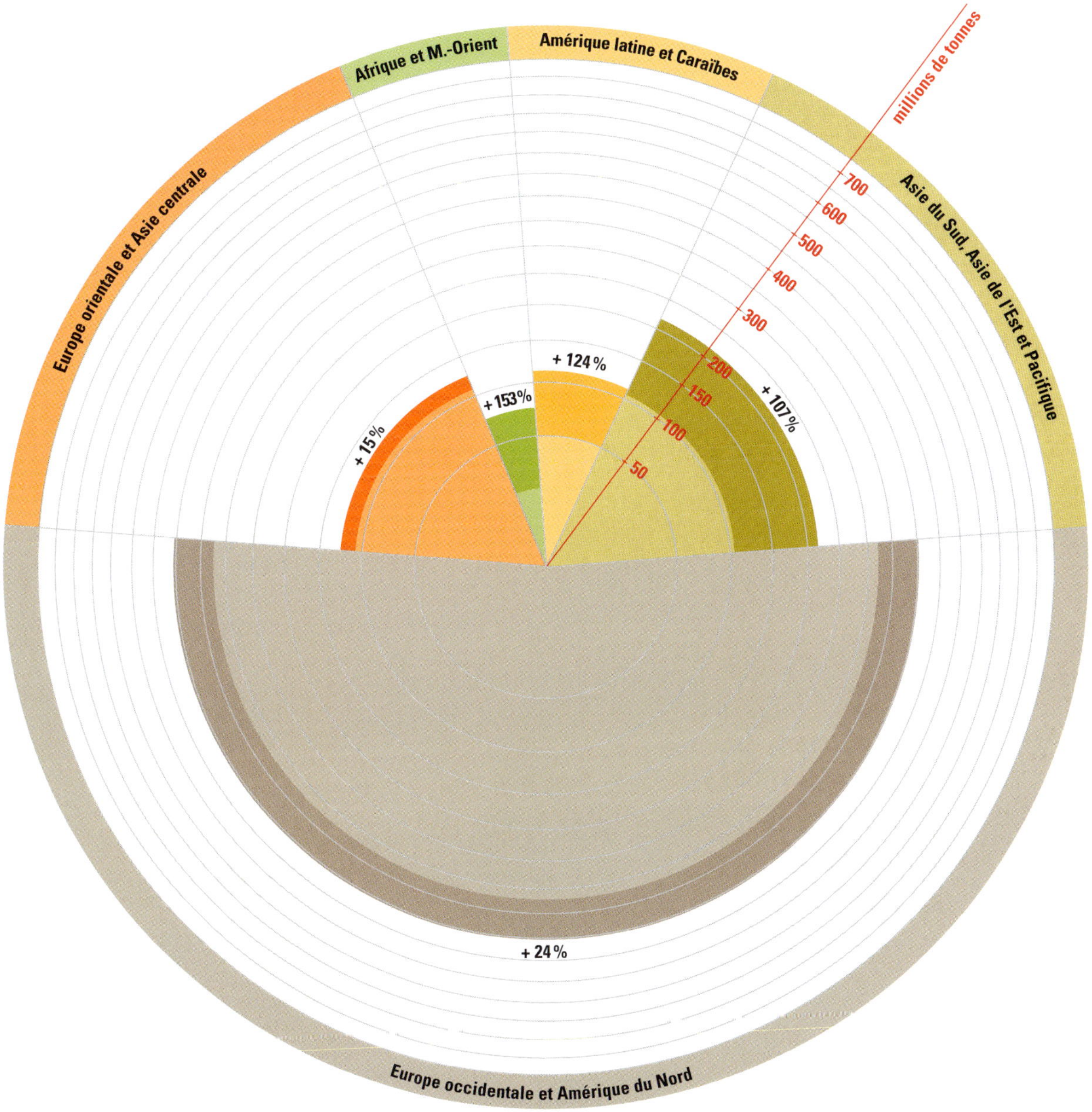

LA DEMANDE CÉRÉALIÈRE ANIMALE OU L'IMPACT AGRICOLE DE LA VIANDE

Partout dans le monde la consommation de viande augmente. À son tour, elle accroît la demande de céréales pour nourrir les animaux et impose de leur consacrer une part de plus en plus grande des terres et des cultures. La production de calories animales demande en effet un volume disproportionné de céréales et de légumineuses : il faut 4 calories végétales pour produire 1 calorie de viande de poulet ou de porc, 11 pour le mouton ou le bœuf. Mais s'ils sont de gros consommateurs de céréales fourragères, les ruminants ingèrent aussi des produits qui ne sont pas consommés par les hommes (herbage) et se nourrissent souvent sur des terres incultivables (zones d'altitude, de pente ou semi-arides). Au total, on prévoit que la demande céréalière animale mondiale progressera d'au moins 50 % entre 2000 et 2050. Comme le montre le graphique ci-dessus, la hausse sera particulièrement importante en Afrique et au Moyen-Orient alors qu'elle sera plus modérée dans les pays où la consommation de viande et de lait est déjà élevée (Amérique du Nord, Europe).

Les semelles de labour

Depuis quelques années, les changements climatiques et les enjeux de sécurité alimentaire nourrissent ensemble des visions malthusiennes du futur. De la même façon, la dégradation des sols évoque pour certains l'effondrement de civilisations anciennes auquel auraient mené, entre autres, l'érosion et la baisse de production agricole. En tout cas, la question se pose de l'impact sur les sols de pratiques agricoles de plus en plus intensives.

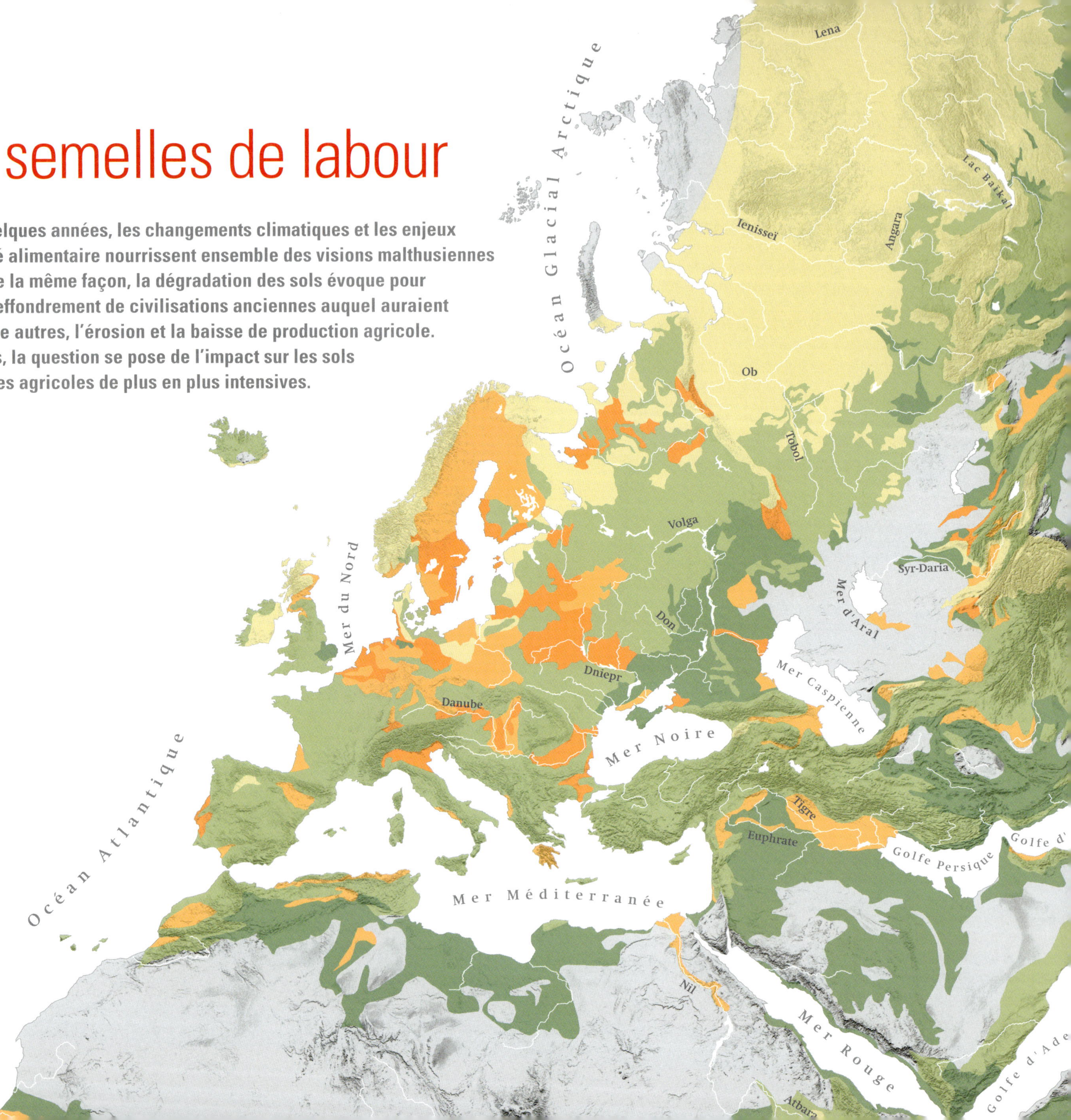

DÉGRADATIONS DES SOLS LIÉES AUX ACTIVITÉS HUMAINES, depuis l'Antiquité

- Érosion par le vent
- Érosion par l'eau
- Pas de dégradation
- Dégradation physique
- Dégradation chimique
- Données non disponibles

Sources >> World Data Center for Soils, www.isric.org >> Land Degradation Assessment in Drylands (LADA), FAO, http://www.fao.org/nr/lada/index.php?option=com_content&view=frontpage&Itemid=75&lang=fr >> CGIAR, « Climate, Agriculture and Food Security: A Strategy for Change », décembre 2009, http://www.cgiar.org/pdf/CCAFS_Strategy_december2009.pdf

› La dégradation des terres désigne le déclin de la fonction et de la productivité d'un écosystème* et se manifeste de plusieurs façons : érosion hydrique, érosion éolienne, modification de la composition chimique du sol, dégradation physique jusqu'à la désertification. Grâce à des relevés réguliers et détaillés, on sait qu'elle progresse aujourd'hui partout ou presque dans le monde, notamment dans les régions humides. Déjà, près de la moitié des sols sont concernés par cette dégradation. On estime aussi que plus de 30 % des terres cultivées perdent leur couche arable plus vite que celle-ci se renouvelle et que 15 % d'entre elles, dont les fonctions biologiques sont gravement endommagées, exigeraient de très lourds investissements pour être de nouveau utilisables pour l'agriculture. On considère même que 0,5 % des terres cultivées sont irrémédiablement perdues.

Si la dégradation des sols est partiellement liée à des phénomènes naturels, elle reste pour l'essentiel d'origine anthropique*. Elle procède en particulier d'une mauvaise gestion des terres agricoles. Sur certaines terres, le surpâturage détruit le couvert végétal à un degré et à un rythme tels qu'il finit par ne plus se reproduire. Une fois mise à nu, la terre devient très vulnérable à l'érosion hydrique ou éolienne. Ailleurs, le défrichement et la déforestation qui consistent à remplacer la végétation primitive diversifiée par une végétation secondaire de culture ont pour effet de modifier l'humus et d'appauvrir la composition du sol. À leur tour, l'irrigation excessive et le mauvais drainage des sols provoquent l'acidification et la salinisation des terres qui, peu à peu, deviennent stériles. Pour sa part, l'usage répété d'engrais chimiques et de pesticides contribue à détériorer le système de ruissellement et à endommager certains écosystèmes. Le labour, lui, détruit les couches supérieures du sol et la couche d'humus. Quand il est régulier et toujours à la même profondeur, il finit aussi par tasser la couche inférieure du terrain et à fabriquer une « semelle de labour » où les racines se trouvent alors asphyxiées. Le passage répété d'engins agricoles lourds conduit lui aussi à la dégradation physique des sols par compaction. À ces détériorations d'origine agricole s'ajoutent enfin d'autres types de pollutions que provoque notamment le rejet de métaux lourds ou d'eaux usées non traitées, en milieu urbain et en zone industrielle.
Altération des écosystèmes, perte de biodiversité, amplification du réchauffement climatique, baisse de la qualité des eaux, tempêtes de poussières, coulées de boue : à terme, la dégradation des sols présente un risque majeur pour la planète et pour au moins un quart de l'humanité (baisse de productivité et des revenus agricoles, diminution du fourrage et donc du bétail, insécurité alimentaire, conflits d'usage, exode rural et émigration). Essentiel au maintien de l'activité agricole et de la sécurité alimentaire de nombreux pays, le recours aux techniques de l'agriculture biologique pourrait donc, dans le futur, devenir une question de sécurité tout court. ‹

L'agriculture sous hautes températures

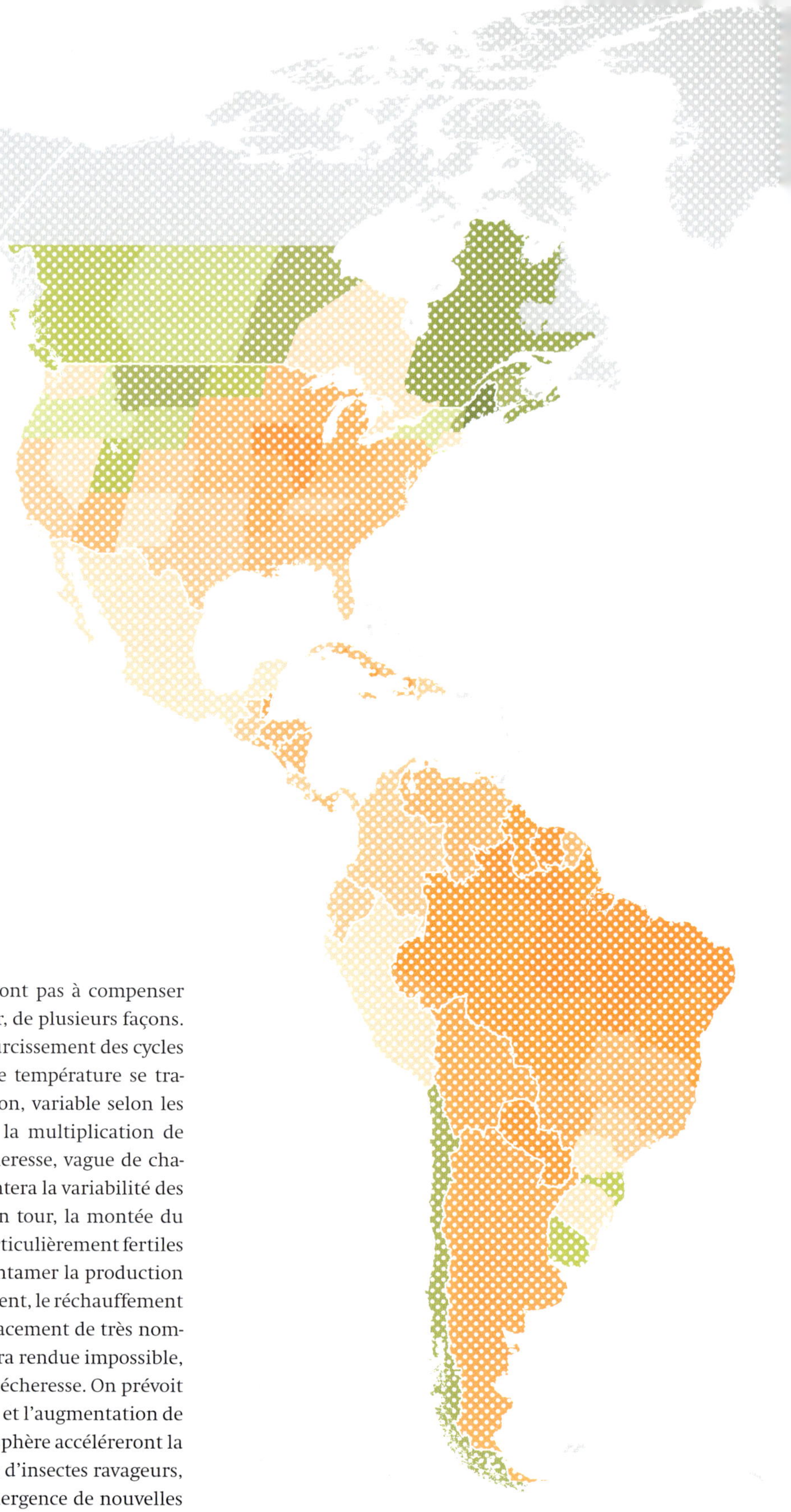

La complexité des échanges entre climat et agriculture ne permet pas encore de prévoir avec précision les répercussions des changements climatiques sur les systèmes agricoles. Cependant, on peut déjà mesurer la difficulté de plus en plus grande de devoir concilier la réduction de l'effet de serre* avec l'amélioration de la sécurité alimentaire, dans un contexte de demande énergétique mondiale croissante.

› Il est probable qu'aucun secteur ne sera plus touché par le réchauffement climatique que l'agriculture, tant de façon positive que négative. Ainsi, tandis qu'une hausse des températures de 1 °C à 3 °C pourrait infliger un recul de leur production à de nombreux pays subtropicaux, d'autres régions plus éloignées de l'équateur devraient pour leur part connaître une hausse de leurs capacités productives : en Sibérie, dans les pays scandinaves, au Groenland et au Canada. De la même façon, plusieurs modèles scientifiques indiquent qu'en facilitant la photosynthèse de certaines cultures (blé, soja, riz), l'augmentation de la teneur de l'atmosphère en dioxyde de carbone (CO_2) pourrait améliorer l'efficacité de l'utilisation des ressources en eau et contribuer à accroître les rendements. Mais on prévoit aussi qu'à ce gain de productivité correspondra une baisse de la qualité nutritionnelle des récoltes accrues. Globalement d'ailleurs, tous les modèles de prospective s'accordent désormais sur le fait que les gains de production induits par le réchauffement climatique ne suffiront pas à compenser les pertes agricoles qu'il va entraîner, de plusieurs façons. D'abord, il est probable que le raccourcissement des cycles agricoles provoqué par la hausse de température se traduise par une baisse de la production, variable selon les régions. Ensuite, il est certain que la multiplication de phénomènes extrêmes du type sécheresse, vague de chaleur, inondation ou tempête augmentera la variabilité des récoltes et donc celle des prix. À son tour, la montée du niveau de la mer dans des régions particulièrement fertiles comme les deltas en Asie pourrait entamer la production des pays où ils sont situés. Parallèlement, le réchauffement climatique devrait entraîner le déplacement de très nombreux agriculteurs, dont l'activité sera rendue impossible, ici par la montée des eaux, là par la sécheresse. On prévoit aussi que la hausse des températures et l'augmentation de la concentration de CO_2 dans l'atmosphère accéléreront la prolifération de mauvaises herbes et d'insectes ravageurs, mais aussi qu'elles stimuleront l'émergence de nouvelles

Sources >>>>>> FAO, « Les défis du changement climatique et de la bioénergie pour l'alimentation et l'agriculture », Rome, octobre 2009. http://www.fao.org/fileadmin/templates/wsfs/docs/Issues_papers/Issues_papers_FR/Les_d%C3%A9fis_du_changement_climatique.pdf >>>>>> OCDE/FAO, « Perspectives agricoles de l'OCDE et de la FAO 2009-2018 », synthèse, 2009. >>>>>> INRA/CIRAD, « Agricultures et alimentations du monde en 2050 : scénarios et défis pour un développement durable », *Agrimonde*, Note de synthèse, février 2009.

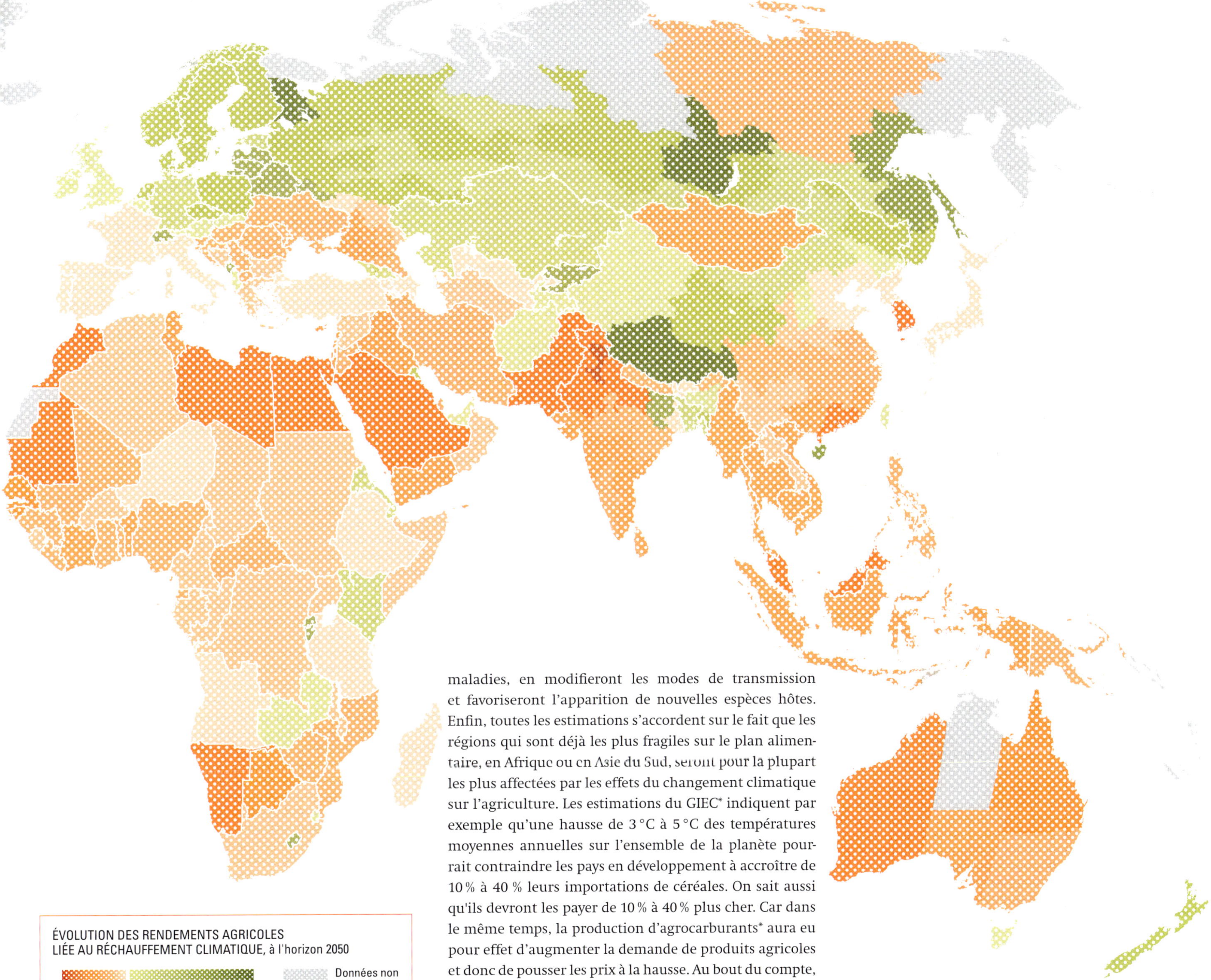

ÉVOLUTION DES RENDEMENTS AGRICOLES LIÉE AU RÉCHAUFFEMENT CLIMATIQUE, à l'horizon 2050

Source >> Banque mondiale, « L'impact du changement climatique sur les rendements agricoles d'ici à 2050 », *Rapport sur le développement dans le monde 2010. Développement et changement climatique*, version préliminaire, 2009.

maladies, en modifieront les modes de transmission et favoriseront l'apparition de nouvelles espèces hôtes. Enfin, toutes les estimations s'accordent sur le fait que les régions qui sont déjà les plus fragiles sur le plan alimentaire, en Afrique ou en Asie du Sud, seront pour la plupart les plus affectées par les effets du changement climatique sur l'agriculture. Les estimations du GIEC* indiquent par exemple qu'une hausse de 3 °C à 5 °C des températures moyennes annuelles sur l'ensemble de la planète pourrait contraindre les pays en développement à accroître de 10 % à 40 % leurs importations de céréales. On sait aussi qu'ils devront les payer de 10 % à 40 % plus cher. Car dans le même temps, la production d'agrocarburants* aura eu pour effet d'augmenter la demande de produits agricoles et donc de pousser les prix à la hausse. Au bout du compte, la nécessité de lutter contre le réchauffement climatique pourrait donc aussi contribuer à exercer une pression accrue sur les disponibilités de produits agricoles à usage alimentaire. ❮

Marc DUFUMIER, « Sécurité alimentaire et développement durable », *Futuribles*, n° 352, mai 2009. >>>

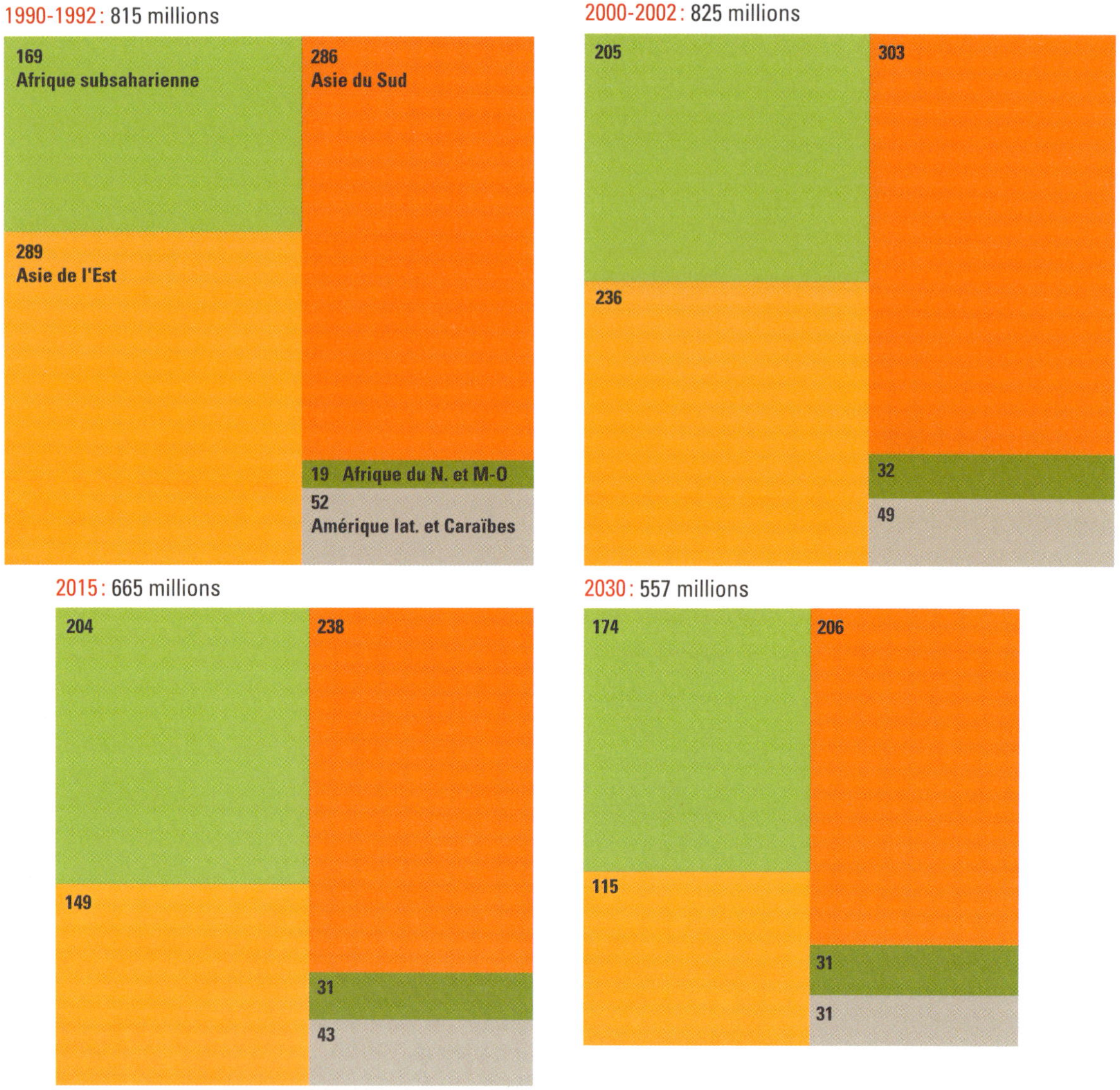

En finir avec « la faim dans le monde »

Après avoir reculé pendant plus de trois décennies, la malnutrition progresse de nouveau. Loin d'être un effet mécanique de la croissance démographique ou le résultat d'une production insuffisante, la tendance souligne l'acuité des problèmes de répartition des denrées agricoles. Conçu à l'aune de ce constat, le scénario ci-contre utilise la fiction politique pour décrypter les mécanismes macroéconomiques qui limitent aujourd'hui l'accès aux ressources alimentaires.

MALNUTRITION : TENDANCE À LA BAISSE D'ICI À 2030

Sur ce diagramme où l'on a reporté des statistiques et des projections de la FAO* sur la malnutrition dans le monde, les zones géographiques sont représentées par des rectangles proportionnels au nombre de personnes qui souffrent de la faim dans chacune d'entre elles. On voit ainsi qu'en dépit de la croissance démographique mondiale, la FAO prévoit une baisse sensible de la malnutrition d'ici à 2030. Il faudra cependant attendre encore plusieurs décennies avant que soit atteint l'Objectif du Millénaire* qui visait à réduire de moitié le nombre de personnes malnutries avant 2015. Parmi les causes de ce retard, on retient notamment la hausse des prix agricoles depuis le milieu des années 2000, l'impact de la crise économique mondiale sur les revenus ou encore la croissance économique insuffisante des pays les plus pauvres pour corriger des taux de malnutrition encore élevés.

Sources >>> « L'état de l'insécurité alimentaire dans le monde » (SOFI), FAO, 2009. >>> Nikos ALEXANDRATOS, « World Food and Agriculture to 2030/50, Highlights and Views from mid-2009 », pour la réunion d'experts « How to Feed the World in 2050 », FAO, Rome, 24-26 juin 2009.

ÉVOLUTION DU NOMBRE DE PERSONNES SOUS-ALIMENTÉES[1] PAR RÉGION

- 35 Nombre de personnes sous-alimentées (en millions)
- Asie du Sud
- Asie de l'Est
- Afrique subsaharienne
- Amérique latine et Caraïbes
- Afrique du Nord et Moyen-Orient

1. Moins de 2 400 kcal par jour.

Sources >>> FAO-OCDE, http://www.agri-outlook.org/ >>> FAO, « L'état de l'insécurité alimentaire dans le monde 2008. Prix élevés des denrées alimentaires et sécurité alimentaire : menaces et perspectives », Rome, 2008, ftp://ftp.fao.org/docrep/fao/011/i0291f/i0291f00.pdf >>> CEPII-CAS, « Quels défis pour

LE CAP, VENDREDI 18 OCTOBRE 2019, *FEDERATED PRESS*

« L'éradication de la faim dans le monde n'est désormais plus une utopie, mais un objectif politique réaliste. » C'est en tout cas ce que déclarait le directeur général de la FAO lors d'une conférence de presse organisée à la veille du Sommet alimentaire mondial qui se tiendra au Cap, les 19 et 20 octobre 2019. Selon lui, les chefs d'État et de gouvernement réunis ce week-end dans la ville sud-africaine pourraient en effet parvenir à un accord permettant de lancer le Fonds international pour l'agriculture et l'alimentation (FIAA). Interrogé sur les négociations en cours, le Haut Représentant de l'Union européenne pour les affaires étrangères se félicitait à son tour *« que les réunions préparatoires aient permis de dissiper les inquiétudes de l'Union quant à la conformité du FIAA avec les règles du commerce international »*.

C'est à la suite de la catastrophe alimentaire mondiale de 2017 et des troubles politiques qu'elle avait suscités que l'idée d'un fonds international avait initialement été lancée par Chan Chiu-Waï, le Secrétaire général des Nations unies. Quelques mois plus tard, constatant que la flambée du prix des céréales au cours de l'été 2017 (jusqu'à 275 % pour le blé) avait entraîné la mort de plus de 260 000 personnes de par le monde, le rapporteur spécial des Nations unies sur les crises alimentaires, Aynalem Messaye, avait alors appelé à la création d'un mécanisme *ad hoc* pour atténuer les effets de la fluctuation des prix agricoles sur l'accès à l'alimentation des plus pauvres : *« Si on peut considérer que la baisse des prix agricoles dans les années 1960-2000 a permis de réduire la malnutrition, on doit aussi reconnaître qu'elle a conduit de nombreux pays africains à abandonner leur production nationale. Résultat : la moindre hausse des cours sur le marché mondial se répercute aussitôt sur les prix à la consommation de pays aussi démunis sur le plan économique qu'agricole. Compte tenu du défi qu'il y aura bientôt à nourrir 9 milliards de personnes en 2050, on ne peut plus laisser au seul marché le soin d'y répondre. »* Au terme de vingt mois d'âpres discussions, le FIAA pourrait donc bientôt voir le jour et lancer, dès 2020, ses quatre volets opératoires.

Améliorer l'accès, réduire la dépendance

1. Avec la concurrence que les exportations européennes et américaines subventionnées ont imposée à l'échelle internationale, de nombreux pays en développement ont choisi de substituer des importations meilleur marché à leur production, ou de réorienter leur agriculture vers des produits destinés à l'exportation (primeurs, café, cacao, etc.). Ce faisant, ils ont exposé leurs économies respectives aux aléas du marché. En cas de chute importante du cours de certains produits (− 30 % sur six mois), le FIAA pourra donc intervenir pour en réduire l'impact sur l'économie des pays en développement exportateurs. Il pourra notamment : acheter aux pays fragilisés un certain volume du produit déprécié au cours moyen des deux dernières années ; leur fournir une part de leurs importations alimentaires ; apporter un soutien financier à leurs efforts de diversification agricole.
2. Depuis le milieu des années 2000, la volatilité des prix constitue l'une des caractéristiques principale des marchés agricoles. Multifactorielle, elle procède notamment de la libéralisation des échanges, de mouvements spéculatifs, de la diminution des stocks mondiaux, de l'imprévisibilité des récoltes, des cours du baril de pétrole (intrants agricoles, transports) ou encore de phénomènes climatiques (intempéries, criquets, etc.). Or depuis l'effondrement de leurs productions nationales ou vivrières, les pays en développement résistent de plus en plus mal aux hausses des prix alimentaires sur le marché mondial. Pour sécuriser l'accès aux produits alimentaires de première nécessité, le FIAA pourra alors aussi opérer comme un fonds d'urgence. Pour une liste déterminée de denrées et en cas de hausse importante des cours (+ 30 % sur six mois), il pourra décider d'acquérir un certain volume du produit dont le prix augmente, puis le revendre aux pays en difficulté au cours moyen des deux dernières années.
3. Que l'on considère la disponibilité locale des produits alimentaires, leur accessibilité par le biais de prix stables et mesurés ou la protection des agriculteurs contre les risques du marché international : l'amélioration de la sécurité alimentaire appelle dans tous les cas le développement d'une agriculture autonome et diversifiée.

C'est pourquoi, en Amérique latine et en Afrique subsaharienne, le FIAA veut encourager les pays en développement à mettre de nouvelles terres en culture (hors déforestation) et à les consacrer à des productions de consommation locale. Le FIAA interviendra alors en finançant les infrastructures et les équipements nécessaires à la modernisation et à l'intensification de l'agriculture (irrigation au goutte-à-goutte, lieux de stockage, etc.).

4. Enfin, pour certaines denrées alimentaires de première nécessité (huile, sucre, céréales), la mission du FIAA consistera à gérer un stock international qu'il reconstituera par des achats en cas de baisse des cours et qui lui permettra d'intervenir en cas de forte hausse ou de pénurie internationale, en les proposant alors aux pays fragilisés à un prix corrigé des variations.

> « Compte tenu du défi qu'il y aura à nourrir 9 milliards de personnes en 2050, on ne peut plus laisser au seul marché le soin d'y répondre. »
>
> *Aynalem Messaye*

Un fléau qui coûte cher

Si la plupart des chefs d'État africains saluent déjà la création du Fonds, de nombreuses associations écologiques et humanitaires expriment leur réserve. Ainsi, l'Institut du développement durable (IDD) dénonce *« l'absurdité écologique »* de vouloir réduire la faim en développant l'agriculture intensive dans les pays où elle ne l'est pas encore et de leur faire ainsi courir le risque de *« remplacer un fléau par un autre »*. De son côté, l'association SUFARE *(Sussex Famine Relief)* considère que le Fonds n'offre pas suffisamment de garanties de transparence dans ses arbitrages. Selon Tony Maugham, le secrétaire général de l'ONG britannique, le fonctionnement au cas par cas du FIAA constitue même *« une véritable invitation à utiliser l'aide à des fins politiques »*. À son tour, le Comité œcuménique de lutte contre la faim souligne la grande imprévisibilité des moyens financiers du FIAA au regard des besoins auxquels il devra répondre. En dehors des contributions volontaires des parties et des dons que peuvent faire des organismes publics, privés ou des particuliers, les ressources du Fonds sont alimentées par trois taxes internationales. La première est une taxe d'accise qui s'applique aux pays à haut revenu, quand leur part de jachère dépasse 3 % des terres cultivables. La seconde est une taxe sur la consommation d'éthanol dont le montant est indexé sur le cours de six produits agricoles. La troisième, dite *taxe d'externalisation agricole*, est prélevée sur les transactions foncières internationales de terres cultivables ; elle est calculée au prorata du montant de l'opération (de 1 % à 5 %).

Si les négociations doivent encore fixer le montant minimal nécessaire au démarrage du fonds international, plusieurs grandes sociétés issues des secteurs de l'agroalimentaire, de la grande distribution et de l'industrie pétrolière ont déjà affiché leur intention d'apporter leur contribution financière pour permettre son lancement. *« Il serait grand temps d'agir, car la faim est un fléau qui coûte très cher »*, déclarait ainsi le président-fondateur de Newpaddy, la firme indienne de semences génétiquement modifiées génériques. On prête d'ailleurs au jeune milliardaire indien surnommé le « Bill Gates de l'OGM », l'intention de vouloir devenir le principal contributeur du FIAA ! »

l'agriculture mondialisée ? », *Les dossiers de la mondialisation*, n° 14, juillet 2009, www.redv-mondialisation.fr >> Vanessa PERSILLET, « Volatilités des prix agricoles et modalités d'intervention sur les marchés. La hausse des années 2006-2008 », Note de synthèse, INRA, octobre 2009.

FAO, « La situation mondiale de l'alimentation et de l'agriculture 2008. Les biocarburants : perspectives, risques et opportunités », Rome, 2008. >>

Une révolution encore plus verte

Pour relever le défi alimentaire des prochaines décennies, le secteur agricole devra pouvoir s'appuyer sur des écosystèmes* propices. Or ceux-ci se trouvent aujourd'hui fragilisés par les effets secondaires d'un mode de production très intensif, guidé par le seul marché et qui, dans certaines régions, hypothèque l'avenir de l'agriculture elle-même. Se pourrait-il alors qu'une nouvelle révolution agricole s'impose bientôt ?

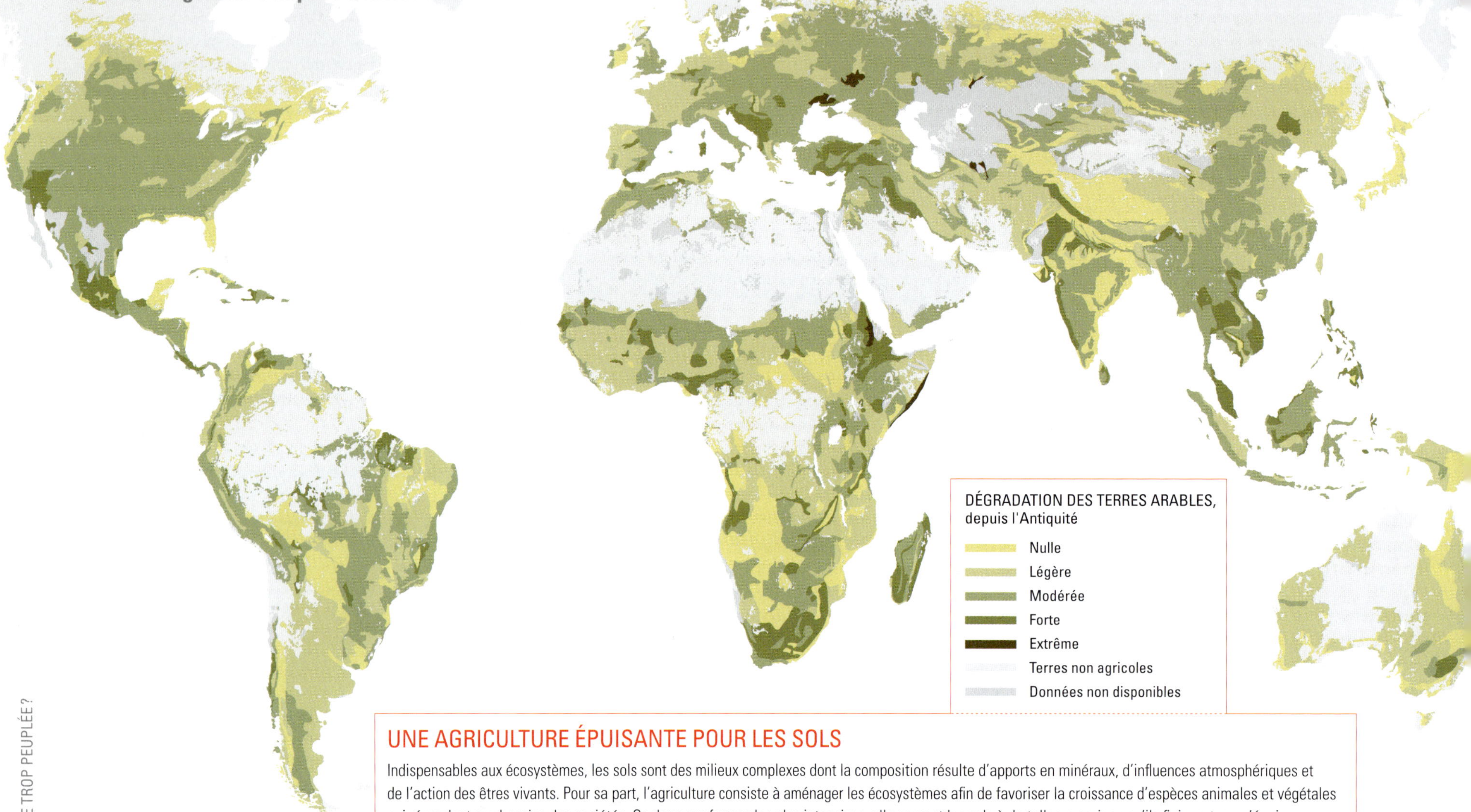

UNE AGRICULTURE ÉPUISANTE POUR LES SOLS

Indispensables aux écosystèmes, les sols sont des milieux complexes dont la composition résulte d'apports en minéraux, d'influences atmosphériques et de l'action des êtres vivants. Pour sa part, l'agriculture consiste à aménager les écosystèmes afin de favoriser la croissance d'espèces animales et végétales qui répondent aux besoins des sociétés. Or, dans ses formes les plus intensives, elle soumet les sols à de telles pressions qu'ils finissent par s'épuiser, jusqu'à ne plus pouvoir fournir ni récoltes, ni fourrage, ni bois combustible. Dans certaines régions, la situation pourrait devenir critique d'ici à quelques années à peine. Ainsi, en Afrique subsaharienne où l'agriculture emploie 65 % de la population active et génère 32 % du PIB, l'ONU estime que deux tiers des terres cultivables pourraient ne plus être productives d'ici à 2025. Pourtant, au même moment, l'Afrique connaîtra la plus forte croissance démographique mondiale.

Sources >>> ISRIC, World Soil Information. >>> McGill University, Montréal.

Sources >>> Marc DUFUMIER, « Sécurité alimentaire et développement durable », *Futuribles*, n° 352, mai 2009. >>> Michel GRIFFON, *Nourrir la planète. Pour une révolution doublement verte*, Paris, Odile Jacob, 2006. >>> Michel GRIFFON, « Révolution verte, Révolution doublement verte. Quelles technologies, institutions et recherche pour les agricultures de l'avenir ? », *Monde en développement*, n° 117, tome 30, 2002. >>> Good Planet, http://www.goodplanet.info/goodplanet/index.php/fre/Alimentation-agriculture/Agriculture/Agriculture/(theme)/224 >>> CGIAR, *Climate, Agriculture and Food Security: A Strategy for Change*, décembre 2009, http://www.cgiar.org/pdf/CCAFS_Strategy_december2009.pdf >>>

› Imaginer ce que pourrait devenir l'agriculture mondiale dans trente ans impose au préalable d'en faire un état des lieux tendanciel, à commencer par le bilan écologique d'un demi-siècle de techniques agricoles intensives et de révolution verte. Au départ, la révolution verte consiste à répandre dans les pays en développement des variétés de blé, de maïs, de riz ou de haricots sélectionnées et améliorées afin de produire un maximum de calories et de protéines alimentaires à l'hectare. Pour sa part, l'agriculture intensive moderne vise à augmenter les rendements grâce à l'utilisation accrue d'intrants*, à l'irrigation et à la mécanisation. Cinquante ans plus tard, tout le monde s'accorde sur l'importance des gains de productivité et de production que ces révolutions technologiques ont permis de réaliser à l'échelle mondiale. En même temps, on mesure que ces progrès agricoles rencontrent aujourd'hui leurs limites. Surtout, on observe qu'ils s'accompagnent de nombreux effets indésirables qui détériorent les écosystèmes agricoles et qui, sur la durée, fragilisent la sécurité alimentaire mondiale.

Une révolution peu durable

Parmi les nuisances de l'agriculture et de l'élevage intensifs actuels, on relève par exemple l'appauvrissement génétique des espèces domestiques au fil des processus de sélection ; la destruction chimique de la microfaune du sol et son impact négatif sur l'aération, le ruissellement et la stabilité des terrains ; l'érosion, souvent aggravée par le surpâturage et le labour ; le compactage des sols sous le piétinement des troupeaux ou le passage d'engins agricoles lourds ; la destruction de l'habitat et le déclin d'espèces animales sauvages ; l'abaissement des nappes phréatiques…

À cette liste incomplète, il faut ensuite ajouter les limites et les effets imprévus des progrès agronomiques. Élaborées en milieu contrôlé, bon nombre des variétés introduites par la révolution verte se sont ainsi révélées fragiles à l'usage, en milieu ouvert. Sensibles aux accidents climatiques, aux parasites, à la concurrence des herbes « folles » ou aux insectes, elles imposent, pour être développées sans risque, de disposer à la fois d'engrais de synthèse, d'insecticides, de fongicides et de désherbants agrochimiques. En somme, elles exigent des conditions que les paysans pauvres ne peuvent pas réunir alors que, justement, ces variétés étaient destinées aux pays du Sud. De leur côté, les régions où ces espèces ont été cultivées à grande échelle font face à de graves pollutions chimiques, elles-mêmes à l'origine de dégradations des sols, de pertes de biodiversité et de contaminations des eaux. En zone aride et semi-aride, la pollution des terres agricoles se trouve aussi souvent amplifiée par leur salinisation sous l'effet d'une irrigation excessive et d'un drainage insuffisant, menaçant certaines régions de désertification. Au bout du compte, en détruisant la matière organique, le processus réduit la capacité des sols à stocker le dioxyde de carbone (CO_2) et œuvre donc à son tour aux changements climatiques.

Plus globalement d'ailleurs, on observe que l'agriculture est devenue un contributeur majeur à l'effet de serre : par la déforestation, qui libère du CO_2 dans l'atmosphère tout en en réduisant la séquestration par le sol ; par l'usage d'énergies fossiles pour les engins agricoles ou la fabrication des engrais de synthèse ; par l'émission de méthane (CH_4) dont la riziculture et la rumination d'herbivores sont la source principale ; par le rejet de protoxyde d'azote (N_2O) lors de l'épandage des engrais azotés. Comme ils sont moins mécanisés et peu consommateurs d'intrants*, les systèmes agricoles des régions les plus pauvres affichent pour leur part une contribution réduite à l'effet de serre. Cependant, ils seront les plus exposés aux impacts des changements climatiques tels que sécheresses, inondations, glissements de terrain ou tempêtes.

> C'est en préservant son capital écologique que l'agriculture ménagera son avenir.

Plus indispensable que jamais à la sécurité alimentaire mondiale, l'agriculture le restera aussi pour assurer l'activité et les revenus d'une grande partie de l'humanité puisqu'elle emploie encore plus de la moitié de la population active des pays en développement (6 % dans les pays de l'OCDE*). Il est par conséquent impossible de dissocier les effets écologiques des impacts économiques et sociaux des changements agricoles. On peut ainsi citer l'exemple de nombreux pays du Sud, dont les productions vivrières peu compétitives ont été remplacées par des cultures de rente et d'exportation tropicales comme le café, le coton, le cacao ou le caoutchouc. Déjà affaiblies par la concurrence de l'agriculture industrielle et subventionnée des pays du Nord, les agricultures du Sud ont alors été confrontées à la baisse des prix de ces produits devenus excédentaires sur le marché mondial. Pénalisés par cette dégradation des termes de l'échange, incapables de dégager les revenus nécessaires pour entretenir leur capital d'exploitation (engrais, outillage, infrastructure…), de nombreux paysans du Sud se sont alors orientés vers une forme d'agriculture « minière » où l'épuisement des sols précède le déboisement de nouvelles terres, que les paysans mettent en culture au risque de détruire davantage de biodiversité, d'humus et de biomasse*, puis de les abandonner à leur tour quand elles sont épuisées. Nocif sur le plan écologique et agricole, ce cercle vicieux ne l'est alors pas moins sur le plan humain. Car il conduit peu à peu les paysans à quitter leur village pour chercher des revenus complémentaires, le plus souvent à la périphérie des villes où ils survivent dans des conditions de vie économique, sanitaire et sociale précaires.

L'utopie nécessaire

Finalement, qu'on l'aborde dans une perspective économique, écologique, migratoire ou climatique, la question de la sécurité alimentaire mondiale impose, pour trouver une réponse durable, que soient remplies au moins trois conditions. Déjà, il paraît impératif que les pays du Sud recouvrent leur souveraineté alimentaire, notamment par le redéploiement de leur agriculture vivrière. Or cela nécessitera aussi qu'ils puissent protéger leurs productions de certaines formes de concurrence, à commencer par celle des surplus céréaliers, carnés et laitiers des grands exportateurs agricoles. Ensuite, il semble indispensable que les paysans soient les acteurs principaux de ces changements agricoles et qu'ils soient dotés des moyens d'accroître leur productivité et leurs revenus, dans leur région d'origine, sans prendre le risque d'altérer la biodiversité et les capacités productives des écosystèmes. Car l'équation alimentaire ne pourra pas non plus être durablement résolue si l'agriculture ne contribue pas elle-même à préserver le capital écologique dont sa productivité dépend.

Encore théorique sur le plan politique et financier, cette nouvelle révolution agricole a pourtant déjà sa formule. Elle consiste d'abord à adopter une attitude de précaution raisonnable à l'égard des biotechnologies afin d'éviter certaines erreurs de la révolution verte sans pour autant interdire le progrès. Elle repose ensuite sur l'usage de techniques agronomiques déjà disponibles, qui permettent d'améliorer les rendements à l'hectare en dépit d'un usage moindre d'énergie fossile et d'intrants chimiques (cultures combinées et en rotation, fertilisation animale, labours légers, plantations de légumineuses et d'arbustes…). Elle propose enfin aux grandes puissances agricoles qui se tournent vers la fabrication de biocarburants*, de privilégier aussi des modes de culture moins industriels, écologiquement moins prédateurs et qui permettent de répondre à l'explosion de la demande en produits biologiques. Au bout du compte, elle suggère de mettre très vite en œuvre une utopie déjà nécessaire. ‹

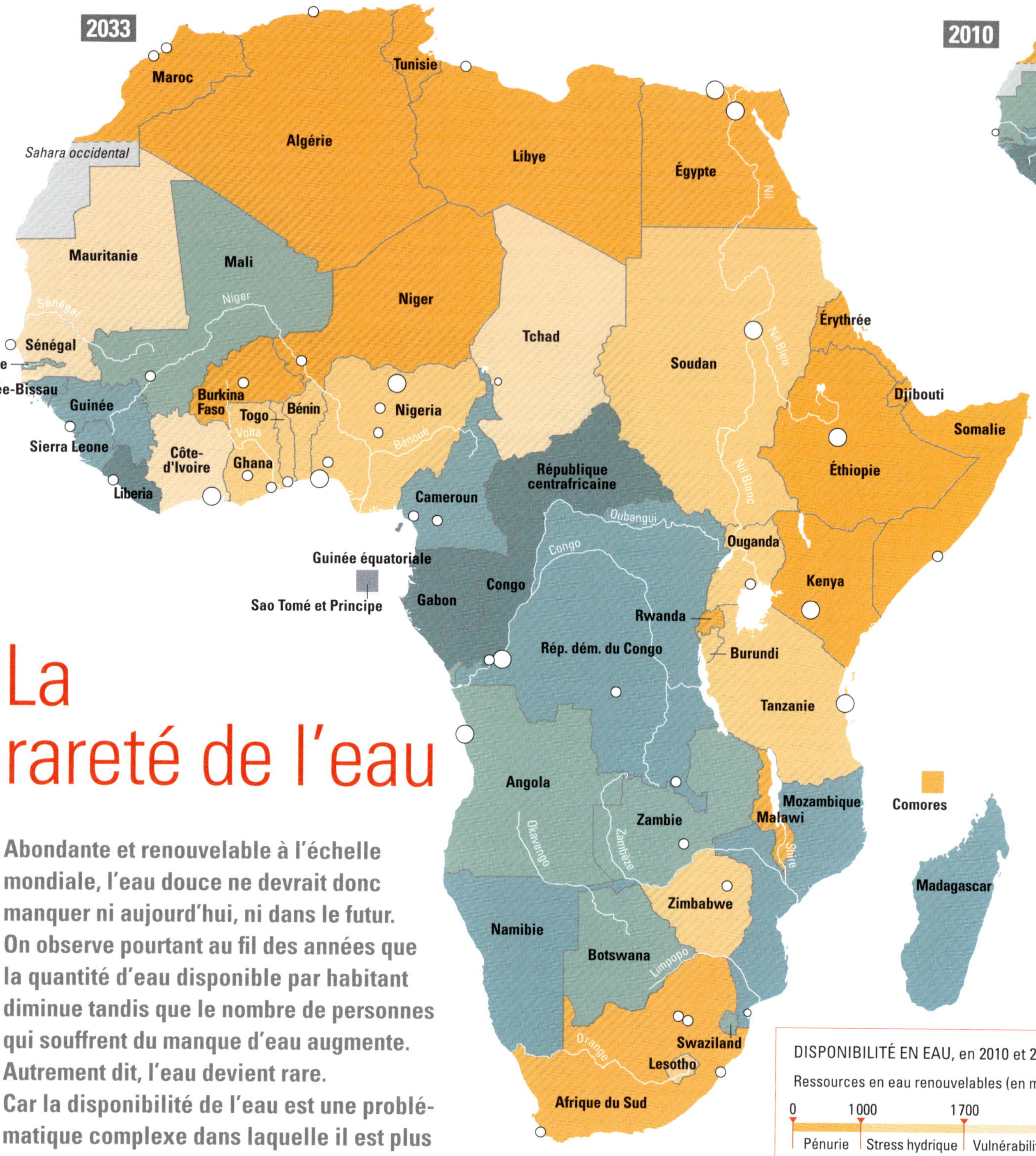

La rareté de l'eau

Abondante et renouvelable à l'échelle mondiale, l'eau douce ne devrait donc manquer ni aujourd'hui, ni dans le futur. On observe pourtant au fil des années que la quantité d'eau disponible par habitant diminue tandis que le nombre de personnes qui souffrent du manque d'eau augmente. Autrement dit, l'eau devient rare. Car la disponibilité de l'eau est une problématique complexe dans laquelle il est plus souvent question de répartition et d'accès que de volume et de réserve globale.

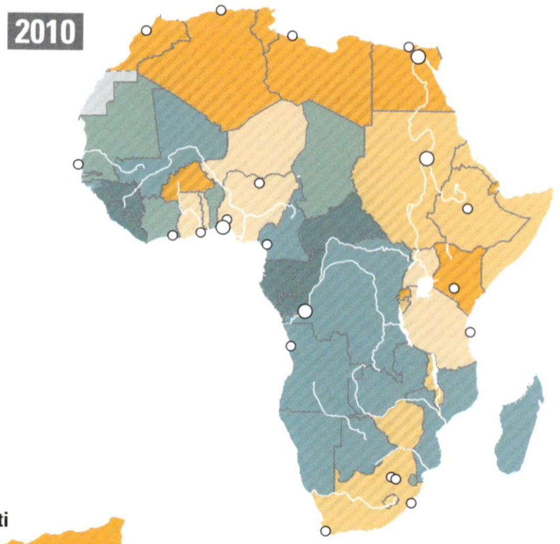

PÉNURIES AFRICAINES

Contrairement à l'image répandue d'un continent gagné par la soif, l'Afrique dispose de vastes aquifères* et de plusieurs bassins versants majeurs comme ceux du Sénégal et du Niger en Afrique de l'Ouest, du Congo en Afrique centrale, du Zambèze et de l'Okavango en Afrique australe, ou encore du Nil en Afrique de l'Est. D'ici à 2033 pourtant, de plus en plus de pays seront affectés par des situations hydriques tendues. Car si la part mondiale des ressources en eau douce du continent (11 %) correspond encore globalement à celle de sa population (13 %), plusieurs facteurs contribuent déjà à dégrader la situation. On projette que la hausse de la population africaine de 55 % d'ici à 2033 entraînera une hausse de la demande agricole au moins aussi importante. Or on prévoit qu'au même moment le réchauffement climatique accentuera le déficit hydrique des régions arides, tandis que les pollutions d'origine agricole et urbaine affecteront la quantité et la qualité des eaux disponibles.

DISPONIBILITÉ EN EAU, en 2010 et 2033

Ressources en eau renouvelables (en m³ par habitant et par an)

0 — 1 000 — 1 700 — 2 500 — 5 000 — 20 000

Pénurie | Stress hydrique | Vulnérabilité | Ressources suffisantes | Données non disponibles

Urbanisation

○ Ville de 2 à 5 millions d'habitants ◯ Ville de plus de 5 millions d'habitants

Sources >> FAO, Aquastat, 2008 >> Popstat 2008 >> ONU, World Urbanization Prospects : The 2007 Revision Population Database.

Sources >>> CNRS, « Découvrir l'eau : situation mondiale », http://www.cnrs.fr/cw/dossiers/doseau/decouv/mondial/menuMondial.html >>> David BLANCHON, *Atlas mondial de l'eau*, Paris, Autrement, 2009. >>> Sébastien TREYER, « Ressources en eau : prospective de la rareté », *Futuribles*, n° 336, décembre 2007. >>>> « L'eau », *La Recherche*, numéro spécial, n° 421, juillet-août 2008. >>> WWAP, *The United Nations World Water Development Report 1 : Water for People Water for Life*, UNESCO/Berghahn Books, 2003. >>>> Jean MARGAT, « Population et ressources en eau », *Géopolitique*, n° 107, octobre 2009. >>> Aquastat, http://www.fao.org/nr/water/aquastat/main/indexfra.stm >>> WWAP (UNESCO), www.unesco.org/water/index_fr.shtml >>> Stockholm International Water Institute (SIWI), www.siwi.org

› À l'échelle mondiale, on estime que l'eau représente un volume total de 1,4 milliard de km^3 très inégalement réparti entre les eaux salées des océans (97,4 %), l'eau douce gelée des glaciers et des calottes polaires (1,9 %), l'eau souterraine des aquifères* (0,6 %) et, enfin, les eaux de surface des rivières, marais et plans d'eau (0,02 %). En dehors des eaux souterraines fossiles, l'eau douce est une ressource renouvelable : au fil du cycle de l'eau, les pluies sont absorbées par les sols et les plantes qui, à leur tour, alimentent l'atmosphère par évapotranspiration, ainsi que les lacs et les rivières par ruissellement. Si les 40 000 km^3 d'eaux de surface renouvelables et facilement accessibles ne représentent finalement qu'une part infime du stock mondial d'eau douce, leur volume global pourrait cependant largement suffire à couvrir les besoins annuels de l'humanité ainsi qu'à préserver les écosystèmes.
Or en réalité, les ressources en eau douce sont très inégalement réparties sur la planète. Tandis que certaines régions souffrent d'un déficit structurel en eau douce comme le bassin méditerranéen, le Moyen-Orient et le Sahel, d'autres bénéficient de régimes très favorables comme l'Amérique du Sud ou l'Afrique centrale.
À cette répartition inégale des ressources s'ajoute celle de la population mondiale qui vient encore accentuer les écarts. Ainsi, l'Asie qui concentre 60 % de la population du globe ne dispose que de 36 % de ses ressources en eau douce. L'Amérique du Sud regroupe pour sa part 6 % de la population mondiale pour 26 % des stocks d'eau. L'Europe enfin rassemble 11 % de l'humanité alors qu'elle ne détient que 8 % de l'eau douce de la planète.

Abondante mais mal répartie

Déjà fortes entre les grandes régions du monde, ces disparités sont encore plus marquées à l'échelle des pays. Pour les mesurer, on utilise un premier indicateur qui consiste à diviser le volume d'eau douce renouvelable par le nombre d'habitants. On peut ainsi comparer entre eux des pays à disponibilité en eau élevée comme le Brésil (45 000 m^3/hab./an) ou la Norvège (83 000 m^3/hab./an) et d'autres où elle est très faible comme l'Arabie Saoudite (95 m^3/hab./an) ou les Maldives (98 m^3/hab./an). Pour qualifier ces situations en termes de risques, on utilise un second indice qui distingue les pays dont les ressources sont suffisantes et ceux qui sont en situation de vulnérabilité, de stress hydrique, de pénurie ou encore de manque absolu (*water barrier*). Cependant, un nouveau changement d'échelle permet aussitôt de constater que la disponibilité des ressources mesurée à l'échelle des pays peut, elle aussi, masquer de grandes inégalités sur leurs territoires, les ressources en eau et la population ne s'y répartissant pas de façon homogène. Sans aller jusqu'au cas des pays partagés entre des zones désertiques et d'autres bien desservies comme en Australie, on peut citer le cas de la France qui oppose une disponibilité en eau douce de 5 400 m^3/hab./an dans le bassin versant du Rhône pour seulement 1 400 m^3/hab./an dans celui du Rhin.
Quand on l'étudie sur la durée et qu'on la projette dans le temps cette fois, on s'aperçoit que l'évolution de la disponibilité en eau douce d'un pays ou d'une région dépend de multiples paramètres, à commencer par le niveau et la nature de la demande en eau. Sur ce point, l'agriculture est un facteur déterminant, puisqu'elle représente à elle seule plus des deux tiers de la consommation mondiale d'eau douce.

> Dans certaines provinces chinoises, l'eau devient aussi rare qu'à Djibouti.

Ainsi, au vu des projections démographiques mondiales, la FAO* prévoit que la demande hydraulique d'origine agricole progressera d'au moins 14 % au cours des trente prochaines années. De façon plus générale encore et au regard de l'augmentation globale d'un tiers de la population d'ici à 2050, on peut logiquement s'attendre à une hausse de la demande d'eau douce d'importance comparable. En même temps, si l'on s'en tient à la chute du taux de croissance démographique de 1,16 % en 2010 à 0,31 % en 2050, on pourrait aussi conclure au prochain ralentissement de la hausse de la demande en eau douce. En fait, comme le montre l'histoire du XXe siècle durant lequel la population a été multipliée par 3,8 et la demande hydraulique par 6,8, d'autres facteurs agissent pour fixer la demande en eau : hausses des revenus, changement de modes alimentaires, hausse de la demande en produits finis, mondialisation des échanges, développement des infrastructures et des équipements sanitaires, urbanisation, etc. Les Nations unies établissent ainsi qu'à une augmentation annuelle d'environ 80 millions d'habitants correspond une demande supplémentaire en eau de 64 milliards de mètres cubes.

Inépuisable et de plus en plus rare

Si, contrairement au pétrole, l'eau douce est une ressource renouvelable, son volume global n'en est pas moins fixe. Il ne peut donc pas être augmenté, sauf de façon marginale par le dessalement de l'eau de mer. C'est pourquoi à chaque hausse de la population mondiale correspond une baisse mécanique de la disponibilité moyenne d'eau douce : de 16 800 m^3/hab./an en 1950, celle-ci est déjà passée à 6 500 m^3/hab./an en 2008 et devrait même atteindre 4 800 m^3/hab./an en 2025. Autrement dit, l'eau douce est de plus en plus rare. La tendance est désormais d'autant plus marquée qu'aux variables démographiques s'en ajoutent d'autres, plus graves, comme la pollution et le réchauffement climatique. En dépit de données incomplètes sur la pollution, on estime en effet que la production mondiale d'eaux usées s'élève au total à environ 1 500 km^3, soit, après dilution, un volume d'eau polluée de 12 000 km^3. Parallèlement, si l'impact prévisible du changement climatique sur les ressources en eau demeure lui aussi encore incertain, de nombreux scientifiques s'accordent pour dire qu'il aggravera la raréfaction de l'eau dans le monde d'environ 20 %. Car à la hausse probable des précipitations au-delà de 30° de latitude nord ou sud devraient aussi correspondre, en région tropicale et subtropicale, des chutes de pluie à la fois moins abondantes et plus erratiques. De son côté, la multiplication des phénomènes extrêmes (cyclones, sécheresses…) pourrait s'associer à une baisse du débit des fleuves en périodes d'étiage, donc à une détérioration de la qualité de l'eau par concentration des charges polluantes et à une élévation de la température de l'eau. C'est ainsi que, de l'Asie de l'Est au Sahel, plusieurs régions du monde s'acheminent vers ce qu'on appelle déjà la « crise de l'eau ». Au moins 2 milliards d'individus et 48 pays seront en effet confrontés à une situation de pénurie en 2050. Certaines projections estiment qu'il pourrait même s'agir de 7 milliards de personnes et de 60 pays. Pour le PNUD*, 90 % de la population du Moyen-Orient et de l'Afrique du Nord sera touchée, tout comme une grande partie de la Chine du Nord dont quelques provinces enregistrent déjà une disponibilité en eau douce inférieure à 500 m^3/hab./an, comparable à celle de l'Algérie ou de Djibouti.

Finalement, quand on l'analyse en termes économiques, on s'aperçoit que 95 % de la croissance démographique d'ici à 2050 se concentrera dans des pays en développement, généralement peu équipés pour traiter et distribuer l'eau douce et dont les techniques d'irrigation restent peu efficaces sur le plan hydraulique. Pour sa part, l'analyse géoclimatique montre que, dans leur majorité, ces pays sont situés dans des régions faiblement dotées en eau douce, particulièrement exposées aux effets des changements climatiques et qui, par ailleurs, connaissent les plus forts mouvements de concentration urbaine. En somme, il paraîtrait complètement vain de vouloir trouver des solutions à la « crise de l'eau » en ne l'abordant que par sa variable démographique. ‹

L'eau mal domestiquée

Serait-il possible qu'un jour l'ensemble de la population mondiale ait enfin accès à l'eau potable ? Souvent abordée sous l'angle démographique consistant à diviser les ressources en eau disponibles par le nombre de personnes qui devront les partager, la question renvoie bien davantage à l'évolution de variables économiques et sociales qui, dès aujourd'hui, expliquent que l'accès à l'eau soit encore si inégal.

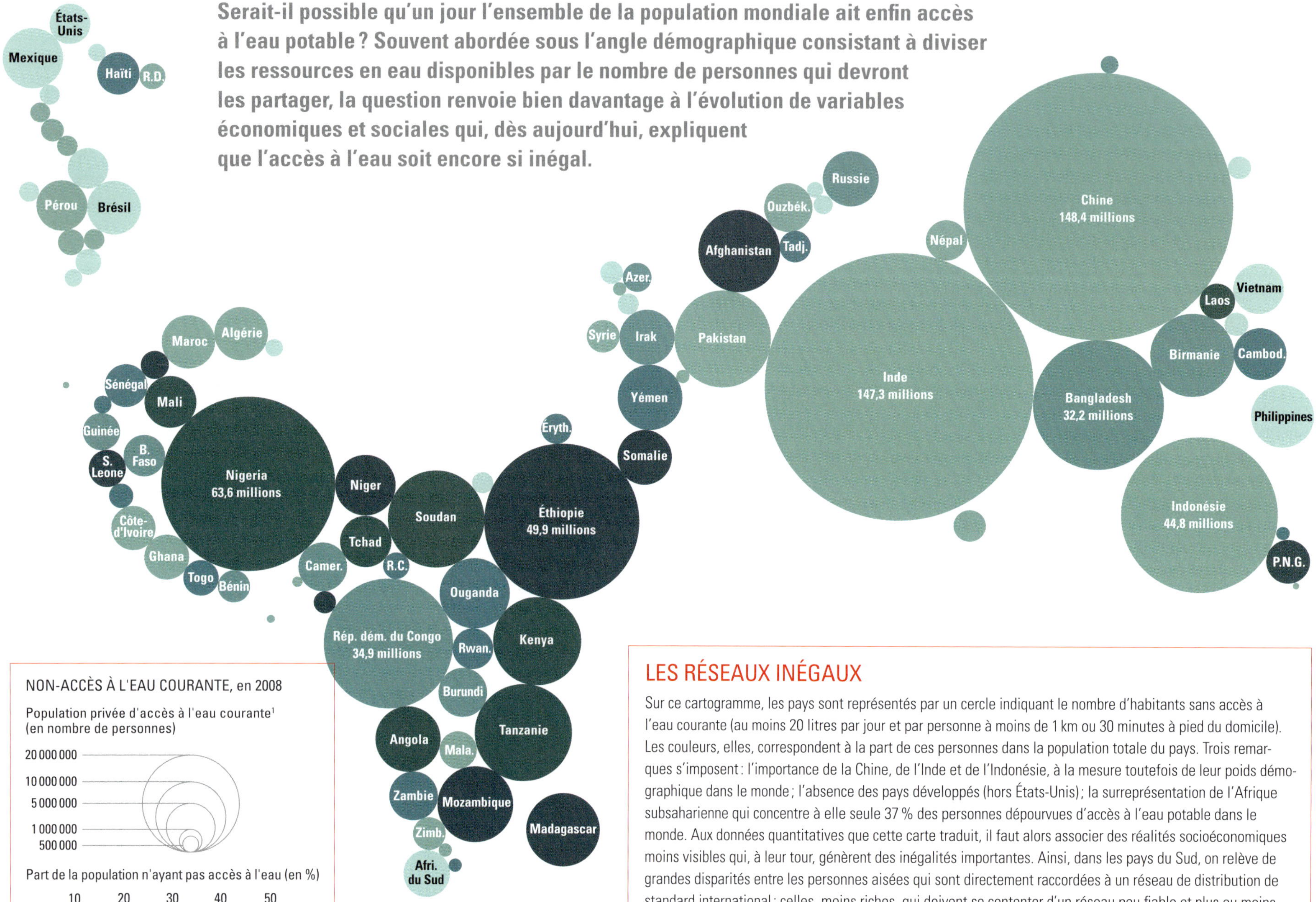

NON-ACCÈS À L'EAU COURANTE, en 2008

Population privée d'accès à l'eau courante[1] (en nombre de personnes)

20 000 000
10 000 000
5 000 000
1 000 000
500 000

Part de la population n'ayant pas accès à l'eau (en %)

10 20 30 40 50

1. Les pays dont la population dépourvue d'accès à l'eau compte moins de 500 000 personnes ne figurent pas sur ce cartogramme, sauf si cette population sans eau courante représente 10 % ou plus de la population du pays.

Sources >>> FAO, 2008. >>> UNICEF, 2008.

LES RÉSEAUX INÉGAUX

Sur ce cartogramme, les pays sont représentés par un cercle indiquant le nombre d'habitants sans accès à l'eau courante (au moins 20 litres par jour et par personne à moins de 1 km ou 30 minutes à pied du domicile). Les couleurs, elles, correspondent à la part de ces personnes dans la population totale du pays. Trois remarques s'imposent : l'importance de la Chine, de l'Inde et de l'Indonésie, à la mesure toutefois de leur poids démographique dans le monde ; l'absence des pays développés (hors États-Unis) ; la surreprésentation de l'Afrique subsaharienne qui concentre à elle seule 37 % des personnes dépourvues d'accès à l'eau potable dans le monde. Aux données quantitatives que cette carte traduit, il faut alors associer des réalités socioéconomiques moins visibles qui, à leur tour, génèrent des inégalités importantes. Ainsi, dans les pays du Sud, on relève de grandes disparités entre les personnes aisées qui sont directement raccordées à un réseau de distribution de standard international ; celles, moins riches, qui doivent se contenter d'un réseau peu fiable et plus ou moins distant ; celles qui pour s'approvisionner doivent acheter l'eau à des colporteurs puis la transporter jusqu'à leur domicile par leurs propres moyens ; celles enfin qui doivent se satisfaire d'eaux de qualité incertaine qu'elles prélèvent dans les cours d'eau, les puits ou les canalisations. Parallèlement, plusieurs études montrent que de l'Amérique latine à l'Asie, les foyers les moins bien desservis sont aussi souvent ceux qui paient l'eau au prix le plus élevé, contraints de se soumettre aux conditions des fournisseurs et autres transporteurs d'eau.

Sources >>> Peter LAWRENCE, Jeremy MEIGH et Caroline SULLIVAN, « The Water Poverty Index: an International Comparison », Keele University, mars 2003. http://www.keele.ac.uk/depts/ec/wpapers/kerp0219.pdf >>> Caroline SULLIVAN, Jeremy MEIGH et Peter LAWRENCE, « Application of the Water Poverty Index at Different Scales: A Cautionary Tale », Keele University, 2005. http://www.worldwatercouncil.org/fileadmin/wwc/documents/wpi_agee_2005.pdf >>> OMS/UNICEF, « Progress on Sanitation and Drinking-Water: 2010 Update », mars 2010.

› On considère que 2 l d'eau potable par jour et par personne sont nécessaires pour ne pas mourir de soif; qu'il faut au minimum 25 l d'eau salubre pour la cuisine et l'hygiène; et que la situation devient confortable au-delà de 100 l par jour et par personne. Or, tandis qu'un Européen consomme 150 à 200 l d'eau chaque jour, un Africain ne dispose lui que de 10 à 40 l en moyenne. Directement associées à ce manque d'accès à l'eau et à l'assainissement, des pathologies telles que diarrhées, choléra et dysenterie qui ont disparu des pays riches tuent encore chaque année 1,5 million d'enfants de moins de 5 ans. Selon l'OMS*, 13 % de la population mondiale n'a pas encore accès à l'eau potable et 39 % est privée d'assainissement. Géographiquement mal répartie sur la planète, l'eau ne l'est donc pas moins entre les populations, y compris dans les régions où la ressource brute est abondante et la densité démographique plutôt faible. En réalité, l'accès à l'eau relève assez peu de l'hydrographie. Car même quand elle est abondante, l'eau exige pour être salubre et accessible au plus grand nombre qu'un pays puisse mobiliser les moyens financiers et techniques pour capter l'eau, la transporter, la traiter, la distribuer et l'assainir, puis pour entretenir les réseaux et les infrastructures hydrauliques. Des conditions que ne réunissent pas la plupart des pays d'Afrique subsaharienne où, par ailleurs, la croissance démographique vient encore amplifier les investissements nécessaires, laissant penser que la situation peinera à s'y améliorer dans les prochaines décennies. Si l'on s'en tient aux Objectifs du Millénaire pour le développement*, l'objectif qui visait à réduire de moitié le nombre de personnes n'ayant pas accès à l'eau potable entre 2000 et 2015 devrait être largement atteint puisque le problème qui touche encore 884 millions de personnes en 2008 n'en concernera « plus que » 672 millions en 2015, soit 9 % de la population mondiale. En revanche, l'objectif portant sur l'assainissement sera loin d'être atteint. Malgré les progrès réalisés en Asie depuis vingt ans, on estime en effet que 2,7 milliards de personnes dans le monde n'auront toujours pas accès à l'assainissement en 2015. Pour sa part, la croissance des villes du Sud, qui amplifie la demande, pourrait aussi faciliter l'accès à l'eau grâce à des équipements d'assainissement et de raccordement généralement plus développés et plus modernes en milieu urbain qu'en milieu rural. Cependant, elle exigera auparavant que des investissements considérables soient réalisés pour résoudre les problèmes de pollution, de collecte et de traitement des eaux usées que l'urbanisation accentuera tout autant. ‹

INDICE DE PAUVRETÉ EN EAU (IPE), en 2002

L'IPE varie de 0 à 100. Quand il est élevé, l'indice de pauvreté en eau indique paradoxalement que le pays est riche en eau, et vice versa. Car l'IPE intègre cinq indicateurs notés sur 20 :

- **R** Ressources disponibles
- **A** Accessibilité de l'eau, directe ou indirecte, pour des usages domestiques, agricoles et industriels
- **U** Utilisation de l'eau, sa répartition par secteur et son efficacité
- **CA** Capacité d'adaptation du pays à sa situation hydrique spécifique
- **QE** Qualité d'environnement (pollution, érosion, préservation de l'habitat…)

Source >> Keele University, 2002.

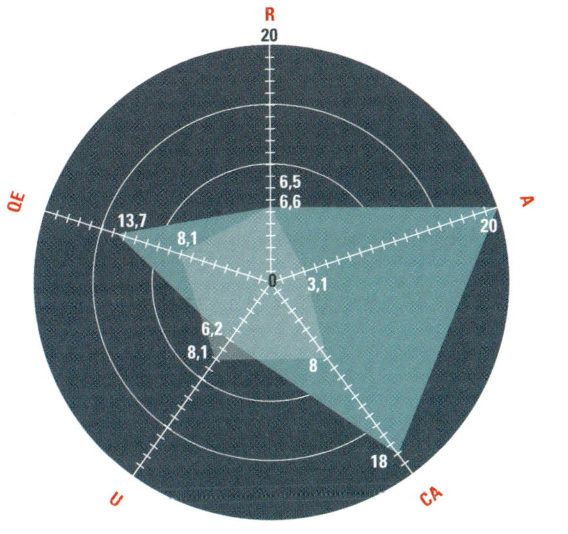

Éthiopie (85 millions d'hab.) IPE : 35,4

Allemagne (82 millions d'hab.) IPE : 64,5

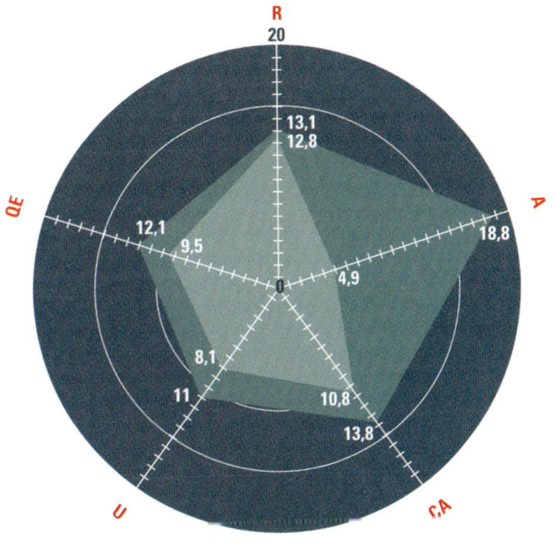

Cambodge (15 millions d'hab.) IPE : 46,2

Chili (17,1 millions d'hab.) IPE : 68,9

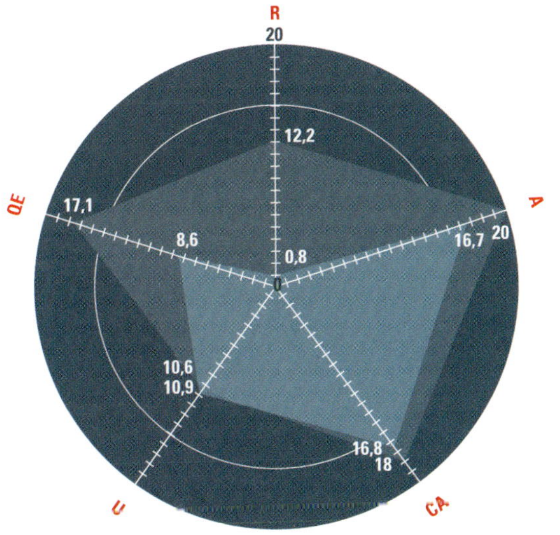

Israël (7,2 millions d'hab.) IPE : 53,9

Finlande (5,3 millions d'hab.) IPE : 78,0

RICHE ET PAUVRE À LA FOIS

En plus de l'importance des ressources brutes en eau dont un pays dispose et de l'importance de sa population, de nombreux paramètres contribuent à définir son état hydrique et sanitaire, qu'il s'agisse de la qualité de ses équipements et de leur entretien, de ses capacités à drainer ou recycler les eaux usées, de ses moyens technologiques et de ses ressources d'investissement disponibles, du revenu des ménages consacré à l'eau, de l'efficacité de l'irrigation, etc. En associant ces différentes variables dans un même indicateur, l'indice de pauvreté en eau (IPE) traduit donc la capacité des États à la fois à produire de l'eau, à la rendre accessible et à s'adapter à leur contexte hydrique. On s'aperçoit alors qu'à ressources et population comparables, des pays comme le Cambodge et le Chili, ou l'Allemagne et l'Éthiopie, peuvent présenter des IPE très différents. Ce que l'IPE souligne ainsi, c'est que les questions liées à l'eau, à sa disponibilité et à son accès procèdent avant tout de l'économie et du développement. En somme, on peut être pauvre en eau disponible, mais riche en eau accessible. Et vice versa. Sur ce point, et s'agissant de l'avenir, l'exemple d'Israël est éclairant !

WWAP, *The United Nations World Water Development Report 3 : Water in a Changing World*, Paris/Londres, UNESCO/Earthscan, mars 2009. >>>> PNUD, « Au-delà de la pénurie : pouvoir, pauvreté et crise mondiale de l'eau », *Rapport mondial sur le développement humain 2006*, 2006. >>>>

Les usages de l'eau

Indispensables pour la vie quotidienne, essentiels à l'agriculture et déterminants pour la production électrique et industrielle : les prélèvements d'eau douce progressent chaque année davantage. Si leur augmentation est en grande partie portée par la croissance démographique mondiale, elle se trouve également amplifiée par l'évolution de la consommation.

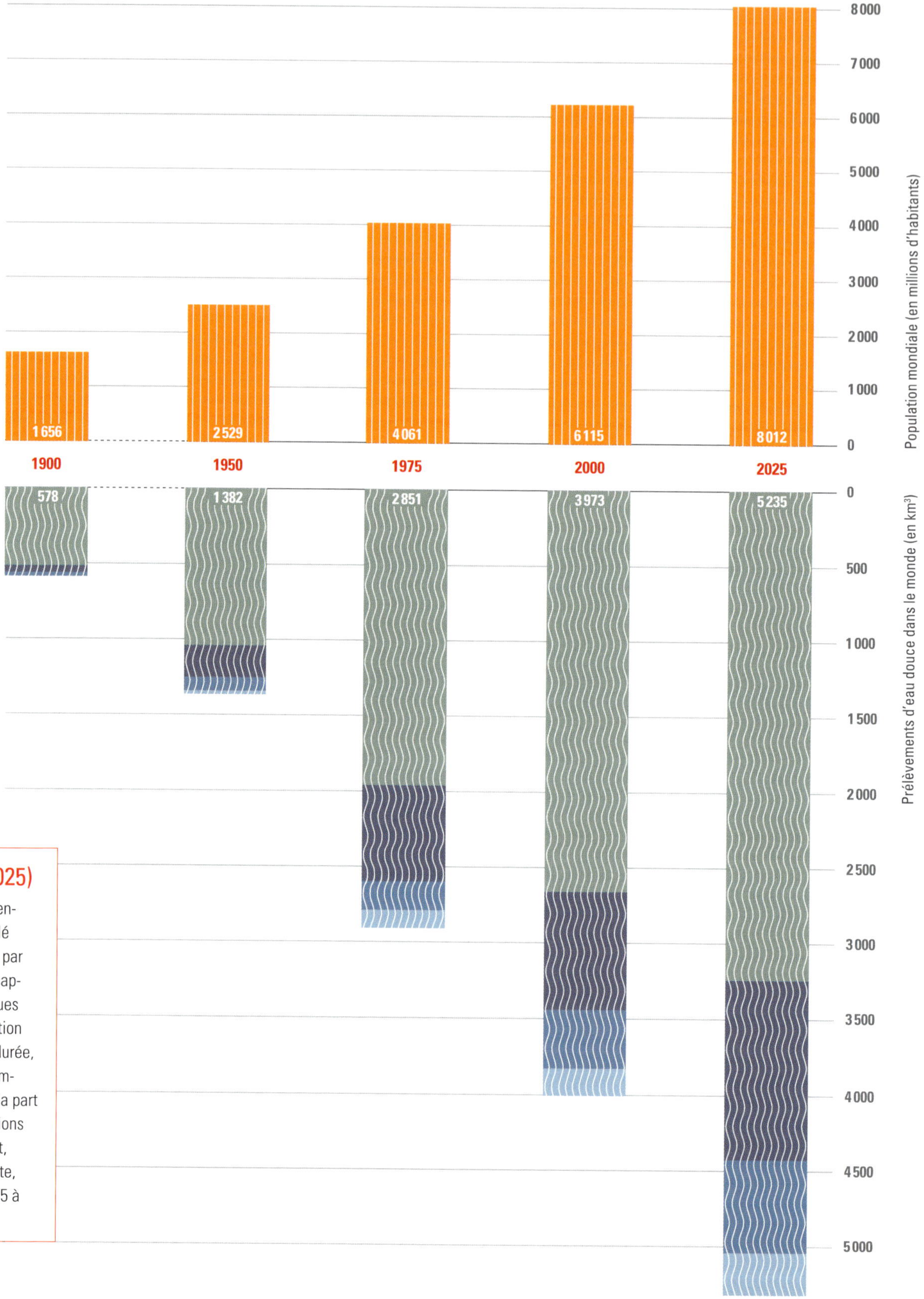

PRÉLÈVEMENTS D'EAU DANS LE MONDE (1900-2025)

La croissance démographique n'est pas le seul facteur qui détermine l'augmentation des prélèvements en eau. Ainsi, tandis que la population aura quintuplé ou presque entre 1900 et 2025, les prélèvements en eau se seront multipliés par neuf. L'agriculture absorbera alors toujours la plus grande part des volumes captés. Cependant, la progression la plus rapide reviendra aux usages domestiques dont la hausse de plus de 2 700 % entre 1900 et 2025 traduit à la fois l'élévation moyenne des revenus, l'évolution des modes de vie et l'urbanisation. Sur la durée, on observe aussi que les prélèvements progressent plus vite que l'eau consommée. Autrement dit, à mesure que la ressource devient de plus en plus rare, la part d'eau perdue par évaporation, infiltration dans les sols ou fuite des canalisations dans le volume total d'eau captée est de plus en plus importante. Pour autant, on constate que le volume des prélèvements augmente de moins en moins vite, passant ainsi d'une croissance annuelle moyenne de 4,3 % entre 1950 et 1975 à 1,3 % entre 2000 et 2025.

Sources >>>> www.waterfootprint.org >>>> David BLANCHON, *Atlas mondial de l'eau*, Paris, Autrement, 2009. >>>> Salif DIOP, Philippe REKACEWICZ, *Atlas mondial de l'eau : une pénurie annoncée*, Paris, Autrement, 2003. >>>> WWAP, «Water, a Shared Responsibility», *The United Nations World Water Development Report 2*, Paris/New York, UNESCO/Berghahn Books, 2006. http://unesdoc.unesco.org/images/0014/001454/145405E.pdf >>>> PNUE, http://www.unep.org/www.unep.org >>>> *Hidden Waters*, A Briefing, Waterwise, février 2007.

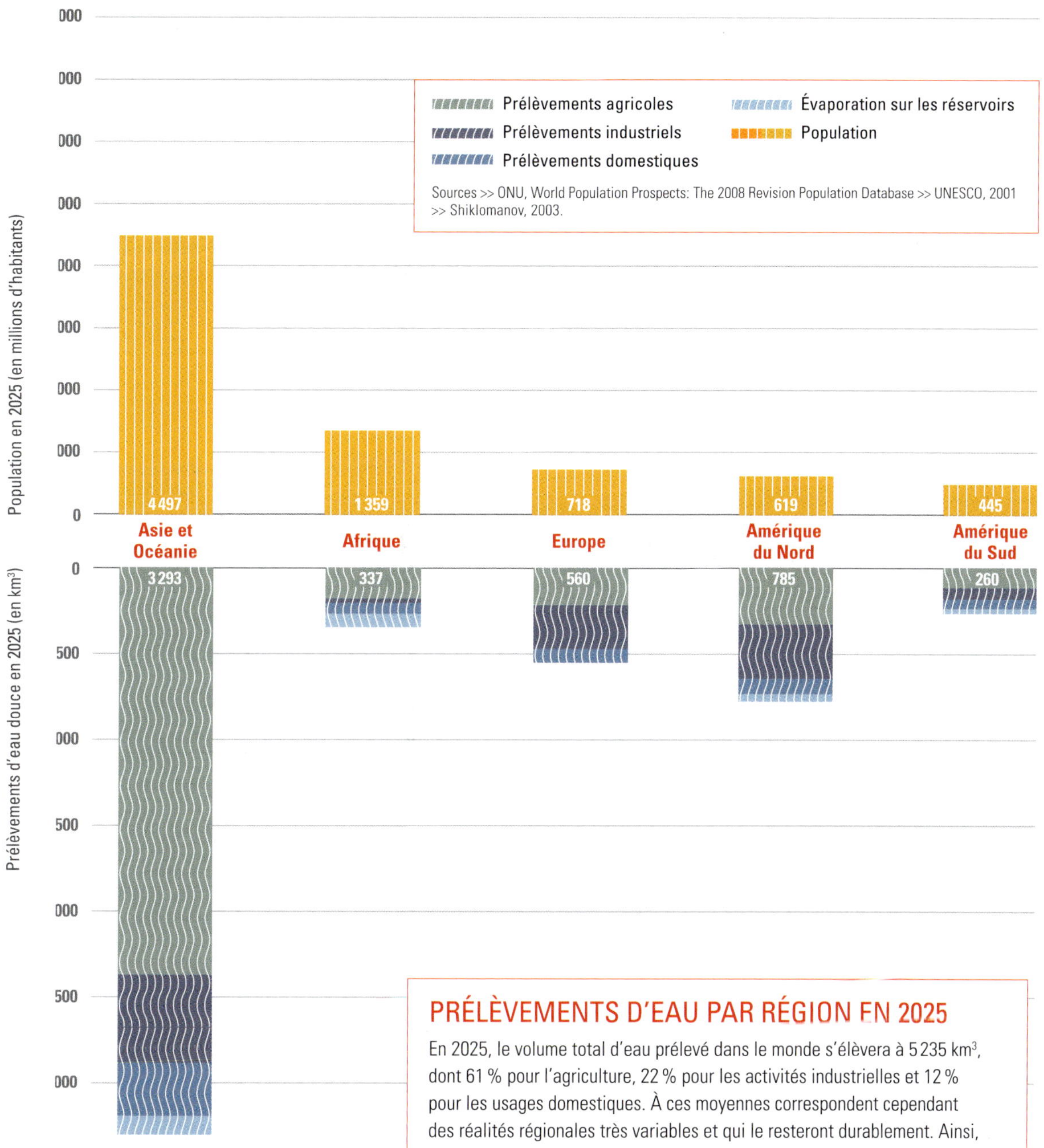

PRÉLÈVEMENTS D'EAU PAR RÉGION EN 2025

En 2025, le volume total d'eau prélevé dans le monde s'élèvera à 5 235 km^3, dont 61 % pour l'agriculture, 22 % pour les activités industrielles et 12 % pour les usages domestiques. À ces moyennes correspondent cependant des réalités régionales très variables et qui le resteront durablement. Ainsi, on voit sur ce graphique qu'en 2025 la part de l'eau prélevée et consacrée à l'agriculture restera beaucoup plus élevée en Afrique (53 %) et en Asie (72 %) qu'en Europe (37 %) ou en Amérique du Nord (41 %). À leur tour, les moyennes régionales rapportées ci-dessus dissimulent en réalité des écarts parfois importants entre les pays d'une même région. En Europe par exemple, la France se distingue aujourd'hui par le volume de ses prélèvements consacrés au secteur industriel (plus de 75 %) dont une large part sert au refroidissement des centrales nucléaires. Même constat en Amérique du Nord où le Canada utilise 60 % de ses prélèvements en eau douce pour la production d'électricité et seulement 8 % pour son agriculture.

› À l'échelle mondiale et en dehors des pays développés, l'agriculture est de loin la plus grosse utilisatrice d'eau douce dans le monde (64 % en 2025). Pour l'essentiel, les prélèvements sont consacrés aux cultures irriguées, qui ne représentent encore que 18 % des terres cultivées, mais qui fournissent déjà 40 % de la production agricole mondiale. Au regard de la croissance démographique, de la hausse de la consommation de viande et de la demande en biocarburants, on considère que la production de denrées agricoles devra être accrue de 70 % d'ici à 2050, exigeant d'augmenter massivement les cultures irriguées. Logiquement donc, les pays où la croissance démographique est la plus rapide devraient connaître la plus forte progression de prélèvements d'eau douce. Or ces mêmes pays se heurtent déjà souvent aux limites de leurs ressources brutes, indiquant que la modernisation des techniques d'irrigation et des canalisations y sera indispensable pour relever le défi agricole.

Pour leur part, les prélèvements industriels représentent 20 % des volumes d'eau douce captés dans le monde, jusqu'à plus de 50 % en Europe du Nord ou au Canada. Comme ils sont consacrés pour l'essentiel à la production d'électricité, les prélèvements industriels devraient également connaître une progression rapide, à la mesure de la hausse prévue de la demande en énergie renouvelable. Ainsi, alors que l'hydroélectricité représente déjà 20 % de la production électrique mondiale, un rapport de l'ONU projette qu'elle devrait s'accroître de 1,7 % par an en moyenne entre 2004 et 2030, soulevant ce faisant le problème de l'impact écologique et humain des barrages, mais aussi des pertes par évaporation sur leurs réservoirs, dont on prévoit qu'elles pourraient augmenter de 30 % entre 2000 et 2025 avec la multiplication du nombre de barrages, l'augmentation des surfaces d'eau exposées et le réchauffement climatique. Enfin, poussés par la croissance démographique, l'amélioration du niveau de vie et la consommation urbaine, les prélèvements destinés aux usages domestiques enregistrent de leur côté le taux de croissance le plus élevé. On estime qu'ils devraient doubler entre 2000 et 2025. Rapportée au volume total de l'eau douce captée chaque année, la part des prélèvements domestiques ne devrait cependant progresser que faiblement, passant de 9,5 % en 2000 à 11,5 % en 2025. Surtout, ils devraient encore longtemps diviser le monde entre des pays nantis où l'accès à l'eau courante est universel et la consommation très importante, et ceux où la population ne dispose même pas d'un accès minimal à une eau dont la qualité est par ailleurs souvent médiocre. ‹

L'empreinte aquatique

Qui mange un steak consomme 2 600 litres d'eau ! Tel est en tout cas le syllogisme auquel pourrait conduire le calcul de l'empreinte aquatique qui mesure les quantités d'eau nécessaires à la fabrication de produits alimentaires ou industriels.
À mesure que l'eau devient rare, l'empreinte aquatique pose ainsi de plus en plus clairement la question du coût de l'eau et de sa prise en compte dans la fixation des prix.

En moyenne, on compte qu'un bœuf d'élevage industriel produit 200 kg de viande désossée et qu'il consomme avant d'être abattu 24 000 l d'eau pour son abreuvage, 7 000 l pour son entretien et 3 millions de litres pour produire les 1 300 kg de céréales (blé, avoine, orge, maïs, pois secs, farine de soja) et les 7 200 kg de fibres (pâture, foin séché, ensilage) nécessaires à son alimentation.

On estime qu'un poulet d'élevage industriel produit 1,7 kg de viande en moyenne et qu'il consomme 30 l d'eau pour son abreuvage et son entretien avant abattage, auxquels s'ajoutent également 6 630 l pour produire sa nourriture (maïs, blé, farine de soja et de colza).

À raison de 3,3 millions de litres d'eau par tonne d'œufs qu'on utilise pour l'abreuvage et l'alimentation des poulets, on compte que 198 l d'eau sont nécessaires pour produire un œuf de 60 g.

Si boire un verre d'eau ne demande pas plus d'eau que celle nécessaire à le remplir, il faut 170 l pour remplir un verre de jus d'orange, 190 l pour un verre de jus de pomme et 200 l pour un verre de lait. Une fois lyophilisé, l'empreinte aquatique du lait en poudre atteint même 5 000 l/kg.

Chaque année, la production de blé utilise 790 milliards de mètres cubes d'eau à l'échelle mondiale, soit 12 % de toute l'eau utilisée pour la production agricole.

Si l'on compte 3 g de thé noir et 250 ml d'eau par tasse, l'empreinte aquatique d'une tasse de thé s'élève à 30 l d'eau. Pour l'essentiel, elle correspond aux eaux de pluies absorbées par les plantations de thé qui, situées en zones pluvieuses, ne demandent d'irrigation complémentaire qu'à basse altitude.

L'EMPREINTE AQUATIQUE

200 litres d'eau douce — **3 920 l** empreinte totale en litres d'eau

Waterwise, www.waterwise.org.uk >>> Water Footprint Network, www.waterfootprint.org >>> Ashok K. CHAPAGAIN et Arjen Y. HOEKSTRA, *Water Footprints of Nations, Volume 1:*

Sources >>> Joanne ZYGMUNT, *Hidden Waters*, Waterwise, février 2007. http://www.waterwise.org.uk/images/site/EmbeddedWater/hidden%20waters,%20waterwise,%20february%202007.pdf >>> Arjen Y. HOEKSTRA et Ashok K. CHAPAGAIN, *Globalization of Water: Sharing the Planet's Freshwater Resources*, Oxford, Blackwell, 2008 >>> Eric D. WILLIAMS, Robert U. AYRES et Miriam HELLER, « The 1.7 Kilogram Microchip: Energy and Material Use in the Production of Semiconductors Devices », *Environmental Science & Technology*, n° 36, octobre 2002 >>> *Main Report*, UNESCO, 2004. http://www.unesco-ihe.org/Project-activities/Project-database/Virtual-Water-Trade-Research-Programme/Chapagain-A.K.-Hoekstra-A.Y.-2004-.-Water-footprints-of-nations-Volume-1-Main-Report-Value-of-Water-Research-Series-No.-16-UNESCO-IHE.

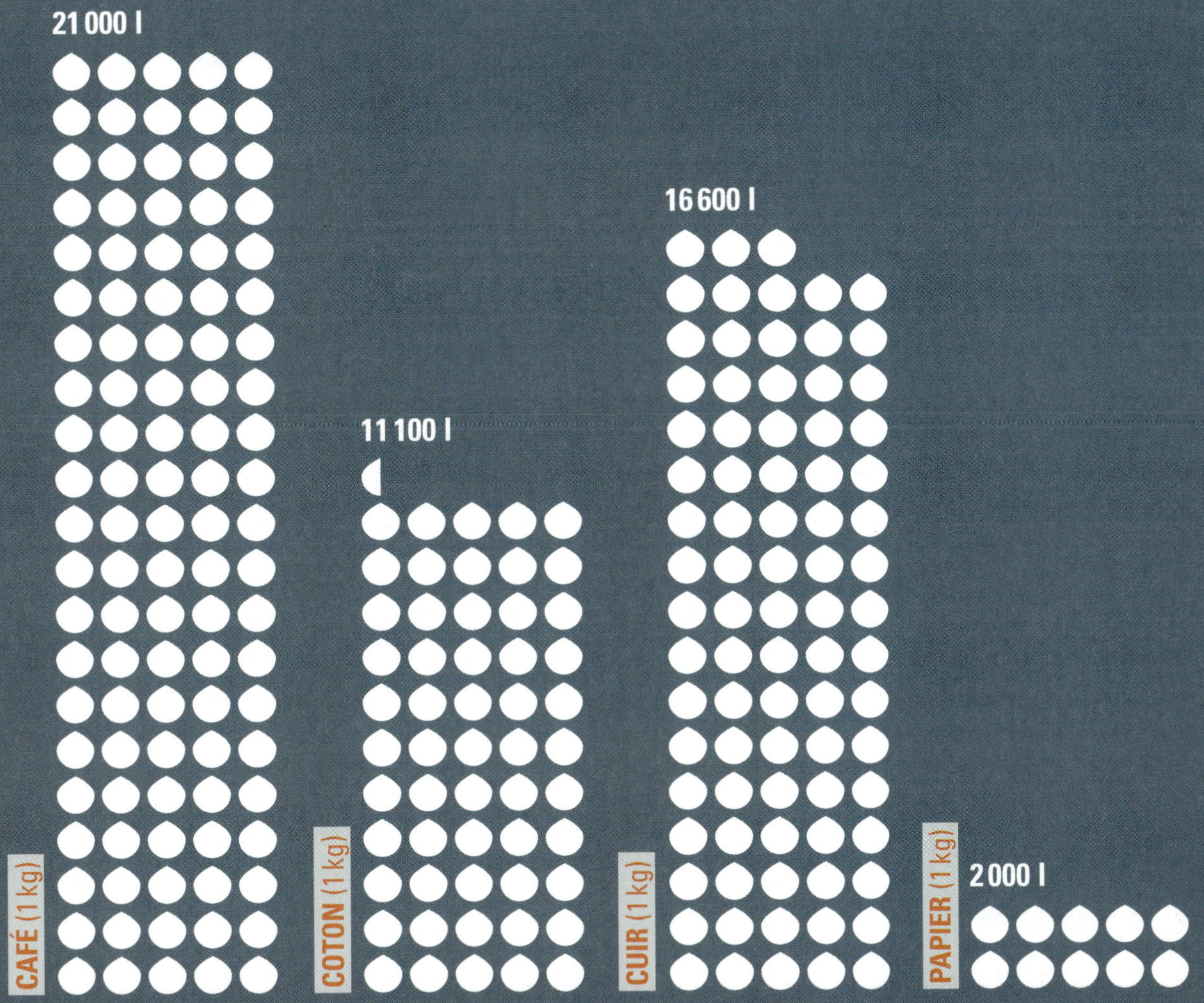

À raison de 7 g de café torréfié et 125 ml d'eau par tasse, l'empreinte aquatique d'une tasse de café s'élève à 140 l d'eau. Rapporté à la population mondiale, il faudrait prélever chaque année 120 milliards de mètres cubes d'eau pour que chacun puisse boire du café, soit 1,5 fois le débit annuel du Nil à Assouan.

En moyenne, 1 kg de textile en coton utilise 11 000 l d'eau dont 45 % en irrigation, 41 % en eau de pluie et 14 % pour diluer les eaux usées par l'engrais dans les plantations et par les produits chimiques dans les usines de textile. Car avant d'être tissé, le coton est décoloré (30 m³ d'eau par tonne), teint (140 m³ d'eau par tonne) et imprimé (190 m³ d'eau par tonne). Au final, il faut 2 700 l d'eau pour fabriquer une chemise.

Les volumes d'eau nécessaires à la fabrication du cuir varient fortement selon l'espèce animale utilisée. Pour sa part, la vachette tannée consomme 16 000 m³ d'eau par tonne de cuir.

Pour calculer l'empreinte aquatique du papier, on ajoute les quantités d'eau utilisées lors de la fabrication même du papier aux volumes d'eau consommés lors de l'évapo-transpiration d'une forêt plantée (6 000 m³ d'eau par hectare et par an) qu'on rapporte ensuite à son rendement en bois et donc en papier. Un hectare de forêt plantée produisant 10 m³ de bois, soit 3 tonnes de papier, il faut compter 10 l d'eau pour une feuille de papier A4 de 5 g.

› Moins médiatisée que l'empreinte carbone* et moins connue que l'empreinte écologique*, l'empreinte sur l'eau (ou empreinte aquatique) détermine les volumes d'eau prélevée ou polluée pour satisfaire les besoins domestiques, urbains, agricoles, industriels et énergétiques d'une population. De façon plus spécifique, elle sert aussi à mesurer les prélèvements opérés pour la fabrication de produits finis, qu'ils soient alimentaires ou industriels. À lui seul par exemple, le processus de fabrication d'un steak haché vendu chez un grand distributeur utilise de l'eau pour abreuver le bœuf, produire son fourrage, traiter et conditionner la viande puis fabriquer son emballage.

Pour désigner ces quantités d'eau prélevées et néanmoins invisibles dans le produit final, on parle d'eau cachée ou d'eau virtuelle. Or en fonction de la technique utilisée, les volumes engagés dans la fabrication d'un même produit varient fortement : cultures irriguées au goutte-à-goutte plutôt que par aspersion, textile en fibre de chanvre plutôt que de coton... Idéalement, le calcul de l'empreinte sur l'eau devrait donc permettre d'optimiser l'efficacité des prélèvements hydrauliques en répartissant les productions les plus économes (agrumes, cultures sèches, volaille...) dans les régions arides et celles plus voraces en eau (bœuf, riz, café, hydroélectricité...) dans les zones où la ressource est abondante. En pratique cependant, on s'aperçoit que la géographie de la production procède de logiques économiques qui ne tiennent pas compte des impacts hydrauliques. D'ailleurs, si le prix à l'achat des produits manufacturés répercute le coût des matières premières et celui des salaires, il ne reflète jamais ou presque le prix réel de l'eau utilisée, généralement dérisoire au regard de sa rareté.

Enfin, si l'empreinte sur l'eau permet utilement de sensibiliser hommes politiques, producteurs et consommateurs aux questions d'allocation et de gaspillage hydrauliques, son calcul se révèle très insuffisant dans le secteur industriel puisqu'il ne prend pas en compte le volume d'eau prélevée pour produire l'énergie nécessaire à la fabrication d'un produit donné : 22,3 m³ par mégawatt issu du pétrole ; 80,2 m³ par mégawatt hydroélectrique. De la même façon, le calcul de l'empreinte sur l'eau ne porte pas sur le transport du produit avant consommation. Or avec la mondialisation économique et l'intensification du commerce international, les distances parcourues par chaque produit n'ont cessé de s'allonger, augmentant d'autant le prélèvement d'eau global nécessaire pour produire l'énergie des transports. ‹

L'avenir de l'eau

Face aux évolutions plus ou moins prévisibles de la demande en eau, de nombreux facteurs viennent agir sur l'offre. Ensemble, gaspillage, surexploitation, changements climatiques, pollution, récupération des eaux usées, construction de barrages et dessalement de l'eau de mer modifient peu à peu la quantité mais aussi la qualité de l'eau disponible. En somme, si le futur de l'eau n'est pas écrit, les variables qui le structureront, elles, sont en revanche déjà connues.

LE FUTUR INCERTAIN DU LAC TCHAD

Alors qu'il s'étendait sur 25 000 km² en 1960, la superficie du lac Tchad ne dépasse pas 3 000 km² aujourd'hui. Pour les quelque 37 millions de personnes qui vivent dans cette région située aux frontières du Cameroun, du Nigeria, du Niger et du Tchad, l'enjeu paraît désormais vital. Pêcheurs, agriculteurs ou éleveurs : tous dépendent des eaux du lac pour leur activité et leur survie. Pour les chercheurs, la baisse du niveau du lac Tchad constitue donc un modèle idéal pour réfléchir aux rapports entre démographie et stress hydrique ainsi qu'aux enjeux du réchauffement climatique. Curieusement pourtant, elle n'en est pas un effet direct, mais bien davantage celui de la sécheresse sahélienne des années 1970. En outre, cet assèchement du lac n'est pas le premier épisode du genre : très vaste aux XIe et XIIe siècles, le lac a en effet déjà connu de très bas niveaux au XVe siècle et au début du XXe. Parallèlement, si les prélèvements pour l'irrigation sont parfois excessifs, ils ne consomment globalement que 5 % des apports annuels du lac. À ce stade, il est donc très difficile de prédire l'avenir du lac Tchad. Car s'il reste d'abord lié aux crues incertaines du Chari, son tributaire principal, le futur du lac dépend désormais aussi du choix des États riverains de lancer, ou non, le projet très controversé de transfert d'une partie des eaux de l'Oubangui en République démocratique du Congo vers le Chari au Tchad, par un canal de 1 350 km.

Sources >>>>> Conseil mondial de l'eau, 2009. http://www.worldwatercouncil.org >>>>> UNESCO (eau), 2010. www.unesco.org/water/index_fr.shtml >>>>> World Water Assessment Programme (WWAP), *The United Nations World Water Development Report 3 : Water in a Changing World*, Paris / Londres, UNESCO / Earthscan, mars 2009 >>>> Sébastien TREYER, « Ressources en eau : prospective de la rareté », *Futuribles*, n° 336, décembre 2007. >>>> Sabine LATTEMANN, « Le dessalement est-il écologique ? », *La Recherche*, juillet-août 2008.

› De plus en plus rare et déjà comptée dans certaines régions du monde, l'eau n'en fait pas moins l'objet de consommations excessives. Dans les pays développés, le gaspillage procède d'une perception générale d'abondance et prend la forme de gestes quotidiens plus ou moins maîtrisés : robinets laissés ouverts, arrosage de jardins et lavage de voitures à l'eau potable, douches prolongées, etc. Dans certaines régions très arides mais aussi très riches comme le sud des États-Unis ou les pays du golfe Persique, la surconsommation résulte également de pratiques inappropriées en situation de stress hydrique. On calcule ainsi qu'une partie de golf jouée en Floride absorbe près de 11 000 l d'eau d'arrosage. On compte aussi que 568 milliards de litres d'eau s'évaporent chaque année des piscines américaines. Dans de nombreux pays moins nantis tels que l'Égypte ou les États du Proche-Orient, le gaspillage renvoie davantage à une surexploitation de la ressource et à des pratiques agricoles inadaptées (irrigation par immersion ou aspersion, pompage individuel dans les nappes…), mais aussi à des infrastructures médiocres ou mal entretenues (canalisations à ciel ouvert, fuites…). On estime par exemple que 40 % des pertes en eau dans les Territoires palestiniens sont dues à la vétusté des infrastructures et des canalisations.

> L'avenir de l'eau ne dépend pas tant du nombre des hommes que de leurs pratiques.

Des flux incertains et perturbés

Dans plusieurs régions du monde, un second facteur menace désormais de réduire les ressources en eau et ainsi d'affaiblir la production agricole. S'il demeure difficile de prévoir avec détail les impacts du réchauffement climatique sur le cycle hydrologique, on prévoit cependant déjà que la hausse des températures intensifiera l'évaporation des eaux de surface et de ruissellement, diminuant ce faisant la part de précipitations atteignant les rivières jusqu'à 30 %. On projette aussi que les changements climatiques modifieront les régimes pluviométriques en augmentant les précipitations dans des régions déjà humides à l'équateur et en zone tempérée, et en les réduisant là où elles sont déjà faibles, autour des tropiques et en Méditerranée. Enfin, on présume que les phénomènes météorologiques extrêmes et imprévisibles comme les cyclones, inondations et sécheresses se multiplieront, notamment en Asie du Sud. Sur ce dernier point, l'avenir se joue aussi au cœur des écosystèmes. On observe en effet que la modification des milieux naturels par assèchement des marais, déforestation, défrichement ou urbanisation altère le ruissellement des eaux, envase les cours d'eau, diminue l'évapotranspiration et contribue ainsi à modifier le cycle de l'eau. Au fil du temps, elle amplifiera les risques naturels, facilitera les inondations et les glissements de terrain et modifiera la disponibilité en eau douce dans des régions déjà fragiles.

Barrages, digues et dérivations : partout dans le monde ou presque, les aménagements hydrauliques se multiplient. Efficaces pour canaliser ou contraindre les flux, mais aussi pour stocker et redistribuer l'eau, ils représentent donc pour de nombreux pays un moyen privilégié pour gérer leurs ressources. Avec le temps cependant, on s'aperçoit qu'ils constituent aussi le vecteur de multiples dégradations de l'environnement, agissant à la fois sur la quantité et la qualité de l'eau, sur les activités de pêche, mais aussi sur la fertilité des vallées et l'économie des deltas. Car en plus de modifier le rythme et la quantité des débits fluviaux, les barrages élèvent la température de l'eau, altérant ainsi les écosystèmes dont dépendent de nombreuses espèces animales. Parallèlement, les lacs de retenue accélèrent l'évaporation de surface tout en retenant d'importantes quantités de limon dont les terres situées en aval se trouvent alors privées, notamment dans les deltas. Enfin, on s'aperçoit qu'en se multipliant les barrages finissent par agir sur l'assèchement de certains fleuves situés en aval. En Asie du Sud-Est par exemple, on constate que le cours du Mékong diminue chaque fois qu'un barrage est construit sur le fleuve côté chinois.

Face à l'augmentation de la demande d'eau douce et aux capacités limitées des cours d'eau et des aquifères, les techniques de dessalement d'eau de mer proposent de nouvelles pistes pour augmenter les ressources. De plus en plus abordable sur le plan économique, la méthode est déjà utilisée par 120 pays, notamment dans le golfe Persique et le bassin méditerranéen, mais aussi en Australie et aux États-Unis. Si la production totale d'eau dessalée ne dépasse pas 0,45 % de la consommation mondiale d'eau douce, elle ne cesse cependant d'augmenter (environ 10 % par an). Privilégié dans les régions les plus affectées par le stress hydrique, le dessalement présente pourtant de sérieuses limites. Comme il consomme beaucoup d'énergie (2 kWh/m^3), il émet d'importants volumes de gaz à effet de serre et participe donc au réchauffement climatique qui viendra affecter les disponibilités en eau des régions arides. Ce faisant, il pose également un problème de rentabilité économique puisque le prix de l'eau dessalée reste deux à trois fois plus élevé que celui des ressources naturelles d'eau douce. Aux limites économiques et énergétiques de la technique s'ajoute enfin le problème des rejets de sel et de chlore qui peuvent contribuer à la salinisation et à la pollution des zones de dessalement.

Des pollutions durables

S'agissant de la qualité des eaux, de leur contamination et de leur salinisation, l'agriculture et l'industrie constituent de loin les deux plus grands pollueurs à l'échelle mondiale, à la fois par l'usage massif de produits chimiques et par un traitement souvent insuffisant des eaux usées. Dans le domaine agricole par exemple, deux types de substances chimiques sont responsables de la plupart des pollutions : les engrais (nitrates et phosphates) qui conduisent à la prolifération de la végétation aquatique ; les pesticides (herbicides, insecticides et fongicides) qui, pour leur part, polluent toute la chaîne alimentaire en commençant par les nappes phréatiques et les cours d'eau. Dans les régions d'agriculture intensive, on voit ainsi se former des zones « mortes », impropres à toute activité de pêche et de tourisme. De la même façon, certaines pollutions industrielles sont à l'origine de dommages écologiques dramatiques. C'est le cas des pluies acides qui détruisent le couvert forestier des régions qu'elles touchent, en Chine et en Inde notamment, et qui affectent également la qualité de l'eau des lacs en les rendant peu à peu impropres à la survie des poissons. S'agissant du traitement des effluents industriels et des eaux usées d'origine urbaine enfin, on s'aperçoit que le problème engage plusieurs générations. Ainsi, en dépit d'un taux de traitement désormais très élevé dans les pays industrialisés, mais aussi de normes de plus en plus contraignantes et de contrôles très rigoureux, on continue de relever des traces de pollutions dans les sédiments des cours d'eau ou dans la chaîne alimentaire, parfois plusieurs décennies après leur dissémination. Par ailleurs, en dépit de progrès considérables, certains micropolluants issus des produits pharmaceutiques ou cosmétiques continuent d'échapper partiellement au traitement de l'eau. Pour autant, c'est dans les pays en développement que la situation restera longtemps la plus grave. En l'absence d'infrastructures, on estime en effet que plus de 80 % des eaux usées qui y sont rejetées ne subissent aucun traitement, contribuant ainsi à dégrader la qualité de l'eau et des écosystèmes*, mais aussi à nuire à la santé des personnes, parfois gravement, souvent durablement. Finalement, en tout domaine et en toute région, l'avenir de l'eau ne dépend pas tant du nombre des hommes que de leurs pratiques, de leur volonté de les modifier et des moyens qu'ils engageront pour les améliorer. ‹

Le Courrier de l'UNESCO, « Dossier : Notre eau bien-aimée, malmenée », UNESCO, n° 3, 2009. >>>>> Diane Raines WARD, *Obsession de l'eau. Sécheresse, inondations : gérer les extrêmes*, Paris, Autrement, coll. « Mutations », 2003. >>>> ONU-Eau : http://www.unwater.org >>>>>

Le grand stress

Malnutrition, manque d'hygiène, pollutions, épidémies, hausse des prix, tensions sociales, ralentissement économique, diminution des ressources, conflits, migrations et déplacements de populations : dans les régions les plus sévèrement touchées par le manque d'eau, l'impact des pénuries sera considérable, pour la sécurité humaine comme pour celle des États.

› Il est de multiples manières d'envisager le manque d'eau et de le qualifier : par rapport aux besoins domestiques et alimentaires d'une population ; par rapport à un niveau de prélèvement pour l'agriculture, l'industrie ou la production d'énergie ; par rapport au rythme de renouvellement des ressources en eau de qualité et à la préservation des écosystèmes* dont les hommes dépendent pour survivre. Or quelle que soit la façon dont on l'aborde, le futur sera sans surprise : l'eau va manquer. Certes, pas partout ni toujours pour les mêmes raisons. Mais, selon les projections de l'ONU et de la FAO*, 47 % de la population mondiale vivra dans des zones soumises à un fort stress hydrique à l'horizon 2030. On estime même que dès 2025, 22 % de l'humanité vivra dans des régions de « grande pénurie » disposant de moins de 500 m³ d'eau renouvelable par an et par habitant.

Le plus souvent, l'insécurité hydrique d'une région se manifeste lorsque les prélèvements annuels sont supérieurs au volume des ressources en eau renouvelables, comme au sud-ouest des États-Unis et au Mexique, au nord de l'Afrique, au sud-est de l'Australie, dans la péninsule arabique, au sud-est de l'Inde ou au nord-est de la Chine. Dans ces régions, on prélève déjà plus de 75 % des eaux fluviales, jusqu'à 100 % dans certains pays du Moyen-Orient. De la même façon, les pays où les prélèvements dépassent la moitié du débit des fleuves se trouvent eux aussi exposés au risque de pénurie grave en cas de sécheresse prolongée. À ces situations de stress ou de pénurie hydriques plus ou moins chroniques s'ajoutent alors celles où le manque d'eau procède plutôt de la pauvreté, comme en Afrique subsaharienne : pauvreté des États pour réaliser les investissements nécessaires à l'exploitation et à la gestion des eaux renouvelables ; pauvreté des ménages qui place l'eau hors de leur portée. En plus de la pauvreté hydrique ou économique des États, cinq facteurs écrivent ensemble cette chronique mondiale d'une pénurie annoncée. Le premier est démographique. Il résulte de la demande alimentaire supplémentaire – et donc en cultures irriguées – que générera l'augmentation de la population mondiale. Le deuxième facteur est socioéconomique et correspond aux effets de la hausse des revenus sur la consommation d'eau : qu'il s'agisse d'usages domestiques ou de production de viande bovine, l'amélioration du niveau de vie entraîne en effet une croissance sensible de la consommation des ménages. Or cette progression de la demande en eau se trouve également amplifiée par un troisième facteur qui, à son tour, accentue le niveau de stress hydrique : l'urbanisation. Même si elle sera plus marquée dans les pays du Sud, la tendance à la hausse de la consommation municipale et domestique concernera aussi les États-Unis et l'Europe, où elle devrait augmenter de 40 % dans les vingt prochaines années. Le quatrième facteur est énergétique. Avec une augmentation globale de 60 % prévue entre 2004 et 2030, la production hydroélectrique repose en effet sur la construction de très nombreux barrages. Or leurs réservoirs entraînent de lourdes pertes hydrauliques par évaporation.

Enfin, le dernier facteur est climatique et correspond à l'impact hydrique de la baisse des précipitations sur de nombreux pays du Sud, où les réserves d'eau disponibles diminuent déjà par manque d'infrastructures pour drainer, traiter et recycler les eaux usées. ‹

Sources >>>> Anne RIVIÈRE-HONEGGER et Jean-Paul BRAVARD (dir.), « La pénurie d'eau : données naturelles ou question sociale ? », *Géocarrefour*, vol. 80, n° 4, 2005. >>>> WWAP, *The United Nations World Water Development Report 3: Water in a Changing World*, Paris/Londres, UNESCO/Earthscan, mars 2009, http://www.unesco.org/water/wwap/wwdr/wwdr3/pdf/WWDR3_Water_in_a_Changing_World.pdf >>>> Antoine FREROT, *L'Eau. Pour une culture de la responsabilité*, Paris, Autrement, 2009. >>>> PNUD, « Au-delà de la pénurie : pouvoir, pauvreté et crise mondiale de l'eau », *Rapport mondial sur le développement humain 2006*, 2006. http://hdr.undp.org/en/media/HDR_2006_FR_Complet.pdf >>>

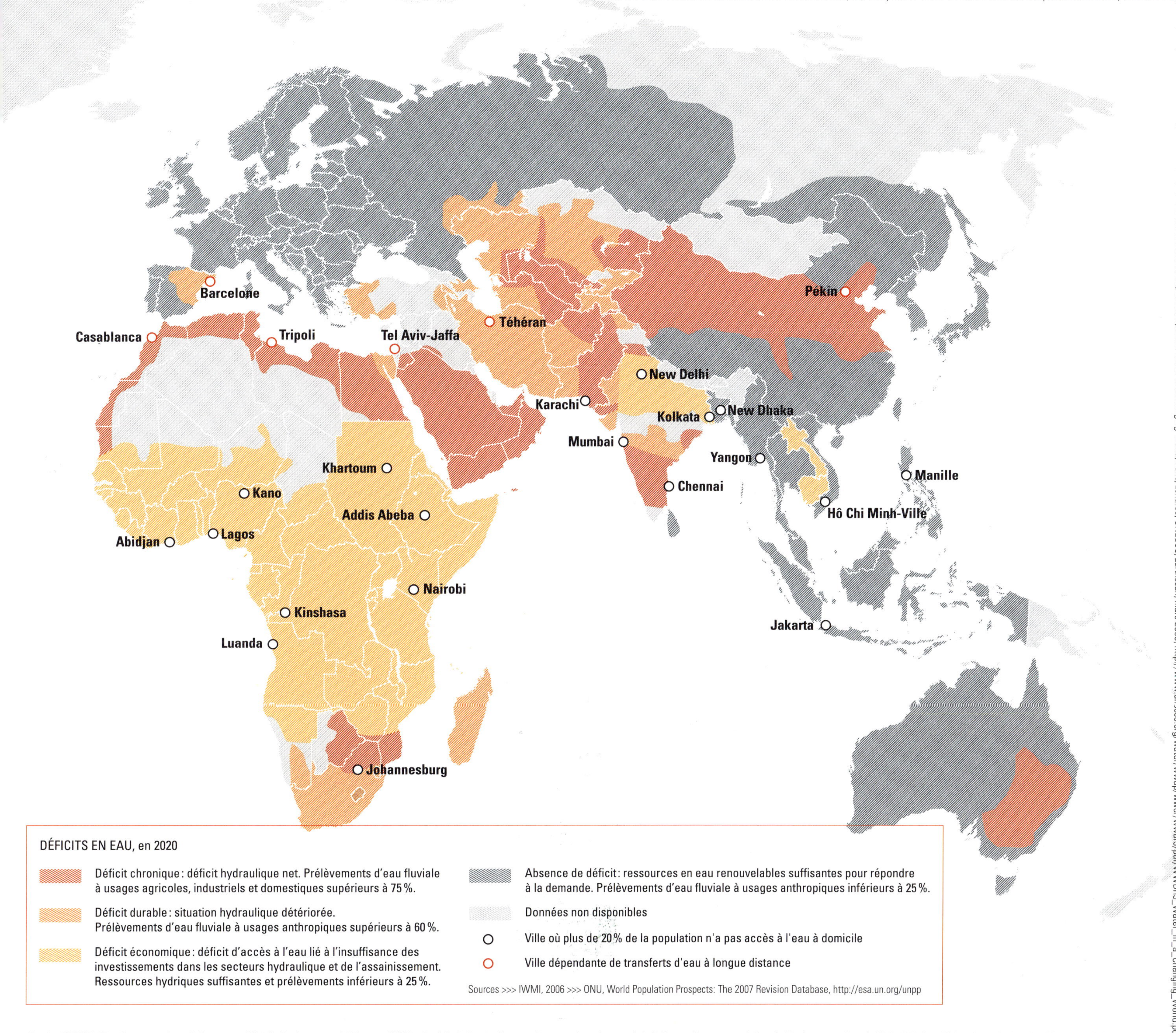

ÉGYPTE (scénario 1)

La fin de l'abondance

Alors que le Nil est depuis plus de trois mille ans le moteur de l'organisation agricole, économique, sociale et politique de l'Égypte, il est aujourd'hui disputé par neuf autres pays riverains qui, désormais, revendiquent leur part du fleuve. Les pénuries d'eau augmentant, rien ne permet d'écarter totalement le pire des scénarios dans lequel le fleuve deviendrait la scène d'un conflit régional.

FACE À LA MER QUI MONTE

Très exposée à l'élévation du niveau de la mer par le delta du Nil, l'Égypte pourrait devenir l'un des pays les plus lourdement affectés par le réchauffement climatique. Si jusqu'à 50 cm d'élévation, la construction de murs et de fossés peut aider à contenir l'immersion du delta, elle restera inefficace face à la salinisation des nappes souterraines et des terres agricoles. Au problème de fertilité ainsi posé s'ajouteront alors celui de la réduction des quantités d'eau douce disponibles mais aussi celui du développement de pathologies liés à la mauvaise qualité de l'eau et à la prolifération d'insectes.

On estime que si la mer montait de 1 m d'ici à la fin du siècle, 15 % des terres du delta seraient inondées, 4 500 km² de terres cultivées perdues et 6 millions de personnes déplacées. L'aquaculture serait elle aussi gravement touchée par la baisse de la qualité de l'eau des lagons où les Égyptiens pêchent un tiers de leur poisson d'eau douce. À Alexandrie, Rosette et Port-Saïd, des infrastructures indispensables à l'activité économique du pays se trouveraient détruites. Sur la côte, des kilomètres de plage seraient menacés de disparaître avec leurs installations touristiques. Ainsi, plusieurs millions d'agriculteurs, de pêcheurs et d'employés du secteur touristique se trouveraient au chômage. Dans un pays où une grande partie de la population vit encore dans des conditions précaires, à la limite ou en deçà du seuil de pauvreté, l'élévation du niveau de la mer constitue donc un facteur d'instabilité sociale et politique critique.

Crédit photo : i-cubed 15m eSAT imagery.

Sources >>> Population Reference Bureau, www.prb.org >>> Agence centrale égyptienne des statistiques, www.capmas.gov.eg >>> PNUD, *Rapport arabe sur le développement humain 2009.* >>> ESIS, Service d'information de l'État égyptien, www.sis.gov.eg/En >>> PNUD en Égypte, http://www.undp.org.eg/ >>> FAO en Égypte, http://www.fao.org/nr/water/aquastat/countries/egypt/index.stm >>> Sources de la carte >>> H. ELSHARKAWY, H. RASHED et I. RACHED, *The Impacts of Sea-Level Rise on Egypt 45th ISOCARP Congress*, 2009 >>>

❯ Avec 78 millions d'habitants en 2009, l'Égypte est le 16e pays le plus peuplé au monde. Elle est aussi le plus peuplé des pays arabes et du pourtour méditerranéen. Comme sa croissance démographique reste forte (+ 33 % depuis 1990), et son taux de fécondité élevé (3 enfants par femme en 2009) sa population pourrait atteindre 100 millions d'habitants en 2025, 130 millions d'ici à 2050. En plus de l'équation sociale et économique que cette hausse rapide de la population pose au pays, elle soulève la question vitale de son approvisionnement en eau. Car au rythme actuel, la quantité d'eau renouvelable disponible par an et par personne pourrait en effet chuter de 860 m³ en 2009 à 582 m³ en 2017, soit beaucoup moins que le seuil de pénurie fixé à 1 000 m³ par l'OMS*. La situation est d'autant plus préoccupante que l'Égypte – désertique à 95 % – prélève déjà quasiment l'intégralité de ses ressources en eau renouvelables. C'est donc dans un contexte hydrique très tendu que viennent s'inscrire les évolutions climatiques et leurs effets.

L'Égypte, pays sous tension

Dès aujourd'hui, l'érosion de la côte et la salinisation des terres dans le delta du Nil permettent de mesurer la vulnérabilité de cette région où se concentrent les deux tiers de la population et 45 % de la production agricole du pays. Même de faible amplitude, l'impact de l'élévation du niveau de la mer sera donc majeur en Égypte. Affectés par la montée des eaux et la stérilisation des sols, un grand nombre d'agriculteurs pourraient ne plus pouvoir cultiver leurs terres et se trouver sans emploi. Au même moment, d'autres secteurs de l'économie pourraient être touchés comme le tourisme balnéaire et surtout la pêche : en modifiant la qualité de l'eau, l'infiltration d'eau saumâtre affecte la plupart des espèces de poissons d'eau douce, dont les stocks diminuent déjà. Parallèlement, d'autres aléas climatiques viennent interférer dans le futur de l'Égypte. Estimée à 2 °C d'ici 2030, la hausse de température dans le bassin méditerranéen devrait accélérer l'évaporation et ainsi diminuer les ressources en eau disponibles. Au même moment, la baisse possible des précipitations pourrait priver les aquifères* de leur réapprovisionnement, aggravant ce faisant l'aridité du pays. Même chose plus au sud : une diminution de 10 % des pluies aux sources du Nil pourrait réduire le débit annuel du fleuve de 40 %. Incontournable, critique, et vitale : la question de l'eau se place donc au cœur des futurs possibles de l'Égypte… et par extension du Proche-Orient et du bassin du Nil.

À l'échelle mondiale, la stabilité et les positions politiques du pays lui ont permis de devenir un acteur stratégique de premier plan : il est le siège de la Ligue arabe, mais aussi son leader ; avec le canal de Suez, il détient une pièce maîtresse de l'échiquier commercial et énergétique international ; il est un interlocuteur privilégié pour la gestion des rapports Nord-Sud ; il reste une place centrale à la fois pour l'enseignement de l'islam et pour l'islamisme politique.

À l'échelle régionale, il suffit d'imaginer l'impact qu'aurait l'arrivée d'un régime « islamo-nationaliste » à la tête de l'Égypte pour mesurer à quel point la stabilité du Proche-Orient dépend du pays. Car en plus de la valeur d'exemple qu'il conserve auprès des nations arabes, il est un partenaire indispensable dans la conduite des négociations de paix au Proche-Orient. Tout changement d'alliance stratégique ou de politique vis-à-vis d'Israël de la part du Caire comporterait donc un risque élevé de déstabilisation régionale.

En Égypte, au Proche-Orient, dans le bassin du Nil, la question de l'eau se place au cœur de tous les futurs possibles.

À l'échelle nationale, la stabilité politique égyptienne repose à la fois sur le soutien de l'armée au régime en place, et sur une croissance économique annuelle moyenne de 4,4 % depuis 1997. Cependant, comme la crise mondiale et les émeutes de la faim sont venues l'évoquer en 2008, le taux de croissance égyptien pourrait un jour ne plus suffire pour résoudre l'équation sociale du pays : 41 % de la population vit en dessous du seuil de pauvreté ; le chômage des jeunes s'élève à 28 % ; et la ville du Caire qui rassemble déjà 11 millions d'habitants continue de croître dans le désordre. Si des ruptures d'approvisionnement en eau et en produits alimentaires venaient s'ajouter aux germes de contestation que sont déjà les inégalités, la pollution et la saturation urbaine, tous les ingrédients seraient alors réunis pour que la situation dégénère sur le plan politique et social. Pour toutes ces raisons, le Nil qui apporte à l'Égypte 95 % de ses ressources en eau constitue désormais son principal sujet de préoccupation géopolitique.

Le Nil en partage

La survie du pays et de ses dirigeants est en effet si intimement liée au fleuve que toute modification de son cours est considérée comme une atteinte à sa sécurité nationale. Or, pas moins de neuf pays sont situés en amont de l'Égypte, dans le bassin du Nil : le Soudan, l'Érythrée, l'Éthiopie, la République démocratique du Congo, le Kenya, la Tanzanie, l'Ouganda, le Rwanda et le Burundi. Soumis pour la plupart à une situation de stress hydrique plus ou moins aigu, ces pays doivent donc, comme l'Égypte, augmenter leurs ressources ; et tout comme elle, ils se tournent vers le Nil pour répondre à des besoins en eau accrus par leur croissance démographique. En l'absence d'un accord de répartition des eaux du fleuve entre tous les pays riverains, la situation devient donc de plus en plus tendue. Car à ce jour, le seul accord existant date de 1959 et ne prévoit en effet de partage des flux nilotiques qu'entre l'Égypte (55,5 milliards de m³) et le Soudan (18,5 milliards de m³). Sans surprise, l'accord à la fois obsolète et déséquilibré est désormais dénoncé par plusieurs des pays qu'il tient à l'écart, et notamment par l'Éthiopie. Bien qu'elle soit plus peuplée que l'Égypte et qu'elle lui fournisse plus des trois quarts de ses ressources en eau douce, l'Éthiopie ne prélève que 0,3 % des eaux du fleuve. Une part infime donc, qu'elle projette d'augmenter pour irriguer davantage, produire de l'électricité, mais aussi pour fournir un accès à l'eau à la part de sa population qui n'en dispose pas encore (plus de la moitié).

Au même moment, les évolutions politiques du Soudan où convergent les deux principaux affluents du Nil compromettent les chances de l'Égypte d'y augmenter ses prélèvements. Dans un contexte de tensions centrifuges fortes entre le Nord du Soudan à majorité musulmane et le Sud, autonomiste et à majorité chrétienne, on ne peut pas exclure en effet que le contrôle du Nil Bleu* devienne, avec celui des zones pétrolières, l'un des enjeux de leur rapport de force. Éventuellement, il pourrait même servir de déclencheur à une crise régionale, dans laquelle les intérêts stratégiques du régime islamiste de Khartoum coïncideraient avec les « intérêts hydrauliques » des Égyptiens.

Encore improbable, ce scénario délétère n'est cependant pas tout à fait impossible. En attendant, on observe lors des discussions de travail entre pays riverains que les intérêts nationaux continuent de primer sur les intérêts collectifs, et ce en dépit des besoins des populations du bassin et de la stabilité politique minimale qu'exigeraient les investissements nécessaires aux aménagements du fleuve. Dans cette perspective, le jeu est donc de plus en plus risqué d'une Égypte qui resterait trop rigide sur ses acquis et qui les maintiendrait comme préalables à toute négociation régionale. ❮

Susmita DASGUPTA, Benoît LAPLANTE, Siobhan MURRAY et David WHEELER, *Sea-Level Rise and Storm Surges : a Comparative Analysis of Impacts in Developing Countries*, 2009. >>> The Intergovernmental Panel on Climate Change (IPCC), http://www.ipcc-wg2.org/

ÉGYPTE

Le Nil dans tous ses États

Soumis au même moment à la pression démographique, à des déséquilibres écologiques, des changements climatiques et des disputes régionales, les futurs incertains du Nil fragilisent les pays riverains du fleuve, notamment ceux dont l'avenir en dépend le plus comme l'Éthiopie, le Soudan et surtout l'Égypte.

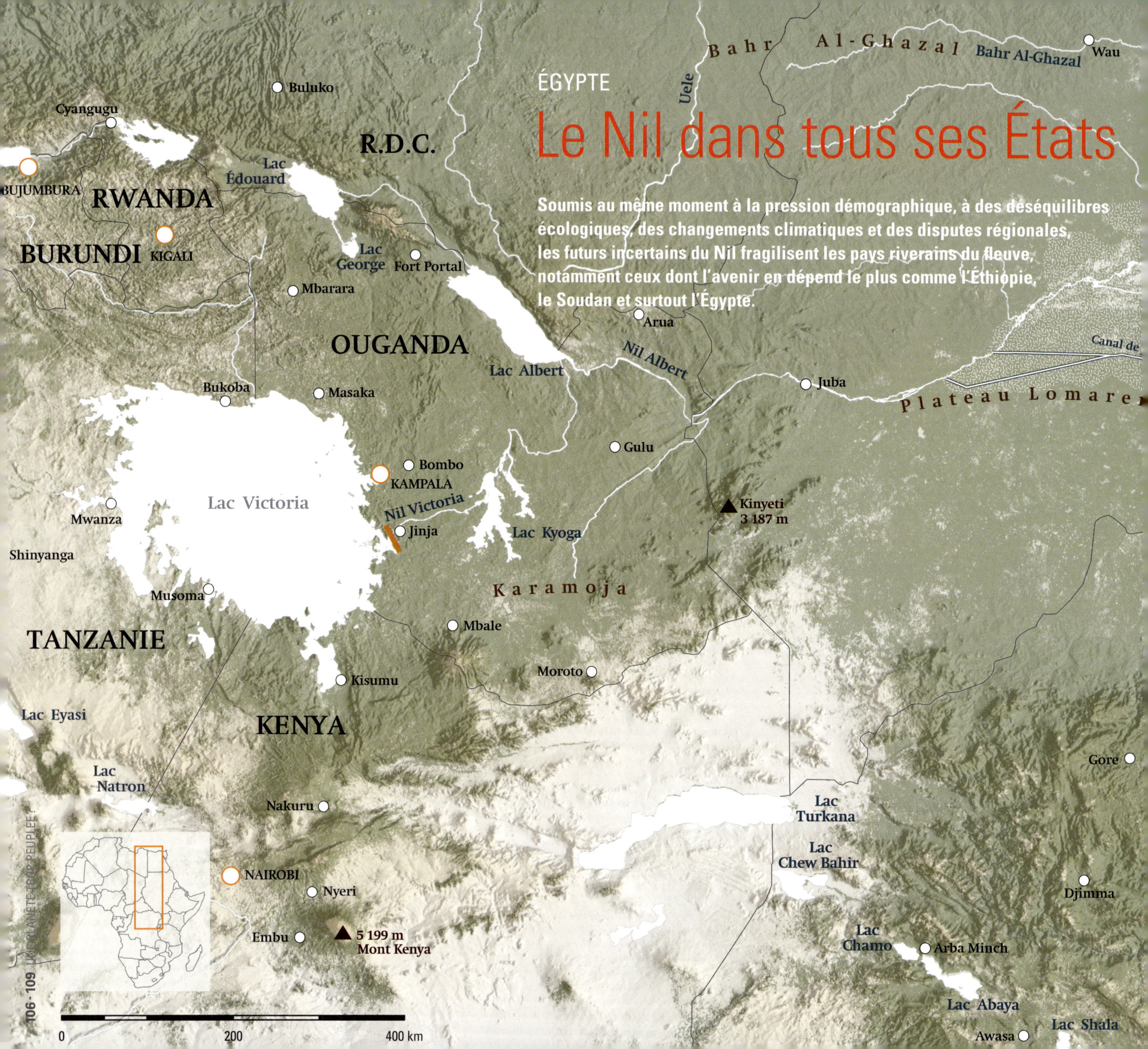

Sources >>> Nile Basin Initiative, www.nilebasin.org >>> Banque mondiale, www.banquemondiale.or >>> Merowe Dam Project, http://www.merowedam.gov.sd/en/funding.html >>> CIA, *The World Factbook*, www.cia.gov/library/publications/the-world-factbook >>> World Resource Institute, http://earthtrends.wri.org

À QUI LE NIL APPARTIENT-IL ?

Long d'environ 6700 km, le Nil est avec l'Amazone l'un des deux plus longs fleuves du monde et le second en termes de débit (84 milliards de m^3 par an). Son bassin versant couvre environ 2,87 milliards de km^2, soit 10 % du continent africain. Ses deux principaux affluents qui se rejoignent à Khartoum au Soudan sont le Nil Blanc qui prend sa source au Rwanda, et le Nil Bleu originaire d'Éthiopie. Plus sensible que jamais, la question du partage des ressources du fleuve divise les dix pays du bassin nilotique. D'un point de vue hydrographique, l'essentiel du fleuve arrive d'Éthiopie (85 % des eaux d'Assouan). D'un point de vue juridique, le partage est fixé par un accord signé en 1959 qui attribue l'essentiel des flux nilotiques au Soudan et surtout à l'Égypte dont 95 % des ressources hydriques en dépendent. Jamais révisé depuis, l'accord ne laisse toujours que 13 % des eaux du Nil aux autres pays riverains dont il ignore donc totalement les besoins. Ainsi portés à s'affranchir d'un traité qu'ils jugent obsolète, le Kenya, l'Ouganda, la Tanzanie et l'Éthiopie multiplient les projets de barrages. Face à la nécessité de définir un partage des eaux plus équitable et qui permette le développement durable du bassin nilotique, l'Initiative du bassin du Nil est créée en 1999 sous les auspices de la Banque mondiale. Dix ans plus tard, en dépit de nombreuses rencontres et de quelques progrès, les discussions continuent d'achopper sur les exigences égyptiennes de maintenir sa quotité de prélèvement au niveau actuel et de disposer d'un droit de véto sur les projets réalisés en amont.

1 Incertitudes soudanaises

Indépendant depuis 1956, le Soudan n'a à ce jour connu que de très courtes périodes sans conflit. Divisé entre une population majoritairement arabophone et musulmane au Nord et des peuples animistes ou chrétiens au Sud, le pays se trouve régulièrement déchiré par les conflits qui opposent le régime de Khartoum à différents mouvements de rébellion indépendantiste. Bien que le Soudan ait jusque-là surmonté ces crises centrifuges comme récemment au Darfour, son unité paraît aujourd'hui plus fragile que jamais. Car aux ressorts connus de lutte pour le pouvoir qui ont animé deux longues guerres meurtrières Nord-Sud (1955-1972 ; 1983-2005), un autre facteur de conflit est venu s'ajouter depuis : le contrôle des ressources pétrolières de la région d'Abyei. À l'approche de l'échéance fixée par les accords de paix de 2005 pour la tenue d'un référendum d'autodétermination au Sud, la situation se crispe. Ainsi, qu'elle soit unilatérale ou prononcée par voie référendaire en janvier 2011, la proclamation probable de l'indépendance du Sud-Soudan risque fort d'entraîner de nouveau le pays vers la guerre. En plus d'empêcher tout nouvel aménagement sur le Nil, la partition du Soudan pourrait alors également soustraire les sources du Nil Bleu au contrôle de Khartoum. Ainsi, c'est finalement toute la région qui se trouve potentiellement exposée à une situation de crise autour de la question de l'eau.

2 Le canal de Jonglei

On estime à 14 milliards de m^3 le volume d'eau du Nil Blanc perdu par évaporation dans les marais du Sudd au Soudan. Or s'il était achevé, le canal de Jonglei permettrait d'en récupérer le tiers, dont 40 % pour l'Égypte et 60 % pour le Soudan. Prélevées en amont des marais, les eaux nilotiques devraient être déversées 360 km plus loin, dans le lac Nasser. Imaginé dès le début du XXᵉ siècle, lancé en 1979, le chantier pharaonique est interrompu en 1983 par la guerre au Sud-Soudan. Depuis, la reprise du projet égypto-soudanais se heurte à la fois à l'instabilité de la région, à l'opposition des populations locales, mais aussi à celle de l'Éthiopie.

3 4 Des Chinois sur le Nil

En 2009, l'Éthiopie (87 millions d'habitants) ne prélevait que 0,3 % des eaux du Nil. Cependant, de nouveaux barrages pourraient bientôt modifier ce ratio. Parmi eux, le barrage de Tekeze, construit sur l'Atbara par une société chinoise, devrait produire 225 MW et permettre d'irriguer les terres asséchées au nord du pays. Également réalisé par une société chinoise grâce à des investissements arabes, le barrage de Merowe au Soudan (40 millions d'habitants), devrait quant à lui fournir près de 1 250 MW. Achevés en 2009, le barrage, l'usine et le lac de rétention ont engagé pour leur construction des coûts aussi élevés en termes financiers (2 milliards de dollars), que sur le plan humain (50 000 expulsions) et bientôt écologique (évaporation retenue du limon en amont, appauvrissement des terres en aval).

5 Les effets du lac Nasser

Étendu sur une longueur de 550 km, le lac Nasser que retient le barrage d'Assouan constitue avec lui le cœur et le poumon de l'Égypte. À leur inauguration en 1971, ils permettent à la fois d'alimenter le pays en eau douce, de réguler les crues du Nil, de faciliter la navigation, de produire autant d'électricité que deux centrales nucléaires, et surtout, de mettre en place un vaste système d'irrigation continue. Trente ans plus tard, alors que l'ouvrage ne suffit déjà plus aux besoins électriques d'une population deux fois plus nombreuse, ses effets secondaires s'accentuent. Comme il est situé en plein désert, le lac entraîne la perte annuelle par évaporation de quelque 10 milliards de m^3 d'eau, soit près de 20 % du volume que l'Égypte peut prélever chaque année dans le Nil. Par ailleurs, en retenant le limon, il favorise la prolifération d'algues en amont, tandis qu'en aval, il prive le delta d'une grande partie des alluvions qui venaient auparavant compenser l'érosion des côtes. Enfin, en limitant le refoulement de la mer par le fleuve dans le delta, il contribue à son tour au phénomène de salinisation des terres, des nappes souterraines et des lagons où les Égyptiens capturent une part importante de leurs poissons d'eau douce.

6 Des fermes dans le désert

Connu sous le nom de Toshka, le plus grand projet de fertilisation du désert égyptien est lancé par le président Moubarak en 1997. Point de départ d'une future « Nouvelle Vallée » (Wadi El-Guedid) qui doit relier au Nil les oasis de Kharguèh, Dakhla et Farafra dans le désert nubien, le projet Toshka consiste à acheminer par le canal Cheikh Zayed et ses dérivés jusqu'à 25 millions de m^3 d'eau pompés chaque jour dans le lac Nasser. Programmé pour fertiliser 226 000 hectares, le projet Toshka exigerait pour pouvoir atteindre cet objectif quelque 5,5 milliards de m^3 d'eau supplémentaires par an. Or le pays épuise déjà tout son quota annuel de pompage des eaux du Nil (55,5 milliards de m^3) et commence à peine à entreprendre les réformes économiques et agricoles qui lui permettraient de diminuer sa consommation globale en limitant le gaspillage. En attendant, à niveau hydraulique constant, le projet devra réduire ses ambitions au moins de moitié.

7 Un canal pour le Sinaï

Parmi les grands chantiers de colonisation agraire du désert lancés par le président Moubarak, « le plan de développement du Nord-Sinaï » est sans doute celui qui a rencontré le plus de résistance. À l'origine, il devait permettre l'installation de 3,3 millions de personnes dans la péninsule égyptienne grâce, notamment, à la mise en culture de 212 000 hectares. Sur le plan hydraulique, le projet consiste à acheminer une partie des eaux du Nil mélangées à des eaux de drainage recyclées vers la péninsule désertique grâce à la construction du canal Al-Salam (« canal de la paix ») qui relie Damiette à Al-Arish en passant par un siphon sous le canal de Suez. Quinze ans plus tard, la population du Sinaï s'élève à environ 360 000 habitants, dont 200 000 Bédouins. Bien que le projet ait bénéficié d'importants financements saoudiens et koweïtiens, de multiples handicaps bloquent aujourd'hui son achèvement : résistance des populations bédouines à l'occupation de leur territoire, salinité excessive des terres agricoles, qualité médiocre des eaux de drainage, impossibilité pour l'Égypte d'augmenter ses prélèvements d'eau douce et manque d'investisseurs pour aménager la région.

ÉGYPTE (scénario 2)

Une agriculture plus sobre

Avec la croissance démographique, l'eau devient pour l'Égypte une ressource toujours plus précieuse. Or avec le réchauffement climatique, elle sera aussi de plus en plus rare. Parmi les scénarios que l'Égypte pourrait choisir pour ménager l'avenir du pays, on peut retenir celui amenant les fellahs égyptiens à payer le prix de l'eau.

DES CHAMPS DANS LE DÉSERT

Reverdir le désert, oui mais à quel prix ? Alimentées par des canaux de dérivation du Nil parcourant le désert sur des centaines de kilomètres, les terres agricoles gagnées sur le désert de Nubie au sud et sur celui du Sinaï à l'est essuient de nombreuses réserves. Orientées vers les cultures d'exportation, ces exploitations agro-industrielles n'offrent pas non plus d'emplois aux paysans égyptiens. Sur le plan hydrique, les études montrent que cent ha de terres désertiques sont nécessaires pour produire autant qu'un hectare dans la vallée du Nil. À cela viennent s'ajouter le coût exorbitant du projet et la pollution aux pesticides qu'il génère.

Exploitations agricoles dans le désert en Égypte, Google Earth Pro. Crédit: image @2010 DigitalGlobe

Sources >>>>>> Nicolas FERRATON (dir.), *Étude d'un périmètre irrigué en voie de réhabilitation dans la province de Beheira, Delta du Nil, Égypte*, IRD-Université du Caire, 2004. >>>>>> NASA GISS – Institut Goddard des Études spatiales de la NASA, www.giss.nasa.gov >>>>>> MAP – Plan d'action méditerranéen des Nations unies, www.unepmap.org

❯ Que l'on s'interroge sur la pauvreté, les besoins en eau ou la demande alimentaire, la démographie s'avance toujours parmi les premiers paramètres qui dessinent le futur de l'Égypte. Or en 2010, le pays n'a toujours pas achevé sa transition démographique : bien que le taux de fécondité ait chuté de plus de 7 enfants par femme en 1960 à 3 en 2009, l'hypothèse d'atteindre l'objectif national de 2 enfants par femme en 2017 paraît désormais improbable. En dépit des efforts engagés pour réduire la natalité grâce au contrôle des naissances et à l'éducation des filles, les mesures du gouvernement se heurtent en effet à la conception qu'ont les jeunes égyptiens de la famille idéale : environ 40 % d'entre eux aspirent encore à avoir trois enfants. La possibilité de contenir la population entre 110 et 130 millions d'habitants vers 2050 grâce à une baisse raisonnable du taux de fécondité reste donc suspendue à la rapidité et aux aléas des changements de comportement des couples égyptiens. Entre-temps, l'augmentation de la population aura déjà imposé d'offrir un cadre de vie à au moins 25 millions d'habitants supplémentaires d'ici à 2030, mais aussi de mettre de nouvelles terres en culture pour répondre à une demande accrue de produits agricoles. Or, en 2010, seuls 4 % du territoire sont fertiles, situés pour l'essentiel dans le delta et la vallée du Nil. Pour élargir la surface utile du pays, les autorités égyptiennes ont donc choisi de fertiliser des terres du désert et d'y créer de vastes oasis agricoles en dérivant une partie des eaux du Nil.

La tentation du pharaon

Ambitieux et prestigieux, des projets comme celui de Toshka soulèvent néanmoins plusieurs problèmes, notamment celui des énormes quantités d'eau nécessaires à leur réalisation. Aux détracteurs du projet colossal qui lui opposent, entre autres, sa non-rentabilité économique (l'agriculture ne représentait que 14 % du PIB environ en 2009), ses défenseurs rappellent que le secteur agricole emploie près de 30 % de la main-d'œuvre égyptienne et qu'il est central dans la culture nationale. Essentiel au maintien de l'équilibre social du pays, il impose donc au régime en place d'accroître les ressources en eau disponibles.

Dans cette perspective, les nappes phréatiques égyptiennes n'offrent aucune marge de manœuvre : exploitées au maximum, leurs capacités tendent même à diminuer sous l'effet de pompages excessifs et de l'intrusion d'eau saumâtre dans les aquifères* côtiers. Comme il est peu compétitif d'un point de vue économique, le dessalement de l'eau de mer n'offre pas non plus de réelle alternative. C'est donc vers les aménagements du Nil que les autorités ont choisi de se tourner en imaginant plusieurs projets hydrauliques. Le plus important, le canal Cheikh Zayed, achemine depuis 2008 les eaux du Nil depuis le lac Nasser vers le désert égyptien. Inauguré en 2003, le projet pharaonique se heurte à de nombreuses résistances, celle notamment des autres pays riverains qui s'opposent fermement à ce que les Égyptiens augmentent leur part de prélèvement des eaux du Nil.

Un partage difficile

Soumis aux mêmes pressions agro-démographiques que l'Égypte alors qu'ils ne prélèvent encore que peu ou prou des eaux du Nil, la plupart des pays du bassin prévoient eux aussi d'augmenter leurs ressources en eau grâce à de nouveaux aménagements du fleuve. Pour tenter de rapprocher les points de vue divergents, éviter la crise et favoriser la concertation entre pays riverains, l'Initiative du bassin du Nil est créée en 1999 sous les auspices de la Banque mondiale. Dix ans plus tard, en dépit du lancement de plusieurs projets dans le cadre de ce partenariat régional, on reste encore loin d'une exploitation équitable et commune des eaux du fleuve. Pour maintenir sa quantité d'eau disponible tout en contournant sa dépendance vis-à-vis des pays situés en amont sur le Nil, l'Égypte n'a par conséquent d'autre possibilité que de rationnaliser sa consommation d'eau et d'en réduire les pertes.

> Sur le plan hydraulique, il faut cent hectares de terres désertiques pour produire autant qu'un hectare de terre dans la vallée du Nil.

En attendant de trouver d'improbables solutions techniques qui permettraient de réduire le niveau des pertes par évaporation du lac Nasser estimé à près de 10 milliards de m^3 d'eau, plusieurs sources d'économie sont déjà identifiées. Ainsi, des gains substantiels seraient réalisables grâce au recyclage des eaux usagées dans l'irrigation en séparant et en traitant les eaux de drainage agricoles et industrielles d'une part ; en réduisant la pollution liée à la densité démographique, industrielle et agricole de la vallée et du delta du Nil de l'autre. Le remembrement d'exploitations agricoles encore très parcellaires permettrait également de réaliser d'importantes économies d'échelle. Mais c'est encore au niveau des méthodes agricoles et de pompage que le gaspillage reste le plus important. En dépit d'une configuration hydrographique défavorable, les Égyptiens parviennent – grâce à l'irrigation de toutes leurs terres – à produire une grande partie des ressources agricoles qu'ils consomment comme le riz, le maïs ou le coton. Résultat : l'agriculture absorbe plus de 80 % de l'eau douce consommée dans le pays, dont seulement 40 % à 45 % sont efficaces. Plusieurs facteurs sont responsables de ce gaspillage. On trouve d'abord les fuites des canaux et canalisations non bétonnés qui parcourent l'Égypte : vétustes, mal entretenus, encombrés et souvent à ciel ouvert, ils génèrent des pertes considérables. À son tour, la généralisation des pompes électriques mobiles dans les années 1990 a accru le niveau de pompage et d'arrosage de façon anarchique, et avec lui celui de la consommation d'eau non recyclée. Enfin, si la technique d'irrigation des fellahs égyptiens consistant à inonder leurs cultures a permis de développer l'agriculture en Égypte tout en recyclant l'eau plusieurs fois d'Assouan à la Méditerranée, elle trouve désormais plusieurs limites : motivés par l'évolution des prix du marché ainsi que par la quasi-gratuité de l'eau, les cultivateurs égyptiens abandonnent les cultures sèches traditionnelles comme le blé au profit de cultures plus rémunératrices et qui consomment beaucoup plus d'eau comme le riz ou le maïs. Plus préoccupés d'amortir leurs investissements financiers que d'économiser les ressources hydrauliques égyptiennes, les propriétaires émiratis, saoudiens ou californiens des fermes créées dans le désert préfèrent eux aussi les cultures lucratives destinées au marché européen à celles de consommation locale. Ainsi, pour compenser l'accroissement du déficit égyptien en blé, le gouvernement s'est lancé depuis quelques années dans l'affermage* de terres agricoles en Éthiopie, au Soudan et en Ouganda.

Sous réserve qu'elles soient menées à grande échelle, plusieurs mesures offrent donc à l'Égypte de pouvoir répondre – au moins partiellement – aux effets hydriques de sa croissance démographique : irrigation par « goutte-à-goutte », aspersion nocturne, entretien et enfouissement des canalisations, traitement des eaux, remembrement, gestion collective des pompages, mais aussi réorientation de la production vers des cultures sèches moins voraces en eau. Pour inciter les milieux agricoles à entreprendre leur part de l'effort et infléchir la culture de l'abondance que continue d'entretenir la gratuité de l'eau ou presque, d'autres réajustements seront encore nécessaires. Le plus délicat d'entre eux en termes sociaux, politiques et économiques consistera à faire payer l'eau aux agriculteurs. Un risque politique contre un risque climatique. ❮

La révolution bleue

Face à la raréfaction de l'eau et aux situations de pénurie qui se multiplient, quelles solutions permettraient d'aménager l'avenir de l'eau ? Sont-elles d'ordre technique, économique, politique ? Vaut-il mieux agir à l'échelle locale, régionale, mondiale ? Doit-on plutôt chercher à maîtriser la demande, augmenter l'offre ou encore redistribuer la ressource ? Une révolution bleue est-elle possible en somme, qui permettrait au monde d'éviter la crise qu'annoncent déjà les projections actuelles ?

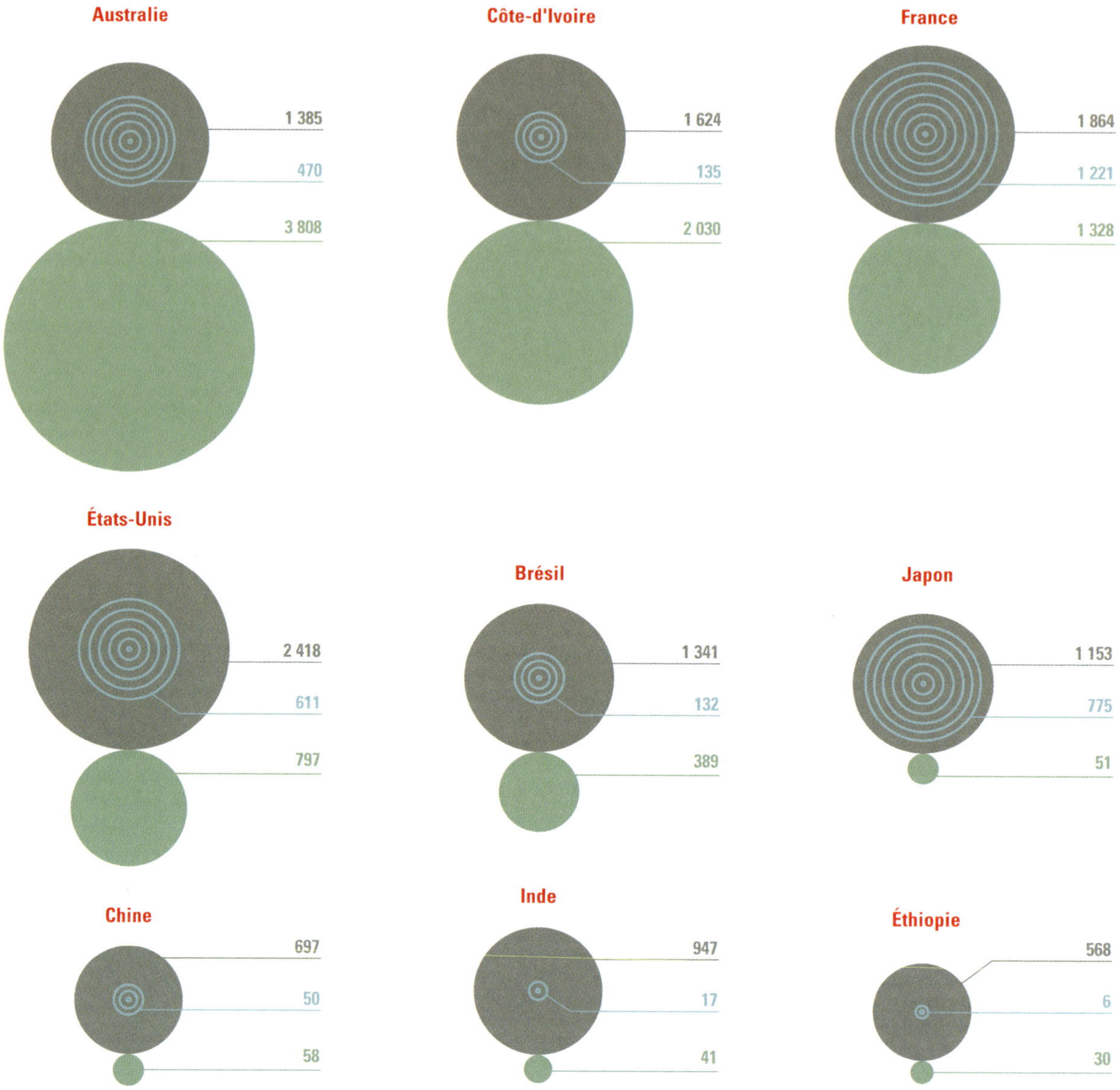

EMPREINTE SUR L'EAU PAR HABITANT, en 2001 (en m³)

- Empreinte sur l'eau par habitant
- Importations d'eau virtuelle par habitant
- Exportations d'eau virtuelle par habitant

Sources des graphiques >>> Arjen Y. HOEKSTRA et Ashok K. CHAPAGAIN, *Globalization of Water : Sharing the Planet's Freshwater Resources*, Oxford Blackwell, 2008. >>> Ashok. K. CHAPAGAIN et Arjen Y. HOEKSTRA, « Water Footprints of Nations, Volume 2 : Appendices », UNESCO-IHE, 2004. >>> ONU, *World Population Prospects : The 2008 Revision.*

LES RESSOURCES CACHÉES DU COMMERCE INTERNATIONAL DE L'EAU

Dans les faits, consommer 1 kg de blé revient à absorber les 1 300 l d'eau utilisés pour le produire. C'est pourquoi on peut considérer qu'un pays qui importe des céréales importe en même temps les volumes d'eau nécessaires à leur culture. On parle alors d'importation d'eau virtuelle. De la même façon, à tout produit exporté correspond une exportation d'eau virtuelle, soit la quantité d'eau prélevée pour le fabriquer. Ainsi, tandis que l'« empreinte aquatique » mesure l'eau virtuelle contenue dans un produit donné, l'« empreinte sur l'eau » mesure la consommation d'eau réelle d'un pays donné : elle ajoute les volumes d'eau contenus dans ses importations aux prélèvements effectués pour répondre aux besoins de sa population et qui n'inclut donc pas l'eau contenue dans ses exportations. Sachant que les produits agricoles représentent entre 40 % et 50 % des flux annuels d'eau virtuelle dans le monde, on peut repérer ci-dessus : les grands pays importateurs agricoles comme le Japon et les grands exportateurs comme l'Australie et la Côte-d'Ivoire (café, cacao) ; les pays dont l'empreinte sur l'eau renvoie au niveau élevé de consommation comme les États-Unis et ceux où il s'agit davantage d'une question démographique comme l'Inde et la Chine ; les pays moins développés enfin, dont tous les indicateurs sont très faibles comme l'Éthiopie.

Lysiane ROCH et Corinne GENDRON, « Le commerce de l'eau virtuelle : du concept à la politique », *Géocarrefour*, « Dossier : la pénurie d'eau : données naturelles ou question sociale ? », vol. 80, n° 4, 2005. >>>>> Daniel ZIMMER et Daniel RENAULT, « Virtual Water in Food

Sources >>> Arjen Y. HOEKSTRA et Ashok K. CHAPAGAIN, *Globalization of Water: Sharing the Planet's Freshwater Resources*, Oxford, Blackwell, 2008. >>> Arjen Y. HOEKSTRA et Pham Q. HUNG, « Virtual Water Trade. A Quantification of Virtual Water Flows between Nations in Relation to International Crop Trade », IHE Delft, *Value of Water Research Report series* n° 11, septembre 2002. >>> Arjen Y. HOEKSTRA et Ashok K. CHAPAGAIN, « Water Footprints of Nations: Water Use by People as a Function of their Consumption Pattern », Water Resource Management, Springer, 2007. Production and Global Trade Review of Methodological Issues and Preliminary Results », World Water Council, FAO/AGLW, 2003. >>>>> WWAP, *The United Nations World Water Development Report 2 : Water, a Shared Responsibility*, Paris/New York, UNESCO/Berghahn Books, 2006. >>>>

❯ Pour répondre au vaste défi que lance la raréfaction des ressources en eau et éviter la crise, plusieurs pistes sont ouvertes, devant permettre d'agir à tous les niveaux du problème. La première porte sur la demande, aussi bien dans les pays riches que dans les pays en développement. L'expérience des pays du Nord indique ainsi que les changements de comportement et les progrès techniques permettent ensemble de réduire sensiblement la consommation d'eau liée aux usages domestiques, depuis le cycle économe des machines à laver, aux toilettes à composte et aux égouts à vide. Dans les pays du Sud où l'agriculture absorbe les trois quarts des ressources en eau, les gains dépendront davantage de l'adoption de techniques d'irrigation plus économes, plus efficaces et écologiquement plus durables telles que l'aspersion nocturne ou la micro-irrigation au pied des plantes, mais aussi de l'amélioration des réseaux et de leur entretien avec l'enfouissement et le bétonnage des canaux d'adduction ou l'amélioration des systèmes de drainage. Dans ces pays, l'effort à consentir relève donc moins du consommateur que des moyens financiers à investir pour réaliser ces aménagements, posant alors une question de répartition entre acteurs publics et privés, internationaux et nationaux. Parallèlement, le problème se pose du surcoût de la production agricole que ces aménagements renchérissent et des changements qu'ils imposent aux structures agraires traditionnelles.

Augmenter les ressources réelles

Plusieurs solutions sont également envisagées pour permettre d'augmenter l'offre. À ce jour, la première n'est encore que prometteuse, car en dépit des progrès importants accomplis pour le dessalement de l'eau de mer, son bilan reste aussi mitigé sur le plan économique qu'écologique et sa technique une solution marginale ou seulement locale. Une autre solution, limitée, consiste à collecter et à stocker les eaux de pluie. Une troisième concerne l'efficacité des techniques de traitement et d'assainissement des eaux usées et des boues : en progrès constant, la plupart de ces technologies sont néanmoins très coûteuses et n'offrent donc de réaliser de gains importants qu'aux pays les plus riches. Une quatrième solution enfin, consisterait à mettre en place des réseaux d'eau en circuit fermé de part et d'autre des usines d'assainissement, permettant ainsi de réutiliser plusieurs fois les eaux usées traitées. Particulièrement adaptée aux dispositifs urbains, la technique représente également une piste intéressante pour des pays souffrant de stress hydrique tels qu'Israël, dont les eaux usées sont réutilisées à 80 % et couvrent 25 % des besoins. Pour autant, cette solution pose elle aussi le problème du financement et de la gestion des infrastructures dans les pays les plus pauvres.

Échanger les ressources virtuelles

Constatant que les pays sont très inégalement confrontés au risque de pénurie, une troisième voie de réflexion offre de repenser la répartition mondiale des ressources en eau grâce au commerce international et aux échanges d'eau virtuelle qu'il engage. Que l'on songe aux quantités d'eau nécessaires, à la culture du coton en Inde ou à celle des fraises au Maroc : on constate qu'avec la mondialisation des échanges, la part des prélèvements effectués en dehors du territoire où les produits sont consommés est de plus en plus importante. Inspirés par l'exemple des délocalisations industrielles, que la recherche du moindre coût attire vers les pays où la main-d'œuvre est nombreuse, certains chercheurs suggèrent d'allouer aux pays où l'eau abonde la production des produits voraces en eau virtuelle, permettant ainsi aux pays en situation de pénurie de consacrer leurs prélèvements à des cultures plus économes et aux usages de proximité. Séduisante sur le principe, la théorie rencontre aussitôt ses limites. La première est celle du coût écologique du transport des produits chargés en eau virtuelle sur les longues distances. La deuxième procède de la faible capacité des pays pauvres d'accroître leur participation aux échanges internationaux. La troisième concerne les répercussions économiques de cette redistribution mondiale sur certains exportateurs qui, en renonçant à une part de leur production, perdraient aussi une part de leurs revenus. Enfin, un tel système pose la question du rapport de dépendance dans lequel se trouveraient placés les pays plus faiblement dotés en eau vis-à-vis de leurs fournisseurs d'eau virtuelle, dans un secteur touchant à leur sécurité hydrique et alimentaire.

À sa façon, cette dernière limite ouvre un nouveau champ de réflexion portant à la fois sur la gouvernance mondiale de l'eau, la responsabilité de son partage, la gestion locale de la ressource et la définition des besoins. Et si la révolution bleue consistait, en effet, à savoir passer de la seule logique d'accroissement et de redistribution mondiale des ressources à une démarche plus centrée sur les attentes, les usages et le service des populations ? S'il s'agissait désormais moins de multiplier les barrages que d'ajuster les infrastructures aux besoins définis par l'utilisateur ? Si le problème global de raréfaction de l'eau appelait des approches et des projets différenciés, définis et gérés conjointement avec les acteurs locaux ? Et si, en somme, le futur de l'eau était avant tout une question politique ? ❮

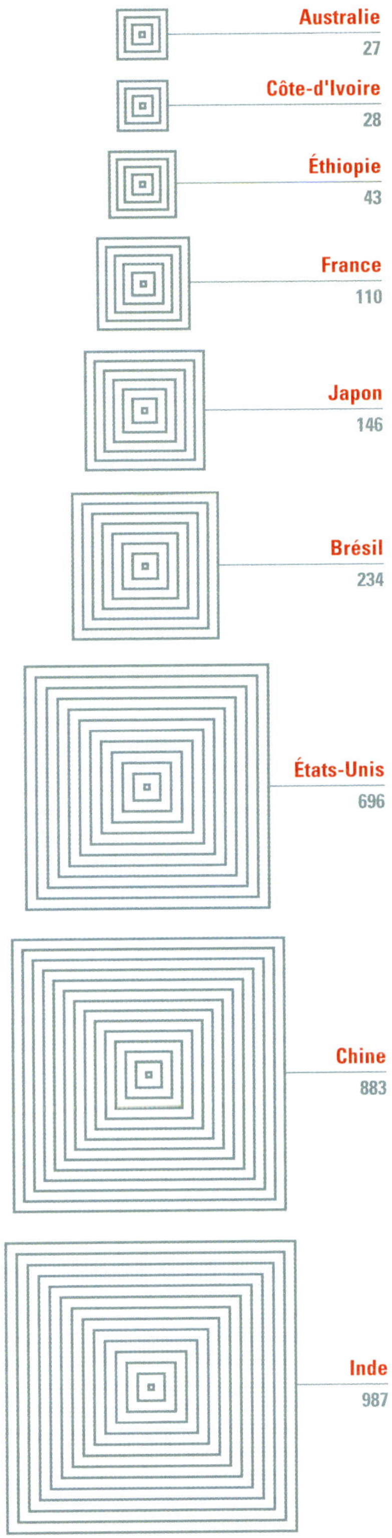

EMPREINTE SUR L'EAU PAR PAYS, en 2001 (en km³)

Un partage compliqué

Globalement abondante mais localement rare, géographiquement mobile mais guère transportable, de plus en plus demandée et de moins en moins disponible : l'eau est une ressource d'autant plus complexe à partager quand elle est répartie sur plusieurs États. Ainsi, en dépit de nombreux accords de coopération, l'eau reste l'objet de multiples différends internationaux dont on prévoit qu'ils devraient s'accroître dans le futur.

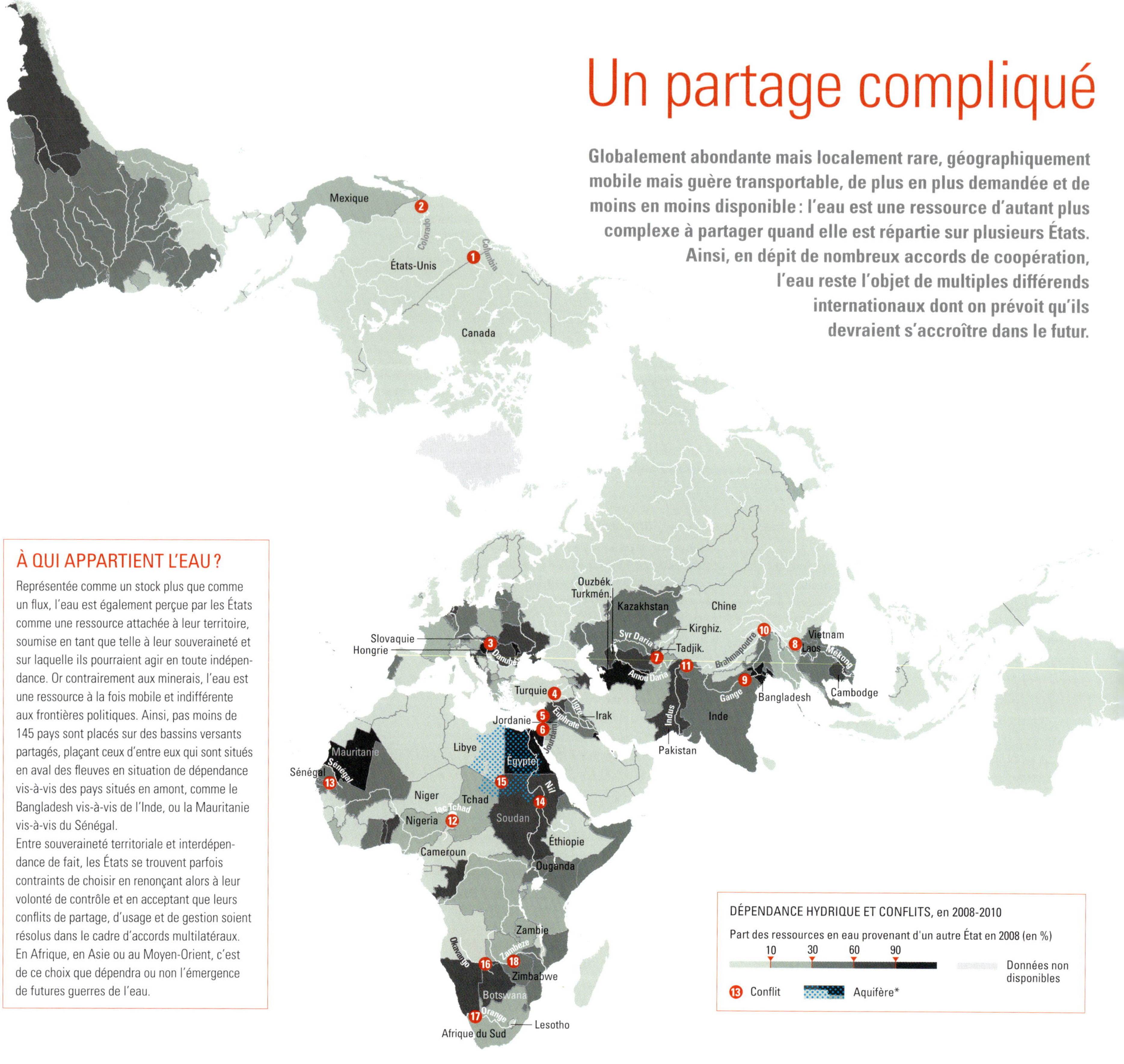

À QUI APPARTIENT L'EAU ?

Représentée comme un stock plus que comme un flux, l'eau est également perçue par les États comme une ressource attachée à leur territoire, soumise en tant que telle à leur souveraineté et sur laquelle ils pourraient agir en toute indépendance. Or contrairement aux minerais, l'eau est une ressource à la fois mobile et indifférente aux frontières politiques. Ainsi, pas moins de 145 pays sont placés sur des bassins versants partagés, plaçant ceux d'entre eux qui sont situés en aval des fleuves en situation de dépendance vis-à-vis des pays situés en amont, comme le Bangladesh vis-à-vis de l'Inde, ou la Mauritanie vis-à-vis du Sénégal.

Entre souveraineté territoriale et interdépendance de fait, les États se trouvent parfois contraints de choisir en renonçant alors à leur volonté de contrôle et en acceptant que leurs conflits de partage, d'usage et de gestion soient résolus dans le cadre d'accords multilatéraux. En Afrique, en Asie ou au Moyen-Orient, c'est de ce choix que dépendra ou non l'émergence de futures guerres de l'eau.

RIVALITÉS ENTRE RIVERAINS

Différends internationaux actuels ou possibles sur le partage ou l'usage de l'eau.

AMÉRIQUE

1 Fleuve Columbia (Canada, États-Unis)
Tensions possibles liées à la prochaine pénurie d'eau dans l'Ouest américain, portant sur les projets de transferts d'eau du Canada vers l'ouest et le sud des États-Unis.

2 Fleuve Colorado (États-Unis, Mexique)
Tensions possibles liées à la prochaine pénurie d'eau dans l'Ouest américain, qui pourrait conduire les États-Unis à augmenter unilatéralement leur prélèvement d'eau du fleuve au détriment du Mexique situé en aval.

EUROPE

3 Fleuve Danube (Slovaquie, Hongrie)
Litige portant sur un projet de barrages sur le Danube. Lancés à l'ère communiste puis dénoncés par les Hongrois pour des raisons écologiques, ces barrages furent néanmoins construits par les Slovaques au début des années 1990, conduisant alors au détournement local des eaux du fleuve au détriment des Hongrois.
2033 : tensions politiques possibles évoluant vers une coopération bilatérale probable.

PROCHE-ORIENT

4 Fleuves Tigre et Euphrate (Turquie, Syrie, Irak)
Tensions diplomatiques sporadiquement fortes portant sur la politique d'aménagement et de prélèvement unilatérale de la Turquie située en amont, privant la Syrie et l'Irak d'une partie de leurs ressources fluviales.
2033 : tensions politiques possibles en fonction de la politique d'Ankara.

5 Fleuve Jourdain (Israël, Jordanie, Syrie, Liban)
Conflit pour le partage des eaux portant sur l'aménagement des sources et des affluents du Jourdain, donnant lieu ponctuellement à des accrochages militaires qui, à leur tour, alimentent un conflit régional plus large.
2033 : tensions persistantes aggravées par la pénurie d'eau douce croissante au Proche-Orient (voir aussi p. 118-121).

6 Fleuve Jourdain et aquifères de Cisjordanie (Israël, Palestine)
Conflit portant sur le partage très inégal des eaux du Jourdain et des aquifères de Cisjordanie entre Israéliens (90 %) et Palestiniens (10 %).
2033 : tensions potentiellement accrues par la raréfaction des ressources, le partage inégal, l'absence d'une coopération et l'asymétrie militaire (voir aussi p. 118-121).

ASIE

7 Fleuves Syr-Daria et Amou-Daria (Ouzbékistan, Turkménistan, Kirghizistan, Tadjikistan, Kazakhstan)
Tensions politiques et diplomatiques portant sur la gestion, la surexploitation et le partage des eaux des deux fleuves entre les pays situés en amont et ceux en aval.
2033 : tensions persistantes probables.

8 Fleuve Mékong (Chine, Laos, Cambodge, Vietnam)
Tensions diplomatiques ayant pour objet les travaux d'aménagement de la Chine sur le Mékong au détriment des ressources hydrauliques des pays situés en aval.
2033 : statu quo.

9 Fleuve Gange (Inde, Bangladesh)
Dispute diplomatique ancienne au sujet du partage des eaux du fleuve, provisoirement résorbée par la signature d'un traité en 1996.
2033 : tensions potentiellement réactivées par la croissance de la demande en eau dans la région, en cas de nouveau projet d'aménagement du fleuve par l'Inde.

10 Fleuve Brahmapoutre (Chine, Inde, Bangladesh)
Tensions diplomatiques fortes portant sur les projets unilatéraux de barrages et de détournement des eaux du fleuve par la Chine au détriment de l'Inde mais aussi par l'Inde au détriment du Bangladesh.
2033 : tensions sino-indiennes aigües possibles, aggravées par la demande croissante en eau (voir aussi p. 116-117).

11 Fleuve Indus (Inde, Pakistan)
Tensions anciennes portant sur le partage des eaux du fleuve, résorbées depuis 1960 grâce à un traité bilatéral.
2033 : statu quo probable mais tensions possibles en fonction de la croissance de la demande et surtout des jeux géopolitiques régionaux, incluant la Chine.

AFRIQUE

12 Lac Tchad (Cameroun, Niger, Nigeria, Tchad)
Désaccords entre États riverains du lac liés à son assèchement sous l'effet de pluies moindres et de prélèvements agricoles excessifs, et portant sur les aménagements en amont du lac, sur le partage de ses ressources en eau et en poissons, mais aussi sur le contrôle de nouvelles îles potentiellement pastorales ou agricoles.
2033 : tensions diplomatiques aiguës possibles en cas d'échec des projets de coopération.

13 Fleuve Sénégal (Sénégal, Mauritanie)
Tensions récurrentes autour du partage des eaux du fleuve. Dernier incident en 2000 à propos d'un projet sénégalais de déviation des eaux pour alimenter des vallées asséchées.
2033 : nouvel incident possible.

14 Fleuve Nil (Égypte, Soudan, Éthiopie, Ouganda)
Désaccords portant sur la clé de partage du débit du fleuve et les barrages en amont de l'Égypte et du Soudan.
2033 : conflit diplomatique aigu et violences possibles (voir aussi p. 106-109).

15 Aquifères sahariens (Libye, Tchad, Soudan, Égypte)
Contestation du projet hydraulique unilatéral libyen consistant à pomper dans les aquifères fossiles transfrontaliers du désert pour alimenter une « Grande Rivière Artificielle » à destination des villes côtières.
2033 : tensions possibles avec l'épuisement de la nappe en l'absence de coopération régionale.

16 Fleuve Okavango (Namibie, Bostwana)
Différend datant du projet namibien de détourner 20 millions de m^3 des eaux du fleuve pour alimenter Windhoek, alors que les réservoirs du Botswana étaient très bas (1997).
2033 : nouveau différend probable en cas de nouveau projet par la Namibie.

17 Fleuve Orange (Afrique du Sud, Namibie, Lesotho)
Dénonciation par la Namibie de l'accord Lesotho/Afrique du Sud datant de l'apartheid et portant sur la captation d'affluents de l'Orange par l'Afrique du Sud au détriment des ressources en eau de la Namibie située en aval.
2033 : tensions diplomatiques possibles si Pretoria maintient ses projets et refuse de renégocier le traité de 1986.

18 Fleuve Zambèze (Zambie, Zimbabwe)
Tensions bilatérales anciennes et récurrentes portant sur le partage des eaux du fleuve, réanimées en 2004 par la conclusion d'un accord régional pour la gestion des ressources du Zambèze, ZAMCOM, que tous les pays riverains ont signé à l'exception de la Zambie.
2033 : tensions politiques probables.

Sources >>>> Franck GALLAND, *L'eau. Géopolitique, enjeux et stratégies*, Paris, CNRS Éditions, 2008. >>> Frédéric LASSERRE, *L'eau, un enjeu mondial. Géopolitique du partage de l'eau*, Paris, Le Serpent à plumes, 2003. >>> « Les batailles de l'eau », *Maghreb/Machrek*, n° 196, Paris, Choiseul, été 2008. >>> Fred PEARCE, *When the Rivers Run Dry. Water: The Defining Crisis of the Twenty-First Century*, Boston, Beacon Press, 2006. >>> « Water Conflict Chronology List », The Pacific Institute, 2009. http://www.worldwater.org/conflict/list/ >>> Alexandre TAITHE, *L'Eau. Un bien ? Un droit ?*, Paris, UNICOMM, 2008. >>> Barah MIKAÏL (dir.), « L'or bleu, nouvel enjeu géopolitique ? », *La Revue internationale et stratégique*, Dalloz/IRIS, n° 66, été 2007.

Tensions sur le Tsangpo

Si l'histoire ne rapporte encore aucun cas de conflit armé ayant pour seul mobile l'appropriation de ressources hydrauliques, la raréfaction de l'eau pourrait conduire à ranger ce scénario dans le champ des possibles. Dès lors, on peut imaginer grâce à la fiction que le Yalu Tsangpo soit un jour l'enjeu de la première « guerre de l'eau ».

AUX SOURCES DU CONFLIT

Après les deux calottes polaires, la chaîne himalayenne représente la troisième plus grande réserve d'eau douce de la planète : on estime que ses glaciers alimentent en eau 40 % de la population mondiale. Comme un château d'eau sur le toit du monde, cette région constitue donc un enjeu stratégique de première importance qui, avec d'autres facteurs, la place au cœur de plusieurs conflits.

Enjeu diplomatique des relations sino-indiennes, le Yalu Tsangpo (Yarlung Zangbo en chinois) prend sa source dans la région autonome du Tibet avant de devenir le Brahmapoutre dans sa partie indienne. Réputé comme étant le plus haut du monde, le fleuve parcourt d'abord 2 000 km en Chine ; il franchit ensuite la frontière avec l'Inde où il s'écoule sur 700 km dans l'État indien de l'Arunachal Pradesh ; il rejoint alors le centre du Bangladesh avant de se jeter dans le golfe du Bengale, avec le Gange. Essentiel à l'agriculture et aux populations de l'Inde et du Bangladesh, il soumet donc les deux États aux choix de Pékin de bien vouloir coopérer, ou non, sur l'usage et le partage du fleuve.

Sources >>>>> Alain LAMBALLE, « La Chine au centre des enjeux hydrauliques asiatiques », *Géopolitique*, n° 107, octobre 2009. >>>>> « From Potential Conflict to Co-operation Potential: Water for Peace », UNESCO/IHP/WWAP/Green Cross International, 2002. >>>>> Eklabya SHARMA, Nakul CHETTRI *et al.*, « Climate Change Impacts and Vulnerability in the Eastern Himalayas », ICIMOD, 2009. >>>>> « The Program in Water Conflict Management and Transformation », Oregon State University, http://www.transboundarywaters.orst.edu/ >>>>> Aaron T. WOLF, Annika KRAMER, Alexander CARIUS et Geoffrey D. DABELKO, « L'eau peut être un chemin vers la paix, et non vers la guerre », *Navigating Peace*, n° 1, Woodrow Wilson International Center for Scholars, avril 2008. >> Frédéric LASSERRE, *Les Guerres de l'eau*, Paris, Éditions Delavilla, 2009.

› En dehors du manque d'exemple pour l'étayer, rien n'interdit que l'accès à l'eau puisse conduire deux États ou deux communautés à prendre les armes. Au contraire, les nombreux incidents liés à son partage ou à son usage dans le monde laissent penser qu'il pourrait s'agir à l'avenir d'une hypothèse plausible. Déjà, on constate que la concurrence pour l'accès à l'eau augmente à mesure que s'élève la demande, notamment agricole. On voit aussi que les régions où les besoins hydriques augmenteront le plus sont souvent celles où l'eau est le moins disponible. Avec l'impact prévisible du réchauffement climatique, le partage des ressources en eau devrait donc y devenir de plus en plus délicat. Il serait alors possible que, parmi les pays en développement politiquement instables, certains soient confrontés à des « émeutes de la soif ». Dans les États les plus faibles, on peut même envisager que dans certaines situations (flambée du prix de l'eau, consommation réduite de manière autoritaire, conflit d'usage intercommunautaires ou entre ruraux et urbains, déplacement de populations, etc.), ces tensions débouchent sur des mouvements de violence aggravée. De la même façon, il devient de plus en plus difficile d'écarter la possibilité qu'à l'échelle internationale, des tensions sur l'eau puissent dégénérer par les armes à la suite de l'accaparement unilatéral des ressources d'un fleuve ou d'un aquifère par un pays au détriment de ses coriverains. Le risque devient encore plus sérieux si le conflit offre la possibilité aux États concernés de régler leurs contentieux politiques, nationalistes ou territoriaux ; ou encore s'il leur permet d'externaliser des tensions sociales internes. À mesure que les ressources en eau par habitant diminueront, l'eau revêtira donc pour de nombreux pays une dimension sécuritaire et stratégique de plus en plus centrale.

Cependant, il est probable qu'au même moment d'autres paramètres atténueront efficacement les risques de guerre de l'eau, comme jusqu'à présent. Ainsi, on observe que dans le cas de différends provoqués par l'hydro-hégémonie de puissances régionales telles que la Turquie ou la Chine, le déséquilibre des forces en présence a toujours dissuadé leurs voisins de vouloir résoudre le litige par les armes. De la même façon, les risques de guerre de l'eau se trouvent vite limités par les coûts économiques et militaires qu'ils engagent pour un gain hydraulique par ailleurs incertain. Globalement, on observe donc que la concertation reste à ce jour la voie privilégiée pour surmonter les conflits et arbitrer les différends. Plusieurs études indiquent d'ailleurs qu'au-delà d'un seuil critique de tension, la négociation finit toujours par s'imposer pour finalement aboutir au statu quo ou à la coopération. Ainsi, plus de 3 600 traités sur l'eau ont été conclus dans l'histoire à l'échelle mondiale.

Si le nombre d'accords dépasse donc largement celui des violences entre États pour le partage de l'eau (37 depuis 1950), il ne donne cependant que des indications partielles pour l'avenir. Car jamais l'eau ne fut aussi rare ni la demande aussi forte qu'aujourd'hui. On note par ailleurs qu'en dépit de l'urgence qu'il y aurait à limiter le risque d'incidents violents par l'adoption d'un droit international de l'eau, la plupart des États continuent de s'arc-bouter sur leur souveraineté, sans volonté de s'engager durablement, laissant donc la question des guerres de l'eau plus ouverte que jamais. ‹

PÉKIN, SAMEDI 23 JANVIER 2021, *SOUTH CHINA COURIER*

“ *« Si l'eau ne trouve pas son chemin, alors nous la conduirons ! »*. C'est par ces mots que le Premier ministre chinois, Zhou Tai Hua, a inauguré hier au Tibet le chantier des *« Digues de l'Ouest »*, un vaste projet hydraulique de 469 milliards de yuans dont les travaux s'achèveront en 2033. Relancé à la suite des vagues de sécheresse répétées au nord du pays, le projet de détournement du Yarlung Zangbo a pour principal objectif de renflouer le delta du Huang He (Fleuve jaune). Épuisé par des prélèvements industriels et agricoles qui ne cessent d'augmenter, celui-ci ne parvient en effet quasiment plus jamais à atteindre son delta. *« On ne peut pas accepter que l'eau manque dans notre pays alors qu'il approvisionne toute l'Asie ou presque ! »* Le chef du gouvernement rappelait ainsi la détermination de Pékin à garantir à l'ensemble du peuple chinois les ressources électriques et hydrauliques nécessaires à la poursuite de son développement. *« Et si c'est au sommet de l'Himalaya que ces ressources se trouvent, c'est là que nos ingénieurs iront les chercher. »* C'est donc dans les gorges du Yarlung Zangbo, le canyon le plus profond du monde, que seront aménagés le nouveau barrage hydroélectrique et son lac de retenue d'où partira la principale voie de dérivation du fleuve, à travers une série d'aqueducs, de tunnels et de réservoirs sur plusieurs centaines de kilomètres. Aux détracteurs étrangers de la politique hydraulique chinoise, l'homme d'État rappelait alors que son pays n'avait d'autre choix que celui de substituer l'eau au charbon s'il voulait tenir son engagement de réduire de 40 % ses émissions de CO_2 d'ici à 2035. Évoquant l'impact du réchauffement climatique sur les glaciers et les fleuves himalayens, il soulignait pour conclure qu'en régulant le débit du fleuve, le nouvel ouvrage allait enfin épargner à l'Inde et au Bangladesh ses *« caprices meurtiers »*, faisant alors référence aux inondations de juillet 2019 qui avaient entraîné la mort de 2 400 personnes en Arunachal Pradesh et en Assam. ››

Jamais dans l'histoire, l'eau n'a été si rare et la demande aussi forte.

JAKARTA, MERCREDI 17 FÉVRIER 2021, WWW. DEHLI-POST.IN

“ Le partage du Brahmapoutre conduira-t-il à la guerre ? Voilà en tout cas 24 heures que le monde retient son souffle, attendant l'issue des pourparlers sino-indiens qui ont finalement pu s'ouvrir à Jakarta sous les bons offices du président indonésien Kartakusuma. Si en recevant son invitation, le Premier ministre chinois a d'abord proclamé que la souveraineté chinoise n'était pas négociable, on s'efforce de croire dans les chancelleries asiatiques que le déplacement à Jakarta de l'homme fort de Pékin éloigne l'hypothèse d'un conflit. Pour sa part, le chef de la délégation indienne, Gangadutt Johar, avertissait la presse que l'Inde ne pourrait être tenue pour responsable en cas d'échec des discussions. Réitérant qu'un dialogue *« ouvert et transparent »* portant sur la gestion des eaux du fleuve permettrait d'améliorer le sort de millions de personnes, le Premier ministre indien s'est dit résolu à conserver *« l'attitude constructive que l'Inde a toujours montrée sur ce dossier »*. Pourtant, au regard des enjeux que les questions hydrauliques soulèvent pour les deux puissances, de nombreux observateurs considèrent improbable la conclusion d'un accord. Sur le point de devenir la première puissance démographique mondiale, l'Inde n'a en effet jamais eu autant besoin d'eau pour sa production agricole. *« Il ne faut pas sous-estimer l'ampleur de la crise alimentaire mondiale qui pourrait sévir si le sous-continent devait compenser ses pertes agricoles par des importations »*, commentait à son tour l'ancien rapporteur spécial des Nations unies, Aynalem Messaye. Considérant les multiples incidents qui ont émaillé les relations sino-indiennes ces dernières années, le géopolitologue Arnav Roshan n'est pas plus optimiste. Selon lui, l'Inde ne renoncera à l'usage de la force militaire qu'à trois conditions : l'assurance de Pékin de garantir un débit minimal de 10 000 m^3/s à l'entrée du fleuve sur le territoire indien ; son engagement à fournir des informations hydrogéologiques complètes et régulières aux pays situés en aval ; son abandon officiel et définitif de toute revendication territoriale sur l'État indien de l'Arunachal Pradesh. Et l'universitaire de conclure : *« Si Kartakusuma obtient cela, alors on doit à tout prix lui décerner le prix Nobel de la paix ! »* ››

Une région dans l'impasse

Tributaire des rapports de force dans la région, la répartition de l'eau au Proche-Orient obéit particulièrement mal aux règles de l'interdépendance géohydrique. À moins que l'avenir ne vienne modifier la configuration géopolitique régionale, une répartition trop inégale de l'accès à l'eau pourrait même contribuer à y accroître les tensions.

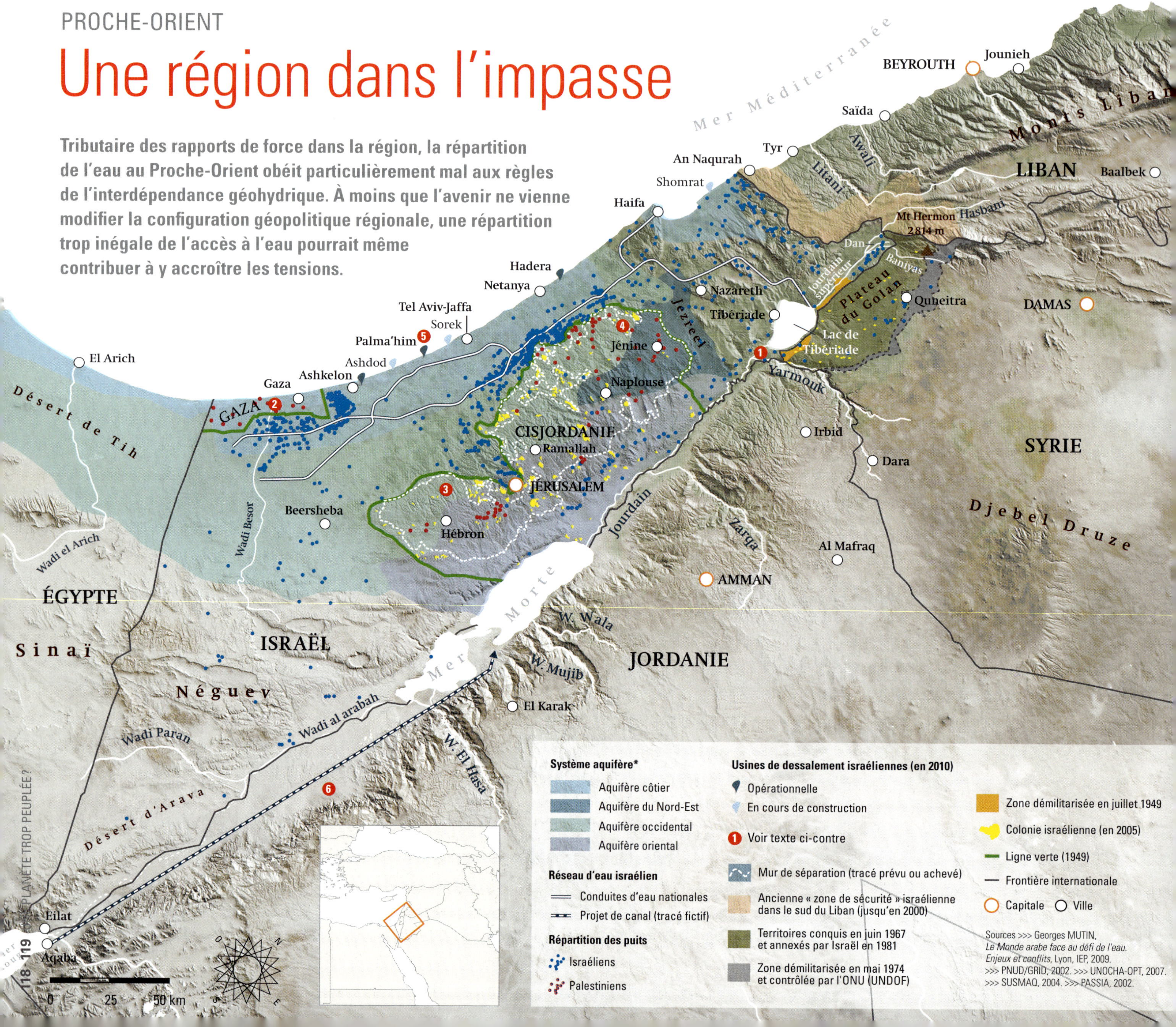

Sources >>> ONU, *World Population Prospects : The 2008 Revision*, Département des affaires économiques et sociales, Division de la population, 2009. >>> AQUASTAT (système mondial d'information sur l'eau et l'agriculture de la FAO). >>> Salif DIOP et Philippe REKACEWICZ, *Atlas mondial de l'eau. Une pénurie annoncée*, Paris, Autrement, 2003. >>> Frédéric LASSERRE, *L'Eau, un enjeu mondial. Géopolitique du partage de l'eau*, Paris, Le Serpent à plumes, 2003 >>> Pierre BLANC, « Palestine : sortir de la fatalité hydraulique », *Futuribles*, n°341, mai 2008. >>>

DES TERRITOIRES SOUS TUTELLE HYDRIQUE

Fixé à 1 000 m³ par habitant et par an, le seuil de pénurie en eau est jugé très critique quand il n'atteint plus 500 m³ par habitant et par an. Or en 2008, la quantité d'eau annuelle renouvelable disponible par habitant ne s'élevait déjà plus qu'à 252 m³ en Israël, à 202 m³ dans les Territoires palestiniens et à 152,7 m³ en Jordanie. Alors que le déficit hydrique naturel menace d'être encore accentué par le réchauffement climatique, la pression sur l'eau dans la région devrait se trouver sensiblement amplifiée par la hausse des demandes agricole et sanitaire, elles-mêmes accrues par les progrès du niveau de vie et, surtout, par la croissance démographique. D'ici à 2033, les populations cumulées d'Israël, des Territoires palestiniens et de la Jordanie devraient progresser de près de 44 %, s'élevant alors au total à 26 millions de personnes contre 18 millions en 2010.

Alors que les Palestiniens utilisent 80 % de leur volume d'eau douce disponible pour l'agriculture, Israël n'y consacre qu'environ 58 % de ses ressources, répartissant le reste entre l'industrie (6 %) et les usages domestiques et tertiaires (36 %). De la même façon, si la production agricole représente aujourd'hui un peu moins de 10 % du PIB palestinien, sa part est inférieure à 3 % du PIB de l'État hébreu. Cependant, en dépit de l'importance de l'eau pour le développement des Territoires palestiniens, son accès y demeure extrêmement limité. Tandis que leur faible niveau de développement économique ne permet pas aux Palestiniens d'exploiter une situation géohydrique initialement plus favorable que celle des Israéliens, l'État hébreu compense son handicap par des capacités matérielles et technologiques bien supérieures pour la mobilisation de la ressource. On estime ainsi que les trois quarts de l'eau des aquifères de Cisjordanie sont captés par Israël. En outre, l'exploitation de leurs ressources se révèle d'autant plus contraignante pour les Palestiniens qu'elle reste soumise au système d'autorisation imposé par l'État hébreu à l'issue de la guerre des Six Jours, rendant les forages de puits difficiles aux habitants de Cisjordanie. Enfin, quand elle n'est pas de qualité médiocre, l'eau se paie à un prix généralement très élevé, fixé par la compagnie israélienne de l'eau dont de nombreuses villes palestiniennes dépendent pour leur approvisionnement. Au regard du rapport de force économique et militaire régional, des pressions exercées sur l'accès à l'eau et du sentiment général d'inégalité et d'insécurité, la situation hydrique du Proche-Orient place d'éventuelles négociations de paix sous des auspices bien peu favorables. Car la difficulté de résoudre le problème du partage des ressources se trouve justement d'autant plus grande qu'elle met aux prises des acteurs à la puissance asymétrique.

❶ Le bassin du Jourdain

Le bassin du Jourdain rassemble de nombreux États et territoires : Liban, Syrie, Israël, Jordanie, Territoires palestiniens. Première ressource hydrique de la région, le fleuve, qui prend son nom en Israël, gagne ses eaux par quatre confluences successives : celle du Hasbani, qui s'écoule depuis les montagnes libanaises de l'Hermon ; celles du Baniyas et du Yarmouk, qui prennent leur source en Syrie ; celle du Dan, qui naît en Israël. Plus au sud, au-delà du lac de Tibériade, le Jourdain suit un cours rectiligne, marquant une grande partie de la frontière entre Israël, la Jordanie et les Territoires palestiniens. Quand il se jette dans la mer Morte, le Jourdain a parcouru 360 km.

Placé en situation de dépendance hydrique par la géographie, l'État hébreu élève la question de l'eau au rang des principaux enjeux de sécurité du pays, dès sa création en 1948. C'est d'ailleurs dans ce contexte que vient s'inscrire la guerre des Six Jours en juin 1967. En modifiant la situation géopolitique régionale en faveur d'Israël, elle lui permet d'améliorer sa sécurité hydrique. Ainsi, tandis que la prise du plateau du Golan (sud-ouest de la Syrie) place le lac de Tibériade sous le contrôle des forces israéliennes, l'occupation de la Cisjordanie leur permet aussi de prendre la tutelle des aquifères du territoire palestinien, le mettant alors – avec la Jordanie – sous subordination hydrique israélienne. En somme, alors que ses frontières réservaient à Israël les contraintes hydriques d'un pays localisé en aval, l'opération militaire de l'armée israélienne le dote des prérogatives d'un pays situé en amont. On estime aujourd'hui que 57 % des ressources en eau d'Israël proviennent de territoires extérieurs aux frontières d'avant 1967.

❷ L'aquifère de Gaza

L'alimentation en eau de la bande de Gaza, que contrôlent désormais les forces palestiniennes du Hamas, repose sur un aquifère dont la capacité ne cesse de diminuer. Alimentée par de rares eaux de pluie, la nappe s'épuise et se détériore sous l'effet cumulé de sa surexploitation, de la salinisation de l'eau, de la faiblesse des infrastructures d'assainissement et de la pollution de la nappe.

❸ Les aquifères de Cisjordanie

Les ressources en eau de Cisjordanie se répartissent en trois aquifères dont deux s'écoulent vers Israël. La plus importante, la nappe occidentale, affiche une capacité de recharge annuelle de l'ordre de 360 millions de m³. Celle du Nord-Est, qui s'écoule depuis Naplouse vers la plaine agricole israélienne de Jezreel, dispose d'environ 145 millions de m³ par an. La troisième enfin, la nappe orientale, contient près de 172 millions de m³ par an. Principalement située en Cisjordanie, elle alimente à la fois les puits palestiniens et les points d'eau des colonies israéliennes.
Depuis quelques années, les trois nappes se trouvent soumises à une exploitation supérieure à leur capacité de recharge, excédant celle de la nappe occidentale de 75 % et de 25 % celle des deux autres.

❹ Les effets secondaires du mur de sécurité

Construit au motif de sécuriser le territoire israélien, le mur séparant Israël des Territoires palestiniens de Cisjordanie aurait à son tour pour effet d'accentuer la dépendance hydrique des Palestiniens. En interdisant l'accès à un certain nombre de puits agricoles que son tracé place du côté israélien, le mur permet à l'État hébreu de renforcer son contrôle sur les eaux souterraines cisjordaniennes. Grâce à cette séparation, Israël augmenterait donc de nouveau sa capacité de captation des ressources de l'aquifère occidental dont l'écoulement naturel s'effectue vers l'ouest. Selon certains travaux, le tracé accentuerait aussi l'inégalité du partage en attribuant aux Israéliens les zones où il est le plus aisé d'accéder aux aquifères et d'y puiser l'eau.

❺ Les promesses de la technologie

À l'échelle mondiale, l'État hébreu est l'un des plus performants pour capter, gérer, utiliser et recycler l'eau. Grâce à la technologie et à ses infrastructures de traitement des eaux usées et d'assainissement, le pays parvient déjà à réutiliser l'eau douce jusqu'à deux fois. En même temps, la technique du dessalement de l'eau de mer constitue un moyen décisif pour faire face à la raréfaction des ressources hydriques du pays. Lancée en 2000 sur la côte méditerranéenne, la mise en œuvre d'un programme de construction d'usines de dessalement permet déjà de fournir près de 290 millions de m³ d'eau par an à Israël. Avec l'ouverture prochaine de nouvelles unités, la part de l'eau dessalée dans l'approvisionnement d'Israël en eau douce pourrait même atteindre 25 % des besoins du pays en 2020 et lui permettre ainsi de diminuer ses prélèvements dans les aquifères de la région. Parallèlement, la compagnie israélienne de l'eau prévoit de pouvoir augmenter de près de 18 % les précipitations sur le pays grâce à la technique de condensation de la vapeur d'eau dans l'air (ensemencement des nuages).

❻ Un canal de la paix ?

Voir page suivante.

Franck GALLAND, *L'Eau. Géopolitique, enjeux et stratégies*, Paris, CNRS, 2008. >>> David BLANCHON, *Atlas mondial de l'eau*, Paris, Autrement, 2009. >>> Frédéric LASSERRE, *Les Guerres de l'eau*, Paris, Éditions Delavilla, 2009. >>> Pierre BLANC, « Les violences hydrauliques au Proche-Orient », *Futuribles*, n° 339, mars 2008.

PROCHE-ORIENT

Aux sources de la paix

Aucune autre région du monde ne concentre autant de forces de déstabilisation que le Proche-Orient. Parmi les enjeux qui le divisent, la question des ressources hydriques n'est pas la moins délicate. Au cœur d'une zone de plus en plus aride, l'accès à l'eau des protagonistes du conflit israélo-palestinien pourrait néanmoins devenir l'une des clés pour sortir du conflit.

UN CANAL POUR LA MER MORTE

À mesure que les prélèvements d'eau israéliens et jordaniens épuisent le Jourdain, la mer Morte disparaît. Estimés à 1 250 millions de m^3 par an en 1950, les apports en eau du fleuve n'y dépassaient pas 290 millions de m^3 par an en 2000. Si rien n'était bientôt entrepris pour infléchir la tendance, la mer Morte, qui a déjà perdu le tiers de sa surface depuis 1970, pourrait, en 2050, ne plus ressembler qu'à une vaste flaque d'eau salée. Pour y remédier, un projet de « canal de la Paix » reliant la mer Rouge à la mer Morte est évoqué dès les années 1980. Grâce au transfert vers la mer Morte des eaux de la mer Rouge par une conduite d'environ 180 km de long, le projet permettrait à la fois d'augmenter le niveau de la mer, de produire de l'électricité, de dessaler une partie de l'eau de mer et donc de fournir de l'eau douce aux trois parties engagées : la Jordanie, Israël et l'Autorité palestinienne. Idéalement, en obligeant experts, bailleurs et administrations des trois pays à travailler ensemble, le projet pourrait aussi créer les conditions d'une future coopération pour la gestion commune de l'eau dans la région. Cependant, le projet de canal se heurte encore aujourd'hui à plusieurs obstacles, liés notamment à son coût, à son tracé et aux risques qu'il fait peser sur l'écosystème de la mer Morte.

Bassin méridional de la mer Morte, dont la séparation centrale marque la frontière entre Israël (à l'ouest) et la Jordanie (à l'est). Source >>> Google Earth Pro. Crédit : image @2010 DigitalGlobe

Aaron T. WOLF, Annika KRAMER, Alexander CARIUS et Geoffrey D. DABELKO, « L'eau peut être un chemin vers la paix, et non vers la guerre », *Navigating Peace*, Woodrow Wilson International

Sources >>> Nations unies, *Five Years after the International Court of Justice Advisory Opinion. A Summary of the Humanitarian Impact of the Barrier*, Office for the Coordination of Humanitarian Affairs (OCHA), Occupied Palestinian territory, juillet 2009. >>> Gershon BASKIN et Nader EL KHATIB, « Si le bon sens surnageait… », *Le Courrier de l'UNESCO*, octobre 2001. >>> AFD, « De la mer Rouge à la mer Morte, le canal de la paix », décembre 2008. >>> Frédéric LASSERRE, *L'Eau, un enjeu mondial. Géopolitique du partage de l'eau*, Paris, Le Serpent à plumes, 2003.

› Déficit hydrique, demande accrue, répartition hydrique inégale, pauvreté, asymétrie militaire, surexploitation des aquifères*, infrastructures d'assainissement insuffisantes, salinisation et pollution des nappes, chevauchement d'enjeux de souveraineté, de sécurité, de territoires et de ressources : en concentrant la plupart des variables qui structurent les questions de l'eau à l'échelle mondiale, le conflit israélo-palestinien se présente à la fois comme le grand laboratoire des conflits hydriques et comme celui des coopérations à inventer.

À la faveur d'une suprématie militaire régionale établie depuis la guerre des Six Jours en 1967, la politique hydrique menée par l'État d'Israël se caractérise en même temps par son unilatéralisme et par le peu d'égard qu'elle accorde à la situation hydrique des autres acteurs de la région. Or, partout dans le monde, on observe que l'action unilatérale tend généralement à aggraver les conflits d'accès aux ressources et de partage de territoire : en maintenant à ses frontières des populations en état de manque ou de précarité, aucun État ne peut prétendre à la sécurité, *a fortiori* si les populations vulnérabilisées lui attribuent la source de leurs difficultés. Ainsi, en plaçant les Territoires palestiniens sous sa dépendance, en état d'insécurité hydrique et donc aussi agricole, alimentaire et sanitaire, le partage inégal des ressources au Proche-Orient accroît le ressentiment des Palestiniens à l'égard de l'État hébreu et contribue au climat d'insécurité dans la région. Dans ces circonstances, ni les progrès du dessalement, ni la suprématie militaire de son armée ne suffiront à Israël pour assurer la sécurité de son territoire ou celle de ses ressources en eau. Au contraire, on vérifie avec le temps que la raréfaction des ressources s'amplifie sous les effets socioéconomiques et environnementaux du partage inégal. Alors qu'en 2009 la consommation d'eau annuelle moyenne s'élevait à 300 m^3 par habitant en Israël, on estime qu'elle atteignait à peine 60 m^3 dans les Territoires palestiniens. Cependant, en privant ces derniers de toute possibilité de développement économique, leur faible accès à l'eau leur interdit aussi d'engager les investissements nécessaires pour améliorer des infrastructures déjà très insuffisantes pour le drainage et l'assainissement des eaux usées. Dans un contexte de surexploitation des aquifères, les phénomènes de pollution et de salinisation se trouvent accélérés à leur tour, diminuant progressivement la disponibilité en eau douce de qualité.

Le Proche-Orient pourrait-il devenir un grand laboratoire de coopération sur l'eau ?

Partant de ces constats et des mécanismes qu'ils soulignent, on se prend alors à inverser la situation et à imaginer un scénario, même peu probable, dans lequel la coopération hydrique régionale permettrait justement de placer les relations israélo-palestiniennes sur une autre trajectoire, pour peu que les protagonistes prennent la mesure de leur intérêt à coopérer.

En soumettant les populations au même régime hydrique et aux mêmes difficultés de part et d'autre, la raréfaction des ressources pourrait en effet prédisposer à la mise en œuvre d'une gestion commune permettant d'optimiser la disponibilité et l'usage de l'eau. L'intérêt mutuel bien compris des deux parties aurait alors pour effet secondaire de renforcer leur interdépendance et d'atténuer d'autres tensions liées à la pauvreté et à la dégradation des conditions sociales et sanitaires palestiniennes. D'ores et déjà, les mutations de la société israélienne et de son économie favorisent la réorientation de sa politique hydrique : loin du modèle des kibboutz des années 1950 et 1960 et des idéaux sionistes d'intégration nationale par le développement rural, le secteur agricole israélien du début du XXIe siècle intègre les hautes technologies et s'oriente vers des cultures d'exportation à la fois moins aquivores et à forte valeur ajoutée. Parallèlement, la diminution de la part de l'agriculture dans la structure économique du pays devrait contribuer à réduire celle de sa consommation d'eau (58 % en 2009), modérant d'autant la prééminence de la ressource dans les enjeux régionaux de sécurité.

Parmi les scénarios imaginables pour les prochaines décennies, on pourrait alors raisonnablement retenir celui d'un pays de plus en plus tourné vers l'industrie, la technologie et le secteur tertiaire, ne conservant qu'une agriculture ultracompétitive. Ainsi réorientée, celle-ci laisserait aux Palestiniens la possibilité de développer sur leurs territoires des cultures alimentaires plus traditionnelles, plus voraces en eau et revendues aux Israéliens pour une large part. En retour, les revenus du commerce accru de denrées agricoles permettraient aux Palestiniens d'acheter à Israël les produits industriels qu'ils ne fabriquent pas. Pour sa part, moins dépendant des aquifères des Territoires palestiniens grâce à l'amélioration des techniques de dessalement de l'eau de mer, l'État hébreu pourrait alors se montrer disposé à concéder un partage plus équitable des ressources en eau de la région, ouvrant la voie à des profits économiques accrus et à une sécurité renforcée.

Utopique au regard de la situation qui prévaut dans la région depuis près d'un demi-siècle, l'hypothèse de départ n'est pas sans évoquer un précédent : lancée dès 1954, soit moins de dix ans après la fin de la Seconde Guerre mondiale, la Communauté européenne du charbon et de l'acier avait aussi pour vocation de créer des intérêts communs et ainsi de rendre improbable l'apparition d'un nouveau conflit entre la France et l'Allemagne. En forçant leur coopération, la nouvelle organisation européenne a alors permis d'amorcer le processus politique de construction européenne.

En s'inspirant de l'exemple européen, on se prend donc à imaginer la mise en œuvre d'une coopération technique israélo-palestinienne, dégagée des contraintes diplomatiques et des postures politiques convenues, et qui mobiliserait des ingénieurs, des hydrologues et des fonctionnaires des deux parties autour d'objectifs modestes et concrets : approvisionnement continu en eau potable, fixation de prix justes, développement d'infrastructures d'assainissement, modernisation agricole, mise en place d'une irrigation plus efficace, etc. Dans un second scénario qui succéderait à celui-là, la gestion commune des ressources en eau ouvrirait alors la voie au rapprochement des parties au conflit, faciliterait leur dialogue politique et, ainsi, la stabilisation de la scène géopolitique régionale. ‹

ISTANBUL, MARDI 6 DÉCEMBRE 2033, *THE MIDDLE-EAST MONITOR*

« C'est à Istanbul que se retrouveront aujourd'hui Libanais, Jordaniens, Palestiniens et Israéliens, à l'invitation du Premier ministre turc, Neslihan Refah Babacan, pour signer le traité créant la Communauté économique de l'eau et de l'agriculture (CEEA). Inspiré par l'accord tri-partite de coopération pour la gestion du Tigre et de l'Euphrate conclu en 2027 par la Turquie, la Syrie et l'Irak, les discussions menant à la Déclaration d'Istanbul ont porté sur trois volets : l'augmentation des ressources en eau grâce à la construction de quinze unités de dessalement de nouvelle génération le long des côtes israéliennes, libanaises et sur la bande de Gaza ; le lancement de la construction du canal de la Paix, reliant la mer Rouge à la mer Morte afin de compléter les apports en eau du Jourdain ; la rationalisation de l'exploitation des aquifères de Cisjordanie grâce à la mise en place d'une commission mixte pour les aménagements hydrauliques, réunissant des ingénieurs, hydrologues, agronomes, économistes et experts des quatre parties prenantes à l'accord. Cofinancés par différents bailleurs internationaux et investisseurs privés, les premiers programmes de coopération pourraient être lancés dès 2034. »

Center for Scholars, n° 1, avril 2008. >>> Mohamed SID-AHMED, « L'eau, facteur de coopération israélo-arabe », *Le Monde diplomatique*, juin 1998. >>> Barah MIKAÏL (dir.), « Dossier : L'or bleu, nouvel enjeu géopolitique », *La Revue internationale et stratégique*, IRIS/Dalloz, n° 66, été 2007.

Sources >>>> Édouard BONNEFOUS, *Le Monde est-il surpeuplé ?*, Paris, Hachette, 1968. >>> Paul EHRLICH, *La Bombe P*, Paris, Fayard, 1972 (1re éd., *The Population Bomb*, 1968). >>> John GRAUNT, *Observations naturelles et politiques sur les bulletins de mortalité*, Paris, INED,1977 (1re éd.,

Bientôt trop nombreux ?

Depuis quand la planète est-elle surpeuplée ? Surtout, depuis quand les hommes le pensent-ils ? Que préconisent-ils depuis pour faire face au trop-plein ? Retour sur deux mille ans de réponses.

COMBIEN DEVIONS-NOUS ÊTRE EN L'AN 2000 ?

Apparue au XVIIe siècle, la démographie ne permet de faire de projections démographiques fiables que depuis le milieu du XXe siècle grâce aux progrès méthodologiques introduits par le démographe Frank Notestein. Bien qu'il ait avancé en 1945 que la population mondiale s'élèverait à 3,3 milliards d'habitants en 2000, le premier directeur de la division de la population des Nations unies est en effet considéré comme l'un des pères fondateurs de la démographie contemporaine. Frank Notestein n'est pas le seul, cependant, au XXe siècle, à s'être essayé au jeu des prévisions démographiques pour l'an 2000. Comme l'indique le graphique ci-contre, d'autres démographes s'y sont essayés, avec les résultats que l'on constate. Il faudra attendre les projections de l'ONU, à partir de la fin des années 1950, pour voir se dessiner une image démographique du monde peu ou prou conforme à la réalité observée en 2000.

Source >>> Graziella CASELLI, Jacques VALLIN et Guillaume WUNSCH (dir.), *Démographie : analyse et synthèse*, Éditions de l'INED, PUF, 2004.

ESTIMATIONS DE LA POPULATION DE L'AN 2000 AU FIL DU XXe SIÈCLE (en milliards d'habitants)

ONU 6,12 — Population mondiale en 2000

Notestein 3,30 — Population estimée par Notestein

William PETTY, *An Essay Concerning the Multiplication of Mankind*, 1682. >>>> Alfred SAUVY, *Malthus et les deux Marx : le problème de la faim et de la guerre dans le monde*, Paris, Denoël, 1963. >>>> J. Kenneth SMAIL, « Réduction de la population mondiale : faire face à l'inévitable »,

Natural and Political Observations Made upon the Bills of Mortality, 1662). >>> Gregory KING, *Natural and Political Observations and Conclusions upon the State and Condition of England*,1696. >>> Thomas Robert MALTHUS, *An Essay on the Principle of Population*, 1798. >>> Karl MARX, *Das Kapital*, 1867. >>>

Qu'elle porte leurs angoisses ou leur désir de progrès, la question du nombre d'hommes est de celles qui travaillent les esprits depuis l'aube de l'Histoire. C'est déjà celle que posent Platon et Aristote quand ils cherchent à déterminer la population idéale pour que la Cité soit organisée et gouvernée au mieux. Quelques milliers, concluent alors les deux philosophes, recommandant que les magistrats se chargent de la régulation des naissances et des migrations pour que la population reste stable. Il n'est donc pas question du sort des hommes et de la planète, mais du devenir politique des sociétés, du contrôle des citoyens, et de ce qu'on appelle aujourd'hui la « gouvernance ».

Avec la Renaissance et les grandes découvertes, la question prend une nouvelle dimension. Pour l'État moderne dont la puissance procède au moins autant de ses capacités de s'enrichir que de celles de faire la guerre, une population croissante présente de nouveaux avantages : elle augmente la demande et stimule ensemble la production et les échanges ; parallèlement, elle offre la possibilité de peupler les régions du monde dont les puissances européennes convoitent les ressources. Portées par le mercantilisme du XVIe siècle, les thèses « populationnistes » trouveront plus tard dans l'Histoire d'autres déclinaisons d'orientations tantôt religieuses, militaires, économiques, nationalistes ou même racistes.

Une inquiétude récente

Immémoriale ou presque, la question du nombre d'hommes n'est cependant posée en termes démographiques qu'au XVIIe siècle, sous l'impulsion du médecin et mathématicien William Petty et de son ami John Graunt. Pour tenter de déceler l'apparition de la peste à Londres, les deux hommes analysent les registres de mortalité de la ville.Publiée en 1662, leur étude jette alors les bases d'une nouvelle discipline, la démographie. En 1695, Gregory King publie à son tour les toutes premières estimations de population à l'échelle mondiale : selon lui, la planète est alors peuplée de 630 millions d'individus et devrait en compter 780 millions en 2050 ! Plus que ses calculs, on retient du généalogiste britannique qu'il est le premier à faire des projections démographiques et à s'interroger sur la possibilité de nourrir vingt fois plus d'hommes qu'il n'en vit alors. Le concept de « surpopulation » apparaît finalement à la fin du XVIIIe siècle, sous la plume de Thomas Robert Malthus dans son *Essai sur le principe de population* (1798). Préoccupé d'expliquer la misère qui prévaut alors en Angleterre, le pasteur économiste compare la progression démographique à celle de la production agricole. Après avoir établi que les populations augmentent « naturellement » beaucoup plus vite que les ressources, il avance que la régulation se fait par les famines, les guerres et les épidémies. Pour Malthus, ce sont ces facteurs de décès prématurés qui maintiennent alors la population à un niveau acceptable au regard des ressources disponibles. Pour soustraire les hommes à cette triste équation et épargner aux plus pauvres la famine, le pasteur britannique suggère donc de limiter les naissances par le mariage tardif ou par l'abstinence. Sans le nommer, il vient d'inventer le contrôle des naissances. L'avenir révèlera qu'il vient aussi de fonder un système de pensée aux prolongements multiples.

Au XIXe siècle, la pensée marxiste produit une analyse qui vient déconstruire le lien établi par Malthus entre surpopulation et famine. Selon le philosophe allemand, la surpopulation ne procède pas de l'insuffisance des ressources mais de leur mauvaise répartition. Elle est donc relative et varie d'une époque à l'autre. Ainsi, dans le contexte de la révolution industrielle, la croissance démographique contribue à maintenir un chômage ouvrier élevé, et donc une pression sur les salaires vers le bas. Pour Marx, la pauvreté des prolétaires n'est donc pas un problème démographique, elle est le produit du système capitaliste.

> Historiquement, les théories sur la surpopulation sont plutôt indifférentes à la réalité démographique.

Un siècle plus tard, Ester Boserup réfute à son tour les thèses malthusiennes dans un ouvrage qu'elle publie en 1965. Pour l'économiste danoise, c'est la population qui détermine la production agricole et non l'inverse : poussés par la croissance démographique et par la nécessité de satisfaire une demande en hausse, les hommes se trouvent contraints d'améliorer l'efficacité de leur mode de production. Ainsi, l'augmentation de la population exerce une pression positive qui stimule les innovations techniques. Dans cette pensée de la « pression créatrice », la croissance démographique constitue donc un facteur de dynamisme des sociétés et non un handicap à leur développement.

À la même époque, Alfred Sauvy développe pour sa part une réponse plus en nuances. Selon le démographe français, chaque situation exige d'être examinée au cas par cas. Dans les pays industrialisés, par exemple, la corrélation entre croissance démographique et hausse du PIB par habitant est peu significative. En revanche, l'augmentation rapide de la population des pays du « tiers-monde » absorbe dans des secteurs non productifs comme la santé, l'éducation ou le logement une part considérable de leurs maigres ressources. En limitant ainsi l'investissement, elle finit donc par nuire au développement et au bien-être de la population. De là, Alfred Sauvy conclut qu'il n'existe pas dans l'absolu de population « optimale », mais plutôt des équilibres économiques, techniques et démographiques propres à chaque société et aux objectifs qu'elle se donne.

Le retour de Malthus

À partir de la fin des années 1960, la croissance démographique qui s'accélère et les nombreux ouvrages qui lui sont consacrés donnent un nouvel élan au raisonnement malthusien. On retient par exemple le livre d'Édouard Bonnefous, *Le Monde est-il surpeuplé ?*, ou celui de l'entomologiste américain Paul Ehrlich, *The Population Bomb*. Publié en 1968 et aussitôt vendu à des millions d'exemplaires, ce dernier ouvrage met en scène les catastrophes que, d'après l'auteur, la surpopulation va infliger au monde. Dans *Halte à la croissance?*, le Club de Rome lance à son tour l'alerte sur l'épuisement prochain des ressources attribué à la progression de la population mondiale et à son mode de développement. Au même moment, la surpopulation s'impose comme une source d'inspiration littéraire ou cinématographique comme dans *Make Room ! Make Room !*, une nouvelle de Harry Harrison publiée en 1966 puis adaptée au cinéma en 1973 sous le titre *Soylent Green (Soleil vert)*. Relayée dans les médias à l'occasion des famines au Bangladesh (1974) et au Sahel (1973-75), l'idée progresse qu'il faudrait ralentir la croissance démographique des pays pauvres. Pour évoquer celle de la Chine, certains journalistes empruntent au XIXe siècle la notion de « péril jaune ». Mais c'est surtout sur les désordres écologiques mondiaux que s'appuie désormais le raisonnement malthusien. Le professeur J. Kenneth Smail écrit ainsi en 2004 dans une revue du réputé Worldwatch Institute que pour préserver durablement des conditions de vie acceptables pour tous, la population mondiale optimale ne devrait pas dépasser 2 à 3 milliards d'individus ! Finalement, ce que cet anthropologue américain indique bien malgré lui, c'est que les théories relatives à la surpopulation mondiale sont plutôt indifférentes à la réalité démographique : que la Terre compte 1, 2 ou 7 milliards d'habitants, ce sont les mêmes idées qui, depuis Malthus, relancent le débat. Au regard des 3 milliards d'individus supplémentaires attendus à la fin du XXIe siècle, elles l'animeront encore longtemps !

Donella et Dennis MEADOWS, Jorgen RANDERS, William BEHRENS (Club de Rome), *Halte à la croissance ? Rapport sur les limites de la croissance*, Paris, Fayard, 1973 (1re éd., *The Limits to Growth*, 1972). >>> Harry HARRISON, *Make Room ! Make Room !*, New-York, Doubleday, 1966.

L'État de la planète magazine (en collaboration avec le WorldWatch Institute), n° 17, sept.-oct. 2004. >>>>>> Ester BOSERUP, *Évolution agraire et pression démographique*, Paris, Flammarion, 1970 (1re éd., *The Conditions of Agricultural Growth*, Londres, Allen & Unwin, 1965). >>>>>>>

La fausse question de la surpopulation

La Terre s'écroulera-t-elle sous le poids de ses habitants ? C'est en tout cas la menace que brandissent plusieurs théoriciens qui préconisent de réduire la population mondiale pour sauver la planète des périls écologiques qui la menacent.
À moins que le vrai risque écologique soit une fausse question démographique.

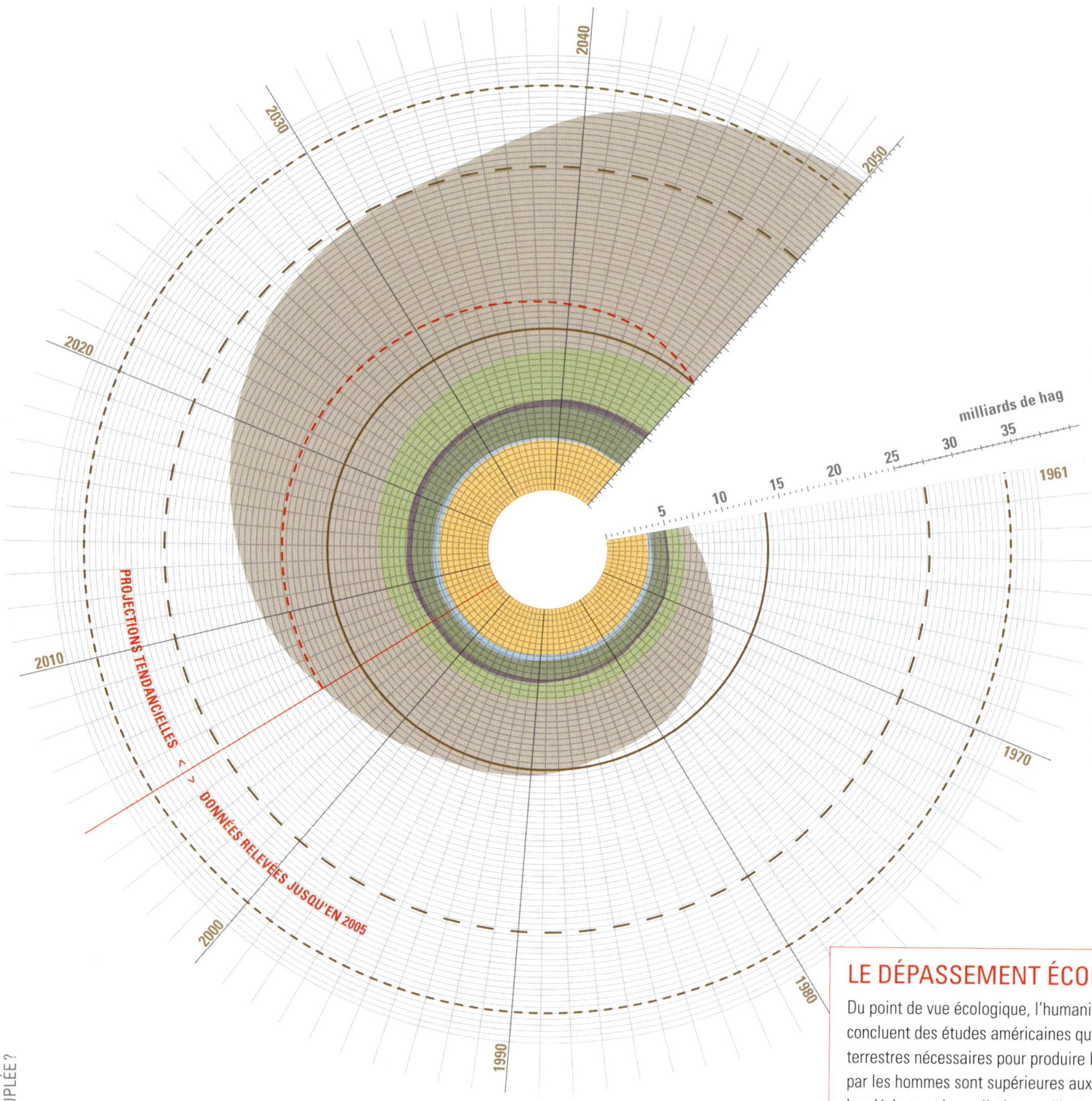

EMPREINTE ÉCOLOGIQUE MONDIALE, de 1961 à 2050 (en milliards d'hectares globaux*)

- CO_2
- Pâturages
- Bâtiment
- Forêts
- Pêche
- Cultures
- 1 planète
- 2 planètes
- 2,5 planètes
- Scénario de retour à l'équilibre

Source >>> Global Footprint Network, http://www.footprintnetwork.org

LE DÉPASSEMENT ÉCOLOGIQUE MONDIAL

Du point de vue écologique, l'humanité vit à crédit depuis 1987. C'est en tout cas ce que concluent des études américaines qui indiquent que depuis cette date, les capacités biologiques terrestres nécessaires pour produire les ressources alimentaires et combustibles consommées par les hommes sont supérieures aux capacités de régénération de la Terre. De la même façon, les déchets et les pollutions qu'ils émettent dépassent désormais largement les capacités de la planète à les absorber.
On parle alors d'une situation de dépassement écologique*. Pour le mesurer, on utilise l'empreinte écologique*, un système de calcul qui convertit le prélèvement biologique des activités humaines et leur impact sur les écosystèmes en superficie (hectares globaux). Ainsi, on estime qu'en 2009 l'homme a « consommé » l'équivalent de 1,4 planète en termes biologiques. Un record qui pourrait atteindre 2 planètes dès 2033, s'il ne s'emploie pas très rapidement à réduire ses émissions de CO_2 de manière drastique, sans attendre que la population se stabilise, vers 2100.

Sources >>>>>>> Jean-Claude CHASTELOT et Jean-Claude CHESNAIS (dir.), *La Population du monde. Géants démographiques et défis internationaux*, Paris, INED, Les cahiers de l'INED, 2e éd., 2002. >>>>> FAO, « L'état de l'insécurité alimentaire dans le monde 2009 », Rome, 2009. >>>>>>>> Geoffrey GILBERT, « World Population », *ABC-CLIO*, juin 2006. >>>>>>> Amartya SEN, « La bombe démographique, vrai ou faux débat ? », *Esprit*, n° 216, novembre 1995. >>>>>>> Optimum Population Trust : www.optimumpopulation.org >>>

❯ Aujourd'hui plus que jamais, de nombreuses voix s'élèvent pour alerter l'humanité du prochain épuisement de la planète, mais aussi de son incapacité à nourrir 2 ou 3 milliards de « bouches » supplémentaires d'ici à 2050. Au regard des émeutes de la faim ou de la malnutrition chronique en Afrique, le constat semble entendu. Et certains de rappeler que les travaux de Paul R. Krugman, Prix Nobel d'économie, démontrent qu'en son temps Malthus* avait raison. En son temps seulement. Car depuis 1800, on constate qu'en dépit d'une progression de la population mondiale de 1 à presque 7 milliards d'habitants, la part de l'humanité qui souffre de la faim n'a cessé de diminuer, du moins jusqu'au milieu des années 2000. Aux progrès techniques qui ont démultiplié les rendements agricoles et largement contribué à faire face à l'essor démographique mondial sont venus s'ajouter d'autres facteurs comme la croissance des échanges, les flux migratoires, les systèmes d'alerte et d'assistance internationale. Désormais, en attendant que la chute de la natalité dans le monde contribue mécaniquement à ralentir la croissance de la demande agricole, d'autres pistes sont explorées : amélioration des semences, relance des cultures vivrières et modification des comportements alimentaires.

> D'un point de vue écologique, voilà déjà vingt ans que l'homme vit « à crédit ».

Le raisonnement malthusien ne résiste pas davantage à l'analyse des famines contemporaines : les économistes comme Amartya Sen, autre Prix Nobel, ont maintes fois démontré qu'elles sont moins d'origine agricole que de ressort politique ou économique, indiquant qu'une meilleure distribution suffirait à faire reculer la malnutrition dans le monde.

De nombreuses études montrent aussi comment les subventions agricoles, la spéculation ou encore le développement des cultures d'exportation dans les pays du Sud y ont condamné l'autosuffisance alimentaire bien plus que leur démographie. En somme, ni les limites de l'agriculture ni la malnutrition dans le monde ne permettent d'établir que la planète est ou devient surpeuplée, sauf à vouloir décharger les États et leurs dirigeants d'engager les réformes et les investissements nécessaires pour permettre de relever le défi alimentaire que les pays du Sud vont devoir affronter.

Parmi les idées reçues associées à la surpopulation, on trouve aussi celle qui prédit l'éclatement de guerres de l'eau, dès que celle-ci sera devenue trop rare. Or si les pénuries hydrauliques viennent exacerber certaines situations tendues par ailleurs, l'histoire ne rapporte à ce jour aucun exemple de tension sur l'eau qui ait, sous ce seul motif, dégénéré sur le plan militaire. De la même façon, les fortes densités de peuplement qui caractérisent des régions de pays moins développés comme les deltas d'Asie sont invoquées pour illustrer les effets de la surpopulation sur les conditions de vie et sur l'environnement. Là encore, le diagnostic est rapidement disqualifié par l'exemple des Pays-Bas et du Japon qui eux aussi montrent de fortes densités démographiques. Dans le même esprit, les violences urbaines, les bidonvilles et les problèmes sanitaires qu'on rencontre dans les mégapoles du Sud sont présentés, avec l'exode rural, comme des effets secondaires de la surpopulation mondiale. Or une étude des Nations unies montre justement que dans les pays en développement, l'accès aux soins, à l'eau, à l'hygiène et à l'aide est meilleur en ville qu'en milieu rural. En somme, quoi que l'examen des faits nous enseigne sur les biais du raisonnement malthusien, le présupposé qui structure les débats portant sur la population mondiale reste celui d'un « trop-plein » d'hommes. Sous l'impulsion de certains cercles écologistes, ce schéma mental trouve même aujourd'hui de nouveaux ressorts.

Un vrai problème mal énoncé

Parmi d'autres impacts anthropiques*, le réchauffement climatique, la baisse de la biodiversité ou les effets secondaires de l'agriculture et de l'urbanisation reformulent la question de la surpopulation. Posée d'un point de vue écologique, elle consiste d'abord à se demander à quel moment l'épuisement des réserves énergétiques, halieutiques* ou hydrauliques limitera le développement puis conduira au déclin économique. À partir de quel moment les dégradations infligées à la planète finiront-elles par compromettre la survie d'une partie de l'humanité ? De nombreux pronostics situent cette échéance à quelques générations. D'ores et déjà, l'organisation internationale Global Footprint Network révèle que depuis le 31 décembre 1986, les ressources planétaires se reconstituent moins vite que les hommes les consomment. Autrement dit, voilà déjà plus de vingt ans qu'en termes de ressources naturelles, l'homme vit « à crédit ». Si on rapporte ensuite les ruptures écologiques aujourd'hui à l'œuvre aux projections démographiques des Nations unies, l'idée s'impose alors comme une évidence que la surpopulation est à la racine des futurs problèmes du monde. Poussé à son terme, le schéma de pensée consistant à analyser les déséquilibres mondiaux par le prisme de la démographie conduit certains à suggérer que seule une baisse de la population mondiale permettra, à terme, de retrouver l'équilibre et ainsi d'épargner à l'humanité les fléaux qui la menacent. Au motif légitime d'alerter les populations sur de probables périls écologiques, ils convertissent les projections démographiques en prédictions et ravivent sans peine tous les fantasmes plus ou moins apocalyptiques que porte la notion de « bombe » démographique : famines, guerres, cataclysmes. Dans ce schéma de pensée, peu importe que le monde compte 6, 9 ou 12 milliards d'habitants : il y aura toujours trop d'hommes sur la planète.

La peur du futur

Si la peur du futur est un outil commode pour attirer l'attention sur la gravité des bouleversements écologiques en cours, les usages politiques d'un tel discours ne sont pas sans effet pervers. Déjà, évoquer les risques écologiques liés à la croissance démographique mondiale tout en soulignant qu'elle se produira pour l'essentiel dans les pays en développement, c'est induire que le problème est au sud et qu'il faut l'y contenir. Parallèlement, le risque est grand qu'à ne raisonner qu'en termes démographiques et « globaux », on passe à côté d'enjeux souvent plus décisifs comme le niveau de consommation, les habitudes alimentaires, les techniques d'irrigation, les politiques énergétiques et industrielles.

Faits à l'appui, les pressions qui s'exercent aujourd'hui sur les ressources naturelles et qui menacent les écosystèmes* sont en effet moins liées à la croissance de la population mondiale qu'au mode de vie d'une partie d'entre elle. Au fil des cinquante dernières années, on a même constaté que la plupart des pays dont l'empreinte écologique* a le plus augmenté sont aussi ceux dont la croissance démographique a été la plus faible. Autrement dit, quelles que soient les évolutions démographiques mondiales, les dégradations de l'environnement s'aggraveront tant que nos modes de consommation n'auront pas été modifiés.

Finalement, à force de surfer sur les angoisses de survie de l'humanité et d'utiliser la croissance démographique comme un leurre, on évacue la question du coût écologique de la mondialisation et du modèle de développement et d'échanges. Résultat : on déresponsabilise les modes de vie les plus prédateurs et on laisse accroire qu'il sera possible d'échapper à une profonde réforme de l'« économie » du monde. ❮

Jacques VÉRON, « Esquisse d'une histoire naturelle et politique de la population mondiale (1950-2000) », INED, communication au Congrès de Salvador de Bahia, 18-24 août 2001. >>>

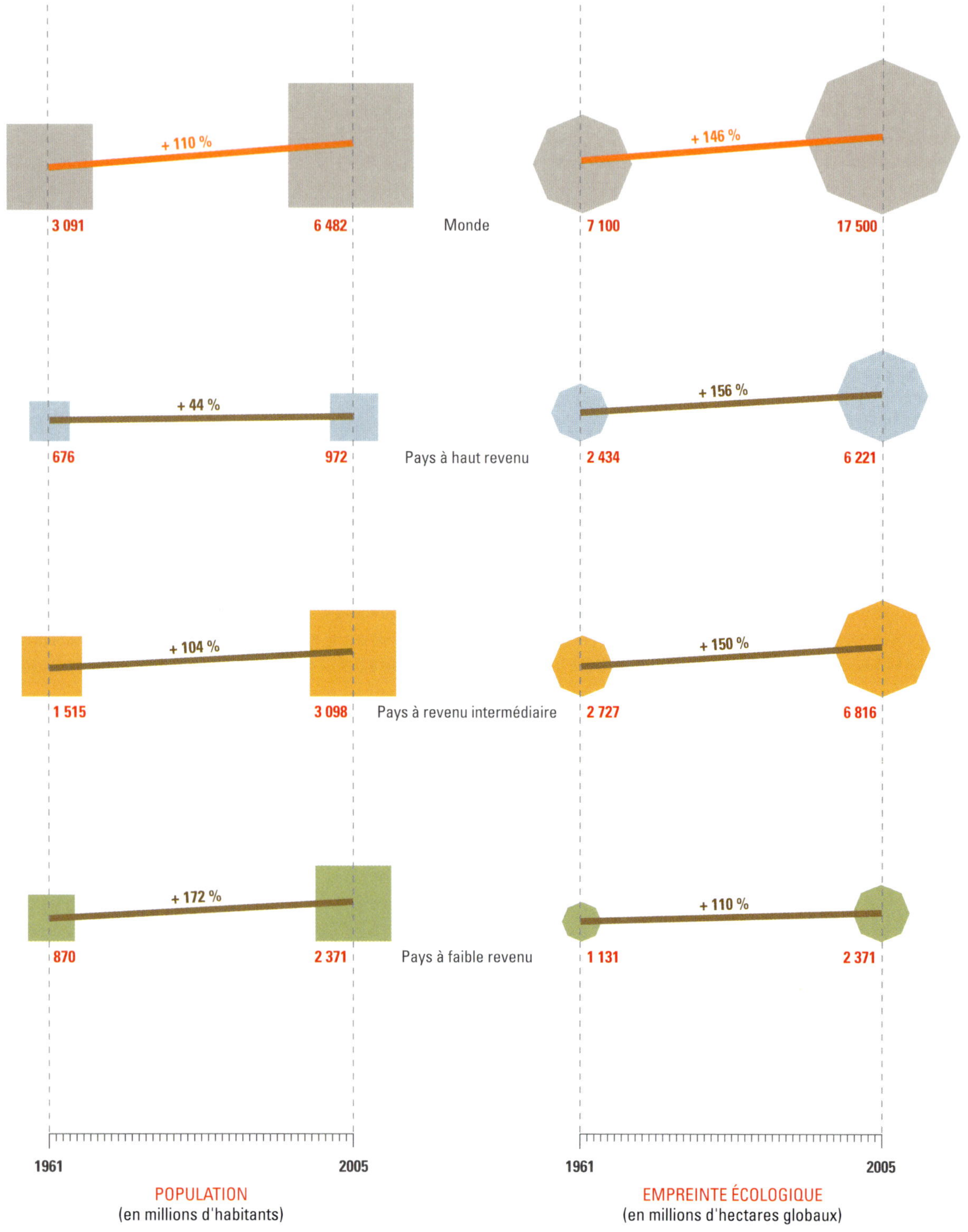

L'empreinte de la croissance

Que l'on parle de la disparition d'espèces de poissons, de la désertification sahélienne ou de l'émission de gaz à effet de serre*, les débats ramènent chaque fois ou presque à la croissance démographique.
Pour leur part, les chiffres semblent davantage pointer la croissance économique. À moins qu'il s'agisse avant tout d'une question de consommation et de modèle de développement.

DÉMOGRAPHIE, ÉCOLOGIE : PAS DE LIEN MÉCANIQUE

L'empreinte écologique* mesure l'impact des activités humaines sur les écosystèmes* et la planète. Sur les graphiques ci-contre, les grands ensembles économiques sont représentés par des carrés proportionnels à leur poids démographique à gauche ; par des polygones proportionnels à leur empreinte écologique à droite. Ainsi, on peut observer que l'empreinte écologique progresse beaucoup plus vite que la population dans les pays riches, alors que c'est exactement l'inverse dans les pays en développement. Autrement dit, l'évolution de l'empreinte écologique d'un pays semble se rapporter bien davantage à son modèle de développement qu'à sa croissance démographique.

Sources des graphiques >> WWF, *Living Planet Report*, 2008. >> PopSTAT, 2007. >> FAO, 2005.

Sources >>>> Global Footprint Network (GFN), http://www.footprintnetwork.org/en/index.php/GFN/page/publications/ >>>> AIE, Key World Energy Statistics 2009, http://www.iea.org/publications/free_new_Desc.asp?PUBS_ID=1199 >>>>> Banque mondiale, World Development Indicators Database http://web.worldbank.org >>> FAO, Fisheries & Aquaculture Department, ftp://ftp.fao.org/fi/stat/summary/a2.pdf

› Dans le débat qui porte sur les moyens de préserver la planète, de plus en plus nombreux sont ceux qui préconisent de ralentir la croissance démographique mondiale pour réduire son impact sur l'environnement. Selon eux en effet, la croissance démographique stimule la production agricole et industrielle et amplifie ainsi l'épuisement des ressources et la pollution. Pourtant, quand on étudie l'évolution de l'empreinte écologique dans le temps et quand on compare sa répartition avec celle des populations, le lien de cause à effet n'apparaît pas immédiatement. En revanche, il semble évident que plus un pays est développé, plus ses niveaux de pollution et de captation des ressources sont élevés. Autrement dit, c'est avant tout le mode de consommation d'une population qui détermine la dégradation des écosystèmes.

À court terme et si l'on s'en tient aux projections actuelles, l'impact écologique de la croissance démographique des prochaines décennies sera donc quelque peu « modéré » par sa répartition dans le monde : 95 % de la croissance démographique sera concentrée dans des pays en développement, c'est-à-dire dans des pays deux à quatre fois moins pollueurs que les États-Unis, l'Europe ou le Japon. La menace pourrait toutefois être beaucoup plus sérieuse à long terme, surtout si, comme leurs populations y aspirent, les pays émergents atteignent le niveau actuel de consommation des pays riches, comme à Mumbai en Inde ou à Shanghai en Chine. Dans ce dernier pays cependant, la question est posée de savoir à qui doit être attribuée l'empreinte écologique de sa production industrielle dont l'essentiel est destiné à l'exportation.

Plutôt que des politiques antinatalistes à l'efficacité incertaine, c'est donc l'engagement global de profondes réformes économiques et énergétiques qui permettrait plus sûrement d'éviter que la Terre devienne un jour « surpeuplée ». ‹

PLUS UN PAYS EST RICHE, PLUS SON IMPACT ÉCOLOGIQUE EST FORT

Chine mise à part, on constate que pour la plupart des pays le « poids écologique » d'un pays est lié bien davantage à sa richesse qu'à l'importance de sa population. C'est en tout cas ce qu'indiquent les graphiques ci-contre, dans lesquels chaque pays ou groupe de pays est représenté par un cercle dont la taille est proportionnelle à son poids dans la démographie mondiale et dans l'économie internationale en 2005, puis à sa part de captures halieutiques (pêche) et à sa part de pollution atmosphérique (CO_2).

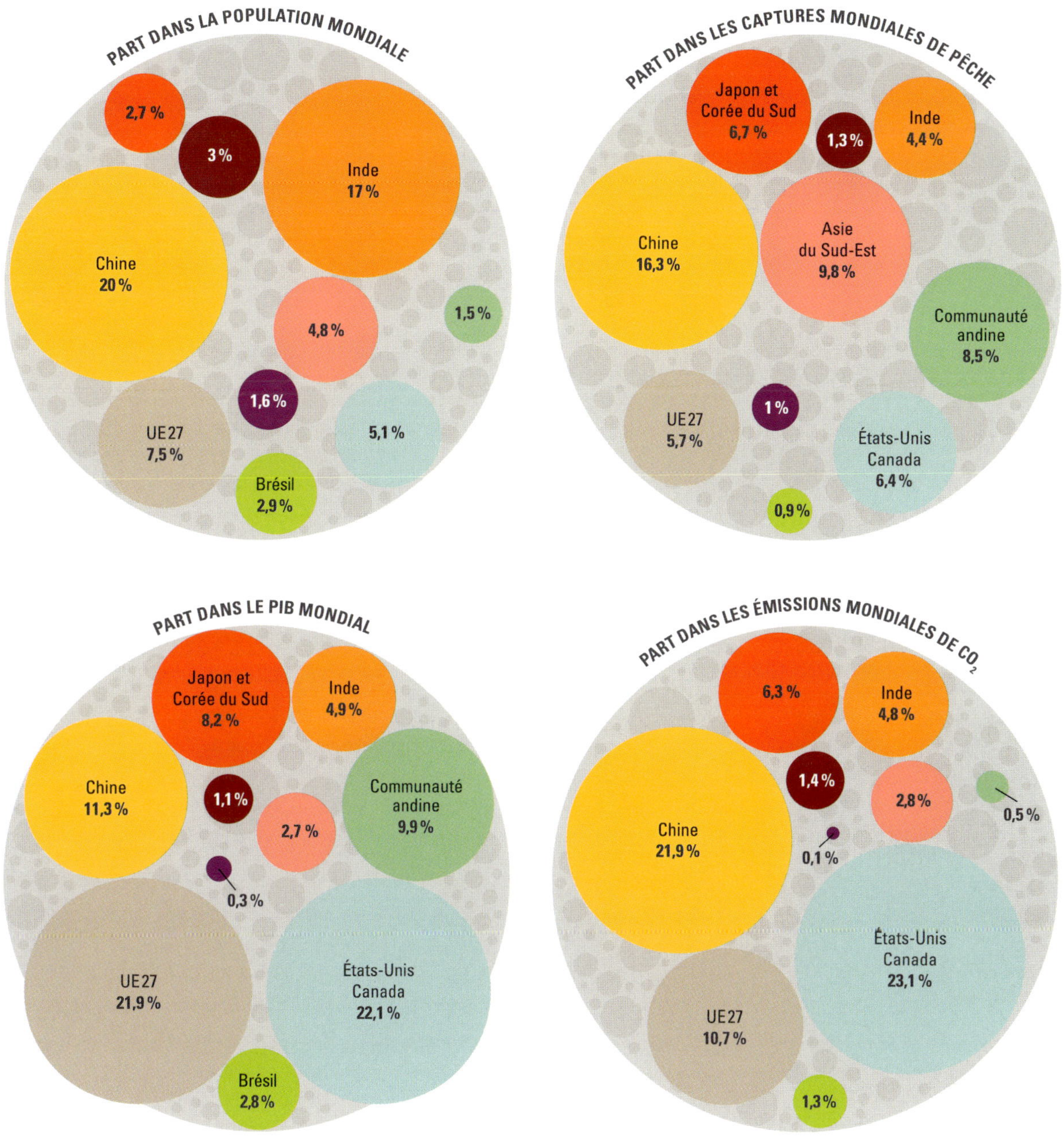

- Union européenne à 27
- États-Unis et Canada
- Chine
- Inde
- Asie du Sud-Est (Indonésie, Malaisie, Thaïlande)
- Japon et Corée du Sud
- Brésil
- Communauté andine (Bolivie, Colombie, Équateur, Pérou)
- Afrique du Sud et Nigeria
- Sahel (Burkina Faso, Mali, Mauritanie, Niger, Sénégal, Soudan, Tchad)

Sources des graphiques >>> Global Footprint Network, 2009. >>> AIE, Key World Energy Statistics, 2009. >>> Banque mondiale, World Development Indicators Database, 2009. >>> FAO, Fisheries & Aquaculture Department, 2009.

TROISIÈME PARTIE

EN VOIE DE DÉPASSEMENT

Telle qu'elle fonctionne aujourd'hui, la croissance consiste à convertir toute augmentation des revenus en consommation de biens matériels et alimentaires. Ainsi placé dans une grande sujétion aux matières premières, l'avenir du développement est soumis à plusieurs hypothèques. Parmi elles, on retient les tensions géopolitiques pour l'accès aux ressources en hydrocarbures, l'inflation des prix à mesure que leurs réserves diminuent, l'exposition au risque d'épuisement précoce de certains métaux. Moins facilement quantifiable, la préemption de biosphère* par le développement économique n'expose pas moins l'humanité aux risques de rupture tels que le réchauffement climatique, les catastrophes naturelles, la dégradation des sols et les pertes de biodiversité.

Dès aujourd'hui, le temps de la croissance est compté. Or, tandis que celle-ci trouve ses limites énergétiques, minérales et écologiques, les pays les plus peuplés entrent à leur tour dans le mécanisme prédateur d'une économie globalisée. Refusant de voir leur développement contraint par des quotas d'émissions carbonées, ils renvoient la facture des désordres climatiques aux principaux acteurs de l'ère industrielle, les pays du Nord. Au même moment, les populations déplacées par la désertification et la montée du niveau de la mer imposent de trouver une réponse aux questions de responsabilité et de prise en charge du nouvel exode.

Soucieux d'extraire la croissance mondiale de son impasse énergétique, les pays développés et émergents cherchent des ressources alternatives. Aux énergies renouvelables mais peu rentables comme le solaire et l'éolien, ils privilégient les biocarburants, conduisant ainsi à prélever davantage de biosphère, notamment par la déforestation et la modification des écosystèmes. Le dilemme trouve d'autres prolongements dans les mécanismes de l'économie circulaire : indispensable pour préserver les réserves et laisser aux économies le temps de leur reconversion, le recyclage n'offre de solution au problème des matières premières que marginale et provisoire. Enfin, les progrès techniques permettraient-ils de ralentir la consommation des ressources ou l'effet de serre, que la croissance économique en amortirait aussitôt les effets. En définitive, comme semblent l'indiquer les quelques constats rassemblés dans cette troisième partie de l'atlas, c'est bien vers d'autres modèles économiques et de nouvelles formes de croissance que l'humanité devra s'orienter dans les prochaines décennies, serait-ce par choix ou par nécessité.

ÉNERGIES

SIGNES D'ÉPUISEMENT

CLIMAT

Le continuum énergétique

Jamais, depuis qu'on l'enregistre, la température moyenne de la planète ne fut aussi élevée. Jamais non plus les réserves d'hydrocarbures ne furent aussi basses. Cependant, la consommation d'énergie mondiale poursuit sa hausse. Au vu des projections économiques et démographiques tendancielles, le monde se dirigerait-il vers une grande rupture ?

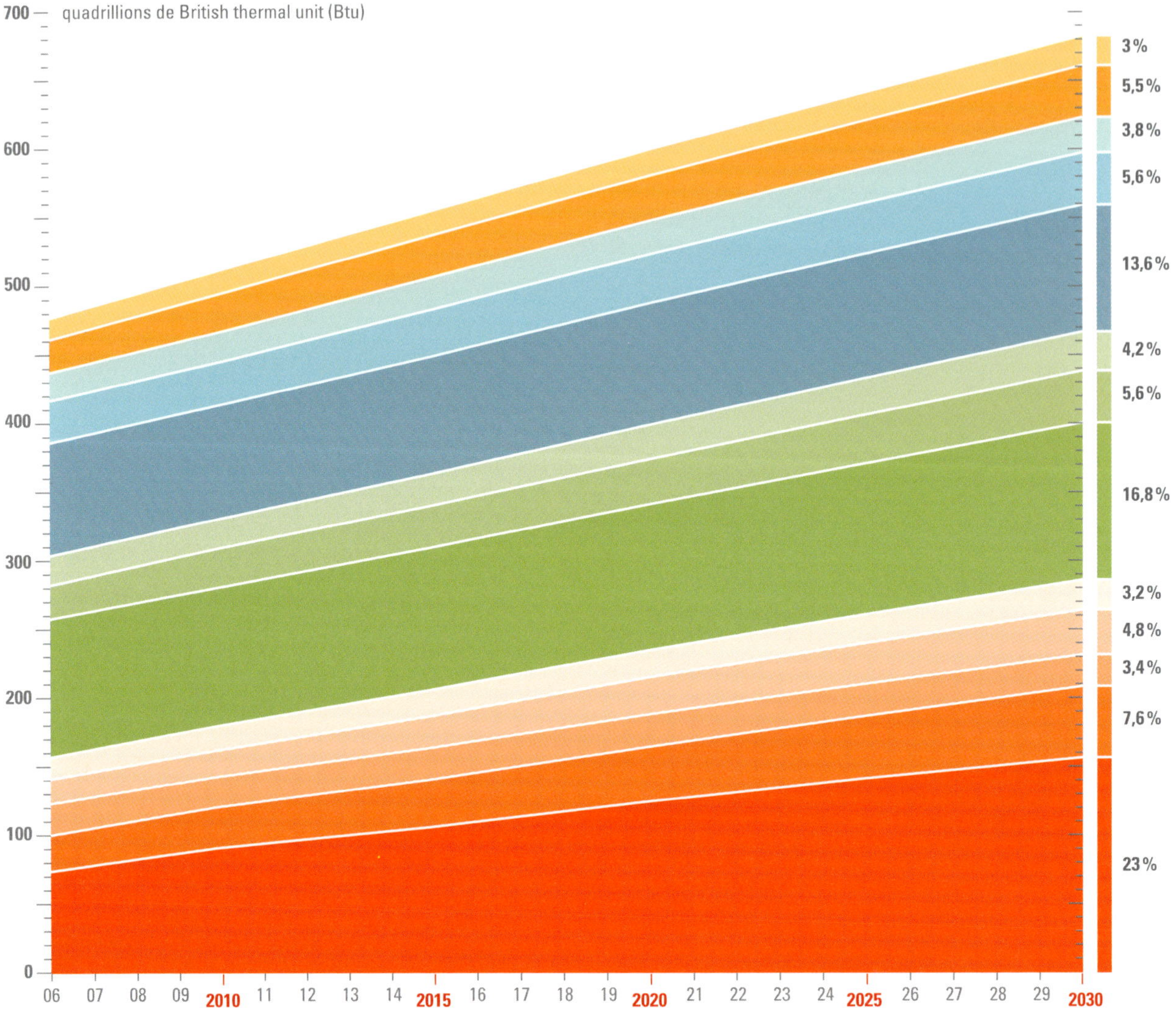

CONSOMMATION D'ÉNERGIE PAR RÉGION, de 2006 à 2030 (en quadrillions de Btu et en %)

Afrique et Moyen-Orient
- Afrique
- Moyen-Orient

Europe
- Europe non OCDE (hors Russie)
- Russie
- Europe OCDE

Amériques
- Canada et Mexique
- Amérique du Sud, centrale et Caraïbes
- États-Unis

Asie et Océanie
- Asie et Océanie OCDE (hors Japon)
- Inde
- Japon
- Asie et Océanie non OCDE (hors Chine et Inde)
- Chine

23 % Part dans la consommation mondiale en 2030

Source >>> U.S. Energy Department, Energy Information Administration, *International Energy Outlook 2009*, mai 2009.

ASIE : LE GRAND BOND EN AVANT DE LA DEMANDE

Sur ces courbes tendancielles répartissant la hausse de 33 % de la consommation mondiale d'énergie d'ici à 2030 (1,6 % par an), on relève la grande disparité des évolutions d'une région à l'autre. Tandis que les économies matures affichent une consommation presque stable (+ 0,25 % par an pour le Japon, + 0,58 % pour l'Europe), les pays émergents et ceux en développement enregistrent une augmentation marquée, redirigeant ainsi une large part de la consommation énergétique vers l'Inde et la Chine. Comptant à elle seule pour 40 % dans la demande supplémentaire d'énergie, la Chine verrait ainsi sa part dans la consommation mondiale bondir de 17,8 % en 2010 à 23 % en 2030. Plus sobre, l'Inde verrait sa part dans la demande mondiale évoluer de 3,7 % à 4,8 % sur la même période. Au total, la croissance démographique, économique, industrielle et urbaine des pays du Sud pourrait ainsi représenter plus de 90 % de la demande énergétique additionnelle, faisant passer la part de ces régions dans la consommation mondiale de quelque 54 % en 2010 à plus de 63 % en 2030. Ramenée à la consommation par habitant en 2030, l'augmentation de la demande dans les pays en développement reste cependant plus modeste, demeurant en moyenne trois fois moins élevée (60 millions de Btu) que dans les pays du Nord (176 millions de Btu). À l'horizon 2030, on estime même que la consommation énergétique annuelle moyenne d'un habitant d'Afrique subsaharienne serait quatre fois moins élevée que celle d'un Sud-Américain et même onze fois moins élevée que celle d'un ressortissant de l'OCDE.

Sources >>> OCDE/AIE, « Global Energy Trends to 2030 », *World Energy Outlook 2009*, novembre 2009. >>> BP, *BP Statistical Review of World Energy June 2010*, Londres, juin 2010. >>> Jean-Pierre FAVENNEC, *Géopolitique de l'énergie. Besoins, ressources, échanges mondiaux*, Paris, IFP/Technip, 2009 >>> Étienne AMIC, Gilles DARMOIS et Jean-Pierre FAVENNEC, *L'Énergie, à quel prix ? Les marchés de l'énergie*, Paris, IFP/Technip, 2009. >>> Jean-Marie CHEVALIER, *Les Grandes Batailles de l'énergie*, Paris, Gallimard, coll. Folio Actuel, 2004 >>> Samuele FURFARI, *Le Monde de l'énergie. Enjeux géopolitiques. 1. Les clefs pour comprendre*, Paris, IFP/Technip, 2007. >>> Oil & Gas Journal, 2010. http://ogj.com

❯ De nombreux facteurs déterminent la demande énergétique d'un pays. Déjà, sa géographie et son climat interviennent sur la consommation destinée au chauffage, à l'éclairage ou à la climatisation. À leur tour, les équipements urbains et le schéma d'aménagement indiquent une demande énergétique des transports plus ou moins élevée. Cependant, ce sont encore la richesse et le prix de l'énergie qui constituent les variables les plus décisives de la demande, indiquant un lien direct entre le niveau de développement et la consommation par habitant.

D'ici à 2030, on prévoit que la croissance des économies émergentes asiatiques engagera une augmentation massive de la demande. Parallèlement, si les pays en développement d'Afrique et du Moyen-Orient ne représentent encore qu'un fragment réduit de la consommation mondiale, les progrès de leur industrialisation et de leur niveau d'équipement automobile ou électroménager exigeront bientôt d'accroître les livraisons de pétrole, de gaz, de charbon et d'électricité. Tout comme chaque point de développement supplémentaire se traduit par une empreinte énergétique accrue, la consommation varie également en fonction de la répartition économique sectorielle de chaque pays et de la part qu'y détiennent notamment l'extraction minière, la métallurgie, le textile ou l'agroalimentaire. En somme, plus une économie est tertiarisée, moins elle est énergivore. À l'inverse, plus l'industrie pèse dans son produit intérieur brut (PIB), plus sa consommation énergétique s'élève. Ainsi, pendant que les économies matures des pays du Nord tendent à réduire leur facture énergétique, les délocalisations industrielles viennent peu à peu déplacer la demande mondiale vers les pays du Sud.

Parmi les facteurs de variation de la consommation d'énergie, le prix n'est pas non plus le moindre, la consommation se réduisant à chaque hausse de prix, et vice versa. Très volatiles sur des échéances courtes, on prévoit cependant que les cours mondiaux du pétrole brut et du gaz naturel enregistreront une tendance à la hausse sur le long terme, portée en même temps par la diminution des réserves, par l'augmentation de la population mondiale et, enfin, par la croissance de l'économie dont, en 2030, 90 % des besoins énergétiques seront encore fournis par les énergies fossiles. Par conséquent, malgré quelques efforts des pays du Nord pour évoluer vers un modèle énergétique plus sobre et moins polluant, la demande d'énergie à l'échelle mondiale n'est probablement pas près de fléchir et sa contribution au réchauffement climatique pas davantage. ❮

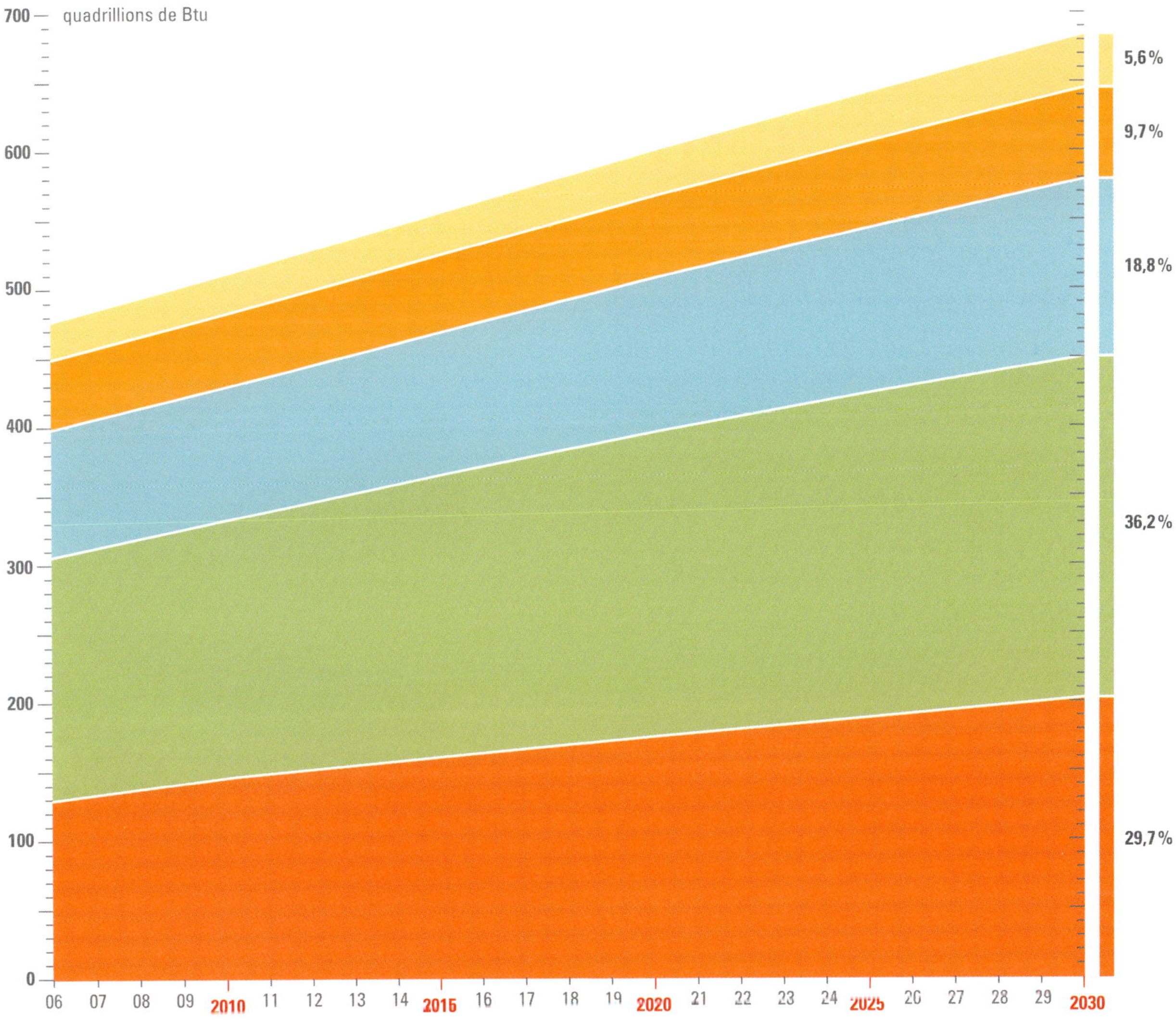

MÉNAGES : UNE CONSOMMATION RAISONNABLE

Découpée par secteur d'activité, la consommation mondiale d'énergie révèle qu'en dépit de la tertiarisation des pays développés, l'industrie continuera d'accaparer la plus grande part de l'énergie mondiale en 2030, soit 36 % de la consommation totale. Paradoxalement, le deuxième poste de consommation correspond au volume d'énergie primaire* utilisé pour la production d'électricité. Il est aussi le secteur qui connaîtra l'augmentation la plus marquée. À l'opposé, en dépit d'une hausse probable d'environ 2 % de la consommation des ménages en électricité, essence, gazole, fioul et charbon, leur part dans la demande d'ici à 2030 sera la seule à baisser sur la période, indiquant une progression de la consommation légèrement moindre que celle des autres secteurs.

CONSOMMATION D'ÉNERGIE PAR SECTEUR,
de 2006 à 2030 (en quadrillions de Btu et en %)

- Commerces et services
- Ménages
- Transports
- Industrie
- Production d'électricité

29,7 % Part dans la consommation totale en 2030

Source >>> U.S. Energy Department, Energy Information Administration, *International Energy Outlook 2009*, mai 2009.

Les coûts de l'addiction

Production industrielle ou agricole, habitat, transports, échanges commerciaux : tout ou presque dans les sociétés modernes ramène à la nécessité de pouvoir extraire toujours plus de ressources énergétiques fossiles*. Avec la diminution progressive des réserves, la consommation mondiale d'hydrocarbures souligne les risques majeurs auxquels cette ultradépendance expose le monde.

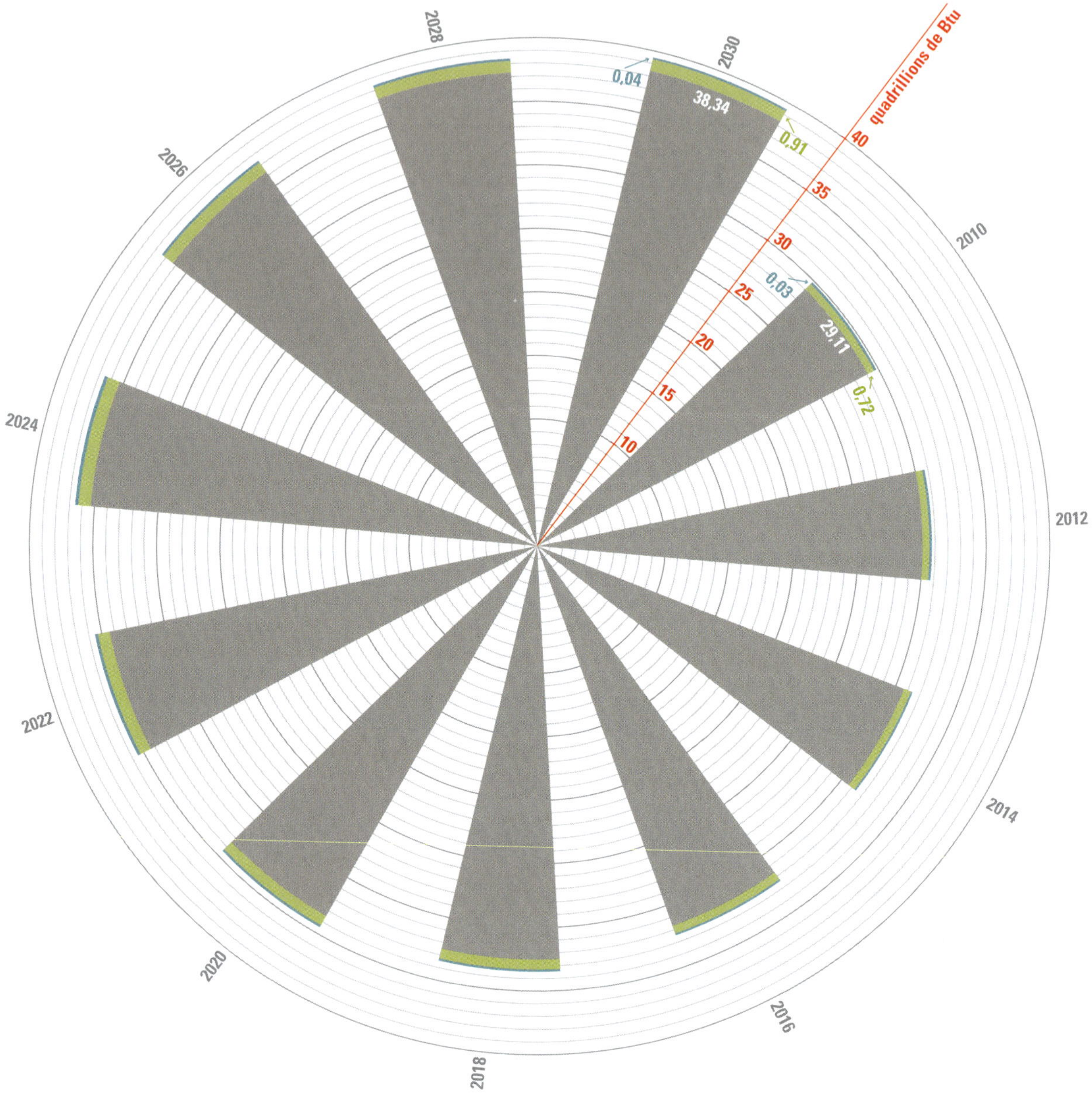

DES TRANSPORTS SOUS PERFUSION

En matière de consommation énergétique mondiale, le secteur des transports (route, rail, transports maritime et aérien, navigation intérieure et oléoducs) se distingue d'abord par sa très forte dépendance au pétrole, dont il représentera 60 % de la demande en 2030, contre 50 % en 2000. Stimulé par la mondialisation et le développement du commerce international, le secteur pourrait ainsi représenter deux tiers de la hausse de la consommation mondiale des vingt prochaines années. Au vu des projections tendancielles, on relève également la très faible évolution technologique des transports routiers, qui dépendent encore à 97 % des produits pétroliers. Ainsi, en dépit de la nécessité de lutter contre le réchauffement climatique et en dehors de l'hypothèse improbable d'une hausse du cours du baril de brut à la fois très forte, prochaine et durable, rien n'indique qu'une rupture technologique aura lieu dans les prochaines années. Alors que la généralisation du tout-électrique tarde à se concrétiser et que le progrès du moteur à hydrogène peine à progresser, c'est encore dans le domaine de l'efficacité énergétique des véhicules actuels que les gains les plus importants seront réalisés. En attendant que le cours du brut de pétrole dépasse 200 dollars, la priorité restera donc sans doute à l'augmentation du nombre de kilomètres parcourus par litre d'essence.

CONSOMMATION D'ÉNERGIE DANS LES TRANSPORTS, de 2010 à 2030 (en quadrillions de Btu)

Pétrole — Gaz — Électricité — **38,34** Consommation par source d'énergie

Sources >>> Energy Information Administration (EIA), *Annual Energy Review 2005*, Washington DC, juillet 2006.
>>> EIA, AEO, National Energy Modeling System.

Sources >>>>> OCDE/AIE, *World Energy Outlook 2008*, 2008. >>> Conseil mondial de l'énergie (CME), *Les Politiques d'efficacité énergétique : une vision mondiale*, 2007. >>> Agence de l'environnement et de la maîtrise de l'énergie (ADEME), « Comparaisons internationales de l'efficacité énergétique : les enseignements des travaux pilotés par l'ADEME », *ADEME & vous. Stratégie & études*, n° 6, 7 novembre 2007. >>> Pierre BONNAURE et Véronique LAMBLIN, « L'automobile de demain : quels enjeux, quelles perspectives ? », *Futuribles*, n° 311, septembre 2005. >>> Commission européenne, « La politique européenne des transports à l'horizon 2010 : l'heure des choix », *Livre blanc* présenté le 12 septembre 2001. >>> Agence française de développement (AFD), « Les transports face aux défis de l'énergie et du climat », document de travail n° 86, septembre 2009.

› Le pétrole représente 60 % de l'énergie primaire consommée dans le monde. À mesure que les nappes diminuent, le pétrole devient rare. En dépit de l'évidence qu'il souligne, ce truisme énergétique reste pourtant davantage perçu comme une contrainte de prix que comme un obstacle au futur. Encore loin de ralentir la consommation, la diminution des réserves semble en effet surtout stimuler la prospection de nouvelles nappes et l'exploitation de plus en plus coûteuse de gisements moins accessibles. Or, au même moment, de nombreux économistes ont établi que, plus les énergies de substitution tarderont à être utilisées, plus la phase de transition sera chaotique pour les sociétés ; plus la mutation des sociétés sera reportée, plus elle sera coûteuse sur le plan humain et économique.

Le syndrome de l'ultradépendance

C'est vers le milieu du XXe siècle qu'un nouveau mode de vie s'impose aux États-Unis, puis conquiert le reste du monde : fondé sur l'existence d'un vaste territoire, d'un habitat dispersé et d'une énergie largement disponible et bon marché, il place l'automobile au cœur du dispositif économique et social de la modernité. Parmi les adeptes récents de ce modèle, la Chine est le plus remarquable. Car en s'engouffrant sans réserve dans un schéma où le transport individuel et le développement urbain engagent de pouvoir produire et distribuer toujours plus d'énergie, la grande puissance en devenir s'expose à des risques économiques et sociaux accrus. Surtout, pour la première fois de son histoire, elle se place en état de forte dépendance extérieure. En sens inverse et, à l'instar des pays industrialisés, la Chine soumet aussi le reste du monde aux évolutions de sa demande et à leurs effets sur le cours du baril. Ainsi, tandis que la densité automobile aux États-Unis (820 véhicules pour 1 000 habitants en 2006) donne sa formule à l'équation énergétique mondiale des transports, la Chine en fournit les variables pour le futur. Car si le pays ne compte que 76 millions de véhicules pour 1,35 milliard d'habitants en septembre 2010, le ministère chinois du Commerce extérieur prévoit qu'il pourrait en compter 200 millions dès 2015, soit encore seulement 143 véhicules pour 1 000 habitants ! Aussitôt, la question se pose de savoir comment satisfaire une telle croissance de la demande, sachant que la production mondiale d'énergie fossile ne pourra pas durablement y suffire à elle seule.

À la consommation d'hydrocarbures du parc automobile mondial et à sa croissance, il faut également ajouter celle des routes, dont la construction et l'asphaltage reposent aussi sur la disponibilité de pétrole raffiné. Pour être entretenu et développé, le réseau mondial exigera donc, à son tour, de pouvoir utiliser d'autres techniques et matériaux de base. D'un point de vue économique, l'enjeu est à la mesure de deux tendances : l'augmentation des échange de biens matériels avec la globalisation ; l'allongement, depuis les années 1990, de la distance moyenne entre les lieux de production et de transformation de la matière première, puis entre les lieux de fabrication, d'assemblage et de consommation du produit final. En fonction des échéances énergétiques mondiales, il est donc probable qu'une telle mobilité soit provisoire, conduisant à revenir vers des modèles de production plus courts et géographiquement plus concentrés. Au regard de la grande complexité des circuits économiques de la mondialisation, on mesure la brutalité qu'un tel changement risque de représenter pour les économies les plus dépendantes du commerce international. Au vu, également, de l'étendue des territoires, car si la configuration très « ramassée » des pays européens peut y faciliter le processus de transition énergétique, il posera un défi autrement plus difficile à relever aux États-Unis, au Canada, en Russie, en Australie ou en Chine. De la même façon, les agglomérations les mieux équipées en transports en commun – métro, tramway, bus, train – bénéficieront d'un avantage certain sur des villes plus étalées, comme Los Angeles, Las Vegas, Canberra, Astana, Rawalpindi ou Brasilia qui, pour leur part, devront engager des investissements considérables pour ajuster leur schéma de mobilité à la contrainte énergétique.

> Située au centre du dispositif de la modernité, l'automobile est aussi au cœur de notre dépendance.

Que l'on y songe… Les tracteurs et les moissonneuses-batteuses consomment du diesel ; les semences, engrais et récoltes sont transportés par camions ; les engrais azotés sont produits à partir de gaz naturel ; les pesticides et herbicides sont synthétisés à partir du pétrole. À leur tour, la préparation et le conditionnement plastique des denrées alimentaires en usine reposent sur une consommation supplémentaire d'énergie fossile, tout comme leur conservation par le froid et leur transport jusqu'aux lieux de distribution et de consommation. En somme, tout notre système alimentaire repose donc directement sur la disponibilité d'hydrocarbures… et sur leur coût réduit. À la moindre hausse, c'est en effet l'ensemble de la chaîne qui se trouve affectée. Or on se souvient que c'est aussi grâce au développement de ce modèle, à l'échelle mondiale, que la sécurité alimentaire a pu être améliorée ces quarante dernières années, soulignant la vulnérabilité nutritionnelle à laquelle une flambée des prix du baril de brut exposerait une grande partie de l'humanité. Projetée à l'aune de la crise alimentaire de 2008, on peut d'ailleurs déjà mesurer la difficulté que la déplétion* pétrolière représentera pour le secteur agroalimentaire, le temps du moins de modifier les modes de production et leur répartition, mais aussi de réaliser les investissements exigés par ces mutations.

Qu'il s'agisse de la recherche médicale, de la production, de la conservation et de la distribution d'antibiotiques et de vaccins, du fonctionnement hospitalier ou encore de l'adduction d'eau potable et du traitement des eaux usées ; la santé montre elle aussi une grande dépendance aux énergies fossiles. Dès lors, on prévoit que la raréfaction des ressources énergétiques et l'inflation de leur coût se mesureront aussi en termes épidémiques. En effet, dans les pays en développement, les budgets ne permettront de prendre en charge ni le surcoût de la hausse des prix, ni celui des investissements nécessaires à la transition.

A new way of life

À l'ombre de la raréfaction des ressources pétrolières mondiales, les civilisations industrielles et postindustrielles se révèlent aussi vulnérables qu'elles sont complexes, spécialisées et dépendantes. Car en tout point du système, chaque objet, chaque mouvement engage une transformation d'énergie primaire, principalement de pétrole. La question de l'adaptation des sociétés à la diminution de l'offre énergétique se révèle, par ailleurs, d'autant plus délicate qu'elle souligne aussi la nécessité de consacrer d'importants efforts budgétaires, publics et privés, en faveur de la recherche fondamentale ou appliquée dans les secteurs de l'énergie. Pour autant, ces investissements ne se substitueront pas à la réponse qu'appellera aussi l'obsolescence énergétique de nos modes de vie. Or sur cette voie, quatre facteurs au moins ralentissent les évolutions : l'efficacité énergétique des ressources fossiles, bien supérieure à celle des sources d'énergie renouvelables ; leur moindre coût au regard des investissements exigés pour leur substitution ; les facilités qu'elles offrent pour leur transport et leur stockage ; plus simplement enfin, notre propre dépendance quotidienne à la multitude d'objets et de services auxquels la transformation de l'énergie donne accès, du simple jouet pour enfant au billet d'avion. ‹

Du charbon pour mille ans,
du gaz pour soixante-dix

Comme le pétrole, le charbon et le gaz sont des énergies dites « fossiles », issues de la lente décomposition de débris végétaux il y a près de 300 millions d'années. Toutes trois épuisables, ces ressources ont aussi en commun d'émettre d'importants volumes de gaz à effet de serre* et d'être vitales au fonctionnement actuel de l'économie mondiale.

LE PRIVILÈGE RUSSE

Moins médiatisés que le pétrole et ses variations de cours, le charbon (26 %) et le gaz naturel (21 %) occupent néanmoins ensemble une place plus importante que celle du pétrole brut (31 %), dans la demande mondiale d'énergie primaire. À mesure que les réserves disponibles d'hydrocarbures se tarissent, le charbon pourrait ainsi devenir une ressource de plus en plus stratégique. Abondant à l'échelle mondiale, il concentre ses gisements sur trois grandes régions : l'Amérique du Nord (30 %), la CEI (28 %) et l'Asie-Océanie (29 %). Sur la carte, on observe également que les États-Unis, la Russie et la Chine accaparent près de 62 % du charbon récupérable. Moins importantes que celles de charbon, les réserves mondiales de gaz naturel ne sont pas mieux réparties : la Russie, l'Iran et le Qatar réunissent à eux seuls plus de 46 % du gaz naturel exploitable dans le monde. Placées côte à côte, ces deux cartes révèlent alors non seulement la grande asymétrie des réserves gazières et houillères, mais aussi les grands écarts de richesse énergétique entre les États. Parmi les nations les mieux pourvues en matières premières, la Russie jouit ainsi d'une situation particulièrement avantageuse, offrant au pays une confortable situation de rente. Surtout, à mesure que les ressources mondiales diminuent, elles placent le pays dans un rapport de force géopolitique toujours plus favorable, au détriment des pays qui en dépendent le plus pour leur approvisionnement, à commencer par l'Union européenne.

RÉSERVES MONDIALES DE CHARBON, en décembre 2009 (en %)

Source >>> World Energy Council, 2009.

Sources >>> Jean-Pierre FAVENNEC, *Géopolitique de l'énergie. Besoins, ressources, échanges mondiaux*, Paris, IFP/Technip, 2009. >>> François KALAYDJIAN et Sylvie CORNOT-GANDOLPHE, « Des réserves abondantes et bien réparties », *La Nouvelle Donne du charbon*, Paris, IFP/Technip, 2009. >>> Étienne AMIC, Gilles DARMOIS et Jean-Pierre FAVENNEC, « Les marchés du gaz », *L'Énergie, à quel prix ? Les marchés de l'énergie*, Paris, IFP/Technip, 2006. >>> Faouzi BENSEBAA et Viviane du CASTEL, « Russie : l'arme énergétique », *Futuribles*, n° 337, janvier 2008.

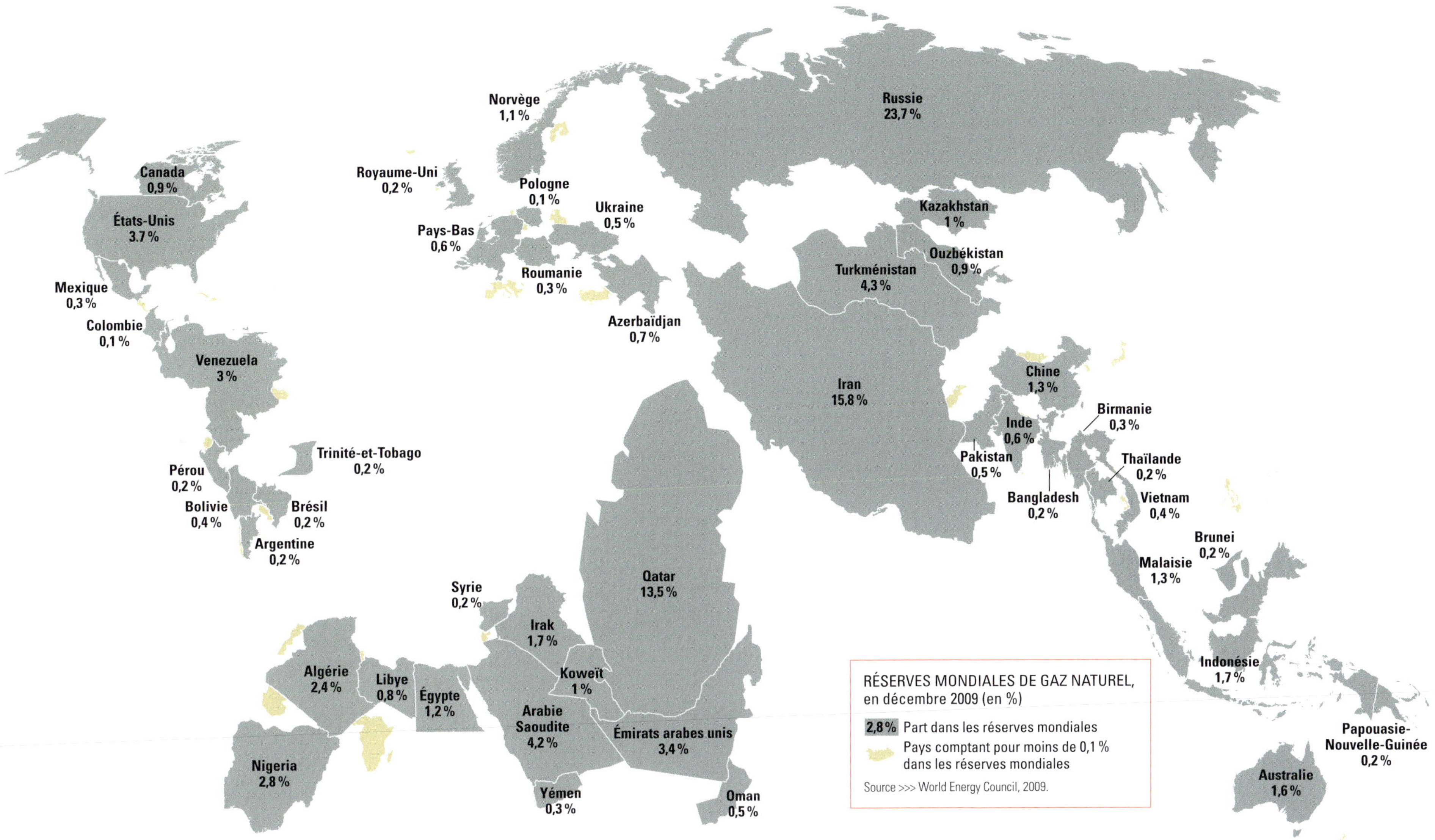

Appelé houille, lignite ou tourbe selon l'ancienneté de sa formation, le charbon résulte de l'accumulation progressive de débris végétaux dans des sédiments, dont l'enfouissement pendant plusieurs millions d'années a produit un mélange d'éléments minéraux, de soufre et de carbone presque pur. D'exploitation plus aisée que celle du pétrole ou du gaz naturel, la production de charbon s'avère aussi moins coûteuse. Mesurées à l'échelle mondiale et à l'aune de la demande annuelle de 2009, les réserves prouvées de charbon (toutes qualités confondues) offriraient à l'humanité plus de 160 ans de consommation, et même plus de 1 000 ans si l'on considère les réserves probables. Pour autant, la situation varie fortement d'un pays à l'autre : tandis que la Russie peut espérer plus de 5 siècles de production, les États-Unis et l'Australie sont assurés respectivement de 230 et 200 ans.

Plus riche en hydrogène et plus pauvre en carbone que le pétrole, le gaz naturel présente l'avantage d'émettre moins de dioxyde de carbone (CO_2). Parallèlement, si sa mise en production est plus difficile que celle du charbon, son coût d'extraction reste néanmoins modéré, la ressource s'échappant du gisement spontanément. À l'échelle globale, le volume des réserves prouvées de gaz naturel est évalué à 70 ans de production (équivalent 2009) et à un peu plus de 110 ans si l'on ajoute les réserves non prouvées. Cependant, contrairement au pétrole, les techniques de récupération du gaz naturel n'offrent pas de réaliser de gains de productivité importants.

Si leurs estimations chiffrées donnent une mesure globale aux réserves gazières et houillères, elles exigent cependant d'être utilisées avec précaution. Tandis que les ressources désignent les quantités données contenues dans les gisements de matières premières, les réserves, elles, correspondent à un volume variable, dont les évolutions sont tributaires de considérations économiques. Ainsi, quand la baisse des cours tend à accroître la demande, elle diminue d'autant les réserves prouvées, dont certaines, plus coûteuses à exploiter, se trouvent même déclassées. À l'inverse, en amortissant les coûts d'exploitation, le volume des réserves tend à augmenter avec la hausse des prix. C'est pourquoi, en réalité, la géographie des réserves change d'une année sur l'autre, donnant l'avantage sur la durée aux pays dont les gisements sont les moins coûteux à mettre en production. De la même façon, la raréfaction des énergies fossiles* pourrait, à l'échelle mondiale, convertir de nombreux champs gaziers et bassins houillers non exploités en nouvelles poches de réserves.

Jean-Marie MARTIN-AMOUROUX, « Le grand retour du charbon. Un enjeu au cœur des négociations sur le climat », *Futuribles*, n° 357, novembre 2009. >>>

Les incertitudes du pic pétrolier

Les réserves de combustibles fossiles de la planète étant limitées et leur consommation en constante augmentation, leur épuisement serait déjà inscrit dans le temps, quelles que soient les nappes qui restent à découvrir et les progrès à accomplir dans les techniques de forage et d'extraction. Pour autant, ce moment correspondra sans doute davantage à un rendez-vous économique qu'à une échéance géologique.

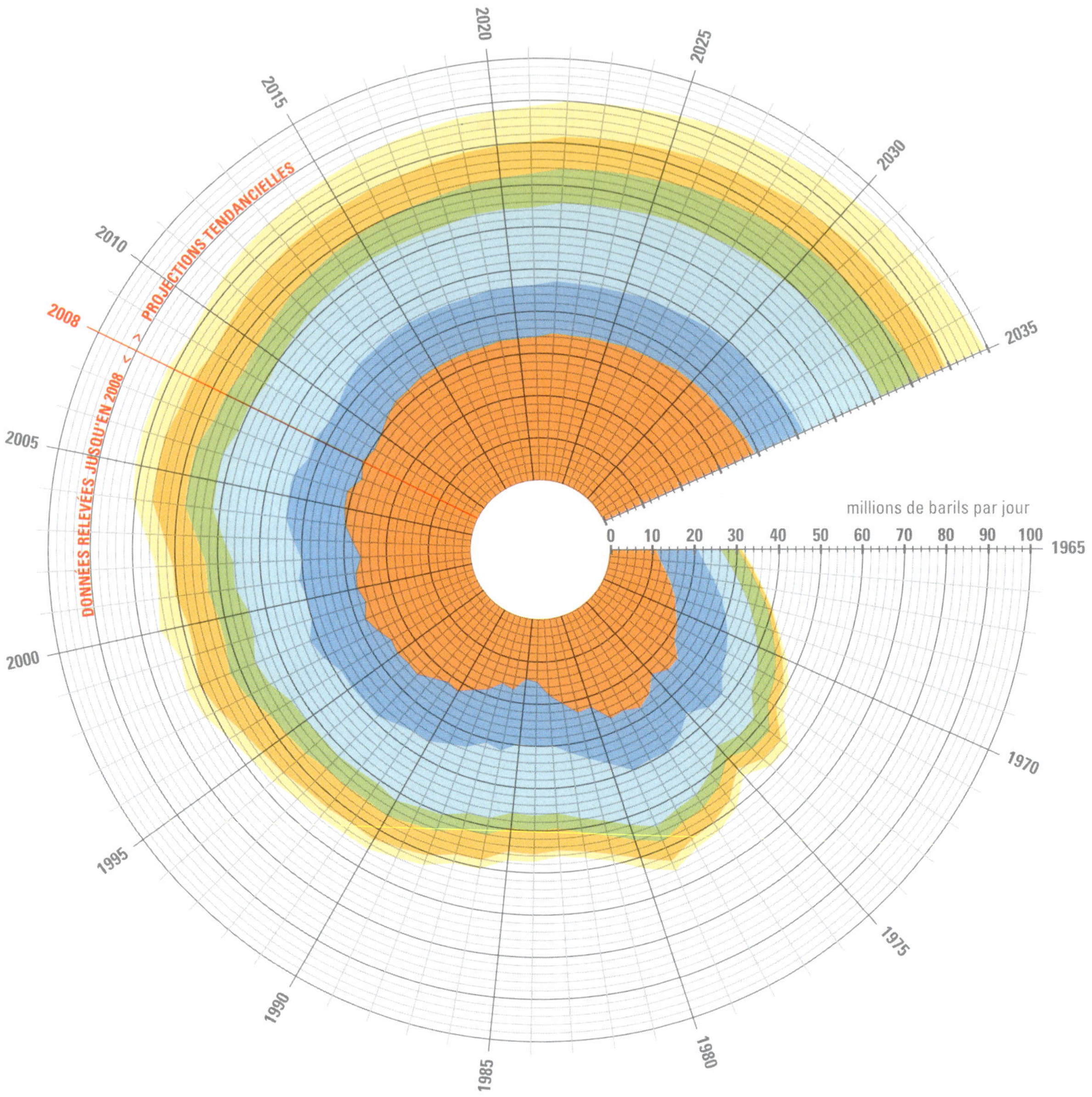

PRODUCTION DE PÉTROLE BRUT PAR RÉGION, de 1965 à 2035 (en millions de barils par jour)

- Afrique subsaharienne
- Asie et Pacifique
- Amérique du Sud, centrale et Caraïbes
- Europe, Caucase et Asie centrale
- Amérique du Nord
- Afrique du Nord et Moyen-Orient

Sources >>>> AIE, *Annual Energy Outlook 2010*, mai 2010. >>>> British Petroleum, *BP Statistical Review of World Energy*, juin 2008.

UNE QUESTION DE PRIX

Sur la voie du pic pétrolier* et du sommet de la production mondiale de pétrole, de nombreux cols seront encore franchis, donnant à la courbe de la production mondiale la forme sinueuse qu'elle adopte sur ce graphique. Car en attendant que la tendance au déclin de la production mondiale s'impose de façon définitive à l'ensemble de la planète, les cycles de la production pétrolière continueront de fluctuer en fonction de la demande et, surtout, de l'évolution du cours du baril de brut. Selon les arbitrages politiques et économiques des pays pro ducteurs, une augmentation de la demande peut en effet conduire à deux mécanismes possibles : l'accroissement de la production, qui rapproche alors l'échéance du pic pétrolier ; au contraire, son maintien, qui laisse les cours augmenter et, avec eux, le revenu des pays exportateurs. On observe alors généralement que la hausse des cours du pétrole vient aussi ralentir la demande, prolongeant de nouveau l'échéance de la déplétion*, autrement dit du ralentissement forcé de la production. Ainsi, on comprend que les estimations du stock mondial d'énergies fossiles* constituent une approche moins pertinente de la question du pic pétrolier que l'analyse économique. Au regard des mécanismes en jeu, le moment de l'épuisement géologique importe en effet bien moins que celui à partir duquel la production de brut ne pourra plus être accrue, hypothéquant alors la possibilité de satisfaire une demande mondiale en croissance continue.

Sources >> Association for the Study of Peak Oil & Gas (ASPO), 2010. http://aspofrance.org >> ASPO, 2010. http://wwwpeakoil.net >> Institut français du pétrole, 2010. http://www.ifp.fr >> Pic pétrolier, www.picpetrolier.net >> Richard HEINBERG, *Pétrole : la fête est finie ! Avenir des sociétés industrielles après le pic pétrolier*, Paris, Demi-Lune, coll. Résistances, 2008. >> Oleocène, www.oleocene.org >> Life after the Oil Crash, www.lifeaftertheoilcrash.net >> Dry Dipstick, www.drydipstick.com >>> Agence internationale de l'énergie, http://www.iea.org >> Energy Bulletin, www.energybulletin.net >> Emmanuel MONIER, « Nos besoins épuisent trop vite la planète », *Science & Vie*, hors-série n° 243, juin 2008.

› Apparu en 1956 sous l'expression *peak oil*, le concept de pic pétrolier désigne le moment où sera atteint le sommet de disponibilité des ressources pétrolières et à partir duquel leur exploitation sera condamnée à diminuer progressivement. Si la notion fait sens d'un point de vue géologique, puisque les ressources en pétrole sont non renouvelables et limitées à l'échelle de la planète, le pic pétrolier n'en demeure pas moins imprécis dans le temps, renvoyant aux paramètres quantitatifs, techniques, économiques, financiers, politiques et géopolitiques qui fixeront son échéance.

Ne rien dire ou ne rien voir

À l'instar de la bouteille qui se vide d'autant plus vite qu'on remplit des verres et qu'on boit rapidement, les réserves et disponibilités de pétrole fluctuent avec les taux de croissance économique enregistrés d'un pays à l'autre. En même temps, elles varient avec le niveau de prélèvement des pays producteurs et avec la part d'énergies alternatives utilisées pour la consommation mondiale. Autrement dit, à niveau de gisement égal, la quantité de réserves encore disponibles évolue en fonction de paramètres économiques inconstants. Bien logiquement, les tentatives pour donner un calendrier à la déplétion changent sensiblement d'une étude à l'autre, au gré des intérêts de leurs commanditaires respectifs. Tandis que plusieurs rapports adressés au Congrès américain entre 2005 et 2008 indiquent que le pic pétrolier se situerait vers 2030, la compagnie française Total le ramène à 2025 alors que l'Association for the Study of Peak Oil (ASPO) le prévoit entre 2010 et 2020. Si les analyses de cette organisation internationale d'économistes et de géologues procèdent d'abord d'une volonté d'alerter sur les risques auxquels la surexploitation des énergies fossiles expose l'économie mondiale, elles présentent cependant l'intérêt de s'appuyer sur les recherches techniques et documentées de géologues spécialisés dans le domaine des hydrocarbures, et non sur les estimations des compagnies pétrolières. Pour leur part, les pays producteurs partagent le même intérêt à ne pas divulguer toute l'information dont ils disposent sur leurs réserves, gardant ainsi la possibilité de manipuler les données en fonction de la demande, des prix du marché, du coût des investissements à réaliser ou des négociations pour le forage et l'exploitation de gisements probables. Car dans le domaine des hydrocarbures peut-être davantage qu'en tout autre secteur, la moindre perte de confiance en l'avenir tend à la fois à freiner les investissements, à détourner la demande énergétique vers d'autres sources et à un moindre contrôle des fluctuations du marché. Toute annonce chiffrée se répercutant aussitôt sur les cotations boursières, pétroliers et producteurs évitent donc de prendre le moindre risque, laissant planer le doute sur la fiabilité des chiffres qu'ils produisent.

Confrontées aux hypothèques que le déclin des ressources disponibles fait peser sur le mode de vie, la croissance et la puissance des États-Unis dans le futur, la commission de l'énergie du Congrès américain s'empare du problème dans les années 2000. En 2006, elle suggère aux parlementaires américains d'adopter une résolution pour mettre en œuvre un vaste programme de recherche portant sur le *peak oil* et les défis qu'il soulève. Longuement examiné et voté à plusieurs reprises, le projet, qui exige un investissement public américain de 200 milliards de dollars par an durant vingt ans, est alors comparé au programme de conquête spatiale lancé dans les années 1950. Soumis au vote final en pleine crise financière américaine, au moment où celle-ci impose de délicats arbitrages dans le budget des États-Unis, la résolution est finalement abandonnée à la fin de l'année 2008.

En 2010, on ne découvre plus qu'un baril de brut pour six consommés.

Compte tenu de la multitude d'intérêts engagés, de l'importance des jeux spéculatifs et de l'absence d'organisme indépendant et international mandaté par l'ONU pour rendre compte de l'évolution des réserves pétrolières mondiales, il demeure donc particulièrement difficile d'établir des projections fiables pour fixer une date au pic pétrolier. Bien que les géologues s'accordent sur le fait que le volume des ressources contenues dans les gisements découverts entre 1990 et 2010 est déjà inférieur à celui de la consommation mondiale, la date du dépassement des capacités absolues d'exploitation reste imprécise. Dès lors, deux attitudes sont possibles face à l'incertitude : le principe de précaution, qui retient l'échéance la plus courte, et celui, plus répandu, consistant à s'en remettre aux capacités d'adaptation du marché et à l'innovation technologique, y compris pour augmenter les réserves grâce aux progrès de la prospection, du forage et de l'extraction.

Agir sans savoir

Si l'on s'en tient aux projections économiques pour le prochain quart de siècle, on constate que l'augmentation de la demande énergétique proviendra essentiellement des pays en développement. Tandis que les pays de l'OCDE pourraient augmenter leur consommation d'environ un tiers d'ici à 2030, les pays du Sud, eux, devraient la doubler. Viendra donc un moment où l'écart se creusera entre une demande globale en progression constante et une capacité de production décroissante, entraînant alors deux processus concomitants : une hausse des prix continue et durable du baril de brut et l'exploitation de nouveaux champs pétroliers jusque-là non rentables. Parmi eux, on peut mentionner ceux des sables bitumineux du Venezuela et du Canada, dont la mise en production se révèle particulièrement polluante. On peut également citer les nappes prospectées en zone arctique et dont le forage sera facilité par le réchauffement climatique et la fonte de la banquise. Pour leur part, les gisements potentiels situés dans les sous-sols antarctiques restent à ce jour inexploitables, « gelés » par le froid, mais aussi par le protocole de Madrid qui, depuis 1991, interdit d'explorer ou d'exploiter le sous-sol du continent polaire jusqu'en… 2041. D'ici là, les perspectives ou les effets du pic pétrolier pourraient cependant changer la donne, conduisant à modifier les termes de l'accord international.

Si les nouveaux forages offrent une possibilité de réduire l'excès de la demande par rapport aux capacités mondiales de production, ils n'auront cependant d'effets que provisoires, prescrivant de trouver bientôt d'autres réponses à la contraction de la disponibilité des réserves et aux perspectives de déplétion qu'elle imposera tôt ou tard. À ce jour, la piste privilégiée consiste à améliorer l'efficacité énergétique, afin de contenir la consommation sans limiter la croissance. Ainsi, tandis que le produit intérieur brut des pays de l'OCDE a enregistré une augmentation d'environ 100 % depuis le premier choc pétrolier de 1973, leur consommation d'énergie ne s'est élevée que de 10 %, grâce, notamment, au développement du parc nucléaire et à la production d'éthanol aux États-Unis, mais aussi grâce à l'isolation de l'habitat et à l'amélioration du rendement des carburants dans le secteur automobile. Selon les estimations de l'Agence internationale de l'énergie (AIE), 560 litres de pétrole étaient nécessaires pour générer 1 000 dollars de PIB en 1971, alors qu'il n'en fallait déjà plus que 380 en 2002. D'ici à 2020, les projections indiquent que le chiffre pourrait même s'abaisser jusqu'à 300 litres. Au-delà, l'amélioration de l'efficacité énergétique progressera de plus en plus lentement.

Quelles que soient les incertitudes que le concept de pic pétrolier comporte en termes de calendrier, ses effets, eux, sont déjà certains. Or, tandis qu'ils exigeraient d'engager d'importants investissements pour préparer modes de vie et sociétés au contexte de déplétion, l'imprécision des données conduit, justement, à reporter l'indispensable effort de préparation. ‹

Le grand gaspillage

Réputée plus écologique que le charbon ou le pétrole, l'électricité est en réalité à l'origine de pollutions importantes. Grande consommatrice de combustibles fossiles à l'échelle mondiale, la production d'énergie électrique entraîne également de lourdes pertes de matières premières.

ÉLECTRICITÉ : L'ÉNERGIE TROMPEUSE

Au regard de la part de chacune des sources d'énergie primaires* dans la consommation énergétique mondiale, mais aussi de la répartition sectorielle de leur utilisation, on s'aperçoit sur le graphique ci-contre, la transformation des sources d'énergie primaires en énergie secondaire ou finale ne se fait qu'au prix d'énormes pertes. À l'échelle mondiale, ces dernières représentent près du tiers de la production d'énergie primaire, et même davantage si l'on s'en tient au seul volume d'énergie utilisé pour produire de l'électricité, notamment à base de gaz et de charbon. À l'horizon 2030, les projections actuelles ne prévoient pas d'amélioration. Toutes sources d'énergie confondues, on estime en effet que les pertes dépasseront 34 % de la demande d'énergie primaire. En reflétant parallèlement la place prépondérante des énergies fossiles* dans le mix énergétique mondial, ce graphique rappelle finalement qu'à chaque utilisation d'un appareil électrique correspondent à la fois un volume d'énergie gaspillée et un autre de CO_2 émis.

PROCESSUS DE TRANSFORMATION DES SOURCES D'ÉNERGIE PRIMAIRES EN ÉNERGIES FINALES*, en 2007

26,4 % Part dans la demande d'énergie primaire

29,3 % Part dans la consommation d'énergie finale (pertes incluses)

1. Énergies éolienne, solaire, géothermique et marémotrice.

Sources >>> Tim Herzog, *World Greenhouse Gas Emissions in 2005*, World Resources Institute, juillet 2009. >>> World Resources Institute, *Navigating the Numbers : Greenhouse Gas Data and International Climate Policy*, décembre 2005. >>> GIEC, *Changements climatiques 2007 : rapport de synthèse*, 2008.

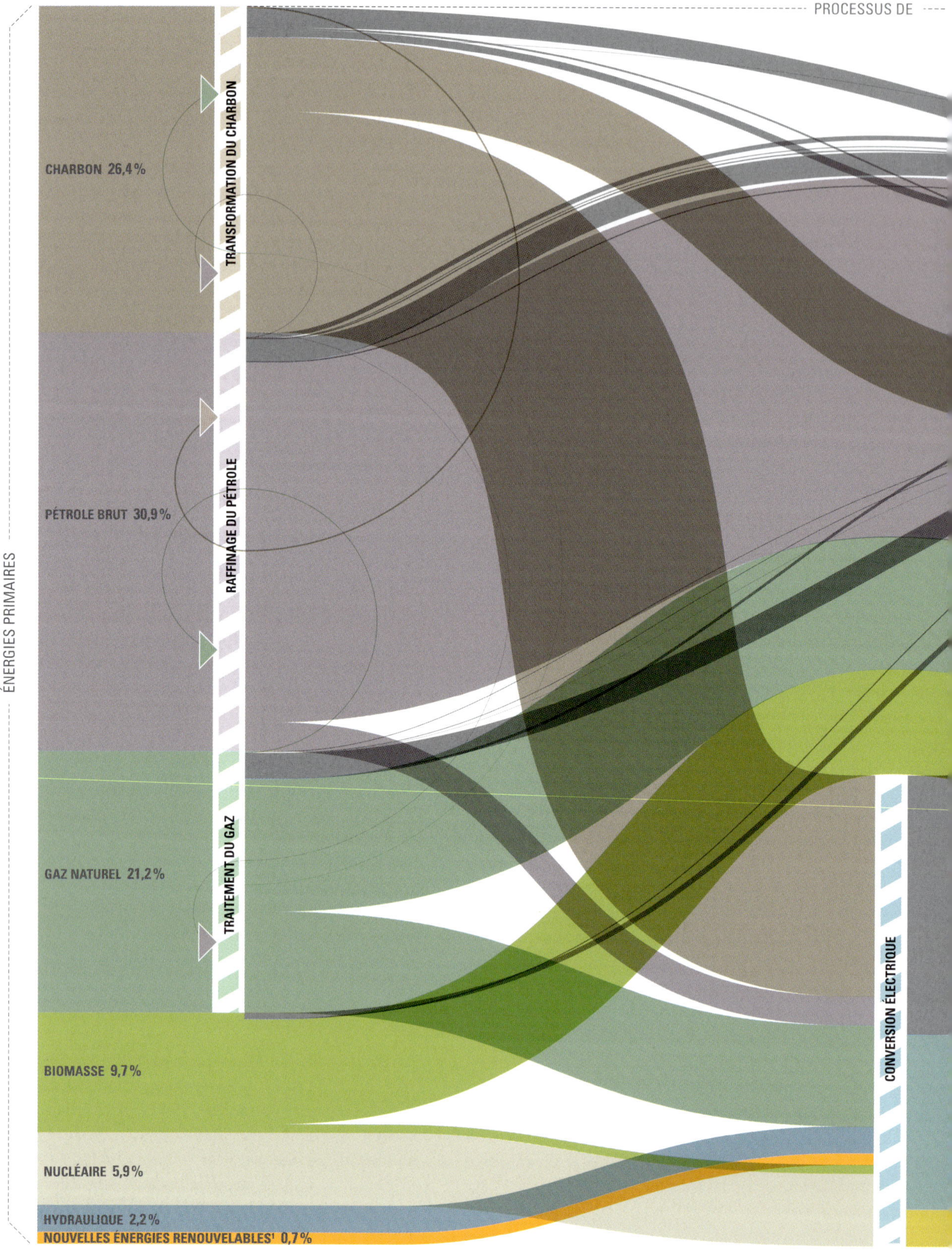

Sources >>> AIE, *World Energy Outlook 2008*, novembre 2008. >>> Emmanuel MONIER, « Nos besoins épuisent trop vite la planète », *Science & Vie*, hors-série n° 243, juin 2008. >>> ADEME, « Comparaisons internationales de l'efficacité énergétique : les enseignements des travaux pilotés par l'ADEME », *ADEME & vous. Stratégie & études*, n° 6, novembre 2007. >>> CME, *Les Politiques d'efficacité énergétique : une vision mondiale*, Londres, 2007. >>> GIEC, *Techniques, politiques et mesures d'atténuation des changements climatiques*, document technique I, novembre 1996. >>>

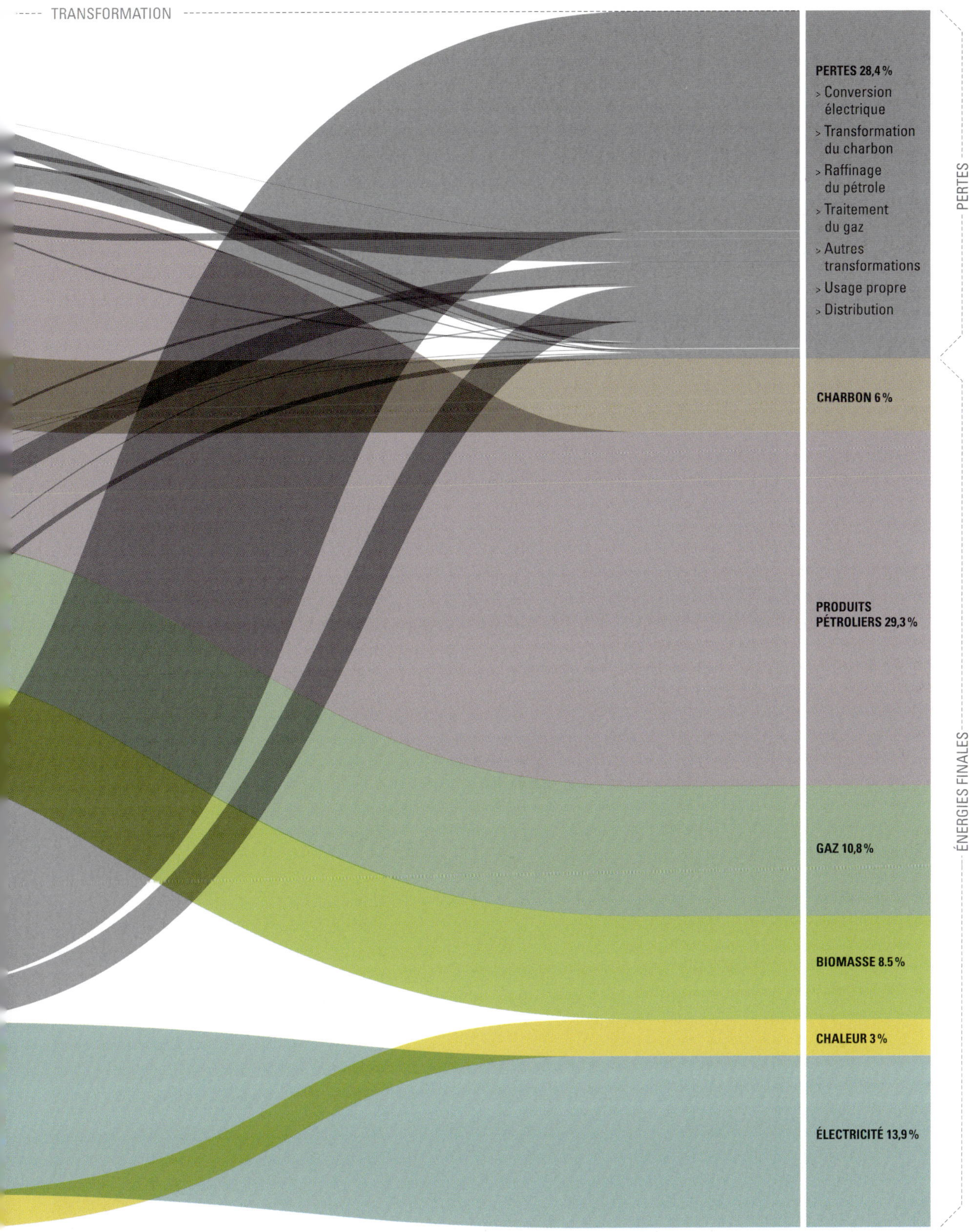

› L'intensité énergétique calcule la quantité d'énergie consommée par unité de PIB, autrement dit le volume de ressources énergétiques nécessaire pour produire une quantité donnée de richesse. Motivée par la hausse quasi continue des cours du gaz et du pétrole, mais aussi par la nécessité pour de nombreux pays de contenir le montant de leurs importations, la réduction de l'intensité énergétique constitue à présent une priorité pour la plupart de ces États. Entre 1990 et 2006, elle aurait globalement atteint 1,6 % par an alors que le PIB mondial enregistrait une hausse moyenne annuelle de 3,4 % sur la même période. On compte que, pour la seule année 2006, l'amélioration de la productivité à l'échelle mondiale a permis d'économiser un volume total d'énergie de 4,4 milliards de tonnes d'équivalent pétrole. Ce faisant, elle aurait aussi évité le rejet de 10 milliards de tonnes de dioxyde de carbone (CO_2) dans l'atmosphère.

Si la productivité énergétique a connu une amélioration particulièrement marquée en Chine, où elle a progressé de plus de 7,5 % par an sur la décennie 1990-2000, elle y reste néanmoins bien inférieure à celle d'autres régions. On estime, par exemple, que pour produire une même quantité de richesse, les pays européens utilisent en moyenne 23 % d'énergie de moins que l'Amérique du Nord, 29 % de moins que la Chine, et même 66 % de moins que les pays de la CEI. Parallèlement, on observe aussi que les gains de productivité sont sensiblement plus importants au stade de la consommation de l'énergie (industrie, transports, ménages et services) qu'à celui de sa production, au fil de laquelle les pertes restent importantes.

Plusieurs étapes sont en effet nécessaires avant que l'énergie primaire devienne utilisable sous la forme de produits raffinés comme l'essence ou le gazole. À mesure que le charbon, le pétrole ou le gaz sont extraits, purifiés, transformés, transportés et distribués, ils se trouvent ainsi amputés d'une large part de leur volume initial, consumée en pure perte au fil du processus d'exploitation de la matière première. Tirée pour l'essentiel de combustibles fossiles (75 %), mais aussi de biomasse*, d'énergies nucléaire, hydraulique, éolienne, solaire, géothermique ou marémotrice, l'électricité montre une productivité particulièrement faible puisque la génération, le transport et la distribution de l'électricité engendrent des pertes de 63 %, enregistrées, pour l'essentiel, au niveau des centrales. Ainsi, on estime que 88 % de la biomasse et 95 % du pétrole brut parviennent aux utilisateurs sous forme d'énergie électrique, mais que seulement 23 % du charbon primaire et 51 % du gaz naturel atteignent ce stade final. ‹

Face à la panne

Au regard des croissances économique et démographique mondiales, mais aussi de la dépendance des modes de vie aux énergies fossiles*, l'homme est averti : il devra très vite se montrer beaucoup plus sobre. Or si le doute n'est plus possible, le monde tarde à réagir. Ainsi, il s'expose de plus en plus aux effets probables de la raréfaction des énergies fossiles et aux risques liés à l'amplification de l'effet de serre*.

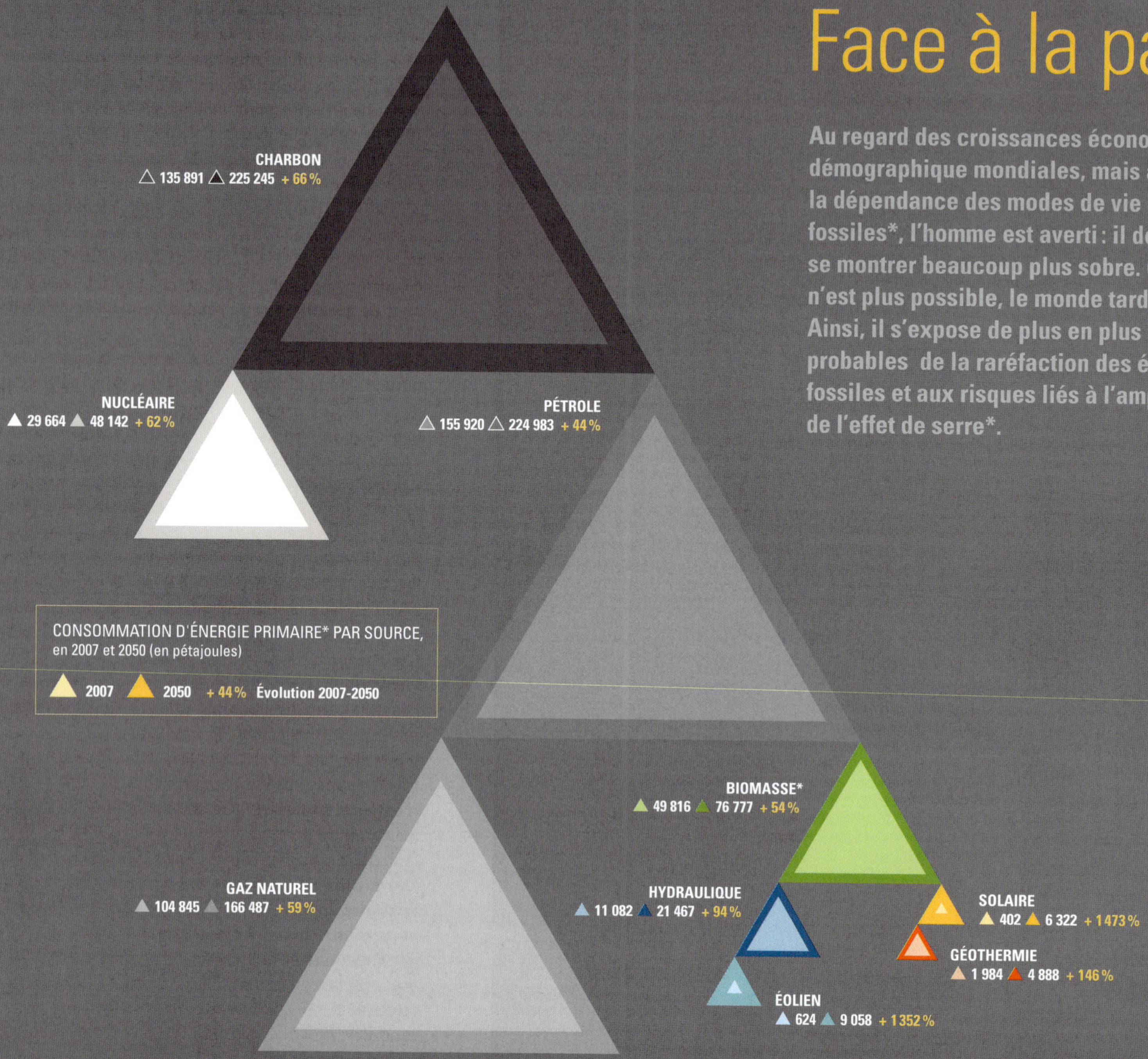

Source du graphique >>> European Renewable Energy Council, *Energy [r]evolution : a Sustainable World Energy Outlook*, Bruxelles, juin 2010.

Sources >>> Anne LEFÈVRE-BALLEYDIER, *L'Après-pétrole : lorsque les puits seront à sec*, Paris, Larousse, coll. Petite encyclopédie, 2006. >>> OCDE/IEA, *Energy Technology Perspectives 2010 : Scenarios & Strategies to 2050*, 2008. >>> Adolphe NICOLAS, *Futur empoisonné. Quels défis, quels remèdes ?*, Paris, Belin, coll. Pour la science, 2007. >>> Benjamin DESSUS, « Prospective, futurologie énergétique et principe de réalité », *Futuribles*, n° 315, janvier 2006. >>> Pierre BONNAURE, « Quel avenir pour la voiture électrique ? », *Futuribles*, n° 351, avril 2009. >>> GIEC, *Techniques, politiques et mesures d'atténuation des changements climatiques, document technique I*, PNUE/OMM, Genève, novembre 1996. >>> Post Carbon Institute, 2010. www.postcarbon.org

DE SI LENTES ÉVOLUTIONS

Aujourd'hui, tout confirme la nécessité pour l'économie mondiale de se tourner vers des énergies renouvelables et moins polluantes. Or ni les évolutions technologiques ni les investissements connus dans le secteur énergétique n'indiquent qu'une rupture technologique interviendra avant une vingtaine d'années. Souvent plus coûteuses à l'exploitation que les hydrocarbures, les sources d'énergie dites « alternatives » n'attirent pas encore de nombreux investisseurs. En outre, elles se révèlent parfois très prédatrices pour la biosphère*. Pour toutes ces raisons, il est probable que leur développement attendra le pic pétrolier* et la flambée du cours du baril de brut. Porté à 200 dollars, celui-ci permettrait alors de mieux amortir les investissements nécessaires à la conversion de l'économie et des modes de vie aux nouvelles pratiques énergétiques.

CHARBON
(voir aussi p. 134-135)

Situation paradoxale : dans un contexte de réchauffement climatique, la plus polluante des ressources est en passe de devenir l'une des principales alternatives ! Si l'on sait désormais éliminer 80 % du dioxyde de soufre et des oxydes d'azote que la combustion du charbon dégage dans l'atmosphère, les émissions de CO_2, elles, ne diminuent pas. Triplement nuisible, pour l'environnement, l'atmosphère et les mineurs, le charbon fournit néanmoins 40 % de l'électricité mondiale. Dans les prochaines décennies, on prévoit que l'exploitation de la ressource fossile – abondante et bon marché – continuera d'augmenter, *a fortiori* si les progrès de la séquestration souterraine de CO_2 viennent à se concrétiser sur le plan technique, mais aussi à s'imposer dans les pays producteurs.

NUCLÉAIRE

D'un point de vue global, l'énergie électrique tirée de la fission nucléaire présente au moins trois avantages : elle contribue très faiblement à l'effet de serre ; elle affiche une concentration énergétique très élevée ; elle repose sur un combustible dont les pays producteurs sont, en majorité, politiquement stables. Ainsi, elle pourrait connaître d'importants développements dans les prochaines décennies. Déjà, la filière nucléaire fournit 6 % de l'énergie primaire dans le monde, correspondant à 16 % de l'électricité en 2010. Bien qu'elle ne puisse pas être employée comme un carburant ordinaire, l'énergie nucléaire présente aussi l'intérêt d'être utilisable comme moyen de propulsion dans la navigation de grosses unités, telles que les porte-avions, les brise-glaces ou les sous-marins. En outre, avec le recyclage du combustible dans les nouvelles générations de réacteurs, l'énergie nucléaire s'assimile à une ressource sinon renouvelable, du moins durable. Pour autant, elle ne deviendra ni l'énergie de substitution à l'échelle mondiale, ni celle de la transition. Car en plus des sommes colossales que les centrales exigent d'investir, elles soulèvent à la fois le problème de la radioactivité des déchets et du coût de leur traitement, mais aussi celui de l'exposition aux risques de catastrophes que représente la moindre défaillance technique, de gestion ou de sécurité, dans les usines de transformation du combustible ou sur le site des centrales.

PÉTROLE
(voir p. 130-133, 134-135)

GAZ NATUREL
(voir aussi p. 134-135)

Dans la perspective du prochain pic pétrolier et en attendant que d'autres techniques voient le jour, le gaz naturel – dont les réserves tendent à augmenter – pourrait constituer, selon certains experts, l'énergie de transition. Plus abondant et moins polluant que le pétrole, polyvalent comme lui dans ses usages, il pourrait en effet connaître de nouveaux développements, notamment dans le secteur des transports routiers. Principalement utilisé pour produire de l'électricité, il imposera néanmoins de surmonter plusieurs handicaps avant de s'étendre à d'autres secteurs. Le premier est écologique, puisque le gaz naturel contribue à l'effet de serre*. Le second est lié au coût très élevé du transport par méthanier, peu compatible avec la géographie mondiale de la demande : 85 % du gaz produit est encore consommé par les pays producteurs eux-mêmes ou dans le périmètre élargi de la zone de production.

HYDRAULIQUE

En 2010, près de 99 % de l'électricité norvégienne est d'origine hydraulique, 84 % au Brésil et 56 % au Canada. En progression constante dans le monde et néanmoins sous-exploitée à l'échelle des capacités fluviales mondiales, l'énergie hydroélectrique soulève cependant plusieurs problèmes : en plus de forcer le déplacement des populations riveraines, comme sur le bas Yangzi en Chine, les barrages et leurs lacs de retenue d'eau modifient ensemble écosystèmes* et climats locaux.

ÉOLIEN

Infinitésimale à l'échelle de l'énergie produite dans le monde, la puissance éolienne y a cependant été multipliée par douze entre 1995 et 2006. Or, même en tenant compte de l'énergie utilisée lors de sa production, l'énergie électrique produite grâce à la force du vent offre l'intérêt de ne rejeter dans l'atmosphère que quelques microgrammes de CO_2 par kilowattheure. En 2009, les principaux parcs éoliens se trouvaient au Danemark, aux Pays-Bas, aux États-Unis, en Inde, en Chine et en Argentine. Cependant, ce sont l'Espagne et l'Allemagne qui constituent les premiers producteurs d'électricité d'origine éolienne. De plus en plus performante sur le plan technique et particulièrement bon marché à la production, cette source d'énergie soulève cependant le problème, majeur, de sa propre dépendance : d'intensité variable, les vents imposent en effet de disposer d'importantes capacités de stockage, qui renchérissent alors les coûts d'investissements. Tout comme le solaire, le secteur éolien viendra donc davantage compléter que remplacer les sources d'énergie fossiles.

BIOMASSE, DÉCHETS ET BIOCARBURANTS*
(voir aussi p. 80 et 142-149)

À l'échelle du globe, on estime que 77 % de l'énergie renouvelable provient de la combustion des végétaux, du bois et des déchets. Produite à partir de bois plantés, l'énergie forestière tend à se développer. Car en plus d'être bon marché, elle présente l'avantage de contribuer à ralentir l'effet de serre grâce à l'absorption, par les forêts, du dioxyde de carbone (CO_2). Dans les pays en développement, en revanche, elle soulève encore le problème d'une gestion forestière très insuffisante et non durable. À son tour, l'exploitation industrielle des biogaz issus de la fermentation des déchets (ordures ménagères, lisier, rejets agroalimentaires, etc.) permet d'éviter leur relâchement dans l'atmosphère et donc de lutter contre l'effet de serre. Avantageuse et bon marché, la technique reste toutefois peu développée à l'échelle mondiale. Pour leur part, les biocarburants de première génération pourraient représenter 10 % à 15 % des énergies de substitution au pétrole. Car s'agissant des biocarburants de deuxième génération utilisant des ronces ou du jatropha, ils ne devraient connaître de percée que d'ici vingt ans environ.

SOLAIRE

Depuis le milieu des années 1990, l'énergie solaire enregistre une progression constante, fournissant en moyenne, chaque année, 17 % d'électricité supplémentaire dans le monde. Abondante et inépuisable, produite à partir de panneaux photovoltaïques ou de centrales thermiques solaires, cette source rencontre cependant plusieurs limites : coûteuse en termes d'installations, elle est surtout difficile à concentrer, exigeant d'équiper de très grandes surfaces de captation, elles-mêmes dispendieuses en énergie.

GÉOTHERMIE

Issue de la chaleur dégagée par la désintégration radioactive naturelle de certaines roches, la géothermie se partage en deux filières principales : l'une, de plus en plus utilisée dans l'habitat ou la culture sous serre, exploite la chaleur des sous-sols directement par des pompes à chaleur ; l'autre la récupère pour produire de l'électricité, dans des centrales dites géothermiques. Plus compétitive que l'énergie solaire, la géothermie ne fournit pourtant que 0,3 % de l'électricité mondiale.

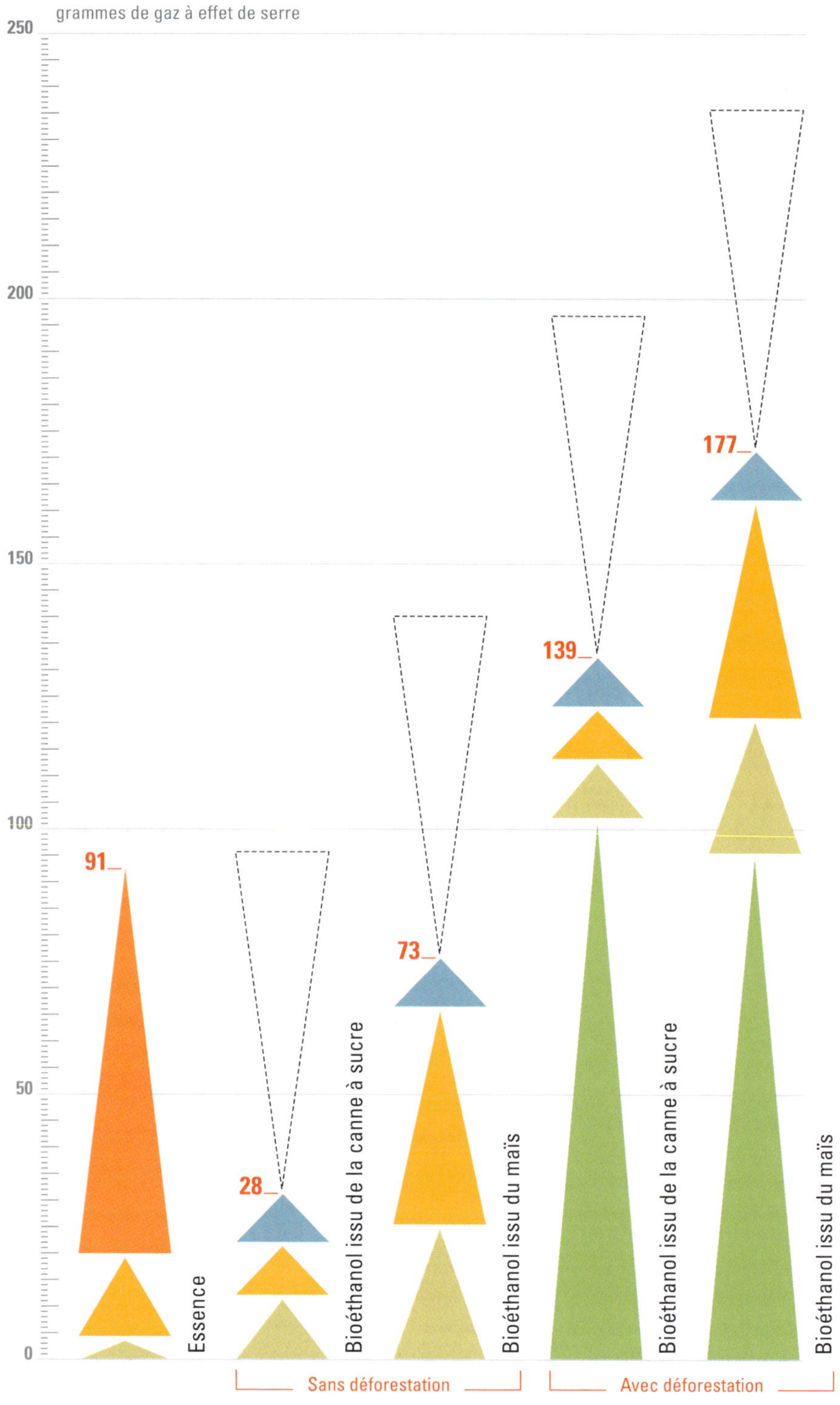

Une source d'énergie paradoxale

Selon que l'on considère l'efficacité économique, écologique, sociale ou énergétique des biocarburants*, leur bilan varie. Tandis que certains les présentent comme une alternative durable aux énergies fossiles*, d'autres soulignent leurs effets néfastes sur la sécurité alimentaire et le climat. Doit-on alors espérer que les progrès techniques dans ce secteur offriront bientôt de résoudre le dilemme ?

VOLUMES COMPARÉS D'ÉMISSIONS DE GAZ À EFFET DE SERRE* (GES) POUR LA PRODUCTION D'ESSENCE ET DE BIOETHANOL, en 2009
(en grammes de gaz à effet de serre équivalent CO_2 par mégajoule d'énergie produite)

- 177 Bilan gaz à effet de serre réel
- Émissions lors de la combustion du bioéthanol compensées par l'absorption de CO_2 lors de la croissance du maïs ou de la canne à sucre
- Émissions lors de la combustion du bioéthanol non compensées par l'absorption de CO_2 lors de la croissance du maïs ou de la canne à sucre
- Émissions lors de la combustion de l'essence
- Émissions lors du raffinage du carburant
- Émissions lors de l'extraction (pétrole) ou de la production (maïs et canne à sucre)
- Émissions lors du changement d'usage du sol (déforestation)

Source >>> U.S. Energy Department, Energy Information Administration, *International Energy Outlook 2009*, mai 2009.

UN BILAN CARBONE AMBIGU

À propos de l'efficacité climatique des biocarburants, les avis divergent, les calculs aussi… Ces derniers varient, par exemple, en fonction de l'écosystème d'origine (tourbière, forêt, savane, terres abandonnées, etc.) et de son éventuelle conversion pour y cultiver le végétal de base. Ils changent aussi avec le végétal utilisé (soja, maïs, huile de palme, sucre de canne, colza, jatropha, etc.) et la quantité d'énergie nécessaire à son extraction ou à sa fabrication. Au final, la production d'un biocarburant peut donc générer des émissions de dioxyde de carbone (CO_2) parfois plus importantes que les rejets qu'elle permet d'éviter. Ainsi, on peut calculer que le bioéthanol produit à partir de maïs et dont la culture a nécessité de déboiser une superficie équivalente de forêt affiche une contribution totale à l'effet de serre près de deux fois supérieure à celle de l'essence.

Anselm EISENTRAUT, « Sustainable Production of Second-Generation Biofuels :

Sources >>> OCDE/AIE, *World Energy Outlook 2009 – Résumé*, 2009. >>> Richard BRITTAINE et NeBambi LUTALADIO, « Jatropha : A Smallholder Bioernergy Crop. The Potential for Pro-Poor Development », *Integrated Crop Management*, FAO/IFAD, vol. 8, 2010. >>> Pierre JACQUET, Rajendra K. PACHAURI et Laurence TUBIANA (dir.), *L'Annuel du développement durable 2010. Regards sur la terre*, Paris, Presses de Sciences Po, 2010. >>> FAO, *La Situation mondiale de l'alimentation et de l'agriculture 2008. Les biocarburants : perspectives, risques et opportunités*, Rome, 2008.

RÉPARTITION DE LA PRODUCTION MONDIALE DE BIOCARBURANTS PAR PAYS, en 2007 (en %)

ÉMISSIONS DE CO_2 DUES AU CHANGEMENT D'USAGE DES SOLS POUR LA PRODUCTION DE BIOCARBURANTS (en tonnes par hectare)

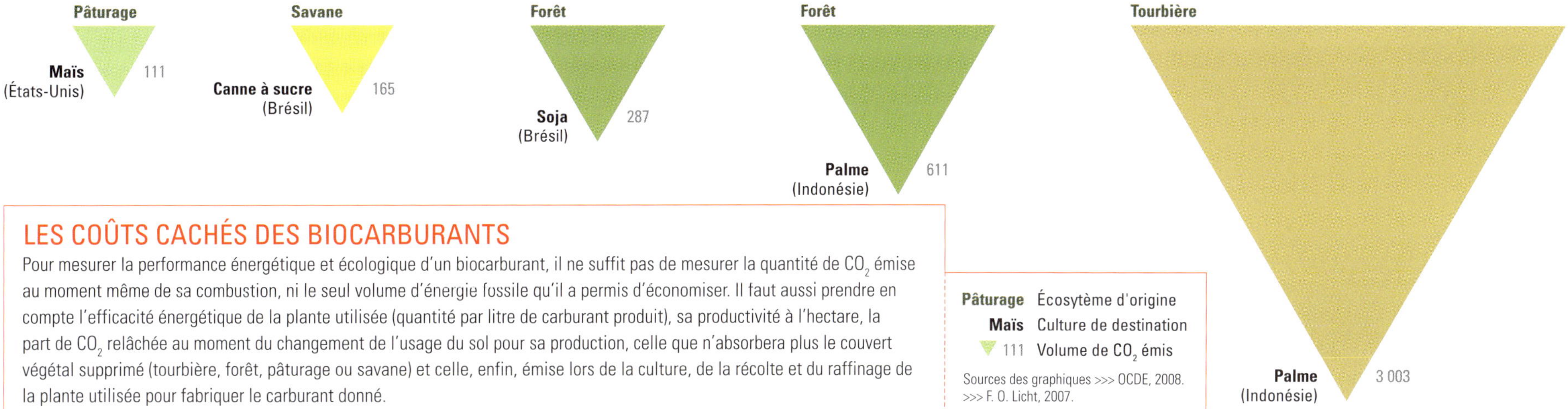

Sources des graphiques >>> OCDE, 2008. >>> F. O. Licht, 2007.

LES COÛTS CACHÉS DES BIOCARBURANTS

Pour mesurer la performance énergétique et écologique d'un biocarburant, il ne suffit pas de mesurer la quantité de CO_2 émise au moment même de sa combustion, ni le seul volume d'énergie fossile qu'il a permis d'économiser. Il faut aussi prendre en compte l'efficacité énergétique de la plante utilisée (quantité par litre de carburant produit), sa productivité à l'hectare, la part de CO_2 relâchée au moment du changement de l'usage du sol pour sa production, celle que n'absorbera plus le couvert végétal supprimé (tourbière, forêt, pâturage ou savane) et celle, enfin, émise lors de la culture, de la récolte et du raffinage de la plante utilisée pour fabriquer le carburant donné.

› Voilà déjà quelques années que les changements climatiques, d'une part, et l'épuisement progressif des énergies fossiles et la hausse des prix qu'il entraînera, d'autre part, constituent des données structurantes des débats énergétiques. Idéalement, l'avenir serait aux énergies moins polluantes et renouvelables. C'est dans ce contexte que vient s'inscrire la croissance accélérée de la production de biocarburants, dont on distingue deux sortes : le bioéthanol et le biodiesel. Le premier est fabriqué à partir de céréales, comme le maïs et le riz, de canne à sucre ou de betterave sucrière, tandis que le second est tiré d'oléagineuses, telles que le soja, le colza et l'arachide, ou du palmier à huile. Les deux combustibles se distinguent également à l'usage, le biodiesel venant seulement compléter le gasoil, alors que le bioéthanol, lui, peut parfois se substituer à l'essence.
Appelée à poursuivre sa croissance rapide (+ 353 % entre 2000 et 2008), la production globale de biocarburants ne répond pourtant aujourd'hui qu'à 0,5 % de la consommation énergétique mondiale. Autrement dit, une surface équivalente à celle de la terre serait loin de la satisfaire entièrement ! Elle le pourrait d'autant moins qu'il faudrait ajouter à la demande d'énergie mondiale, celle absorbée par le processus même de fabrication du biocarburant, soulignant ainsi l'un des effets paradoxaux d'une énergie renouvelable exigeant de consommer beaucoup d'énergie pour en produire davantage…
En plus du détournement de terres arables vers la production agroénergétique et des risques que cela pourrait faire peser sur la sécurité alimentaire mondiale, l'élaboration des biocarburants présente d'autres effets secondaires qui, dorénavant, l'expose à des critiques sévères. Entre autres répercussions, la déforestation ou la conversion de savanes et de tourbières opérées dans le but de gagner des terres agricoles, pastorales ou de plantation ne sont pas les moindres. Bien souvent, les émissions de gaz à effet de serre que ce processus induit viennent alors s'ajouter à celles produites par l'usage d'intrants* chimiques et de véhicules pour la production des végétaux ou lors de leur raffinage. Au total, les vertus climatiques des biocarburants seraient donc contestables. Selon un rapport publié en 2009 par trois agences onusiennes (FAO*, PNUE* et UNFF*) et portant sur les forêts dans le monde, la part d'émissions de gaz à effet de serre économisés lors de la combustion des biocarburants issus de produits agricoles serait globalement moins importante que celle liée à la déforestation et à la culture de certaines plantes que leur fabrication exige.
Pour cette raison, de nombreux espoirs reposent aujourd'hui sur les progrès techniques accomplis dans le secteur, qui pourraient permettre de résoudre la contradiction grâce au développement des biocarburants dits « de deuxième génération ». Issus de résidus végétaux, de parties non utilisées des productions agricoles ou encore de plantes non comestibles comme certaines ronces, ces biocarburants auraient pour avantage de ne pas placer en concurrence les productions agricoles destinées à l'alimentation et celles cultivées à des fins énergétiques.
Parmi les pistes prometteuses, on peut ainsi citer celle du jatropha, un arbuste sauvage, toxique pour l'homme, dont les propriétés, une fois transformé, sont similaires à celles du diesel. Répandue dans les régions tropicales, résistante à la sécheresse, la plante présenterait l'intérêt de pouvoir être cultivée dans des régions aux terres arides, voire dégradées. Cependant, de nombreux chercheurs soulignent que la plante ne conserverait ces avantages qu'exploitée sur des terres impropres à d'autres produits agricoles, mais aussi à petite échelle, pour éviter les contraintes de la culture en verger (arrosage, engrais, pesticides, etc.). Implanté sur des espaces limités, à côté et non à la place d'autres productions agricoles, le jatropha resterait donc une piste énergétique alternative, utilisable au niveau local. D'ici à 2033, enfin, de nouvelles générations de biocarburants pourraient être mises au point, comme celle des huiles tirées de la culture de microalgues, plus efficaces que les oléagineux terrestres et qui, par ailleurs, n'exigeraient ni de déboiser ni de confisquer des terres aux cultures alimentaires. Prometteuse en apparence, la piste impose cependant aujourd'hui de conserver une grande prudence, en attendant notamment que l'exploitabilité de la technique soit établie et que ses effets écologiques secondaires soient documentés. Finalement, qu'ils soient sujets à espoir ou à caution, les biocarburants soulignent, eux aussi, par les dilemmes qu'ils imposent, qu'il serait vain de vouloir traiter les risques climatiques et l'épuisement des énergies fossiles par la seule voie technologique. ‹

Potential and Perspectives in Major Economies and Developing Countries », *Information Paper*, AIE, février 2010. >>> BIO Intelligence Service, « Analyse de cycle de vie appliquée aux biocarburants de première génération consommés en France – Synthèse », *Étude pour l'ADEME*, février 2010. >>>

Précieuse canopée

Plus que jamais, les forêts sont soumises à forte pression. Sources de services ou de revenus d'exportation, elles jouent également un rôle critique sur le plan climatique. Cependant, à mesure que la demande en énergie renouvelable s'accroît, la forêt met en jeu des intérêts de plus en plus divergents.

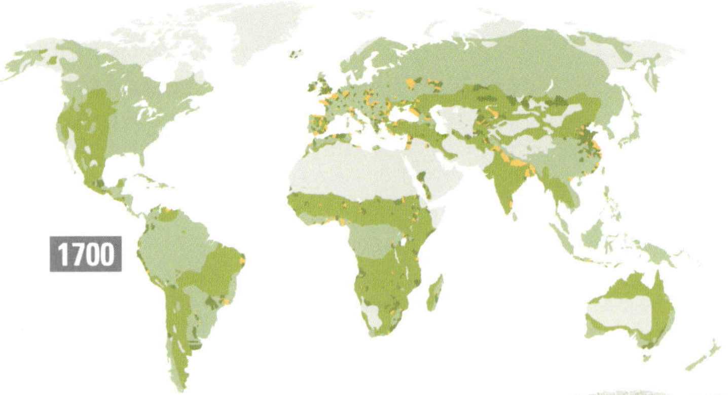

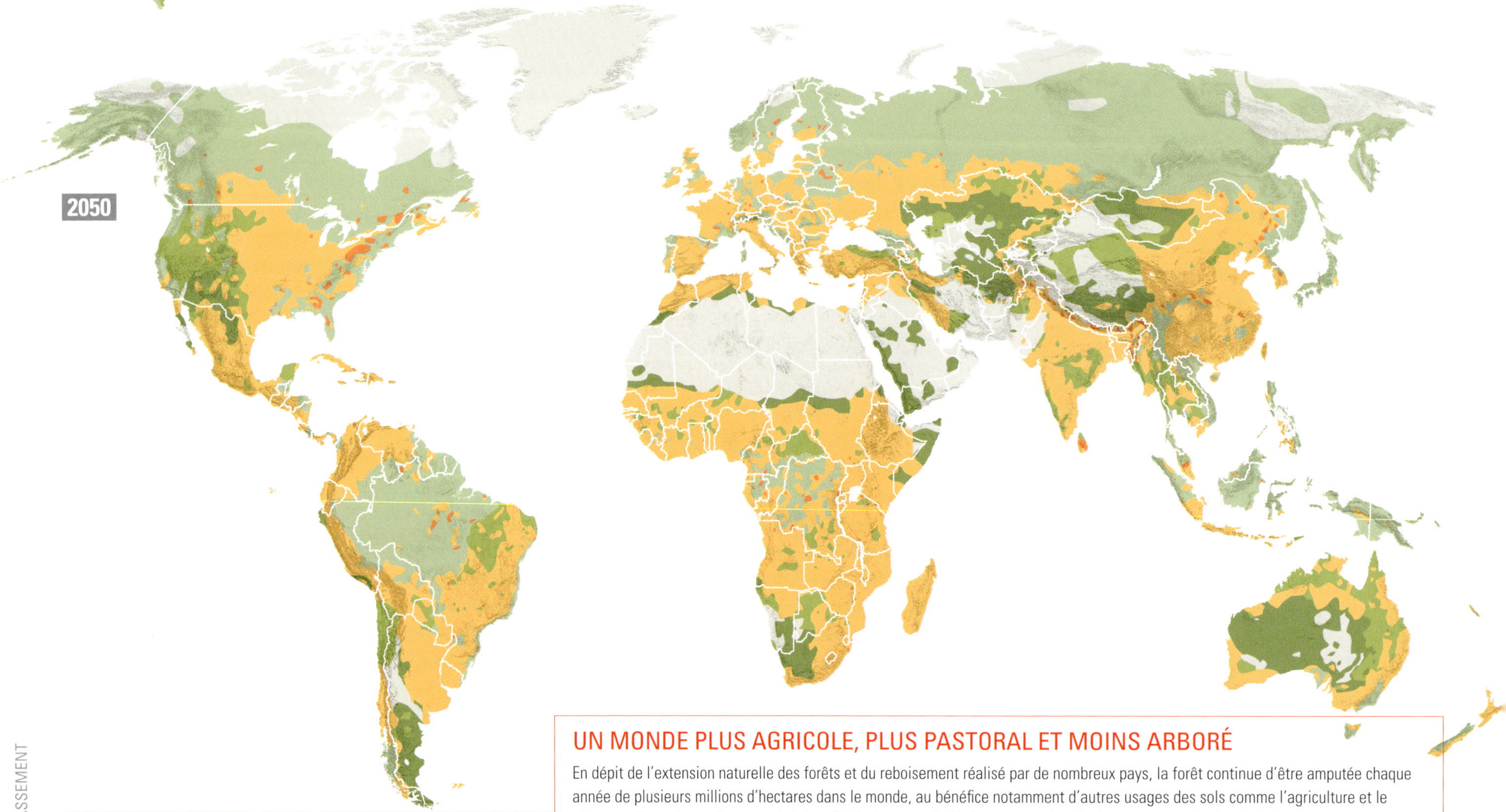

UTILISATION DES TERRES, en 1700 et en 2050

- Terres agricoles et d'élevage intensif
- Prairie de pâturage extensif
- Régénération après usages
- Prairies
- Forêts
- Terres improductives

UN MONDE PLUS AGRICOLE, PLUS PASTORAL ET MOINS ARBORÉ

En dépit de l'extension naturelle des forêts et du reboisement réalisé par de nombreux pays, la forêt continue d'être amputée chaque année de plusieurs millions d'hectares dans le monde, au bénéfice notamment d'autres usages des sols comme l'agriculture et le pâturage. Dans de nombreuses régions, elle diminue aussi à la faveur de l'urbanisation, ou encore de l'exploitation croissante de produits ligneux*, de plantations d'oléagineux et de la coupe de bois de chauffe. Plus faible que dans les années 1990-2000, au cours desquelles la perte de superficie forestière mondiale s'élevait en moyenne à 8,3 millions d'hectares par an, celle-ci atteint néanmoins le rythme annuel moyen de 5,2 millions d'hectares au cours de la décennie 2000-2010. Parmi les exceptions à cette tendance mondiale, on relève que le reboisement opéré en Chine, en Inde et au Vietnam permet au continent asiatique d'enregistrer un gain net de son couvert forestier sur cette période, et ce malgré le recul de la forêt dans plusieurs pays d'Asie du Sud et du Sud-Est.

Source des cartes >>> Robert ALKEMADE *et al.*, « GLOBIO3 : Framework to Assess Global Terrestrial Biodiversity : Options to Reduce Global Biodiversity Loss », *Ecosystems*, n° 12, février 2009.

Sources >>> Alain KARSENTY, « Payer pour les forêts tropicales ? Vers un régime international des forêts fondé sur leur conservation rémunérée », *Futuribles*, n° 361, mars 2010. >>> Joël BOULIER et Laurent SIMON, *Atlas des forêts dans le monde : protéger, développer, gérer une ressource vitale*, Paris, Autrement, coll. Atlas/Monde, 2009. >>> World Business Council for Sustainab e Development, Vision 2050. *The New Agenda for Business - in Brief*, 2010. >>> UNEP/FAO/UNFF, *Vital Forests Graphics*, 2009 >>> FAO, *Situation des forêts du monde*, Rome, 2009. >>>

Il est de multiples façons de décrire les forêts, en fonction de leur biome*, de leur état ou de leurs usages, donnant à chaque fois une clé supplémentaire pour envisager leur futur. Globalement, on estime qu'elles occupent 31 % des terres émergées de la planète, dont 56 % de forêts tropicales, 33 % de forêts boréales et 11 % de forêts tempérées. Parmi les couverts naturellement boisés (non plantés et composés d'espèces indigènes), on peut aussi distinguer les forêts « naturelles modifiées », où l'on repère des traces d'activité humaine, et les forêts « primaires », qui demeurent intouchées. De la même façon, on peut classer les forêts selon les espèces vivantes qu'elles abritent ou en fonction de leurs parts respectives dans la biodiversité globale. De ce point de vue, la canopée des forêts tropicales humides est la plus riche, conférant une responsabilité patrimoniale particulière aux pays où elle se concentre.

Des forêts à haute valeur ajoutée…

Brésil, Pérou, République démocratique du Congo, Indonésie, Inde, Chine, Australie, États-Unis, Canada, Russie : à eux seuls, ces dix pays rassemblent 70 % de la forêt dans le monde. Tantôt parcs naturels, exploitations forestières ou espace de services biologiques, la forêt renvoie dans chacun d'eux à des fonctions et des enjeux différents. Transformée en pâte à papier au Canada ou en combustible en Inde, elle reste aussi un véritable mode de vie pour les populations indiennes en Amazonie. Désormais enfin, c'est par sa contribution majeure à la lutte contre l'effet de serre qu'elle gagne de l'importance. Or, paradoxalement, si la forêt n'a jamais été aussi précieuse sur les plans économique, écologique, social et symbolique, son avenir demeure des plus fragiles.

De pratique très ancienne, le déboisement ne devient massif qu'au XXe siècle. Aujourd'hui encore, en dépit des initiatives pour le ralentir, la tendance reste au recul du couvert forestier mondial : tandis qu'on recensait 5 milliards d'hectares de forêt vers 1900, sa superficie n'atteindrait déjà plus que 4 milliards d'hectares en 2010. Et si l'ampleur annuelle moyenne des pertes forestières a plutôt diminué sur la dernière décennie, la déforestation, elle, se poursuit au rythme annuel de 13 millions d'hectares par an, soit une superficie équivalant à quatre fois celle de la Belgique. Nettement plus marquée dans les pays en développement, la déforestation se concentre à 94 % dans les seules forêts tropicales. Sous l'effet de pertes enregistrées dans les années 2000 au Brésil, en Indonésie, au Soudan, en Birmanie et en Zambie notamment, le recul global de la forêt se poursuit, en dépit des gains nets relevés en Europe, en Chine et aux États-Unis.

Déjà largement hypothéqué en plusieurs régions du monde par les pollutions industrielles et autres pluies acides qui déciment les massifs, l'avenir des forêts se trouve également soumis, dans de nombreux pays, aux répercussions de la hausse de la demande en terres et en énergie. Le mécanisme est à présent bien connu… Portée à la fois par la croissance démographique mondiale, par la progression du niveau de vie moyen des populations et par les évolutions de leur régime alimentaire, la demande de viande et de denrées agricoles s'accroît. En augmentant la pression sur les terres fertiles, elle tend à stimuler le recours au déboisement, comme en Amazonie, où le Brésil déplace ses zones d'élevage de bovins. Accentuée par la promotion des énergies renouvelables, la demande d'agrocarburants conduit à son tour certains États à convertir leurs forêts en vastes plantations, comme celles de palmiers à huile en Indonésie.

> Les menaces qui pèsent sur la forêt sont à la mesure des richesses qu'elle renferme.

Parallèlement, la croissance de la consommation de produits ligneux tels que le bois scié, les panneaux à base de bois, le papier ou le carton renforce l'utilisation industrielle de la forêt en Europe, en Amérique du Nord et plus encore en Asie. La production de bois rond ne suffisant bientôt plus à satisfaire une demande en forte hausse dans cette dernière région, on peut y prévoir une augmentation des forêts plantées. Cependant, pour la FAO*, c'est encore par l'usage du bois comme source bioénergétique que l'avenir de la forêt sera le plus déterminé, soulignant ainsi la difficulté de faire converger des logiques écologiques contradictoires.

… et enjeux de dilemmes écologiques

Tandis que la lutte contre le réchauffement climatique et l'épuisement des ressources fossiles invite à privilégier les énergies renouvelables comme les combustibles ligneux, la coupe des arbres en masse pourrait, elle, contribuer à amplifier considérablement l'effet de serre*. Car si une forêt permet de capter de larges quantités de dioxyde de carbone (CO_2) dans l'atmosphère tant que les arbres sont vivants, elle en relâche presque autant quand ils sont brûlés ou transformés. Disparue, la forêt cesse alors à la fois de jouer son rôle de puits de carbone et amplifie le rejet global de CO_2. Par leur seule biomasse*, l'ensemble des forêts dans le monde renfermeraient quelque 289 gigatonnes (Gt) de carbone. Or on estime aussi que le volume de CO_2 émis chaque année par le déboisement des forêts s'approche déjà de 4,5 Gt et contribue à hauteur de 20 % aux émissions de gaz à effet de serre.

La contradiction ne s'arrête pas là. À l'échelle mondiale, la forêt réunit environ deux tiers des espèces animales et végétales. Or, si la plantation de grandes étendues d'arbres permet d'éviter la déforestation de certaines régions ; si elle contribue aussi à amortir l'impact climatique de la forêt, elle ne permet pas d'en maintenir les autres fonctions comme la préservation de la biodiversité. Bien au-delà des seules logiques patrimoniales avancées pour souligner la nécessité de protéger la forêt, il s'agit donc aussi de préserver le fonctionnement des écosystèmes dont l'homme dépend, et dans lesquels chaque espèce occupe une place essentielle. Ainsi, on a pu observer que plus la biodiversité d'un écosystème* est riche, plus elle offre de chances d'adaptation en cas de changement environnemental. Parallèlement, on se souvient que chaque espèce remplit une fonction dont dépendra le développement ou la survie d'une autre. Finalement, au regard des multiples intérêts économiques, écologiques et sociaux, contradictoires ou divergents que la forêt met aux prises, on mesure le grand défi qui reste à relever pour les concilier et tendre ainsi vers des modèles de gestion forestière qui soient durables… pour tous !

Sur cette voie, de nombreux engagements ont déjà été pris depuis vingt ans : plan d'action forestier tropical, puis création de l'Organisation internationale des bois tropicaux dans les années 1980 ; accord international sur le commerce des bois tropicaux, puis mise en place de labels de certification garantissant les bois produits de manière durable dans les années 1990 ; développement des zones protégées (environ 10 % de la surface boisée mondiale) ; enfin, en 2008, accord sur la mise en place d'un mécanisme de compensation financière rémunérant « la déforestation évitée » (UN-REDD*).

Rapidement énoncés, les efforts internationaux entrepris pourraient ainsi laisser penser que la déforestation devrait bientôt ralentir. Or de multiples études indiquent que dans les pays en développement, la déforestation restera difficile à contrarier. Comme elles exigent de disposer à la fois d'un droit foncier clair, de moyens de contrôle et de surveillance, de compétences spécifiques dans le domaine de la gestion forestière et de solutions alternatives pour les populations locales, les dynamiques à l'œuvre demanderont sans doute encore quelques décennies pour être inversées.

FAO, *Évaluation des ressources forestières mondiales 2010. Résultats principaux*, Rome, 2010. >>> FAO, *Évaluation des ressources forestières mondiales 2005. Progrès vers la gestion forestière durable*, Rome, 2006. >>> PNUE, *Rapport annuel 2009. Saisir les opportunités de l'économie verte*, Genève, 2010.

Les marchés de la biodiversité

Amorcée par l'ère industrielle et amplifiée par la mondialisation économique, le sixième grand épisode d'extinction d'espèces pourrait se révéler beaucoup plus rapide que les précédentes. Face à la gravité de la situation, la valorisation économique de la diversité biologique permettra-t-elle de changer la trajectoire ?

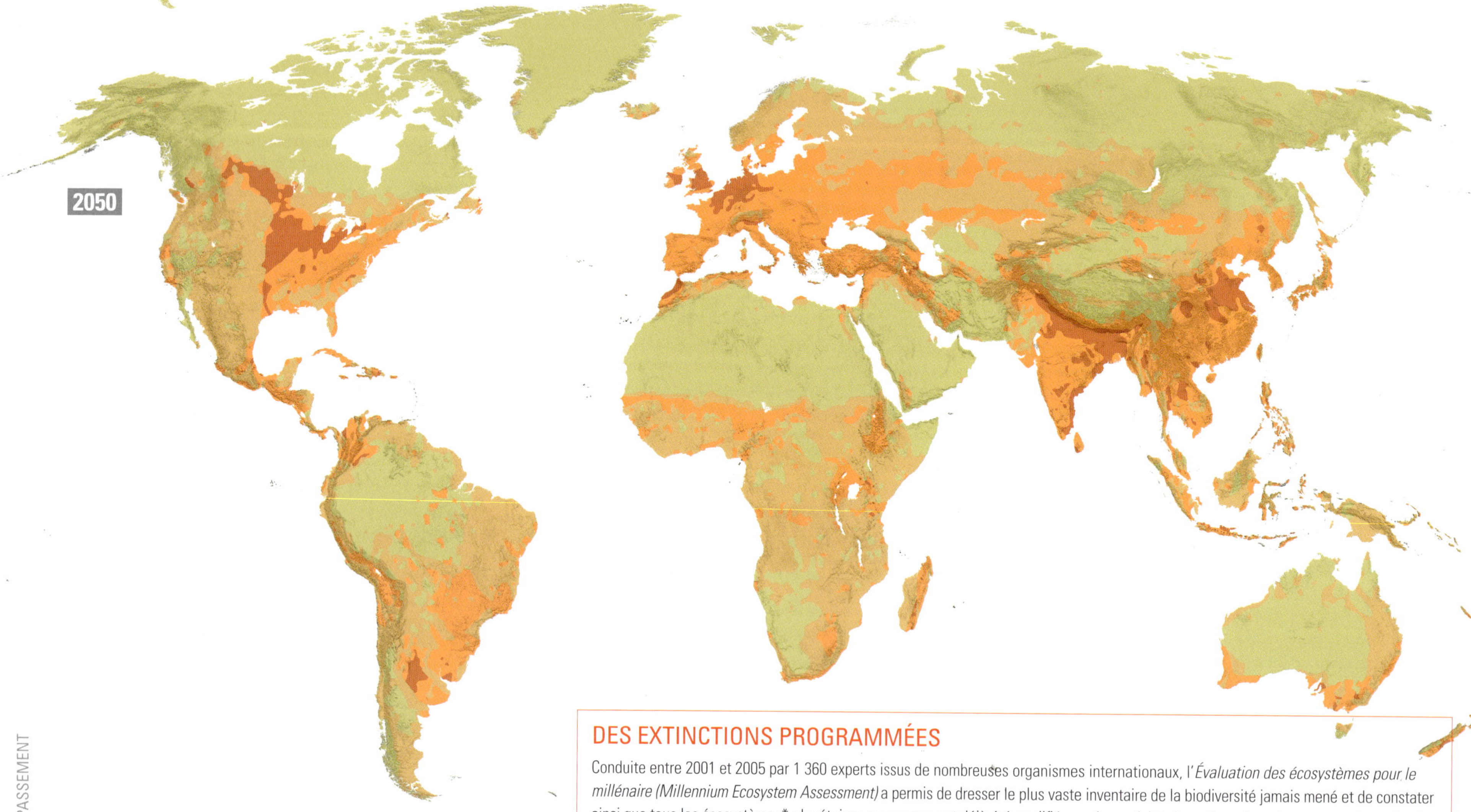

IMPACTS ANTHROPIQUES SUR LA DIVERSITÉ DES ESPÈCES, en 1700 et 2050

Diminution moyenne des espèces (en %)

0 – 25 : Faible
25 – 50 : Moyenne
50 – 75 : Forte
75 – 100 : Élevée

DES EXTINCTIONS PROGRAMMÉES

Conduite entre 2001 et 2005 par 1 360 experts issus de nombreuses organismes internationaux, l'*Évaluation des écosystèmes pour le millénaire (Millennium Ecosystem Assessment)* a permis de dresser le plus vaste inventaire de la biodiversité jamais mené et de constater ainsi que tous les écosystèmes* planétaires ou presque ont déjà été modifiés par les activités humaines. Dans leur rapport, les scientifiques prévoient que, d'ici à 2100, 12 % des oiseaux, 25 % des mammifères et 32 % des amphibiens auront disparu. Selon d'autres travaux récents, entre 15 % et 37 % des espèces animales de la planète pourraient s'éteindre d'ici à 2050 sous l'effet du réchauffement climatique, voire jusqu'à deux tiers d'entre elles d'ici un siècle, à la suite de la destruction de leur habitat. Dès aujourd'hui, sur les 5 490 mammifères recensés dans le monde, 505 sont vulnérables, 449 en danger, 188 en danger critique d'extinction et 79 déjà éteints. Au sein de la communauté internationale des chercheurs, la perspective d'une extinction massive d'origine anthropique* fait désormais consensus.

Source des cartes >>> PNUE, *Crise alimentaire et environnement. Rôle de l'environnement dans la prévention des crises alimentaires*, Birkeland Trykkeri (Norvège) (Ed.), février 2009.

› Globalement, la biodiversité désigne la diversité naturelle des organismes vivants, de toutes origines (écosystèmes terrestres, marins ou aquatiques) dans l'espace et dans le temps. Elle comprend la diversité écologique (variabilité des écosystèmes), la diversité spécifique (variabilité entre les espèces) et la diversité génétique (variabilité au sein de chaque espèce). Si la biodiversité remonte à l'apparition de la vie sur terre, le concept n'apparaît, lui, que dans les années 1980 et renvoie alors à deux phénomènes concomitants : le recul de la diversité biologique à l'échelle planétaire et la prise de conscience internationale du phénomène et de ses enjeux.

Changements climatiques, conversion des terres, épandage d'intrants chimiques, destruction de l'habitat, pollution, dispersion des espèces invasives, captures excessives ou surexploitation : sous l'effet des activités humaines, la biodiversité planétaire diminuerait aujourd'hui à un rythme de 100 à 1 000 fois plus rapide que durant toute l'histoire géologique. D'après l'Union internationale pour la conservation de la nature (UICN), la perte actuelle pourrait entraîner en quelques décennies la plus vaste extinction d'espèces depuis la disparition des dinosaures, il y a 65 millions d'années. Selon la « Liste rouge des espèces menacées » de l'organisation, 16 119 des 40 177 espèces animales et végétales évaluées dans le monde pourraient disparaître : un amphibien sur trois, un conifère sur quatre, un oiseau sur huit. De la même façon, les mangroves et récifs coralliens ont déjà largement régressé dans le monde, respectivement de 35 % et de 20 %. Or ils offrent à la fois leur habitat à de nombreuses espèces, leur emploi à plus de 500 millions de personnes et une protection contre les tempêtes aux littoraux. Au-delà de préoccupations conservatoires que la perte de biodiversité suscite, elle représente donc aussi un risque d'altération du fonctionnement des écosystèmes et une diminution des nombreux services qu'elle assure : production halieutique*, qualité de l'eau douce, continuité de la chaîne alimentaire, lutte contre les ravageurs dans les écosystèmes agricoles, etc. Parmi les exemples les plus marquants, on peut aussi citer celui des abeilles, qui, par la pollinisation, participent à la reproduction de 80 % des plantes à fleurs et à la production de 35 % de la nourriture des hommes dans le monde (fruits). Or, partout sur la planète ou presque, les colonies d'abeilles s'éteignent : aux États-Unis, quelque 25 % du cheptel auraient disparu au cours de l'hiver 2006-2007. En Europe, les pertes peuvent atteindre, localement, jusqu'à 90 % des colonies depuis 1990. En France, 1 500 apiculteurs ont dû cesser leur activité entre 1995 et 2005.

Protéger pour conserver

Plus précoces que les accords sur le climat ou l'ozone, les initiatives de protection et de conservation de la biodiversité précèdent aussi largement l'apparition du néologisme dans les années 1980. Elles prennent la forme de parcs naturels créés aux États-Unis dès le milieu du XIXe siècle ou de la création d'organisme comme l'Office international de la protection de la nature en 1929. Cependant, la préservation de la biodiversité intègre véritablement l'agenda international au cours des années 1980, donnant lieu, depuis, à de nombreux engagements. Consacrée par le sommet de la Terre de Rio, en juin 1992, la convention sur la diversité biologique constitue le plus important d'entre eux. Entré en vigueur en 1993 et désormais ratifié par près de 190 États, le texte fixe trois objectifs principaux à ses signataires : la conservation de la biodiversité, l'utilisation durable des espèces et des milieux naturels, le partage juste et équitable des bénéfices issus de l'utilisation des ressources génétiques. Toutefois, au vu de l'amplification continue de la menace pesant sur les espèces, les actions envisagées montrent leurs limites, ne laissant plus penser qu'elles inverseront, à elles seules, la tendance à l'appauvrissement. Aussi utile que demeure le recours aux aires protégées pour préserver certaines espèces et leurs écosystèmes, il ne permet pas, par exemple, de lutter contre les causes globales du recul de la biodiversité. Or, qu'il s'agisse du commerce d'animaux exotiques, de l'invasion biologique d'espèces importées ou du réchauffement de l'atmosphère, les dynamiques à l'œuvre dans la dégradation biologique ramènent de plus en plus à l'augmentation du commerce international, au modèle de croissance, voire au processus même de développement. Et c'est donc en s'appuyant justement sur ce constat que l'idée se développe d'étendre la logique de marché à la biodiversité et à sa capacité productive, afin de rémunérer les services qu'elle rend.

Le développement représente le meilleur moyen de protéger la biodiversité.

À l'origine, l'idée de préserver la biodiversité grâce au marché consiste à la doter d'une valeur économique ou marchande qui soit à la fois attractive pour ceux qui la protègent, et qui dissuade ses prédateurs par les manques à gagner que sa destruction représenterait. Pour atteindre ce résultat, le concept s'appuie sur la notion de services écosystémiques, soit les bénéfices que l'homme tire de la nature dans sa vie quotidienne pour son alimentation, ses médicaments, ses cosmétiques, etc. En rémunérant ces services, la valorisation de la biodiversité encourage leur renouvellement, privilégie la gestion durable des ressources et contribue ainsi à la conservation de la diversité biologique. Parmi les déclinaisons possibles de cette mise sur le marché, on retient trois formes principales : l'écotourisme, la bioprospection et l'extractivisme.

Valoriser pour protéger

Tandis que le tourisme conduit souvent à détériorer les écosystèmes locaux par le développement d'infrastructures ou la modification de modèles de développement traditionnels, l'écotourisme permet au contraire de financer des aires protégées, de sensibiliser à l'écoconservation et de promouvoir le développement durable dans les régions concernées.

Pour sa part, la bioprospection désigne l'identification de substances naturelles disposant d'un potentiel économique propre. Initialement privilégiée par la pharmacologie, les biotechnologies et l'agriculture, la biosprospection suscite davantage de réserves aujourd'hui. Moins rémunératrice que prévu pour les firmes exploitantes, ses dividendes ne suffisent pas non plus à convaincre les pays en développement de se lancer dans ce nouveau mode de gestion et d'exploitation de leur territoire. À leur tour, les progrès de la biologie moléculaire offrent aux entreprises de réduire leur dépendance vis-à-vis des ressources naturelles et des communautés locales qui les contrôlent.

Enfin, l'extractivisme représente l'exploitation durable de matériels biologiques forestiers autres que le bois, tirés des écosystèmes naturels ou des plantations aménagées, et qui peuvent être utilisés à des fins commerciales, domestiques, sociales ou culturelles : noix comestibles, fruits, fibres, végétaux utilisés à des fins médicinales et cosmétiques, etc. Si les bénéfices de l'extractivisme sont indiscutables d'un point de vue écologique, l'exploitation lointaine de produits souvent inconnus des consommateurs se heurte encore à la difficulté de leur trouver à la fois un marché, une valeur commerciale et une rentabilité économique.

En définitive, si la valorisation de la biodiversité élargit la panoplie des outils de protection et de préservation, elle vient aussi souligner un paradoxe… Car en créant les conditions économiques, sociales et financières d'une meilleure gestion et d'une attention particulière à ces ressources, le développement économique des pays du Sud demeure, à ce jour, le meilleur outil « prouvé » de protection de la biodiversité. ‹

Sources >>> Millennium Ecosystem Assessment, *Ecosystems and Human Well-being : Synthesis*, Washington DC, Island Press, 2005. >>> PNUE, *Rapport annuel 2009. Saisir les opportunités de l'économie verte*, Genève, 2010. >>> FAO, *La Situation mondiale de l'alimentation et de l'agriculture 2007. Payer les agriculteurs pour les services environnementaux*, Rome, 2007. >>> Pierre JACQUET et Laurence TUBIANA (dir.), *L'Annuel du développement durable 2008. Regards sur la terre. Biodiversité : nature et développement*, Paris, Presses de Sciences Po, 2007. >>> Pierre JACQUET, Rajendra K. PACHAURI et Laurence TUBIANA (dir.), *L'Annuel du développement durable 2010. Regards sur la terre*, Paris, Presses de Sciences Po, 2010. >>> Joël BOULIER, Laurent SIMON, *Atlas des forêts dans le monde : protéger, développer, gérer une ressource vitale*, coll. Atlas/Monde, Autrement, 2009.

BRÉSIL (scénario 1)

Au cœur du dilemme

Si la forêt amazonienne donne au Brésil des responsabilités dans la lutte contre l'effet de serre* et pour la préservation de la biodiversité, les exigences de développement du pays et son statut de ferme planétaire le prédisposent aussi à la déforestation. Au fil du temps, la voie devient étroite, car aux sombres prévisions écologiques et climatiques s'opposent de multiples pressions démographiques, économiques, énergétiques et alimentaires, qui poussent ensemble au déboisement.

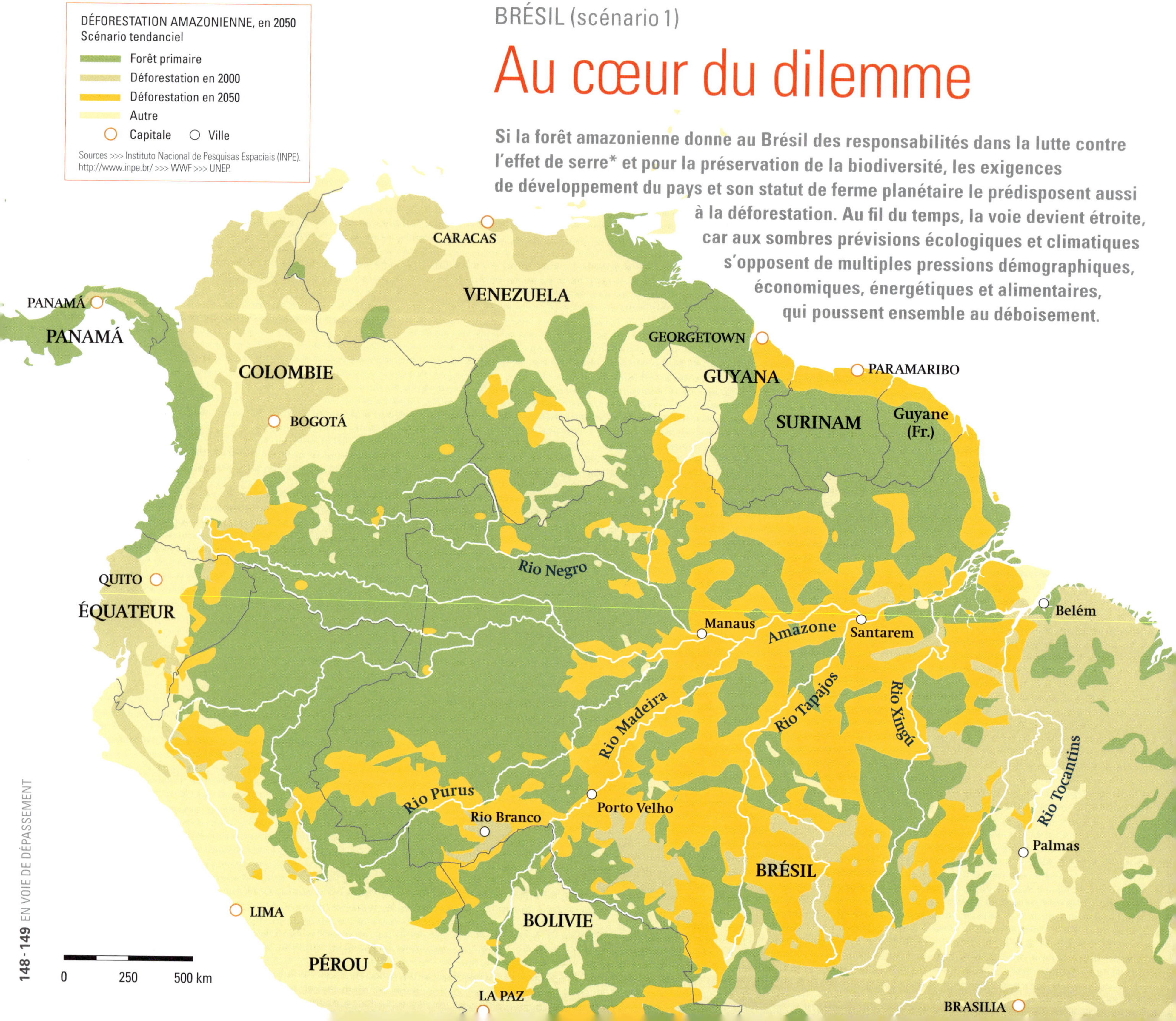

Sources >>>> Moïse TSAYEM DEMAZE, « Quand le développement prime sur l'environnement : la déforestation en Amazonie brésilienne », *Mondes en développement*, vol. 36, n° 143, 2008. >>>> Marie-Françoise DURAND *et al.*, « Dossier spécial Brésil », *Atlas de la mondialisation 2009. Comprendre l'espace mondial contemporain*, Paris, Presses de Sciences Po, 2009. >>>> Hervé THÉRY et Neli APARECIDA DE MELLO, *Atlas du Brésil*, CNRS-Libergé/La Documentation française, coll. Dynamiques du territoire, 2003. >>>>>>> Sébastien ABIS et Jessica NARDONE, « Le Brésil, future ferme du monde arabe ? », *Futuribles*, n° 356, octobre 2009. >>>>> Bernard BRET (dir.), « Dossier : Brésil, repenser le territoire », *Géocarrefour*, vol. 81/3, juillet 2006. >>>>> FAO, *Situation des forêts du monde 2009*, Rome, 2009.

› Peu de pays au monde rassemblent autant de richesses naturelles et de potentiels économiques que le Brésil. Dans le même temps, peu d'États se trouvent aujourd'hui confrontés à des logiques sociales, économiques et environnementales aussi contradictoires. Premier exportateur mondial de soja, de sucre, de bœuf, de poulet et d'éthanol, le Brésil constitue désormais aussi le quatrième plus gros pollueur de la planète. Or les trois quarts de ses émissions de gaz à effet de serre proviennent justement de la conversion de zones forestières en pâturages et en surfaces agricoles. Pour ce géant de l'agroalimentaire, le dilemme s'énonce donc aujourd'hui ainsi : comment servir ses ambitions de puissance et poursuivre son développement économique tout en préservant sa part de forêt amazonienne, sur laquelle, par ailleurs, le Brésil entend exercer seul son autorité ?

Au Brésil, la déforestation est un phénomène déjà ancien puisque, dès le XVIIIe siècle, le développement du pays s'appuie sur la conversion de vastes espaces de forêt atlantique (*mata atlântica*) en zones économiques et agricoles. Les travaux d'aménagement de la région amazonienne sont en revanche plus récents. Lancés en 1950 pour mieux intégrer la zone au reste du territoire brésilien, ils s'accélèrent dans les années 1970 dans le cadre du Programme d'intégration nationale (PIN) qui amplifie alors le mouvement de déforestation. Depuis, l'Amazonie brésilienne aurait perdu près d'un cinquième de sa superficie boisée.
Paradoxalement, le commerce du bois n'est pas le ressort principal de la déforestation de l'Amazonie : à l'échelle du pays d'ailleurs, il représente seulement 2,8 % du PIB et 1,2 % de l'emploi. De plus, en dépit d'une demande mondiale importante et croissante, le Brésil consomme 99 % de son bois rond industriel, 87 % de son bois scié et la totalité des 138 millions de m³ de combustible ligneux qu'il produit.

DE LA FORÊT AU DÉSERT ?

La forêt amazonienne s'étend sur plus de 5 millions de km², dont la plus grande partie, soit environ 3,5 millions de km², se trouve au Brésil. À l'échelle de la planète, elle représente à la fois le plus vaste massif de forêt tropicale, près d'un cinquième des réserves en eau douce mondiales, un dixième de la faune connue et plus de 40 000 espèces végétales. Or, depuis 1970, la déforestation a déjà confisqué 18 % de sa surface au massif forestier (soit la France et l'Espagne réunies), convertis pour la plus large part en cultures et en pâturages. Au rythme actuel de son déboisement, près de la moitié de la forêt amazonienne pourrait avoir disparu en 2050. En modifiant le régime local des pluies et en s'ajoutant à l'élévation globale de la température, cette déforestation massive expose la région amazonienne à un processus autonome de désertification d'ici à la fin du siècle.

L'index du soja et le cours de la viande

Peu lié à l'exploitation de la forêt, le déboisement de l'Amazonie brésilienne procède en réalité surtout de la forte croissance actuelle des marchés du soja et de la viande bovine. Avec une production annuelle de 60 millions de tonnes en 2007-2008, le Brésil constitue déjà le deuxième producteur mondial de soja. D'après les projections du ministère de l'Agriculture, s'appuyant sur la croissance des demandes nationale et mondiale, il pourrait même atteindre 80,9 millions de tonnes à l'horizon 2018-2019, soit une hausse de 34 %. Pour sa part, le cheptel bovin enregistre depuis vingt ans une augmentation annuelle moyenne supérieure à 10 %, faisant de l'Amazonie l'un des principaux bassins d'élevage au monde. Déjà, on attribue 70 % de la déforestation de l'Amazonie brésilienne à l'élevage extensif. Or, poussé par la croissance démographique mondiale et l'augmentation de la consommation moyenne de viande, le secteur bovin devrait lui aussi enregistrer une progression de près de 50 % de sa production, d'ici à 2018-2019. Largement indexé sur les cours du bœuf et du soja, l'accroissement des terres agricoles en Amazonie permet donc, du point de vue brésilien, de satisfaire à la fois ses besoins nationaux de croissance économique et une demande mondiale de produits agroalimentaires en forte augmentation. Ce faisant, il sert aussi les intérêts d'un secteur agro-industriel aussi prospère sur le plan économique que puissant à l'échelle politique.

Au Brésil, le déboisement représente 75 % des émissions de gaz à effet de serre.

Envisagées depuis la capitale fédérale de Brasilia, les pressions internationales visant à infléchir la politique amazonienne du Brésil pourraient se révéler d'autant moins convaincantes que le marché mondial des agrocarburants, dont le Brésil est le deuxième producteur mondial après les États-Unis, ne cesse de progresser. En occupant de plus en plus de terres agricoles dans le Sudeste, le Centre-Ouest et le Nordeste, la production de la canne à sucre nécessaire à la production d'éthanol a pour effet de déplacer les zones d'élevage vers l'Amazonie où les terres boisées sont moins chères. Or, comme le Brésil utilise également du soja pour la fabrication de son biodiesel, la demande de terres fertiles à destination énergétique pourrait donc donner une nouvelle impulsion à la déforestation à mesure que les hydrocarbures se raréfient et que leur prix augmente.
Parmi les variables qui accentuent encore la pression, la croissance démographique n'est pas la moindre : tandis que la population du pays passera de 195 millions à 217 millions d'habitants entre 2010 et 2030, la hausse de son niveau de vie promet d'en renforcer la demande alimentaire. Parallèlement, l'essor démographique mondial devrait à son tour stimuler les exportations agricoles brésiliennes confortant, ce faisant, la puissance émergente dans son rôle de ferme planétaire et de grenier du monde.

La déforestation endogène

Enfin, comme viennent l'illustrer, entre autres, la faiblesse et l'inefficacité des mesures prises par les autorités pour protéger les 170 groupes amérindiens vivant dans la forêt amazonienne, la déforestation constitue un processus désormais endogène dont les propres ressorts urbains, sociaux et économiques sapent les tentatives d'en ralentir la progression. D'un point de vue historique, elle prolonge la logique de front pionnier sur lequel s'est bâtie la richesse du pays. À peine peuplée de 2 millions d'habitants en 1950, l'Amazonie brésilienne en rassemblerait aujourd'hui plus de 20 millions, dont une grande partie a été recrutée pour l'exploitation agricole des terres déboisées. Cependant, à mesure que cette population de travailleurs augmente et qu'ils s'établissent durablement, elle amplifie la demande de logements, d'infrastructures et bientôt de tous les équipements adaptés pour l'installation de leurs familles dans la région. À son tour, l'acheminement des ressources agricoles et des produits d'élevage vers les lieux d'exportation imposent de réaliser les aménagements routiers nécessaires, impliquant pour cela que les voies soient déboisées. Ainsi configuré, le modèle de développement de l'Amazonie a donc fini par enclencher un processus autonome, où la déforestation appelle la déforestation.
Analysés à la lumière d'un scénario tendanciel, les enjeux qui gouvernent l'action des autorités brésiliennes en Amazonie se révèlent donc bien plus complexes que ne le laisserait penser la seule lecture écologique de la problématique. On mesure ainsi notamment que les responsabilités internationales du pays pour la conservation de la biodiversité rencontrent sur place de fortes résistances économiques, sociales et politiques. Cependant, l'idée s'impose aussitôt que le dilemme qui oppose le développement du Brésil à la conservation de son patrimoine naturel pourrait être tranché de manière plus favorable à l'environnement si les intérêts liés à sa préservation dépassaient, localement, ceux qui nourrissent la déforestation. ‹

BRÉSIL (scénario 2)

L'appel de la forêt

Tandis que pour certains la sauvegarde de la forêt amazonienne exigerait d'élever sa biodiversité au rang de patrimoine universel et de créer un droit international d'ingérence écologique, le Brésil, lui, considère que la gestion de son territoire relève de sa seule prérogative. Pour être ralentie, la déforestation exigera donc au préalable que soient réconciliés des intérêts économiques et écologiques encore divergents.

Sources >>> FAO, *Situation des forêts du monde 2007*, Rome, 2007. >>> Kenneth M. CHOMITZ (dir.), *L'Impasse forestière ? L'expansion agricole, la réduction de la pauvreté et l'environnement dans les forêts tropicales*, Synthèse, rapport de la Banque mondiale sur les politiques de développement, 2007. >>> Claudia AZEVEDO-RAMOS, « Sustainable development and challenging deforestation in the Brazilian Amazon : the good, the bad and the ugly », *Unasylva*, FAO, vol. 59, n° 230, 2008. >>> Martine DROULERS, *L'Amazonie : vers un développement durable*, Paris, Armand Colin, 2004. >>> Joël BOULIER et Laurent SIMON, *Atlas des forêts dans le monde : protéger, développer, gérer une ressource vitale*, Paris, Autrement, coll. Atlas/Monde, 2009. >>> UNEP/FAO/UNFF, *Vital Forest Graphics*, 2009. >>> Fabiana PINTO GOMES et Xavier RIVES, « Biodiversité en Amazonie brésilienne », Cendotec, 1999.

› Si l'exploitation de l'Amazonie représente à peine plus de 5 % du PIB du Brésil, il se joue sur cette part de territoire des enjeux environnementaux qui dépassent largement le cadre de ses frontières. Comme un poumon pour la planète, la forêt amazonienne joue en effet un rôle crucial dans la régulation de certains échanges gazeux qui limitent l'effet de serre*. Elle est aussi l'une des plus grandes réserves mondiales de biodiversité animale et végétale. Elle est enfin le refuge de plusieurs peuples amérindiens, dont certains se trouvent menacés d'extinction par la déforestation, la colonisation et le développement économique de la zone. Cependant, en dépit de l'urgence de ralentir le déboisement, celui-ci se poursuivait en 2008 au rythme annuel de 12 000 km². À la faveur d'une demande de terres et de produits agricoles en augmentation, il contribue à la fois aux changements climatiques et au recul des espèces. À peine ralenti par une mobilisation écologiste internationale de plus en plus pressante, il pose ainsi la question de savoir à quelles conditions le développement du Brésil pourrait être compatible avec une gestion durable de ses ressources naturelles.

C'est dans les années 1980 et surtout 1990 que le Brésil adopte les premières mesures de protection de la forêt amazonienne consistant, notamment, à créer des zones protégées et à instaurer un régime de surveillance du déboisement. Progressivement, le Brésil se dote ainsi de tout un arsenal législatif ayant pour ambition de limiter l'accaparement illégal de terres et de contrôler davantage la gestion et l'exploitation des forêts publiques. Candidat au statut de puissance diplomatique internationale, le Brésil semble, depuis quelques années, vouloir offrir de nouveaux gages à la communauté internationale dans la lutte contre le réchauffement climatique. En mai 2008, son président, Luiz Inácio Lula da Silva, lance le Programme Amazonie durable, dont la mission est de réconcilier la défense de l'environnement, le développement économique de la région et l'amélioration des conditions de vie de ses habitants. Entre autres mesures, le plan prévoit la mise en place de nouvelles infrastructures, la modification des conditions d'occupation des terres par les agriculteurs, le renforcement de la lutte contre leur accaparement illégal et l'adoption de mesures d'incitation à la protection de la forêt. Si le programme ne renvoie qu'à très peu d'objectifs chiffrés, il est bientôt complété par la création, en août 2008, d'un Fonds mondial pour l'Amazonie. Grâce à la mobilisation escomptée de nombreux acteurs publics et privés, une somme de 21 milliards de dollars doit être rassemblée d'ici à 2021. Quelques mois plus tard, lors de la 14ᵉ Conférence internationale sur le climat réunie à Poznan, en décembre 2008, le Brésil annonce cette fois que son plan national contre le changement climatique lui permettra de limiter l'émission de 4,8 gigatonnes de CO_2 grâce à une réduction programmée de la déforestation de 72 % d'ici à 2018. Cependant, en s'inscrivant dans une approche moins préventive que répressive et policière de la déforestation illicite (80 %), et en s'appuyant notamment sur le développement de la surveillance satellitaire, le Brésil ne manifeste en réalité alors aucune intention de rompre avec son modèle, très prédateur, d'exploitation et de développement de l'Amazonie. Or, dans la mesure où le déboisement des forêts représente 20 % des émissions mondiales de gaz à effets de serre (GES), la position de Brasilia paraît de plus en plus difficile à tenir. À l'heure où la communauté internationale est sommée de faire des choix drastiques en termes de modèles agricoles et énergétiques, le sort de la forêt amazonienne se range en effet au rang des enjeux internationaux de premier plan.

L'HEURE DES CHOIX

Aires protégées, tourisme durable, exploitation raisonnée et valorisation économique : plusieurs voies devraient être explorées pour espérer maîtriser la déforestation amazonienne comme sur la carte ci-contre. Pour nombre de scientifiques et d'écologistes, les enjeux imposent de réagir au plus vite. Car si elle représente encore un gigantesque puits pour piéger le carbone émis dans l'atmosphère, la forêt amazonienne devient, quand on la brûle, un très gros émetteur de CO_2. Parallèlement, elle constitue aussi le plus grand réservoir de biodiversité de la planète. Certains spécialistes estiment qu'un kilomètre carré y contient plus de 75 000 espèces d'arbres, 150 000 plantes supérieures différentes, soit environ 91 000 tonnes de plantes vivantes. Enfin, on répertorie aujourd'hui dans la forêt primaire plus de 400 000 espèces de plantes d'intérêt économique, social ou médical, donnant l'espoir, à ceux qui luttent contre le déboisement, que la valeur ajoutée de sa conservation dépassera un jour celle de son défrichage.

Une souveraineté non négociable

Plus conciliant ou plus tactique que le Brésil, l'Équateur montre la voie. En 2010, ses autorités annoncent qu'elles renoncent à exploiter les 846 millions de barils de pétrole situés dans le parc de Yasuni, sur le territoire équatorien de la forêt amazonienne. Pour compenser de moitié la perte de revenus que cette décision représente pour le petit pays, un accord financier est conclu avec le Programme des Nations unies pour le développement (PNUD) portant sur la création du Fonds Yasuni ITT, du nom des trois gisements pétroliers amazoniens Ishpingo, Tiputini et Tambococha. Géré par le PNUD et financé par les États et les acteurs privés, il fait reposer sur la solidarité internationale l'engagement équatorien de ne pas émettre de gaz à effet de serre supplémentaires.

> Plus les produits extraits de la forêt prendront de la valeur, plus les terres déboisées en perdront.

Ainsi, le petit État pourrait renoncer à une part de son développement, ce que justement le Brésil n'est pas prêt à consentir.

Quand il lance le Programme Amazonie durable en mai 2008, le président Lula déclare : *« Il y en a qui pensent que l'Amazonie doit appartenir à l'humanité et nous partageons ce point de vue s'il signifie que l'Amazonie doit produire des bénéfices pour tous. Mais nous clamons haut et fort qu'il revient uniquement au Brésil de s'occuper de l'Amazonie. »* Non que le chef de l'État brésilien ne reconnaisse pas la responsabilité écologique du Brésil en Amazonie, mais il s'agit alors pour lui de rappeler que les enjeux de l'aménagement de cette fraction de son territoire sont du ressort national et qu'elle reste aussi une pièce importante du développement économique et agricole du pays. Ainsi, bien qu'un nombre croissant de Brésiliens se montrent prêts à s'engager en faveur de la préservation d'une forêt désormais érigée en symbole national, sa protection devra trouver d'autres voies pour devenir prioritaire et faire ainsi sortir le Brésil de ce qui ressemble de plus en plus à une impasse écologique.

L'approche rentabiliste

Au regard des évolutions récentes, c'est peut-être de la forêt elle-même que viendra la solution. Abondamment dotée en hydrocarbures, l'Amazonie l'est aussi en noix du Brésil (*castanha-do-Pará*), un fruit riche en sélénium dont les valeurs antioxydantes sont de plus en plus prisées de par le monde. De la même façon, la pulpe des baies d'açaï, très appréciée des populations locales, affiche une forte concentration d'anthocyanines (antioxydants), mais aussi de calcium, de fer ou de vitamine A. Consommé en jus ou en sorbet par les Brésiliens, le fruit connaît un succès grandissant dans le reste au monde, au point que la hausse de son prix à l'exportation le rend de plus en plus prohibitif pour les Amazoniens eux-mêmes. Ainsi posé, le principal défi que lancerait la plus grande forêt du monde à l'humanité pour limiter l'effet de serre et préserver sa biodiversité consisterait donc peut-être à lui donner une valeur économique encore supérieure à celle que représente l'exploitation des terres déboisées. ‹

Des filons épuisables

À l'instar du gaz ou du pétrole, minerais et métaux sont des ressources épuisables. Or à l'aune des niveaux mondiaux d'extraction et de consommation, certains gisements pourraient même se tarir bientôt, imposant en même temps de les réemployer, de les recycler et, surtout, de réduire leur usage.

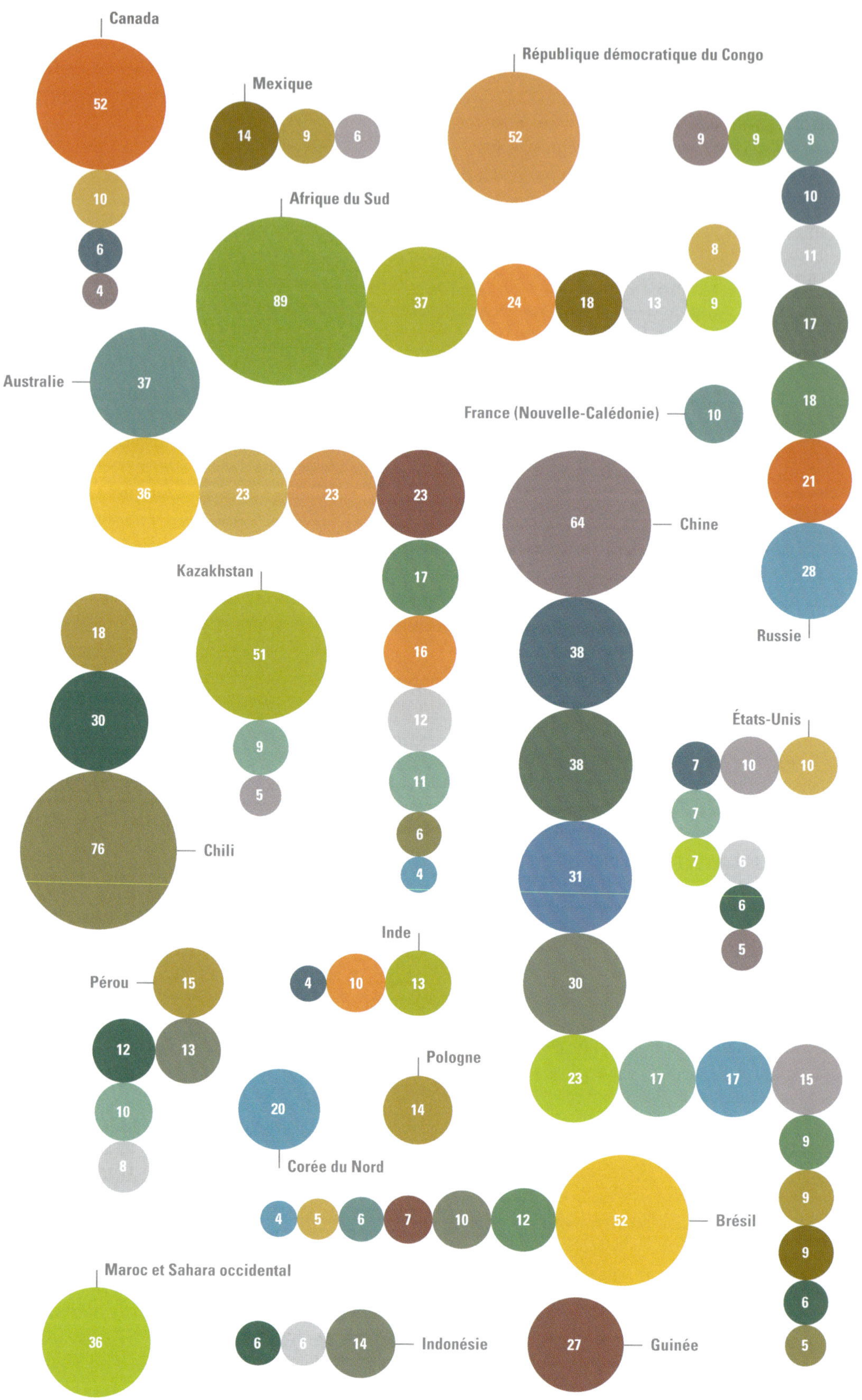

RÉPARTITION DES RÉSERVES MONDIALES DE MINERAIS, en 2009

4 Part dans les réserves mondiales (en %)

- Chrome
- Platine
- Fer
- Cuivre
- Antimoine
- Phosphate
- Étain
- Lithium
- Fluorite
- Argent
- Uranium
- Tantale
- Cobalt
- Manganèse
- Potasse
- Bauxite
- Tungstène
- Plomb
- Or
- Zinc
- Nickel
- Aluminium
- Mercure
- Magnésium

DES MÉTAUX TRÈS PRÉCIEUX

Comme de nombreuses ressources naturelles, les gisements de minerais métalliques sont très inégalement répartis à l'échelle mondiale. La Chine rassemble ainsi le plus grand nombre de pièces sur l'échiquier minéral planétaire, disposant avec l'Australie, le Brésil, la Russie, l'Afrique du Sud et les États-Unis d'une large gamme de ressources minières. Dans le cas de certains métaux, un pays peut parfois détenir à lui seul la plus grande part de la production mondiale. La Russie produit ainsi 60 % du palladium dans le monde et les États-Unis 60 % du molybdène. Dans les prochaines décennies, le rôle stratégique de certains minerais dans le domaine des technologies, tout comme l'épuisement rapide de nombreux gisements (voir graphique p.153) laissent augurer des tensions de plus en plus marquées entre les États pour l'accès aux ressources. C'est ce que révèle, par exemple, le choix fait par la Chine de limiter ses exportations de terres rares*, afin de pouvoir satisfaire la croissance de sa demande intérieure.

U.S. Geological Survey, *Mineral Commodity Summaries 2010*, USGS, 2010. >>> U.S. Geological Survey, *Mineral Commodity Summaries 2009*, USGS, 2009. >>> PNUE/International Panel for Sustainable

Sources >>> François GROSSE, « Le découplage croissance / matières premières. De l'économie circulaire à l'économie de la fonctionnalité : vertus et limites du recyclage », *Futuribles*, n° 365, juillet-août 2010. >>> Commission européenne, *Critical Raw Materials for the EU. Report of the Ad-hoc Working Group on Defining Critical Raw Materials*, juin 2010. >>> PNUE/International Panel for Sustainable Resource Management, *Metal Stocks in Society. Scientific Synthesis*, mai 2010. >>> Bureau de Recherches Géologiques et Minières (BRGM), http://www.brgm.fr/numerique.jsp Resource Management, *Assessing the Environmental Impacts of Consumption and Production. Priority Products and Materials*, 2010. >>> David COHEN, « Earth's Natural Wealth : an Audit », *newscientist.com*, mai 2007. >>> British Geological Survey (BGS), http://www.bgs.ac.uk/products/home.html >>>

Puces électroniques, écrans de télévision, médicaments, pots catalytiques, téléphones mobiles, ordinateurs, batteries ou ampoules électriques : les métaux sont, avec les hydrocarbures, des composants essentiels de la plupart des objets du quotidien. Ils se divisent en deux catégories : les métaux ferreux, qui comprennent l'ensemble des alliages métalliques à base de fer, et les métaux non ferreux, qui regroupent tous les métaux à l'exception du fer à l'état pur ou faiblement allié (antimoine, cuivre, chrome, lithium, platine, titane, beryllium, phosphore, etc.).

Un épuisement déjà programmé

Tirés de ressources minérales épuisables et néanmoins omniprésents dans les produits industriels ou électroniques, les métaux enregistrent une forte croissance de leur demande. Leur utilisation se trouve ainsi portée au même moment par les évolutions technologiques et la demande de produits moins énergivores, par l'augmentation du niveau de vie moyen à l'échelle mondiale et par la hausse de la population, enfin par le développement de modèles économiques reposant davantage sur les hausses de production que sur leur durabilité. Exemplaire sur tous ces points, la production mondiale d'acier a ainsi progressé chaque année de 3,5 % en moyenne au cours du XXe siècle. Or, si la production de l'alliage métallique devait conserver la même croissance au XXIe siècle, elle égalerait en cent ans celle du millénaire précédent. Vertigineuse, la perspective se révèle néanmoins des plus improbables. Car au rythme de l'exploitation mondiale du fer en 2009, l'épuisement des réserves connues serait programmé pour 2042 !

Pour de nombreux métaux moins abondants que le fer, comme le chrome ou l'antimoine, l'échéance serait imminente, soulevant avec elle l'éventualité d'une pénurie générale de ressources minérales, voire de leur disparition quasi complète au cours du XXIe siècle. Sur les seules années 2000-2008, on enregistre un doublement de l'exploitation de bauxite (aluminium) et une hausse de 25 % de celle de l'étain, du cuivre et du nickel. De la même façon, on relève que les productions de tantale (téléphones portables), de cobalt (piles à combustible), de niobium (superalliage), d'indium (écrans à cristaux liquides) et de tungstène (composants électroniques) ont doublé ou même davantage entre 1996 et 2008.

Face à la raréfaction de nombreux métaux, trois pistes de solution se dégagent. La première s'inscrit dans une logique de décroissance et conduit à réduire la consommation par la diminution de la demande. Si le ralentissement de la croissance démographique permettrait justement d'envisager une tendance à la baisse des besoins d'ici à 2100, le niveau déjà très faible des réserves de certains métaux et l'augmentation du niveau de vie menacent cependant d'absorber bien avant les bénéfices du ralentissement. La seconde piste consisterait donc à accroître les réserves, grâce à l'augmentation du recyclage et au développement de l'économie circulaire. En effet, contrairement aux énergies fossiles, qui disparaissent après utilisation, le cycle de vie des métaux dans l'économie peut, pour certains d'entre eux, se prolonger bien au-delà d'un premier usage. Parfois, ils connaissent même plusieurs cycles consécutifs, à l'instar des canettes de boisson, des fils de cuivre et des boîtes de conserve. En rupture avec des processus économiques linéaires qui consomment et épuisent des ressources tout en produisant et accumulant des déchets, la logique de l'économie circulaire pousse, au contraire, à réutiliser les métaux contenus dans les rebuts. Ce faisant, elle permet d'augmenter les réserves virtuelles de métal sans accélérer l'extraction de minerais.

Les limites de l'économie circulaire

Aussi vertueux que soit le réemploi des métaux d'un point de vue écologique, il ne déroge pas aux règles de l'arithmétique. Ainsi, bien que le recyclage de 50 % d'un matériau permette de doubler son cycle de vie dans l'économie à besoin constant, il n'annule pas le processus d'épuisement. En réalité, il permet seulement d'en repousser l'échéance. De la même façon, tant que la croissance de la demande reste supérieure au taux de recyclage des métaux, elle en amortit les effets à plus ou moins long terme. Certains calculs montrent ainsi qu'au-delà d'une augmentation annuelle de 3 % de la production mondiale d'un métal considéré, le recyclage ne permet déjà plus de retarder l'épuisement des ressources. Et bien qu'à chaque métal correspondent une économie spécifique et une rareté variable, aucun n'échappe à l'effet de seuil au-delà duquel le réemploi ne préserve plus de l'érosion de la ressource. Pour être efficace dans la lutte contre la raréfaction des minerais et des stocks de métaux, la pratique du recyclage imposerait donc, au préalable, de pouvoir réduire massivement la demande de matières premières.

Que l'on se place d'un point de vue économique, mathématique ou écologique, l'épuisement des ressources minérales ramène toujours à la même conclusion : ni la modération de la demande, ni les avancées technologiques, ni le recyclage ne suffiront à lever l'hypothèque de l'épuisement des minerais et à résoudre la difficile équation du développement durable. Aussi indispensables et urgentes que ces mesures se révèlent aujourd'hui, elles n'y suffiront pas. Ensemble, elles conduisent donc à une troisième piste, consistant à découpler la croissance économique de la production de biens matériels. Autrement dit, la logique du développement et la rareté des ressources devront impérativement être ajustés l'un à l'autre pour rester durablement compatibles.

DIAMANT 2017	ANTIMOINE 2020 Sb 51	CHROME 2024 Cr 24	STRONTIUM 2025 Sr 38
ÉTAIN 2026 Sn 50	ZINC 2027 Zn 30	ARGENT 2028 Ag 47	PLOMB 2029 Pb 82
OR 2030 Au 79	CADMIUM 2040 Cd 48	FER 2042 Fe 26	BISMUTH 2043 Bi 83
CUIVRE 2044 Cu 29	BORE 2047 B 5	FLUORITE 2053	NICKEL 2054 Ni 28
ZIRCONIUM 2055 Zr 40	NIOBIUM 2056 Nb 41	TUNGSTÈNE 2057 W 74	MERCURE 2061 Hg 80
GRAPHITE 2062	MANGANÈSE 2065 Mn 25	INDIUM 2095 In 49	TANTALE 2104 Ta 73
PHOSPHORE 2110 P 15	COBALT 2115 Co 27	TITANE 2137 Ti 22	BAUXITE 2143 Ti 22
PLATINE 2199 Pt 78	POTASSIUM 2349 K 19	TOURBE 2409	MAGNÉSIUM 2470 Mg 12
BÉRYLLIUM 2480 Be 4	LITHIUM 2559 Li 3	TERRES RARES 2807	

ANNÉE ESTIMÉE D'ÉPUISEMENT DES MINERAIS,
à partir de leur niveau d'exploitation en 2009

Source des graphiques >>> U.S. Department of the Interior/U.S. Geological Survey, *Mineral Commodities Summary 2010*, Washington DC, 2010.

Changements d'atmosphère

Si quelques derniers sceptiques animent la controverse en utilisant les incertitudes qui subsistent sur des aspects particuliers du phénomène, la réalité du réchauffement climatique fait néanmoins consensus dans la communauté scientifique internationale. Au regard des mécanismes à l'œuvre, de leurs effets avérés sur les écosystèmes et des menaces qu'ils font peser sur l'humanité, l'incertitude la plus grande réside peut-être dans la capacité des hommes à ajuster leur mode de développement à ces nouveaux risques.

Bert METZ, Ogunlade DAVIDSON, Peter BOSCH *et al.*, *Bilan 2007 des changements climatiques : atténuation du changement climatique. Contribution du Groupe de travail III au quatrième Rapport d'évaluation du GIEC*, Genève, GIEC, 2007. >>> GIEC, http://www.ipcc.ch >>>

Sources >>> Susan SOLOMON, Dahe QIN, Martin MANNING *et al.*, *Changements climatiques 2007 : les éléments scientifiques. Contribution du Groupe de travail I au quatrième Rapport d'évaluation du GIEC*, Genève, GIEC, 2007. >>> Martin PARRY, Osvaldo CANZIANI, Jean PALUTIKOF *et al.*, *Bilan 2007 des changements climatiques : conséquences, adaptation et vulnérabilité. Contribution du groupe de travail II au quatrième Rapport d'évaluation du GIEC*, Genève, GIEC, 2007. >>> René DUCROUX et Jean-Baptiste PHILIPPE, *L'Effet de serre réalité, conséquences et solutions*, Paris, CNRS, 2004.

De façon générale, le réchauffement climatique désigne l'augmentation de la température moyenne de l'atmosphère et des océans, observée à l'échelle mondiale depuis la fin du XXe siècle. Selon les quelque 2 500 scientifiques du GIEC*, le Groupe d'experts intergouvernemental sur l'évolution du climat, les causes du phénomène seraient très probablement liées aux activités humaines et à leurs répercussions sur la composition de l'air. On parle ainsi d'une accélération de l'« effet de serre* ». Au départ, celui-ci renvoie à un mécanisme naturel par lequel les gaz contenus dans l'atmosphère (H_2O, CO_2, CH_4, N_2O, O_3) piègent une partie du rayonnement solaire et permettent de maintenir la planète à une température supportable. Sans ce phénomène, on estime que celle-ci chuterait à − 18 °C. Cependant, l'étude de l'évolution de la composition de l'atmosphère sur 600 000 ans a également permis d'y repérer, depuis l'ère industrielle, une hausse importante de la concentration de certains gaz à effet de serre, notamment de dioxyde de carbone (CO_2) et de méthane (CH_4). Or, parmi les sources majeures d'émissions carbonées, on compte l'usage de combustibles fossiles pour les transports, le chauffage ou la production d'électricité, mais aussi la déforestation. S'agissant des sources de méthane, on peut retenir l'élevage bovin, la riziculture et l'usage d'engrais azotés. Au total, la température du globe s'est élevée de 0,6 °C de 1980 à 2010. Plus récemment, on a constaté que onze des douze dernières années figurent parmi les plus chaudes écoulées depuis 1850, date des premiers relevés de température. Succinctement répertoriées sur le schéma ci-contre, les nombreuses conséquences de cette hausse des températures atmosphérique et climatique s'organisent désormais en mécanismes complexes, menaçant ensemble les sols, les écosystèmes, les espèces, l'agriculture, la pêche, la santé, l'économie, soit plus globalement, la sécurité humaine.

Pour le prochain siècle, les projections du GIEC renvoient à de multiples scénarios, eux-mêmes appuyés sur des hypothèses de développement économique plus ou moins globalisé, rapide et énergivore. En fonction de chaque paramètre et de ses variations, les volumes d'émission de gaz à effet de serre sont alors recalculés tout comme l'élévation de température correspondante. Si d'un modèle à l'autre les conclusions des experts internationaux varient fortement, elles convergent cependant sur au moins deux points : la tendance haussière de la température, dont l'augmentation se situerait entre + 1,1 °C et + 6,4 °C d'ici à 2100, avec une hypothèse moyenne de l'ordre de + 2,2 °C ; l'inexorabilité de l'accélération du phénomène de réchauffement si l'humanité ne change pas rapidement son mode de développement.

William James BURROUGHS, *Climate Change : A Multidisciplinary Approach*, Cambridge, Cambridge University Press, 2007. >>> Patrick CRIQUI, « Effet de serre : quelques scénarios. Stabiliser les concentrations de gaz à effet de serre pour préserver le climat de la planète », *Futuribles*, n° 315, janvier 2006. >>>

Le prix de l'inaction

Tout comme on mesure l'impact des catastrophes naturelles par le montant des dégâts et le nombre des victimes, on peut déjà estimer le coût du retard pris pour réduire les émissions carbonées et s'adapter au réchauffement climatique. Ainsi, on s'aperçoit que, face à l'accentuation de l'effet de serre*, c'est encore l'immobilisme qui pourrait porter le plus grand préjudice à la planète.

DES ÉMISSIONS PAS TRÈS NATURELLES

Les émissions de gaz à effet de serre (GES) ont deux origines. La première est naturelle et réunit les éruptions volcaniques, le relâchement océanique dû à la hausse de la température de l'eau, les feux de forêt ou encore la respiration animale, végétale et des matières organiques contenues dans le sol. La deuxième source de GES est anthropique*. Elle rassemble notamment les émissions liées au chauffage, aux moteurs à combustion, aux processus industriels ou à la fermentation organique. Tandis que les émissions d'origine naturelle sont historiquement stables, celles d'origine anthropique sont en forte croissance depuis l'ère industrielle. On estime ainsi que les émissions de dioxyde de carbone (CO_2) ont déjà doublé entre 1971 et 2007.

ÉMISSIONS DE GAZ À EFFET DE SERRE PAR SECTEUR, en 2005

1. CO_2 (dioxyde de carbone)
2. CH_4 (méthane)
3. N_2O (protoxyde d'azote)
4. HFC, PFC et SF_6 (hydrofluorocarbures, perfluorocarbures et hexafluorure de soufre)

Sources >>> Tim Herzog, *World Greenhouse Gas Emissions in 2005*, World Resources Institute, juillet 2009. >>> World Resources Institute, *Navigating the Numbers: Greenhouse Gas Data and International Climate Policy*, décembre 2005. >>> GIEC, *Changements climatiques 2007 : Rapport de synthèse*, 2008.

Nicholas STERN, *The Economics of Climate Change: The Stern Review*, Cambridge, Cambridge University Press, 2007 (rapport remis en octobre 2006).

› Voilà déjà plus d'un siècle que la température à la surface du globe s'élève de façon continue. Accrue de 0,8 °C depuis 1900 dont 0,6 °C depuis 1980, elle pourrait encore augmenter de 1,8 °C à 4 °C d'ici à 2100. D'après les calculs du Groupe d'experts intergouvernemental sur l'évolution du climat (GIEC*), les hommes ne disposeraient plus désormais que d'une dizaine d'années pour contenir le réchauffement de la planète à seulement 2 °C par rapport à l'époque préindustrielle. Au-delà, les désordres climatiques pourraient compromettre la présence des hommes et le maintien de leurs activités dans plusieurs régions du monde. Cependant, en dépit de la rapidité constatée du réchauffement, mais aussi des progrès de la connaissance sur le phénomène, l'urgence de prendre des mesures pour lutter contre ses causes et faire face à ses effets ne suscite encore que des engagements concrets limités.

L'ampleur d'un réchauffement certain

Alors que le réchauffement climatique transforme déjà la planète en exposant à la fois populations, territoires et économies, les relevés de température indiquent une accélération du processus climatique. Or on sait aussi que même en cas d'interruption immédiate et totale des émissions anthropiques de gaz à effet de serre (GES), la biosphère et les océans exigeraient encore plusieurs décennies pour absorber les surplus de dioxyde de carbone, d'azote et de méthane rejetés dans l'atmosphère depuis le début de l'ère industrielle. En d'autres termes, l'impact climatique des logements, systèmes de transport et autres centrales électriques au charbon que l'on construit aujourd'hui ne se mesurera en réalité que d'ici à quelques années, amplifiant alors davantage le réchauffement déjà à l'œuvre.

À leur tour, plusieurs rapports indiquent que les changements climatiques imposeront de prendre des dispositions d'autant plus radicales, contraignantes et coûteuses qu'elles tarderont à être engagées. Parmi ces études, on peut citer celles menées par des compagnies d'assurances à la suite de l'augmentation continue du coût des catastrophes naturelles et, surtout, celle conduite à la demande du Premier ministre britannique par l'économiste anglais Sir Nicholas Stern. Publié fin 2006, son rapport conclut alors que si rien n'était entrepris avant dix ans, la facture du réchauffement climatique pourrait atteindre 5 500 milliards d'euros. Pour éviter les scénarios les plus pessimistes, économistes et scientifiques préconisent deux trains de mesures. Le premier inscrit la lutte contre l'effet de serre dans une logique de mitigation*, par une réduction mondiale et coordonnée des émissions de GES. Le second rassemble les actions d'adaptation. Destinées à préparer les hommes, leurs cadres de vie et leurs économies aux conséquences des changements climatiques, elles prennent la forme de digues, de logements plus efficaces sur le plan énergétique, de systèmes d'irrigation économes ou de réseaux de transport propres.

Le coût d'un engagement incertain

Selon les experts de l'ONU, la lutte contre le réchauffement du climat exigerait, au total, d'engager 240 milliards de dollars supplémentaires d'ici à 2030, soit l'équivalent de 0,4 % du PIB mondial. Dans le même temps, des experts de l'Agence internationale de l'énergie (AIE) estiment qu'à partir de 2010, toute année de retard prise dans la mise en œuvre d'une politique énergétique ajustée aux nouvelles contraintes nécessitera 500 milliards de dollars d'investissements supplémentaires. De la même façon, Nicholas Stern considère dans son rapport que les coûts économiques de la passivité pourraient se révéler bien plus élevés que le prix d'une action rapide et suffisante : tandis qu'une hausse de température supérieure à 2 °C d'ici à 2050 pourrait entraîner une perte de 5 % à 20 % du PIB mondial, les efforts de mitigation* et d'adaptation ainsi menés permettraient, selon l'économiste, de limiter la facture climatique à 1 %, voire 2 % du PIB mondial.

Si le coût probable extrêmement élevé de l'immobilisme devrait inciter les acteurs concernés à engager au plus vite les mesures et les réformes nécessaires, le sommet sur le climat de Copenhague en décembre 2009 n'a toutefois conduit à aucun engagement décisif. Ainsi, bien que le protocole de Kyoto arrive à échéance en 2012, le nouvel accord ne fixe aucun objectif chiffré de réductions des émissions de GES. Selon un calcul réalisé par l'ONU au moment du sommet, en dépit de l'intention affichée par les participants de contenir l'élévation de la température moyenne de la planète à 2 °C d'ici à 2100, l'addition de leurs promesses aboutirait encore à une hausse de 3 °C par rapport à l'ère préindustrielle.

Pour atteindre cet objectif, le volume mondial d'émissions de GES devrait en réalité être réduit de moitié d'ici à 2050 (par rapport à 1990), ce qui correspond, dans les pays industrialisés, à une diminution de 30 % d'ici à 2020 et de 80 % d'ici à 2050. Si les pays membres de l'UE27 ont décidé de réduire de 20 % leurs émissions à l'échéance 2020 et de soutenir l'objectif de 80 % à l'horizon 2050, ils n'ont été suivis ni par les États-Unis ni par la Chine. Engagés dans un rapport de force, soucieux de préserver leurs capacités énergétiques et de conforter leur croissance, les deux pays ont ainsi porté le réchauffement bien au-delà des enjeux climatiques, au cœur de l'agenda géopolitique international. ‹

Sources >>> PNUD, *Rapport mondial sur le développement humain 2007/2008. La lutte contre le changement climatique : un impératif de solidarité humaine dans un monde divisé*, New York, 2007. >>> Banque mondiale, *Rapport sur le développement dans le monde 2010. Développement et changement climatique*, Abrégé (version préliminaire), Washington DC, 2009. >>> Nicholas STERN, *La « Stern Review » : l'économie du changement climatique*, note de synthèse (en français), 2306. http://unfccc.int/files/meetings/dialogue/application/pdf/wp_20_add.1_f.pdf >>> Aurélie VIEILLEFOSSE, *Le Changement climatique*, Paris, La Documentation française, 2009. >>> « Dossier spécial : Contrôler le climat », *Sciences et avenir*, n° 754, décembre 2009. >>> Oxfam-solidarité, « Dossier : Réchauffement climatique, qui paie l'addition ? », *Globo*, n° 17, mars 2007.

L'autre fardeau de l'homme blanc

Face aux désordres climatiques aussi, les hommes sont tous égaux, mais certains sont plus égaux que d'autres : bien moindres contributeurs à l'effet de serre* que les pays industrialisés, les pays en développement seront les plus affectés par ses impacts. À cette première iniquité s'ajoute désormais la nécessité pour ces États d'ajuster leur développement aux nouvelles contraintes climatiques et, ainsi, de payer les intérêts d'une dette qu'ils n'ont pas contractée.

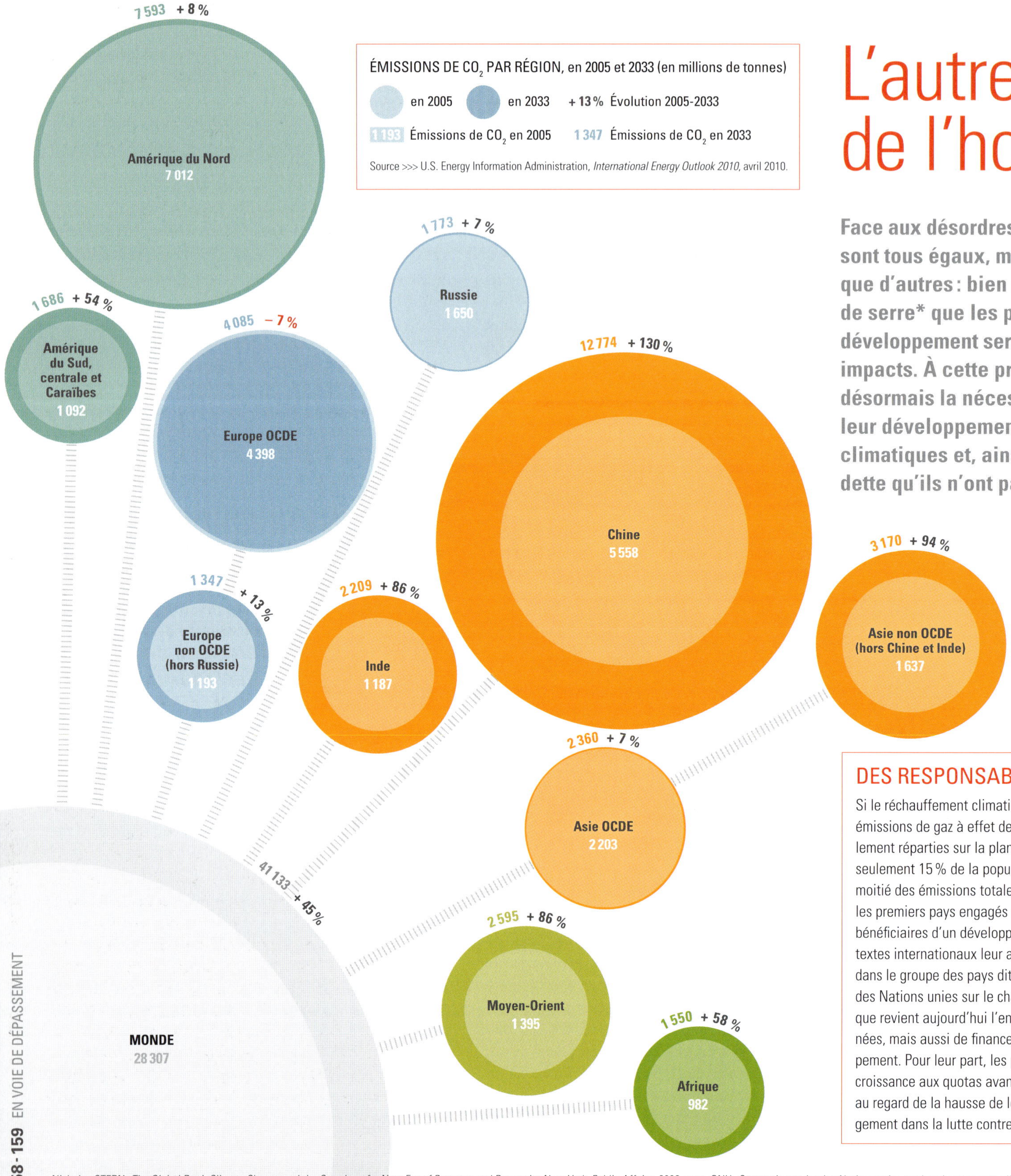

DES RESPONSABILITÉS DIFFICILES À RÉPARTIR

Si le réchauffement climatique et ses effets sont de portée mondiale, les émissions de gaz à effet de serre (GES) qui les provoquent restent très inégalement réparties sur la planète. Alors que les États de l'OCDE* rassemblent seulement 15 % de la population mondiale, ils représentent presque la moitié des émissions totales de dioxyde de carbone (CO_2). Constatant que les premiers pays engagés dans l'industrialisation demeurent les principaux bénéficiaires d'un développement porteur de désordres climatiques, les textes internationaux leur attribuent une responsabilité particulière. Réunis dans le groupe des pays dits de « l'annexe I* », défini par la convention-cadre des Nations unies sur le changement climatique de 1992, c'est à eux seuls que revient aujourd'hui l'engagement ferme de réduire leurs émissions carbonées, mais aussi de financer les efforts d'adaptation des pays en développement. Pour leur part, les pays émergents refusent encore de soumettre leur croissance aux quotas avancés lors des négociations sur le climat. Pourtant, au regard de la hausse de leurs émissions de CO_2 d'ici à 2033, leur engagement dans la lutte contre l'effet de serre sera certainement le plus décisif.

Nicholas STERN, *The Global Deal. Climate Change and the Creation of a New Era of Progress and Prosperity*, New York, Public Affairs, 2009. >>>> ONU, *Convention-cadre des Nations unies sur les changements climatiques*, New York, 1992. >>>> ONU, *Texte du protocole de Kyoto*

Sources >>>> PNUD, *Rapport mondial sur le développement humain 2007/2008. La lutte contre le changement climatique : un impératif de solidarité humaine dans un monde divisé*, New York, 2007. >>>> Banque mondiale, *Rapport sur le développement dans le monde 2010. Développement et changement climatique*, Abrégé-version préliminaire, Washington DC, 2009. >>>> Nicholas STERN, *The Economics of Climate Change : The Stern Review*, Cambridge, Cambridge University Press, 2007 (rapport remis en octobre 2006).

› Tous les experts s'accordent sur ce point : historiquement, les pays riches et industrialisés sont responsables de l'accroissement de la concentration de gaz à effet de serre (GES) dans l'atmosphère. On estime qu'ils comptent pour environ 70 % de l'augmentation de GES depuis le début de l'ère industrielle, et même pour 77 % des émissions supplémentaires de dioxyde de carbone (CO_2) d'origine fossile de 1850 à 2000. Pour autant, ce sont les pays du Sud qui se trouvent aujourd'hui les plus vulnérables face aux désordres climatiques, à leurs dégâts et aux hypothèques que le réchauffement global pose sur le développement. Ne disposant pas de moyens comparables à ceux des pays riches pour s'adapter aux évolutions du climat et aux risques qu'ils comportent, ces États se trouvent exposés à la fois par la fragilité de leur économie, la pauvreté de leur population, la faiblesse de leurs systèmes de prévention, d'alerte et de secours, leur dépendance à l'égard du secteur agricole et leur faible préparation aux changements. Dans l'hypothèse — probable — d'une élévation de la température moyenne de 2 °C en 2050 par rapport à la période préindustrielle, la Banque mondiale estime que les pays d'Afrique et d'Asie du Sud pourraient enregistrer une baisse de leur PIB de 4 % à 5 %. Récoltes désastreuses, inondations, recrudescence de la malnutrition et de certaines maladies : à eux seuls, les pays en développement devront ainsi assumer de 75 % à 80 % du coût des dommages causés par les évolutions du climat. Déjà, on a pu calculer que sur la période 2000-2004, le risque pour un individu d'être exposé à une catastrophe climatique était 79 fois plus élevé dans les pays en développement que dans les pays de l'OCDE. À leur tour, les déplacements induits ou forcés par les changements climatiques de quelque 200 millions de personnes pourraient révéler une répartition particulièrement déséquilibrée.

Un effort à partager

Si les pays ne sont donc ni également responsables de l'effet de serre, ni équitablement exposés à ses impacts à l'échelle mondiale, ils devront cependant tous contribuer aux efforts pour réduire la concentration de CO_2 dans l'atmosphère. C'est en tout cas ce que la lutte contre le réchauffement imposerait d'ores et déjà pour être efficace, au vu notamment d'une croissance d'émissions de CO_2 beaucoup plus marquée dans les pays émergents que dans les pays riches. Ainsi, selon un scénario de référence élaboré par l'Agence internationale de l'énergie (AIE), l'augmentation d'environ 100 % des émissions de GES en 2050 par rapport à 1990 proviendra pour les trois quarts des pays en développement, en raison notamment des effets conjugués de leurs croissances économique et démographique. Principales victimes des catastrophes liées aux changements climatiques et néanmoins contraints d'assumer une part de l'effort global pour diminuer l'effet de serre, les pays en développement se considèrent comme condamnés à une double peine, forcés malgré eux d'amortir une part de la dette climatique des pays développés. Pour être atteint, l'objectif d'une réduction globale de 50 % des émissions de CO_2 d'ici à 2050 par rapport à leur niveau en 2000 exigerait en effet que les pays en développement consentent eux-mêmes à diminuer leurs émissions d'environ 25 % par rapport à 1990, et même de 60 % par rapport au volume projeté pour 2050. Pourtant, en dépit de l'amplification des catastrophes naturelles liées aux changements climatiques et à l'urgence, pour ces pays, de limiter les effets du réchauffement, leur position dans les négociations internationales peine à évoluer.

Au vu des points de vue adoptés lors du sommet de Copenhague de décembre 2009 et des enjeux économiques que la lutte contre l'effet de serre engage, trois conditions au moins devront être réunies pour pouvoir contenir la hausse de la température mondiale à seulement 2 °C entre 1850 et 2050. La première renvoie aux mesures de mitigation* à entreprendre afin, notamment, de rationaliser les usages de l'énergie, d'en améliorer l'efficacité, de multiplier les « puits » végétaux de dioxyde de carbone ou encore de ralentir la destruction de biomasse*. Parallèlement, d'autres efforts d'adaptation devront être entrepris dans les pays en développement pour ajuster leurs infrastructures aux nouvelles conditions environnementales, améliorer leurs rendements agricoles tout en préservant les écosystèmes*, mais aussi développer des technologies propres. Dans ces pays, le défi se révélera d'autant plus complexe à relever qu'il imposera de faire intervenir en même temps l'économie du développement, la finance, l'écologie, la science, les technologies, la gestion et, surtout, la volonté politique. Or il apparaît aujourd'hui qu'aucun de ces pays ne dispose des moyens de faire face, seul, aux décisions controversées et aux transformations profondes que la lutte contre le réchauffement exige, tant en termes de niveau de vie que de modèle de croissance.

> Les pays en développement assumeront de 75 % à 80 % du coût des dommages liés au réchauffement.

C'est donc également à la condition que les pays en développement bénéficient d'une aide technique et financière suffisante qu'ils s'engageront à réduire leurs émissions, quand ils seront certains d'avoir les moyens d'une trajectoire plus sobre en carbone sans compromettre leurs perspectives de développement. En attendant, la difficulté des pays riches pour rassembler les sommes nécessaires renforce leur sentiment d'injustice, tendant même à conforter la vision de pays industrialisés ayant construit leur hégémonie économique sur l'exploitation outrancière des ressources naturelles et refusant de les partager. Ainsi, tandis que l'accord de Copenhague convient de la nécessité de mobiliser 100 milliards de dollars par an d'ici à 2020 pour répondre aux besoins des pays en développement, on compte que l'engagement annuel des pays industrialisés ne dépasse pas actuellement 10 milliards de dollars, dont moins de 10 % sont consacrés aux mesures d'adaptation.

Une dette à liquider

En plus de l'engagement des pays développés d'honorer leur dette climatique et des mesures pour compenser les impacts du réchauffement dans les pays en développement, une troisième condition sera nécessaire pour sortir du blocage sur la répartition des efforts à consentir. En n'attribuant de responsabilités pour les émissions de GES qu'aux pays industrialisés de longue date, le protocole de Kyoto a fini par figer dans leurs positions respectives les responsables historiques du réchauffement global et ses nouveaux grands contributeurs tels que la Chine (1er émetteur mondial de CO_2), l'Inde (4e), le Brésil (6e) et le Mexique (10e). Ainsi, en dépit de la redistribution géographique mondiale des émissions de GES, la distinction entre « pays de l'annexe I » et « pays hors annexe » continue de structurer les discussions. Tandis que les pays de l'OCDE font valoir que la répartition actuelle des émissions de CO_2 n'engage plus leur seule responsabilité et que, pour leur part, les pays en développement refusent de compromettre un essor économique naissant au motif de préoccupations écologiques, l'Inde, la Chine, le Brésil ou les États du Golfe continuent d'invoquer l'antériorité des pays de l'OCDE dans le processus industriel pour éviter de devoir fournir des efforts proportionnels à leur niveau actuel d'émission. C'est d'ailleurs dans cette perspective qu'il convient, par exemple, de replacer l'annonce des autorités chinoises, au printemps 2010, de « soutenir pleinement l'accord de Copenhague ». Alors que celui-ci continue de s'appuyer sur l'année 1990 pour calculer les volumes d'émission de référence, la Chine, elle, s'est fixé pour objectif de réduire ses émissions de CO_2 de 40 % à 45 % par unité de PIB supplémentaire à l'horizon 2020, calculé à partir... de 2005 ! ‹

à la convention-cadre des Nations unies sur les changements climatiques, New York, 1998. >>>> Aurélie VIEILLEFOSSE, *Le Changement climatique*, Paris, La Documentation française, 2009. >>>> World Resources Institute, *Climate Analysis Indicators Tool [CAIT]*, 2010. >>>>

Chronique d'un exode annoncé

« Pour la première fois depuis sa création en 2030, l'Observatoire des Nations unies sur les changements climatiques (ONUCC) consacre son rapport annuel aux populations affectées par les dérèglements du climat. Dans une publication de plus de 300 pages à laquelle ont participé plusieurs centaines d'experts, l'organisme international fait l'inventaire détaillé des impacts humains du réchauffement global. »

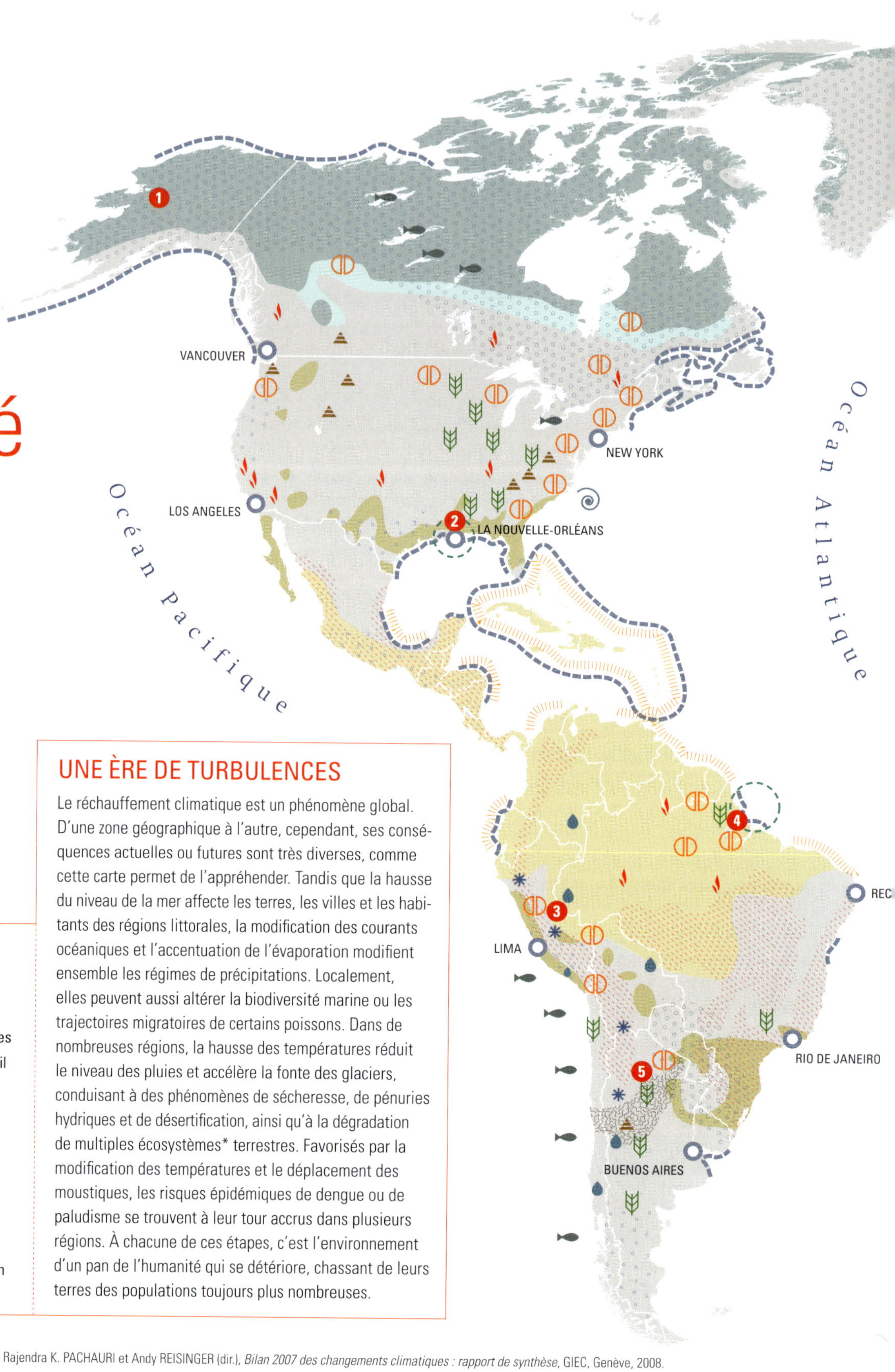

IMPACTS PROBABLES DES CHANGEMENTS CLIMATIQUES, au XXIe siècle

- Risque accru d'incendie
- Pergélisol amené à fondre d'ici à 2050
- Pergélisol en 2050
- Fonte des glaciers
- Réduction des eaux de fonte
- Écosystèmes modifiés
- Biodiversité déjà menacée
- Dégradation des écosystèmes de montagne
- Zone en voie de désertification
- Dégradation des ressources halieutiques
- Zone de paludisme actuelle
- Nouvelle zone de paludisme en 2050
- Hausse des précipitations
- Baisse des précipitations
- Détérioration des systèmes agricoles
- Blanchiment et disparition du corail
- Activité cyclonique accrue

Montée du niveau de la mer

- Principales zones concernées
- Principales villes touchées
- Zone de delta très affectée

Scénarios-fictions

- 3 Déplacement possible de population (voir légende pages suivantes)

UNE ÈRE DE TURBULENCES

Le réchauffement climatique est un phénomène global. D'une zone géographique à l'autre, cependant, ses conséquences actuelles ou futures sont très diverses, comme cette carte permet de l'appréhender. Tandis que la hausse du niveau de la mer affecte les terres, les villes et les habitants des régions littorales, la modification des courants océaniques et l'accentuation de l'évaporation modifient ensemble les régimes de précipitations. Localement, elles peuvent aussi altérer la biodiversité marine ou les trajectoires migratoires de certains poissons. Dans de nombreuses régions, la hausse des températures réduit le niveau des pluies et accélère la fonte des glaciers, conduisant à des phénomènes de sécheresse, de pénuries hydriques et de désertification, ainsi qu'à la dégradation de multiples écosystèmes* terrestres. Favorisés par la modification des températures et le déplacement des moustiques, les risques épidémiques de dengue ou de paludisme se trouvent à leur tour accrus dans plusieurs régions. À chacune de ces étapes, c'est l'environnement d'un pan de l'humanité qui se détériore, chassant de leurs terres des populations toujours plus nombreuses.

Sources >>> PNUE/GRID-Arendal, *Climat en danger : guide grand public des derniers rapports du GIEC*, février 2009. >>> Rajendra K. PACHAURI et Andy REISINGER (dir.), *Bilan 2007 des changements climatiques : rapport de synthèse*, GIEC, Genève, 2008.

Sources (suite) >>> Stuart M. LEIDERMAN et Harry WIJNBERG, « The Toledo Initiative on Environmental Refugees and Ecological Restoration », Tolède, 9 et 10 juillet 2004. >>> Norman MYERS, *Environmental Refugees : a Growing Phenomenon of the 21st Century*, Londres, Philosophical Transactions of the Royal Society of London, 2002. >>> Fabrice RENAUD, Janos J. BOGARDI, Olivia DUN et Koko WARNER, « Control, Adapt or Flee. How to Face Environmental Migration ? », InterSecTions, UNU-EHS, n° 5/2007, mai 2007.

EXTRAITS DU RAPPORT ANNUEL DE L'OBSERVATOIRE DES NATIONS UNIES SUR LES CHANGEMENTS CLIMATIQUES (SUITE)

NUUK (GROENLAND), LUNDI 17 OCTOBRE 2033

développement de quartiers flottants que l'on voit surgir dans tout le pays depuis qu'il a été dévasté par une marée de tempête en 2020, puis par les crues de l'Escaut en 2024. En 2033, les entreprises néerlandaises spécialisées dans l'habitat prévoient une hausse de 14 % de leur chiffre d'affaires, qu'elles réalisent pour les trois quarts à l'international.

15 Malgré le coût de plus en plus élevé de la préservation des Halligen, un archipel côtier en mer de Wadden, au nord-ouest du pays, l'**Allemagne** vient d'adopter un nouveau programme pour sauver ces bancs de tourbe de la Frise du Nord menacés par l'érosion et la montée des eaux. De nouvelles études menées en 2030 avaient en effet révélé que si ce brise-lame naturel venait à disparaître, les digues du Schleswig-Holstein ne résisteraient pas plus de quelques années aux assauts des tempêtes, toujours plus nombreuses dans la région.

16 En Sibérie, ce sont à présent des quartiers entiers qui s'effondrent sous l'effet du dégel du pergélisol*. Or, au même moment, des populations nombreuses convergent vers cette région de la **Russie** où le réchauffement climatique permet de mettre de nouvelles terres en culture. Abandonnées par leurs habitants russes, les anciennes villes soviétiques sont ainsi progressivement remplacées par de nouveaux bourgs, où de plus en plus de paysans originaires du Nord de la Chine viennent s'installer. Dans un climat politique et social largement dégradé, les nouveaux migrants sont la cible de fréquentes attaques xénophobes.

ASIE

17 On ne compte plus les villages fantômes au nord de la **Chine**. Rongée par le désert et balayée par les vents de sable, la région située à l'ouest de la capitale se vide de sa population, chassant chaque année vers Pékin, Tianjin ou la Sibérie plusieurs dizaines de milliers d'agriculteurs. En dépit des forêts plantées dans les années 2020 pour faire obstacle aux dunes de sable, le désert de Gobi avancerait désormais au rythme de 5 km par an. C'est donc dans ce contexte que les autorités chinoises ont lancé, en 2032, de nouveaux « Grands projets prioritaires », afin de faire face aux conséquences de la désertification : canalisation de cours d'eaux himalayens, plantation de forêts, restauration de vastes zones humides dégradées dans la province autonome du Tibet. On parle même du déplacement géographique de la capitale.

18 Partagée entre l'**Ouzbékistan**, le **Kirghizistan** et le **Tadjikistan**, la vallée de Ferghana accumule à elle seule toutes les pressions que le changement climatique peut entraîner ou presque : modification des écosystèmes, dégradation des sols, pénurie d'eau, sécheresse, etc. Ajoutée aux séquelles écologiques du développement soviétique, la vallée jadis fertile est désormais au cœur d'une crise humanitaire et environnementale majeure. Depuis l'an 2000, près de 3,4 millions de personnes ont quitté la région, soit près du tiers de la population. Près de là, dans la chaîne du Pamir, le recul des glaciers connaît depuis quelques années une nette accélération. On estime, par exemple, que le secteur glaciaire du Fedtchenko s'est réduit de 13 km² depuis 1900, menaçant ainsi de diminuer les eaux de fonte dont dépendent largement les agricultures kirghize et tadjike pour leur irrigation.

19 Dans les hautes vallées himalayennes du **Népal**, la fonte des glaciers poursuit son cours et modifie en même temps le régime des lacs glaciaires. Soumises à leur tour à une pression excessive, les moraines qui les retiennent finissent par céder, engloutissant parfois les villages situés en aval. Depuis la catastrophe de la vallée de Khumbu en 2022, une quinzaine de villages ont ainsi dû être évacués. Déracinées des vallées de leurs ancêtres, réinstallées à Pokhara ou Kathmandou, les communautés montagnardes rencontrent de grandes difficultés pour s'adapter à leur nouvel environnement urbain.

20 Crues exceptionnelles, montée des eaux, salinisation des terres arables, cyclones : au **Bangladesh**, les risques naturels se multiplient à mesure du réchauffement. Au regard des 20 millions de personnes affectées ou déplacées, il est même aujourd'hui le pays le plus touché au monde. Chassés de terres devenues stériles ou dangereuses, de plus en plus de Bangladais tentent de rejoindre l'Inde clandestinement pour trouver un emploi, et ce en dépit des programmes mis en place par les Nations unies pour contenir le phénomène migratoire.

21 Autant que par la montée du niveau de la mer, c'est par l'érosion et l'affaiblissement du corail qui le protège que l'archipel des **Maldives** est le plus affecté. Alors que l'agrandissement de l'île d'Hulhumalé était destiné à répondre à la croissance démographique de Malé, il aura donc finalement surtout servi à accueillir les déplacés de l'atoll de Laamu, où il est désormais impossible de vivre. Près de 150 000 personnes habitent l'île saturée d'Hulhumalé.

22 Comme toutes les zones de delta, celle du Mékong au **Vietnam** se trouve sinistrée par la montée du niveau de la mer. Déjà, les pertes rizicoles représenteraient 34 % de la production du pays en 2010. Lancé par les autorités à Hanoï, en 2030, le programme national visant à transférer quelque 5 millions de personnes vers le centre et le nord du pays rencontre une hostilité croissante de la part des populations locales, conduisant régulièrement les forces armées à s'interposer lors d'affrontements locaux.

OCÉANIE

23 Comme ceux de Kiribati et de nombreux autres atolls du Pacifique Sud, plusieurs îlots de l'État polynésien de **Tuvalu** pourraient être emportés par les flots de l'océan Pacifique d'ici à moins de dix ans. Encore peuplé de 8 400 habitants (contre 12 000 en 2010) répartis sur neuf atolls, Tuvalu constitue le plus petit État du monde après le Vatican. Depuis 2025, près d'un tiers de ses ressortissants ont répondu positivement aux plans d'évacuation volontaire vers l'Australie, la Nouvelle-Zélande, l'île Maurice et Madagascar.

24 Depuis l'inauguration de la première usine de dessalement d'eau de mer d'**Australie** en 2006, la technique s'y est imposée comme la principale solution pour lutter contre le manque d'eau. Or, au moment où l'île-continent doit faire face aux effets du réchauffement, la multiplication des usines de ce type impose d'accroître l'exploitation du charbon pour pouvoir fournir l'énergie que leur fonctionnement exige. Résolues à ne pas contribuer davantage à l'effet de serre et à ne pas imposer de rationnement d'eau à leurs habitants, les villes de Sydney, Perth et Brisbane ont annoncé qu'à partir de 2035 elles n'accueilleraient plus aucun réfugié climatique en provenance des îles du Pacifique Sud, pour ne pas accroître davantage leur population. »

UN PAYS EN ÉQUILIBRE

Niché au cœur du golfe du Bengale, le Bangladesh présente la particularité d'être le point de jonction de sept fleuves et près de deux cents rivières. Sur une superficie de 144 000 km² (un quart de la France), ce pays delta recueille ainsi 92 % des eaux himalayennes que charrient, entre autres, le Gange et le Brahmapoutre. Avec un territoire situé pour près de la moitié à moins de dix mètres au-dessus du niveau de la mer, le Bangladesh se distingue aussi par les fréquentes inondations que les pluies de mousson et la fonte saisonnière des glaciers y provoquent. Jusque-là cependant, les crues restent surtout associées à la fertilisation naturelle des terres qu'elles favorisent. Car en dépit d'une terre sans cesse redistribuée par les forces érosives, hydriques et éoliennes, les techniques d'adaptation et la résilience des Bangladais ont permis au pays de subvenir aux besoins alimentaires d'une population passée de 43 millions d'habitants en 1950 à 164 millions en 2010. En immergeant ou en stérilisant une large part du territoire, c'est donc l'équilibre même de la société bangladaise que le réchauffement climatique et la montée du niveau de la mer risquent de remettre en cause.

BANGLADESH

Débordements au Bengale

Tous les éléments sont rassemblés pour que le Bangladesh connaisse bientôt l'une des plus grandes catastrophes humaines de l'histoire. Malgré une contribution quasi nulle à l'effet de serre responsable des changements climatiques, le pays sera l'un des plus touchés par ses conséquences.

KOLKATA, MERCREDI 13 FÉVRIER 2019, WWW.DELHI-POST.IN

« Nos 4 098 km de frontières avec le Bangladesh sont désormais entièrement sécurisés », annonçait hier soir le Premier ministre indien, Gangadutt Johar, en déplacement à Kolkata. Commentant l'électronisation du mur de barbelés entre les deux pays, il ajoutait alors : *« Il devrait enfin nous permettre d'écarter de notre territoire tous ceux qui le menacent, trafiquants de drogues, groupuscules extrémistes et autres clandestins. »* À la veille de l'ouverture d'une réunion exceptionnelle du Conseil de sécurité des Nations unies consacrée à l'instauration d'un nouveau dispositif de gouvernance mondiale relatif aux déplacés du climat, la déclaration a aussitôt suscité l'indignation quasi unanime de la communauté internationale. Depuis New York où il se trouve actuellement, le ministre des Affaires climatiques du Bangladesh s'est en particulier déclaré atterré par *« le comportement d'un voisin que son nationalisme rend aveugle et qui s'obstine à agir comme si les effets dramatiques du réchauffement climatique au Bengale occidental s'arrêtaient à la frontière »*. »

› Si cet article du *Delhi Post* n'est encore qu'une fiction, la réalité pourrait vite le rejoindre... D'ici à 2030, l'élévation du niveau de la mer pourrait en effet engloutir 8 % des terres émergées du Bangladesh, 10 % en 2050, 16 % en 2100. Or, comme le pays se range aussi parmi les pays les plus densément peuplés au monde, il pourrait réunir à lui seul plusieurs dizaines de millions de déplacés climatiques.

Quels que soient les scénarios retenus, plusieurs études récentes ont souligné les nombreux risques que soulèvera la hausse moyenne des températures et des précipitations de mousson. Ainsi, tandis que le réchauffement augmentera les besoins en irrigation, la concentration des pluies sur une période plus courte de l'année favorisera le ruissellement au détriment de l'approvisionnement des aquifères*. À son tour, la fonte accélérée des glaciers, qui augmentera le débit des cours d'eau en amont, devrait, avec la montée des eaux de la mer en aval, multiplier les inondations géantes et autres « crues du siècle ». Enfin, en plus de favoriser la formation de cyclones dans le golfe du Bengale, les changements climatiques pourraient aussi amplifier les sécheresses dans le nord-ouest du pays. Érosion dans le nord, perte de mangrove et salinisation des terres dans le sud-ouest, perturbation du cycle végétatif à l'est, effritement côtier et glissements de terrains au sud-est : aucune région ne sera épargnée par les phénomènes climatiques. L'agriculture non plus : la baisse de production nationale pourrait atteindre 30 % d'ici à 2050. Semences de riz plus résistantes au sel, construction de jardins flottants sur lits de plantes aquatiques, conversion d'exploitations agricoles en fermes de crevettes : jusqu'à présent, les Bangladais se sont toujours adaptés à leur environnement avec une résilience exemplaire. Ce faisant, ils ont aussi accru la pression sur les écosystèmes forestiers et halieutiques, les ont fragilisés et se sont ainsi trouvés contraints pour un grand nombre d'entre eux de rejoindre les villes pour y trouver un emploi.

Les changements climatiques pourraient emporter avec eux quarante ans de progrès agronomiques.

Si la migration est un mode d'adaptation ancien au Bangladesh, elle a pris depuis quelques années des proportions inédites. Identifiée comme la ville croissant le plus rapidement au monde, Dhaka est déjà passée d'environ 6 millions d'habitants en 1990 à près de 14 millions en 2010. On prévoit qu'elle en rassemblera 21 millions en 2020. Or l'un des aspects les plus frappants de cette expansion accélérée est justement que la capitale ne met pas ses nouveaux habitants à l'abri des caprices du climat. Située dans une zone inondable, elle expose même particulièrement aux intempéries tous ceux qui vivent dans les bidonvilles situés en périphérie de la ville, soit 80 % de la population de Dhaka en 2020.

Pour prendre la mesure de la situation, il faut alors inscrire ces évolutions climatiques, agricoles, sociales et urbaines dans le contexte démographique du pays. En dépit d'une chute de l'indice synthétique de fécondité de plus de 6 enfants par femme en moyenne en 1980 à 2,25 enfants en 2010, la population devrait encore augmenter de 23,5 % d'ici à 2030 et de 35 % à l'horizon 2050. Ainsi, les effets du dérèglement climatique pourraient emporter avec eux près de quarante années de développement agronomique et économique, mais aussi la relative sécurité alimentaire qu'il avait permis d'atteindre. Dans ces conditions, il est probable que le Bangladesh ne disposera pas des ressources nécessaires pour protéger et nourrir les millions de déplacés climatiques que la dégradation de leur environnement devrait mettre sur les routes dans les prochaines décennies. Il est donc possible aussi qu'une part croissante d'entre eux aille chercher asile en dehors du territoire.

Trop coûteuse et dépendante de la volonté des employeurs de fournir les papiers et billets nécessaires, la migration lointaine vers les bassins de main-d'œuvre du Moyen-Orient et de l'Asie du Sud restera minoritaire. La Birmanie n'offrira pas non plus de réelles perspectives migratoires, étant elle-même très affectée par les dérèglements climatiques dans un contexte de grande pauvreté. Pour les Bangladais, l'Inde devrait donc rester une destination privilégiée, malgré la réticence de son gouvernement à accueillir des populations musulmanes. Soucieuse de maintenir les équilibres religieux sur son territoire et d'éviter que les violences intercommunautaires s'accroissent, l'Inde s'est engagée dans un processus de fermeture et de surveillance de son immense frontière avec le Bangladesh en dressant un mur de barbelés entre les deux pays.

Exemplaire sur bien des points, le cas du Bangladesh renvoie donc aujourd'hui au monde les risques de catastrophe humanitaire auxquels pourrait l'exposer le réchauffement. Ce faisant, il soulève aussi la question de savoir dans quelle mesure une aide financière des pays développés à l'adaptation et à la mitigation* des pays en développement pourra leur permettre de faire face à l'ampleur et à la complexité du problème. ‹

DHAKA, JEUDI 29 JUIN 2023, *FEDERATED PRESS*

Sur la route de l'aéroport, le lent défilé de carrioles, d'hommes, de femmes et d'enfants avance lentement dans la chaleur moite de la mousson. Depuis qu'il s'est ébranlé en mai dernier, le cortège silencieux ranime chaque jour davantage le souvenir d'un exode survenu au milieu du XXe siècle, au lendemain de la partition du sous-continent. Cette fois, pourtant, le déplacement est à sens unique. Surtout, il est sans violence. Encadrés par les « chemises jaunes » de la jeune Agence des Nations unies pour les déplacés du climat (ANUDC), hindous et musulmans prennent le même chemin. S'appuyant sur la Convention-cadre des déplacés du climat adoptée par l'ONU le 15 février 2022, l'organisme international fait ainsi du Bengale sa première zone d'intervention d'envergure. Dans les dix prochaines années, ce sont en effet plus de 5 millions de Bangladais et autant d'Indiens qui devraient être ainsi évacués du golfe du Bengale. Bientôt installés au Brésil et au Canada dans l'une des trente « enclaves de souveraineté déléguée » créées à travers le monde pour accueillir les exilés du climat, ceux-ci y vivront sous la double protection de leur État d'origine et du nouveau droit des déplacés climatiques. Interrogé sur ce déplacement de population sans précédent, le Secrétaire général des Nations unies s'est montré très ému. *« L'humanité avait le choix entre le repli, la contrainte ou la solidarité. Je suis profondément heureux que, pour son propre salut, elle ait choisi la troisième voie. »* »

Sources >>> Alice PONCELET, « Bangladesh, un pays fait de catastrophes. La vulnérabilité environnementale et la migration forcée », *Hommes et migrations*, mars-avril 2010. >>> Richard BLACK, Dominic KNIVETON, Ronald SKELDON, Daniel COPPARD, Akira MURATA et Kerstin SCHMIDT-VERKERK, *Demographics and Climate Change: Future Trends and their Policy Implications for Migration*, University of Sussex & Development Initiatives (Wellis), juin 2008 >>> Centre for Geographic Information Services (CEGIS), *Impacts of Sea Level Rise on Land-use Suitability and Adaptation Options*, Dhaka, 2006. Kushal ROY, Masudur RAHAMAN et Uthpal KUMAR, *Future Climate Change and Moisture Stress: Impact on Crop Agriculture in South-Western Bangladesh*, Climate Change and Development Perspective, Dhaka, septembre 2009 >>> UNFPA, State of World Population 2009. >>>>

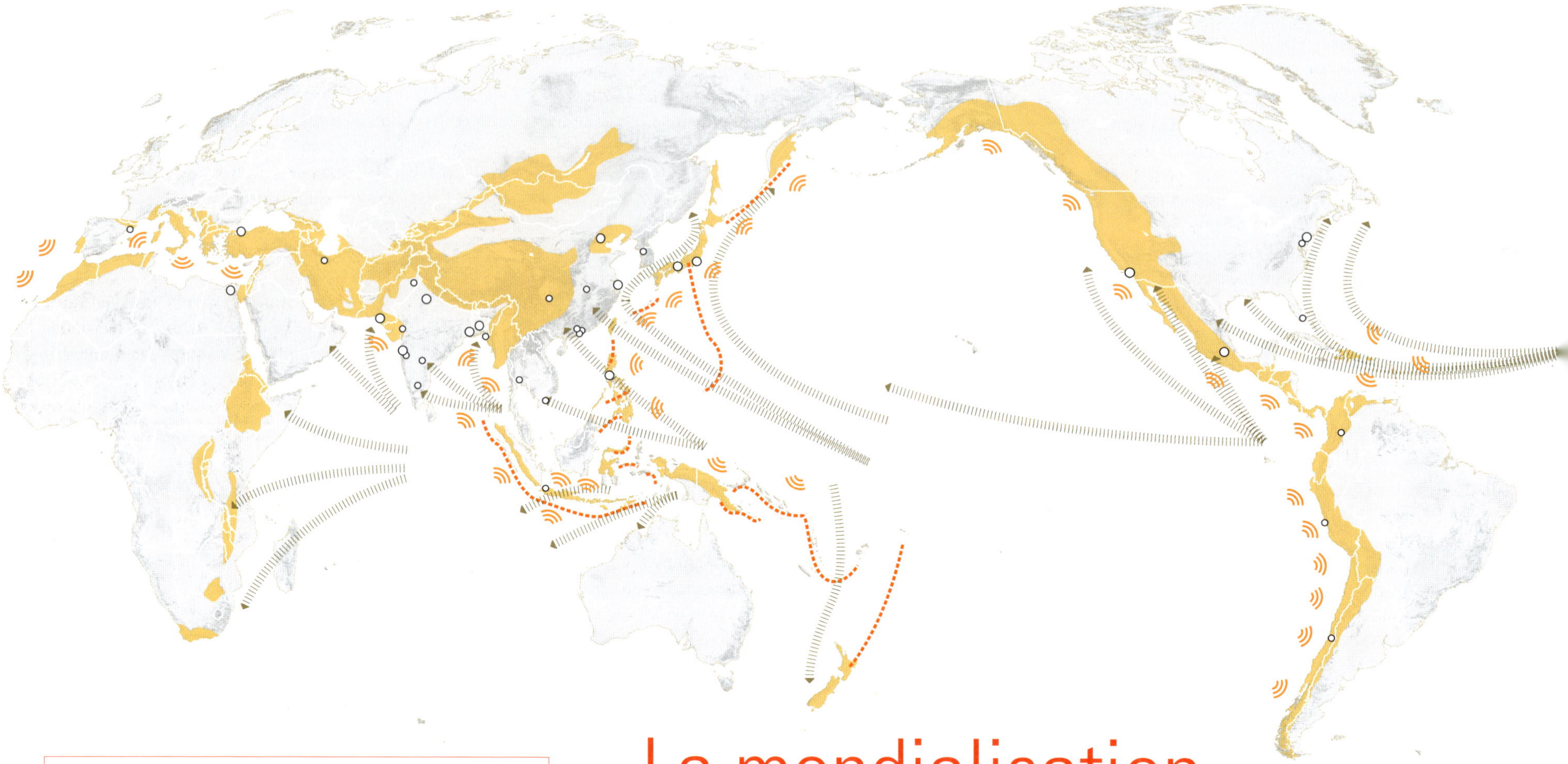

La mondialisation des risques naturels

Observé d'un point de vue climatique, l'accroissement des sécheresses, cyclones et inondations est lié au réchauffement de l'atmosphère. Pour certains mouvements écologistes, il serait aussi le révélateur d'une planète surpeuplée. En réalité, la répartition des victimes des catastrophes naturelles renvoie surtout aux inégalités sociales et à la précarité économique.

BIEN PRÉVOIR POUR MIEUX PRÉVENIR

La répartition géographique des risques de cyclone, d'inondation, de glissement de terrain et de tremblement de terre révèle qu'une part très réduite de la planète est soumise à la plupart des aléas naturels. Ainsi, s'il n'est pas possible de prédire la date exacte à laquelle une catastrophe se produira, ni quelle sera son ampleur, on connaît en revanche de plus en plus précisément les zones où elle est susceptible d'avoir lieu dans un avenir plus ou moins proche. On sait par exemple que l'Afrique traversera de nouveaux épisodes de sécheresse ; que les Caraïbes et le golfe du Mexique seront régulièrement frappés par des ouragans ; que les zones côtières et deltaïques asiatiques subiront encore des inondations de grande amplitude ; enfin, que les pays situés près de la faille du Pacifique connaîtront d'autres tremblements de terre et d'autres éruptions volcaniques. Parallèlement, on sait que les aléas climatiques sont amplifiés par l'altération des équilibres écologiques, qu'ils augmentent avec l'urbanisation et qu'ils exposent davantage les populations les plus pauvres.
Pourtant, bien que les catastrophes naturelles soient ainsi devenues moins aléatoires et plus prévisibles, elles continuent de mobiliser davantage les efforts de secours que de planification et de prévention.

URBANISATION ET PRINCIPALES ZONES D'ALÉAS, en 2008

- Agglomération de 5 à 10 millions d'habitants
- Mégapole de plus de 10 millions d'habitants
- Cyclone
- Tsunami
- Zone volcanique
- Zone sismique

Sources >>>> Emergency Events Database (EM-DAT), http://www.emdat.be/ >>> Daniel Joseph HOGAN, Eduardo MARANDOLA Jr., « Vulnerability to Natural Hazards in Population-Environnement Studies », Cyberséminaire sur la démographie et les risques naturels, 5-19 novembre 2007. >>>> United Nations International Strategy for Disaster Reduction, (UNISDR) « Deaths and Economic Losses Jump in 2008 », janvier 2009. >>>> GRID, UNEP, http://maps.grida.no/theme/disasters >>>> OXFAM, http://www.oxfam.org/fr/policy/droit-survivre

NAIROBI, LUNDI 4 DÉCEMBRE 2017, *FEDERATED PRESS*

« Selon les dernières estimations de l'ONU, les inondations de l'automne auront finalement laissé plus de 5,5 millions de personnes sans abris au Sahel. Une catastrophe sans précédent que les experts du GIEC* attribuent au changement climatique mondial et que, pour leur part, les responsables de Sussex Famine Relief font débuter en Chine. Cette année encore, la sécheresse qui sévit au nord du pays y a fait reculer la production de blé de 6 % par rapport à 2016, 17 % par rapport à 2012. Or on se souvient qu'en avril de cette année, les inondations dans le Midwest américain avaient déjà gravement endommagé les champs céréaliers du *wheat belt*.
C'est pourquoi dès le mois de mai, sans attendre les moissons et en dépit d'un excédent de 18 % des stocks de blé par rapport à la consommation mondiale, la Bourse de Chicago avait réagi par de fortes hausses du cours des céréales. Si grâce à leurs assurances, liquidités et fonds souverains, les États-Unis et la Chine ont pu surmonter le recul de leur production en quelques semaines, de nombreux pays en développement importateurs ne s'en sont toujours pas remis. Loin de là… Trop fragiles pour résister à des variations de cours aussi fortes, leurs économies ont directement relayé les effets de la spéculation sur les marchés locaux, amplifiant ce faisant l'envolée des prix que la période de soudure provoque chaque année dans la région. Ainsi, des dizaines de milliers de familles dont l'essentiel des revenus est consacré à la nourriture sont devenues les premières victimes des désastres américain et chinois, au Niger, au Soudan ou en Éthiopie. Poussées par l'insécurité alimentaire et l'épuisement de leurs ressources, un grand nombre d'entre elles ont dû gagner Niamey, Khartoum et Addis-Abeba où, au cœur de l'été, elles ont rejoint les bidonvilles déjà saturés de quartiers situés pour la plupart en zone inondable et peu propice à l'habitat. C'est donc ainsi que, quelques semaines plus tard, déjà vulnérabilisés par les effets de lointains aléas atmosphériques et coupés de leurs réseaux de solidarité d'origine, ces nouveaux migrants sont aussi devenus les premiers sinistrés des pluies diluviennes, quand elles se sont abattues sur le Sahel de septembre à novembre. »

> La pauvreté constitue le troisième grand marqueur des catastrophes naturelles.

› Loin d'être un simple exercice de style, cet essai de prospective consiste à accumuler dans un temps court, mais possible, des épisodes qui, en réalité, se sont déroulés sur une période plus longue. Pour autant, cette séquence de catastrophes fictives devient de plus en plus probable : avec le réchauffement climatique, on doit en effet s'attendre à une hausse de la fréquence et de l'intensité de certains aléas. Sans excès, ce scénario tendanciel décrit donc comment, dans le contexte économique et démographique mondial actuel, aléas, catastrophes et risques naturels s'enchaînent en s'amplifiant mutuellement.
Globalement, les risques naturels* désignent l'exposition de populations et de leurs infrastructures à des aléas d'origine naturelle comme les cyclones, les séismes, les éruptions volcaniques, les raz de marée, les canicules, les fortes pluies. Il convient cependant de distinguer ceux qui correspondent à des phénomènes strictement naturels, comme les séismes ou les éruptions volcaniques, de ceux qui conjuguent aléa géophysique et facteur humain. Depuis quelques décennies, en effet, bon nombre des phénomènes que l'on continue d'appeler « risques naturels » sont en fait passés du stade d'aléa ponctuel, local et incertain à celui de « risque environnemental » beaucoup plus prévisible. On constate notamment qu'avec la hausse globale de température et la déforestation, de nombreux écosystèmes* comme les zones humides, les forêts, les mangroves ou les bassins versants se modifient. En se dégradant, ils régulent de moins en moins bien certains aléas dont la fréquence et l'intensité tendent alors à augmenter. Régimes de précipitation modifiés, augmentation des superficies affectées par la sécheresse, tempêtes tropicales plus intenses : le nombre de catastrophes naturelles liées au changement climatique aurait ainsi quadruplé en vingt ans.

De l'exposition à la vulnérabilité

Pour autant, l'augmentation du nombre de victimes au cours des dernières décennies s'explique moins par cette occurrence plus grande des aléas, que par l'exposition croissante des sociétés et par la vulnérabilité accrue des individus. Parmi les zones les plus exposées, on trouve par exemple les régions côtières en zones tropicales, où les risques de cyclone s'intensifient au fur et à mesure qu'elles accumulent développement économique et aménagement urbain. On trouve aussi les deltas cycloniques d'Asie du Sud, où des millions de ménages ruraux tirent leurs moyens de subsistance de l'agriculture intensive, qu'ils développent dans des zones propices aux inondations. Mais c'est encore dans les grandes mégapoles que l'exposition aux risques naturels augmente le plus vite. Sous l'effet de l'exode rural mais aussi de la spéculation immobilière, les zones urbaines s'étendent sur des territoires de plus en plus vastes. Trop rapide, mal planifiée et peu régulée, la croissance urbaine conduit ainsi à occuper des terrains fragiles ou instables en bord de mer, sur les piémonts ou dans des vallées inondables. En imperméabilisant les sols, en réduisant les terres humides et les champs d'inondation, la ville modifie aussi les conditions générales de l'écoulement des eaux et soumet ainsi ses habitants aux risques d'inondation, de glissement de terrain ou de coulées de boue.

De la pauvreté à la catastrophe

Avec l'intensité des aléas naturels et l'ampleur des risques environnementaux, la pauvreté constitue le troisième marqueur clé des catastrophes naturelles*. De nombreuses études confirment en effet que le nombre de victimes et l'ampleur des pertes économiques qu'elles entraînent sont proportionnels à la pauvreté des personnes et des sociétés exposées. C'est pourquoi à des aléas d'amplitude comparable correspondent des nombres de victimes très variables d'une région ou d'un quartier à l'autre. On constate par exemple que les cyclones, les séismes, les inondations ou les glissements de terrain sont particulièrement meurtriers dans les bidonvilles où se concentrent les principaux facteurs de vulnérabilité tels que la pauvreté des foyers, la précarité de l'habitat, la prévention inexistante, le manque d'accès aux secours ou l'absence de moyens d'évacuer. Globalement, les risques naturels constituent donc des indicateurs très fiables des inégalités économiques et sociales, que les catastrophes viennent encore accentuer quand elles se produisent : comme ils ne disposent pas d'économies, de réserves ou d'assurance, les foyers démunis qui sont déjà les plus exposés aux catastrophes naturelles représentent en effet ceux qui s'en remettent le plus difficilement.
De la même façon, qu'il s'agisse du nombre de victimes, des dégâts matériels ou des pertes économiques, les pays pauvres sont ceux qui subissent les préjudices les plus importants et les plus durables. Dépourvus en amont des moyens nécessaires pour développer et entretenir des systèmes d'alerte performants, ils se trouvent dans l'incapacité de contenir l'impact des aléas. En aval, ils ne parviennent aussi que faiblement à mobiliser les secours, les capitaux et les services médicaux nécessaires pour faire face aux catastrophes naturelles, ou pour offrir aux victimes une compensation financière et une prise en charge sociale qui leur permettent de surmonter l'impact du sinistre. En se répétant, les catastrophes naturelles balaient des années de développement économique et de biens accumulés dans les pays pauvres, qui se trouvent alors encore plus exposés aux risques de catastrophe… ‹

L'Asie face à la tourmente

Entre autres records, l'Asie est la région du monde la plus exposée aux risques naturels et celle dont la population et l'urbanisation augmentent le plus vite. Elle devrait donc aussi rester longtemps celle dont les catastrophes sont les plus graves, tant par le nombre de victimes que par l'ampleur des dégâts.

Sources >>>> GIEC/IPCC, « Managing the Risks of Extreme Events and Disasters to Advance Climate Change Adaptation », http://www.ipcc-wg2.gov/AR5/extremes-sr/Index_extremes.html >>>> Good Planet, « Des dégâts amplifiés par l'homme », http://www.goodplanet.info/goodplanet/index.php/fre/Biodiversite/Risques-naturels/Risques-naturels/(theme)/305

❯ Que l'on considère les catastrophes naturelles qui font le plus grand nombre de victimes, celles qui causent les dégâts les plus importants ou celles qui entraînent les décès les plus nombreux : elles sont toutes ou presque situées en Asie (sécheresses mises à part). Plusieurs facteurs contribuent à l'exposition spécifique de cette zone. Déjà, elle constitue l'une des plus instables de la planète sur le plan sismique et volcanique. Au niveau météorologique, elle est exposée à la fois à une activité cyclonique intense (moussons) et aux effets climatiques des courants océaniques El Niño* et La Niña*. À ces paramètres géologiques et météorologiques s'ajoutent d'autres facteurs qui, à leur tour, viennent aggraver les désastres naturels de la région. Ainsi, on constate que la population y a été multipliée par cinq depuis le début du xxe siècle et qu'elle s'est fortement concentrée le long des fleuves, des côtes et dans les deltas, dans des zones sujettes aux inondations, aux tsunamis ou aux glissements de terrain. Parallèlement, l'urbanisation très rapide des dernières décennies a conduit à concentrer dans des agglomérations naturellement exposées telles que Dhaka, Kolkata ou Jakarta, de vastes zones d'habitat informel et précaire, où vivent des populations pauvres, particulièrement vulnérables face aux intempéries et autres tremblements de terre. Or, compte tenu des évolutions démographiques et urbaines attendues, mais aussi des effets probables des changements climatiques dans la région, la prédisposition de l'Asie aux catastrophes naturelles devrait encore s'accentuer dans les prochaines décennies. Cependant, l'exemple du Japon – où en dépit de la grande exposition de l'archipel l'impact humain et matériel des désastres reste modéré – rappelle si c'était nécessaire que face aux risques naturels, il n'est guère d'autre fatalité que sociale et économique. ❮

Les **cyclones** qu'on appelle ouragans en Amérique et typhons en Asie sont des perturbations tourbillonnaires qui se forment au-dessus des eaux chaudes des régions tropicales. Plus faciles à prédire que d'autres risques naturels, les cyclones causent davantage de pertes matérielles que de décès. Généralement, les zones rurales des pays pauvres sont les plus affectées car elles sont à la fois moins bien équipées en systèmes d'alerte et de prévention et en moyens de transport et de secours. Depuis le début du xxe siècle, les vingt cyclones les plus meurtriers ont tous eu lieu en Asie.

Les **inondations** sont l'aléa naturel le plus répandu dans le monde, mais aussi le plus meurtrier et celui qui devrait le plus s'accroître dans les prochaines années. Responsables de plus de 60 % des décès liés aux catastrophes naturelles, les inondations exposent chaque année davantage de personnes. C'est en Chine, au Bangladesh et en Inde que les populations sont le plus exposées, car ces pays cumulent les principaux facteurs propices aux inondations : de fortes précipitations de mousson que viennent régulièrement accentuer les phénomènes El Niño ou La Niña, des densités de population exceptionnelles dans les deltas, une croissance urbaine aussi rapide que peu régulée, une forte concentration de populations vulnérables et d'habitat précaire, des niveaux de développement économique et humain moyen intermédiaires à faibles.

Dans le monde, près de 130 millions d'invidus sont exposés à un risque de **tremblement de terre**, notamment en Chine, en Inde, au Pakistan et en Indonésie. Dans ces pays où l'habitat est encore très rarement conforme aux normes antisismiques, alors que le peuplement y est de plus en plus concentré, les déformations de l'écorce terrestre et la convergence des plaques tectoniques en Asie soumettent les populations à une exposition particulièrement forte, constante et durable. Directement liés aux séismes, les **tsunamis** ou raz de marée sont déclenchés par un déplacement soudain du plancher océanique. S'ils sont susceptibles de se produire dans tous les océans et dans certaines mers comme la Méditerranée, c'est en Asie qu'ils se sont montrés les plus meurtriers et les plus dévastateurs, comme le tsunami du 26 décembre 2004, lors duquel près de 210 000 personnes ont trouvé la mort.

Les **accidents climatiques** sont des variations locales du climat, limitées dans le temps, inhabituelles et plutôt subites. Qu'il s'agisse de vagues de chaleur ou de pluies torrentielles, on prévoit qu'elles augmenteront avec les changements climatiques. Dans les zones urbaines, les pluies torrentielles provoquent de plus en plus de **glissements de terrain** dévastateurs. Quant aux sécheresses, si elles ne produisent pas de dégâts matériels, elles font néanmoins le plus grand nombre de victimes, notamment quand elles se conjuguent à d'autres fléaux comme un conflit armé, des déplacements de populations, des crises économiques et, surtout, la pauvreté. Bien que l'Afrique soit le continent le plus exposé géographiquement, c'est en Inde et en Chine qu'ont été enregistrées les dix sécheresses ayant affecté le plus grand nombre de personnes depuis un siècle.

EXPOSITION AUX CATASTROPHES NATURELLES

Risque de mortalité liée aux aléas naturels en 2010
(cyclones, tremblements de terre, inondations et glissements de terrain)

Faible | Moyen | Fort | Extrême

○ Ville de 2 à 4 millions d'habitants (2010)

○ Ville de 4 à 10 millions d'habitants (2010)

Évolution de la population des mégapoles
(villes de plus de 10 millions d'habitants, en milliers d'habitants)

1950
2010 (estimation)
2025 (projection)

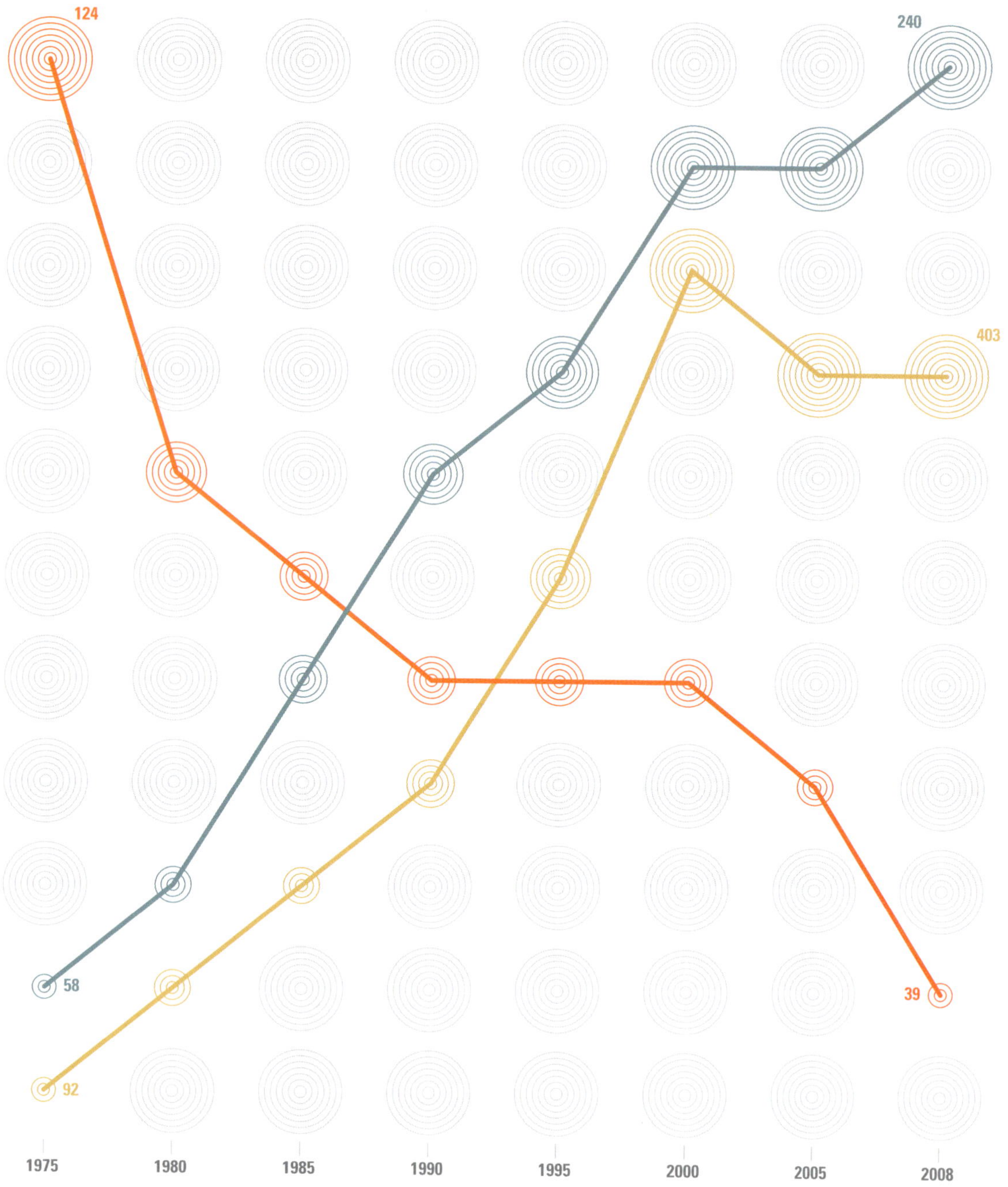

Le risque inégal

Toutes les études le confirment : l'urbanisation, la pauvreté et le réchauffement climatique amplifient les aléas naturels dont, plus que jamais, ils désignent les possibles victimes. Loin d'être le seul effet du sort ou du hasard, les catastrophes « naturelles » obéissent au contraire de mieux en mieux aux lois de la probabilité.

FRÉQUENCE ET IMPACT DES CATASTROPHES NATURELLES, de 1975 à 2008

Nombre de désastres	0-60	61-120	121-180	181-240	241-300	301-360	361-420
Nombre de personnes affectées (en millions)	0-35	36-70	71-105	106-140	141-175	176-210	211-245
Nombre de morts (en milliers)	0-20	21-40	41-60	61-80	81-100	101-120	121-140

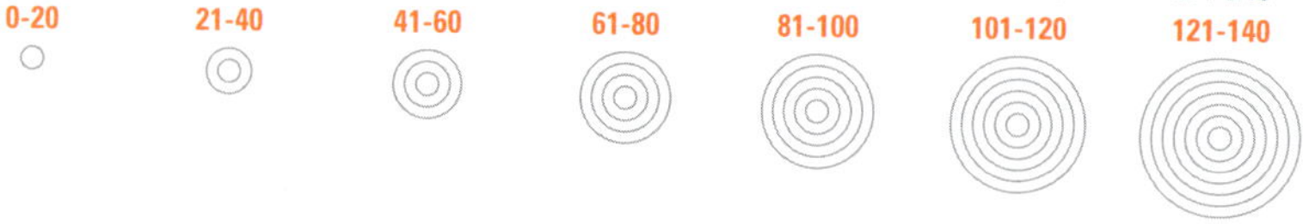

RÉCHAUFFEMENT ET URBANISATION : UNE COMBINAISON À RISQUES

Si l'amélioration de la surveillance, de la prévision et de la gestion des phénomènes climatiques a largement contribué à la réduction de leur impact mortel depuis les années 1970, on constate sur la même période que le nombre et l'ampleur des désastres ne cessent d'augmenter. Ainsi, alors que les catastrophes naturelles n'avaient touché que 1 milliard de personnes de 1976 à 1985, elles en ont affecté plus de 2,5 milliards de 1996 à 2005. Sur cette seule période, on a recensé près de 6 000 désastres naturels et environ 738 milliards de dollars de dégâts. Comme elle est largement portée par la croissance urbaine et le réchauffement climatique, on prévoit que cette tendance à la hausse se poursuivra dans les prochaines décennies.
Or à la multiplication des catastrophes correspondent à la fois une augmentation du nombre de sinistrés (200 à 300 millions de personnes par an depuis 2000), une hausse des pertes économiques (plus de 15 fois plus élevées entre 1990 et 1999 qu'entre 1950 et 1959), mais aussi des pertes de biomasse* et d'écosystèmes* d'ampleur croissante.

Sources >>> PNUD, http://www.undp.org >>> United Nations International Strategy for Disaster Reduction (UNISDR), « Deaths and Economic Losses Jump in 2008 », janvier 2009, http://www.unisdr.org/preventionweb/files/8742_pr200901disasterfigures2008.pdf >>> Ronald S. PARKER, « Hazards of Nature, Risks to Development : an IEG Evaluation of World Bank Assistance for Natural Disasters », Washington, Banque mondiale, 2006. http://www.worldbank.org/ieg/naturaldisasters/docs/natural_disasters_evaluation.pdf >>> GIEC, Martin PARRY, Osvaldo CANZIANI, Jean PALUTIKOF, Paul VAN DER LINDEN, Clair HANSON, *Climate Change 2007: Impacts, Adaptation and Vulnerability*, Cambridge University Press, 2007. http://www.ipcc.ch/ipccreports/ar4-wg2.htm

› Si les images de cyclones en Birmanie (2008, 135 000 morts), d'inondations au Pakistan (2010, plus de 1200 morts et 20 millions de déplacés), de séisme en Haïti (2010, 200 000 morts) ou de tsunami en Indonésie (2004, 164 000 morts) continuent d'évoquer la fatalité et les injustices de la nature, les études rapportent cependant que la gravité des désastres répercute de moins en moins l'ampleur des phénomènes naturels et de plus en plus la pauvreté des zones où ils ont lieu. Entre 1975 et 2008, on a recensé 23 catastrophes majeures, ayant entraîné plus de 10 000 décès chacune. Or si ces seules catastrophes ne comptent que pour 0,26 % de toutes celles recensées sur la période, on leur attribue 78,2 % de la mortalité. On note aussi que parmi ces catastrophes, seuls l'ouragan Katrina en Louisiane (2005, 1 800 morts) et la vague de chaleur sur l'Europe (2003, 70 000 morts) ne se sont pas déroulés dans un pays en développement. Car à un niveau de développement plus élevé correspondent généralement des normes d'aménagement et d'habitat plus ajustées aux risques naturels, des secours plus équipés et mieux organisés, une plus grande préparation de la population aux catastrophes, des systèmes d'assurances plus développés. Ainsi, bien que le Japon compte plus d'habitants exposés aux tempêtes tropicales que les Philippines, la mortalité y est 17 fois moins élevée à intensité de cyclone égale. De la même façon, un cyclone de catégorie 4 expose 3,2 % du PIB de Madagascar contre 0,16 % seulement du PIB du Japon.

Avec le réchauffement climatique, ces écarts pourraient encore se creuser dans les prochaines décennies. D'un côté, les experts anticipent une augmentation de l'ampleur et de la fréquence de certains aléas comme la sécheresse ou les inondations. De l'autre, les pays en développement concentrent chaque année davantage de personnes vulnérables dont une très grande partie vit dans des zones exposées, comme les villes côtières et fluviales, mais aussi les deltas. On constate par exemple que deux tiers des pays à développement humain faible et moyen (IDH* < 0,8) se trouvent dans les zones très exposées d'Afrique et d'Asie du Sud et qu'ils concentrent 84 % de la croissance urbaine. On estime aussi que 25 millions de personnes viennent chaque année s'ajouter aux près d'un milliard d'individus qui vivent déjà dans des bidonvilles.

Tous les facteurs sont donc réunis qui permettent de prévoir une aggravation des risques et des catastrophes naturels dans les prochaines décennies. Il ne s'agit plus désormais d'un scénario mais d'une question de temps et de réponse. ‹

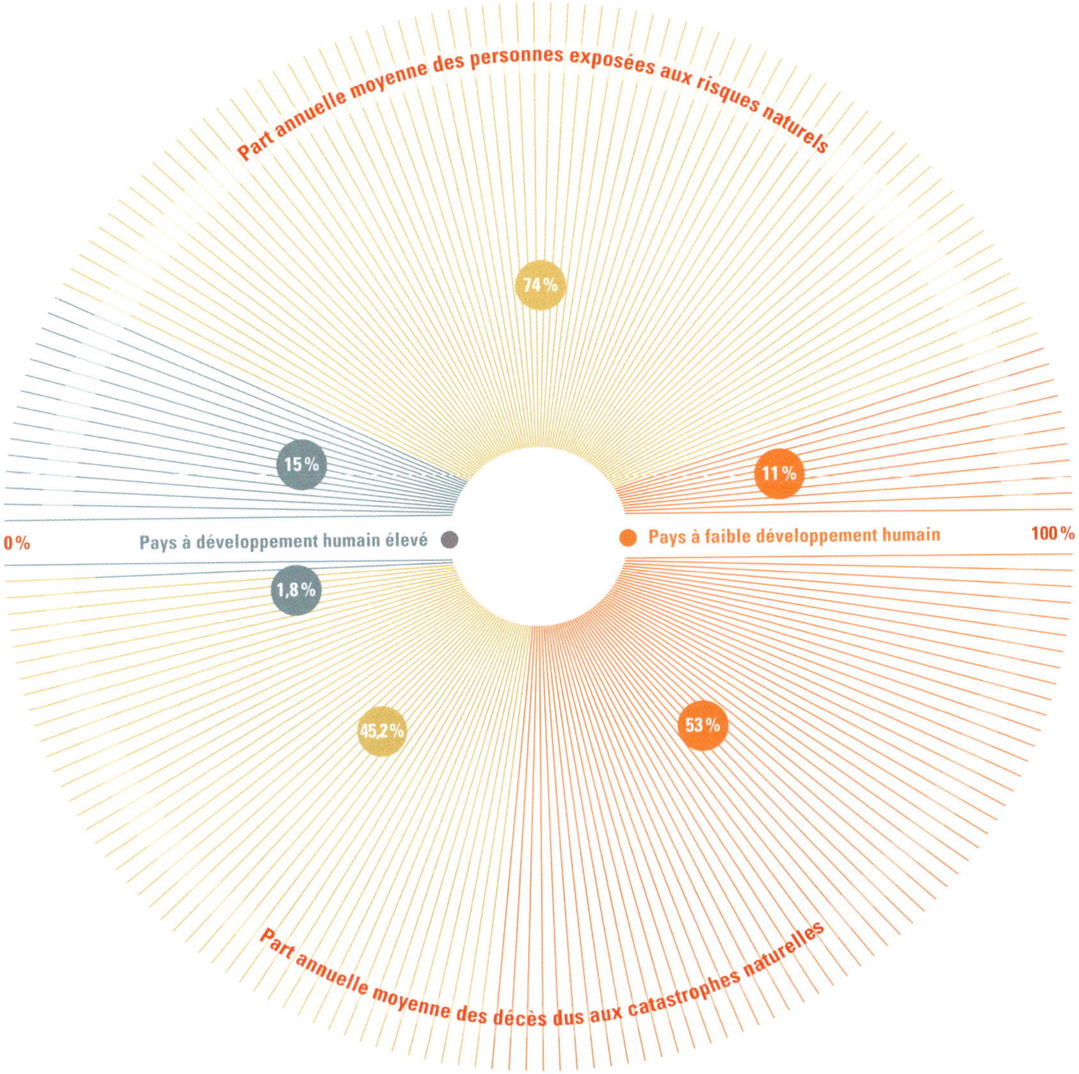

RÉPARTITION MONDIALE DE L'EXPOSITION AUX RISQUES NATURELS, en 2004

LA PAUVRETÉ : UN FACTEUR DE RISQUE SUPPLÉMENTAIRE

Sur 100 personnes exposées à un risque naturel dans le monde, 15 vivent dans un pays développé et 11 dans un pays en développement. Sur 100 personnes tuées par une catastrophe naturelle, moins de 2 vivaient dans un pays développé, 53 dans un pays en développement. Ainsi, la répartition des risques naturels et de leur létalité en fonction de l'indice du développement humain (IDH) écarte l'hypothèse que les désastres sont le symptôme d'une planète trop peuplée ou encore l'expression d'injustices « naturelles ». Elle s'avance davantage comme une illustration saisissante de l'iniquité environnementale : alors que la hausse des risques naturels est induite par un modèle de développement qui a surtout profité aux sociétés et aux individus les plus prospères, elles en infligent la plus grande partie du fardeau aux populations les plus vulnérables des pays les plus pauvres. On constate, par exemple, que les pays à revenu élevé, qui représentent 39 % de l'exposition aux cyclones tropicaux à l'échelle mondiale ne concentrent que 1 % du risque de mortalité. Pour leur part, les pays à faible revenu représentent 13 % de l'exposition aux cyclones mais pas moins de 81 % du risque de mortalité.

Le siècle des déplacés climatiques

D'ici à 2050, selon le Haut commissaire adjoint des Nations unies aux réfugiés, les changements climatiques pourraient contraindre près de 250 millions de personnes à quitter leur lieu de vie. Si les causes écologiques des futurs mouvements de population sont, pour la plupart, déjà à l'œuvre, le statut et la protection dont pourront bénéficier les déplacés climatiques demeurent, eux, beaucoup plus incertains.

UNE VILLE NÉNUPHAR POUR LES DÉPLACÉS CLIMATIQUES

S'il paraît tout droit sorti d'un ouvrage d'anticipation, le projet Lilypad, imaginé par l'architecte belge Vincent Callebaut, s'inscrit cependant dans des préoccupations bien actuelles. Écologique, amphibie et autosuffisante, la cité nénuphar a en effet été pensée pour recueillir les futurs déplacés climatiques. Conçue pour ne pas rejeter de carbone et n'utiliser que des énergies renouvelables, Lilypad pourrait accueillir jusqu'à 50 000 personnes dans le respect de l'environnement. *Crédits de la photo > © Vincent Callebaut Architectures.*

Andrew THOW et Mark DE BLOIS, « Climate Change and Human Vulnerability : Mapping Emerging Trends and Risk Hotspots for Humanitarian Actors », Genève, Maplecroft/OCHA/CARE, 2008. >>> Susana B. ADAMO, « Addressing

Sources >>> Christelle COURNIL et Pierre MAZZEGA, « Réflexions prospectives sur une protection juridique des réfugiés écologiques », *Revue européenne des Migrations internationales*, vol. 23, n° 1, 2007. >>> François GEMENNE, *Géopolitique du changement climatique*, Paris, Albin Michel, 2009. >>> Tamer AFIFI et Koko WARNER, « The Impact of Environmental Degradation on Migrations Flows across Countries », UNU-EHS, 2008. >>> Jean-Michel VALANTIN, *Menaces climatiques sur l'ordre mondial*, Paris, Lignes de Repères, 2005.

Désormais, la montée du niveau des océans constitue le plus emblématique des effets du réchauffement climatique. Au regard du nombre de personnes concernées, il sera sans doute aussi l'un des plus complexes. En 2007, le rapport du GIEC* faisait état d'une élévation de la mer qui pourrait atteindre 59 cm d'ici à la fin du siècle. Or, dans un monde où la moitié de la population vit à moins de 60 km des côtes, chaque centimètre gagné par les eaux se compte en millions de personnes affectées. Aux Pays-Bas, dans le delta du Gange ou celui du Mékong, des villes entières menacent de disparaître. À Tuvalu, c'est même toute une nation que les dérèglements climatiques pourraient contraindre à l'exil. Or, aussi forcées que puissent être ces migrations écologiques, aucun principe ni aucune convention ne les inscrit encore dans le droit international.

Un faux problème de droit

En dépit d'une prise de conscience mondiale de la problématique des déplacés du climat, ceux-ci ne bénéficient encore ni du droit de s'installer quelque part, ni même d'être pris en charge sur le plan humanitaire. De la même façon, si les textes internationaux relatifs à l'environnement se multiplient, la question du « refuge écologique », elle, n'y est toujours pas abordée. À ce jour, au contraire, on persiste à lui opposer les deux conditions fixées par la Convention de Genève* de 1951 pour la reconnaissance du statut de réfugié : subir personnellement des persécutions dans son pays d'origine et avoir fui dans un autre. Pourtant, selon de nombreux juristes, la définition du réfugié s'applique dès qu'un État manque à sa mission de protection de ses ressortissants. Dès lors, on pourrait définir un réfugié climatique comme une personne qui, confrontée à un événement météorologique extrême, serait forcée de fuir son pays faute de ne plus pouvoir y être en sécurité. En s'appuyant sur des pratiques existantes, cette interprétation du droit exigerait, pour étendre aux nouveaux exilés les dispositions de la Convention sur les réfugiés, d'y ajouter une référence aux risques écologiques. Pour autant, un tel amendement ne résoudrait que partiellement les problèmes posés. D'une part, il n'apportera pas de solutions pour ceux des migrants climatiques qui se déplaceront sans franchir de frontières internationales et qui resteront donc des « réfugiés de l'intérieur ». D'autre part, les enjeux que la question de l'exil climatique soulève sont en réalité moins juridiques que politiques et économiques. Pour commencer, la reconnaissance d'un droit au déplacement écologique s'oppose directement à la volonté des pays du Nord de contenir, voire de réduire les flux migratoires. Car si les demandeurs d'asile politique se comptaient en millions, l'exil climatique, lui, pourrait concerner plusieurs dizaines, voire centaines de millions de personnes. Redoutant que la mise au point d'un statut crée un appel d'air, les pays du Nord, moins touchés par le réchauffement, continuent de justifier leur résistance à faire progresser le droit à l'asile climatique et le devoir d'accueil environnemental, en invoquant la difficulté de qualifier les migrations écologiques. De son côté, l'Organisation internationale pour les migrations (OIM) propose depuis 2008 de définir cette nouvelle catégorie de migrants comme « *les personnes (...) qui, pour des raisons impérieuses liées à un changement environnemental soudain ou progressif influant négativement sur leur vie (...), sont contraintes de quitter leur foyer habituel ou le quittent de leur propre initiative, temporairement ou définitivement, et qui, de ce fait, se déplacent à l'intérieur de leur pays ou en sortent* ». Imprécise, la définition de l'OIM ne permet donc ni de dissocier les causes véritables de l'exil, ni de dégager clairement le caractère volontaire et soudain de la fuite. Ainsi, tandis qu'une inondation ou un cyclone sont facilement entendus comme des causes de départ subit, on renvoie plus volontiers la lente dégradation des sols sous l'effet de sécheresses répétées aux mobiles économiques des migrations. Que les raisons pour lesquelles les populations ne trouvent plus de quoi subsister soient écologiques ou climatiques n'y change rien. Que près de 10 millions de personnes aient ainsi été déplacées en Afrique ces vingt dernières années non plus. À l'instar des demandeurs d'asile politique, il reviendra donc sans doute aux déplacés climatiques de prouver qu'ils n'avaient pas d'autre choix pour leur survie immédiate que le départ ou l'exil.

> Bientôt, les exilés climatiques imposeront de créer un droit universel à vivre quelque part.

Pour certains, cependant, la charge de la preuve s'imposera d'elle-même. Dans les deltas très peuplés d'Asie et d'Afrique comme sur les îles du Pacifique et de l'océan Indien, l'immersion des terres ne laissera en effet aux populations ni la possibilité de rester, ni celle de revenir. Elle imposera tôt ou tard de les délocaliser vers d'autres régions habitables, voire d'autres pays. Et si les populations des territoires submersibles du Pacifique sont très peu nombreuses, elles pourraient conduire au premier exemple de déplacement de la totalité d'une population d'un État vers un autre. Ainsi, elles donneront *de facto* sa réponse à une question inédite : le droit universel à vivre quelque part. Rapidement, elles poseront aussi celle de pouvoir travailler en cas d'émigration définitive, pour « cause climatique de force majeure ». Par ailleurs, on sait que pour préserver leurs cultures, exilés et diasporas s'efforcent d'entretenir le projet réel ou fantasmé de retour vers leur pays d'origine, toujours mythifié. Dans le cas des Micronésiens et des Polynésiens, l'impossibilité du retour risque donc de les priver à la fois de leurs terres et de leur repère identitaire.

Enfin, à moins que la communauté internationale consente à amender le droit international pour permettre aux États menacés d'immersion d'exister sans territoire ou d'en changer, leur effacement géographique pourrait donc également conduire à leur disparition. Si ce cas de figure n'est encore que théorique en 2010, il pourrait marquer, à l'horizon 2033, les prémices de profonds bouleversements politiques. Parmi eux, celui du partage des responsabilités ne sera pas le moindre.

Une vraie question de principe

Bien qu'elle soit posée désormais à chaque Sommet sur le climat, la question de la prise en charge financière des effets des dérèglements climatiques ne progresse guère. Car, entre autres enjeux, elle impose de déterminer qui doit assumer les défaillances d'un État quand d'autres en sont responsables. À qui s'adresse la facture des impacts humains du réchauffement global ? Du point de vue des pays en développement, faiblement contributeurs à l'effet de serre, il incombe logiquement aux pays industrialisés de s'acquitter d'une dette écologique contractée avec la révolution industrielle. En vertu du principe du « pollueur -payeur », il leur reviendrait notamment d'offrir asile et assistance aux victimes du réchauffement. Dès lors, si l'on s'en tient à la répartition de l'émission mondiale de CO_2, principal agent du réchauffement global, les États-Unis devraient alors accueillir à eux seuls 30 % des exilés !

Ici et là, d'autres propositions se font jour. Tandis qu'en Australie on réfléchit à établir un droit d'asile environnemental qui se limiterait aux seuls ressortissants des pays insulaires du Pacifique, une majorité d'États du Nord se rangent en faveur du financement de stratégies d'adaptation des pays en développement et de mitigation* face aux effets du réchauffement. Ainsi, ils espèrent pouvoir limiter les déplacements des populations du Sud. Cependant, au regard des sommes avancées lors des récentes discussions internationales, mais aussi au vu des dernières prévisions du GIEC, la mesure et les montants affectés semblent des plus dérisoires.

Environmentally Induced Population Displacements : a Delicate Task », Population Environment Research Network, août 2008. >>> Arun AGRAWAL, « The Role of Local Institutions in Adaptation to Climate Change », Washington DC, Banque mondiale, Département du développement social, 2008. >>>

La croissance obstinément

Souvent présentée comme l'effet secondaire d'un modèle économique reposant sur l'accumulation de richesses et l'exploitation excessive des ressources naturelles, la crise économique mondiale à l'œuvre depuis 2008 fait écho aux préoccupations écologiques grandissantes du moment. Invitant à améliorer les rapports entre développement et ressources disponibles, la croissance verte offre-t-elle une alternative économique réellement durable ?

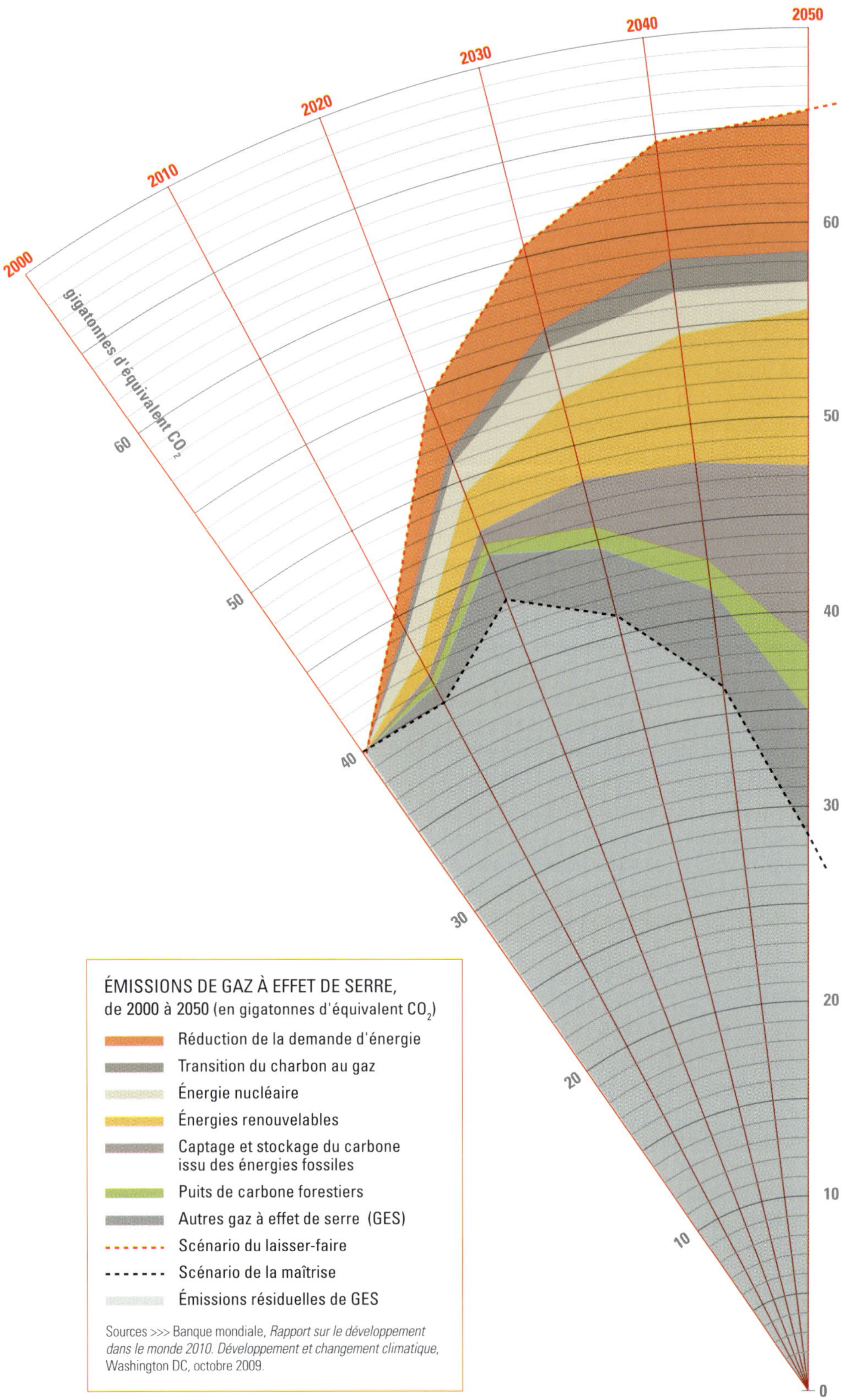

Sources >>> Banque mondiale, *Rapport sur le développement dans le monde 2010. Développement et changement climatique*, Washington DC, octobre 2009.

UNE ÉCONOMIE MOINS CARBONÉE

Selon l'un de ses concepteurs, Robert Socolow, professeur à l'Université de Princeton, la notion de « croissance verte » renvoie à une économie moins carbonée et suggère de mener des efforts de mitigation* pour diminuer considérablement les émissions de gaz à effet de serre* (GES). C'est dans cet esprit que s'inscrit le modèle rapporté par le graphique ci-contre. Pour ramener les émissions de dioxyde de carbone (CO_2) vers une trajectoire permettant de limiter le réchauffement à 2 °C d'ici à 2050, il suggère de s'appuyer à la fois sur la promotion des énergies renouvelables, le captage et le stockage de CO_2, le ralentissement de la déforestation, la baisse des émissions de GES liées à l'élevage et à l'agriculture, mais aussi sur l'innovation technologique afin de réduire la demande d'énergie ou encore sur l'amélioration de l'efficacité énergétique des transports, du bâtiment et de la production industrielle. Possible pour les uns, chimérique pour les autres, mais de toute façon urgente sur le plan écologique, une telle réduction des émissions de GES exigerait en tout cas de procéder au préalable à de délicats arbitrages économiques et d'engager, en même temps, d'importants investissements financiers.

Commissariat général au développement durable, « Les relances vertes dans le monde », *Études et documents*, délégation au développement durable, ministère de l'Écologie, de l'Énergie, du Développement durable et de la Mer,

Sources >>> PNUE, *Rapport annuel 2009. Saisir les opportunités de l'économie verte*, Genève, 2010. >>> OCDE, *Rapport intérimaire de la stratégie pour une croissance verte : concrétiser notre engagement en faveur d'un avenir durable*, réunion ministérielle du Conseil de l'OCDE, mai 2010. >>> OCDE, « La course à la croissance verte », *L'Observateur*, juin 2009. >>> François GROSSE, « Le découplage croissance / matières premières. De l'économie circulaire à l'économie de la fonctionnalité : vertus et limites du recyclage », *Futuribles*, n° 365, juillet-août 2010.

❯ Tel un *deus ex machina* venant apporter sa solution aux crises économique et écologique mondiales, la croissance verte s'avance comme le nouveau paradigme d'acteurs politiques, économiques et médiatiques de plus en plus nombreux. Offrant de faire évoluer un modèle de développement polluant, fondé sur une production et une consommation de biens prédatrices, la croissance verte suscite cependant autant d'espoirs que de doutes, à commencer par celui que soulève l'association de deux termes historiquement contradictoires. S'inscrivant dans une rhétorique environnementaliste toujours plus abondante depuis les années 1970, la notion de croissance verte renvoie d'abord au caractère écologiquement non durable du modèle économique des pays industrialisés. En hypothéquant ses propres fondements par l'épuisement des terres, des minerais et des énergies fossiles, mais aussi par l'amplification des changements climatiques et la dégradation des écosystèmes*, le modèle de croissance à l'œuvre dans les pays riches et émergents semble se comporter comme s'il disposait de ressources illimitées. Cependant, confronté à la finitude des matières premières, le voilà à présent sommé d'évoluer, contraint d'infléchir le processus dans lequel la croissance épuise les ressources, accumule les déchets, dégrade l'environnement et soumet le développement à des futurs incertains. C'est ainsi que la notion de croissance verte vient se placer au cœur du débat.

L'écologie au cœur de la relance

D'une source à l'autre, les définitions données au concept varient, indiquant les contours imprécis du nouveau label écologique de l'économie. Particulièrement exhaustive, la définition qu'en donne le ministère français de l'Écologie, de l'Énergie, du Développement durable et de la Mer se présente comme le programme politique utopique d'un homme réconcilié avec la nature et ses ressources, avec ses congénères et ses prochains, grâce à la responsabilité, à la modération, à la technologie et au recyclage. Pour sa part, l'OCDE donne au concept des accents plus économiques, décrivant la croissance verte comme le moyen de mettre en œuvre une exploitation propre des ressources et de tendre vers un modèle de développement supportable et durable pour l'environnement. Pour l'organisation internationale, le nouveau modèle offre aussi l'occasion de stimuler ensemble croissance, emploi et redistribution grâce, notamment, au développement de nouveaux secteurs d'activités. Aspirant à développer une économie moins carbonée et moins vorace en matières premières tout en préservant le haut niveau de prospérité et de bien-être matériel des populations, les pays industrialisés attribuent à l'innovation technologique un rôle moteur dans cette économie écologique. Si, parmi les mesures visant à promouvoir un modèle de développement plus ajusté aux contraintes de l'environnement, certaines remontent aux années 1970, comme le principe du « pollueur payeur », ce sont néanmoins les crises économiques et écologiques mondiales récentes qui donnent son véritable souffle à l'économie verte. Celui-ci prend notamment la forme de mesures de relance économique engagées par les pays riches ou émergents pour stimuler leurs économies déprimées. Trois axes sont privilégiés : l'efficacité énergétique des transports et du bâtiment (67 % des investissements) ; la gestion de l'eau, le traitement des déchets et les techniques de dépollution (19 %) ; le développement d'une économie moins carbonée grâce aux énergies propres mais aussi aux technologies de capture et de stockage de CO_2 (14 %). Sur un total de 2 800 milliards de dollars engagés à la fin de l'année 2009 par plus d'une vingtaine de pays pour relancer leurs économies respectives, on compte que 430 milliards de dollars (15 %) sont consacrés à des éco-investissements. En la matière, trois pays se démarquent : les États-Unis, qui engagent dans la relance 787 milliards de dollars sur trois ans, dont 12 % vers l'économie verte (0,3 % du PIB en 2009) ; la Chine, qui consacre à cette dernière 3,3 % de son PIB sur deux ans, soit 38 % de 586 milliards de dollars ; la Corée du Sud enfin, dont le *Green New Deal Stimulus Package* s'élève à 36 milliards de dollars sur la période 2009-2012, avec pas moins de 80,5 % tournés vers le développement durable (soit 0,8 % du PIB). Par ses investissements, Séoul vise ainsi à créer 960 000 emplois entre 2009 et 2012, notamment dans les secteurs des transports et des énergies propres, de la gestion de l'eau, des technologies de l'information et de la communication ou encore dans la valorisation énergétique des déchets. Pour sa part, le président américain escompte la création de 450 000 emplois de « cols verts ». À son tour, l'Allemagne prévoit de porter ses effectifs dans le domaine des énergies renouvelables à 900 000 personnes d'ici à 2030. Au même moment, on constate que les investissements consacrés à la production d'électricité à partir d'énergies renouvelables dépassent les montants engagés pour produire de l'énergie électrique à partir de combustibles fossiles. Enfin, s'opposant à un modèle économique porté par l'abondance d'une énergie bon marché, la croissance verte encourage la mise en place d'un système de prix intégrant la rareté des ressources naturelles, et ce afin d'encourager les comportements et les technologies plus sobres en carbone ou en ressources fossiles. Ainsi, les initiatives se multiplient en faveur de l'instauration d'une fiscalité environnementale, avec, notamment, la création d'écotaxes du type « taxe carbone ».

À l'origine, la croissance verte associe deux termes contradictoires.

Un concept ambigu

Présenté comme un modèle économique nouveau, exerçant une pression moindre sur les ressources et ménageant davantage les équilibres écologiques de la planète, le concept de croissance verte comporte cependant plusieurs ambiguïtés, inhérentes aux préoccupations qui l'animent. Contrairement à la notion écologique de décroissance, qui préconise de ralentir la production de biens et de richesses pour diminuer la prédation des ressources qu'elle entraîne, la croissance verte ne remet pas en cause le lien intrinsèque entre développement et production de richesses. Au contraire. Porté par le souci de ménager les ressources de la croissance davantage que par celui de préserver l'environnement, le modèle alimente à son tour une logique conduisant à mesurer les performances économiques des sociétés en termes de productions, fussent-elles à forte valeur écologique, et de marchés, fussent-ils de technologies propres. Pour un certain nombre d'entrepreneurs et d'industriels, l'économie verte présente même pour principal intérêt d'offrir de nouvelles niches à la production de biens innovants, sans rompre avec les modes de vie et de consommation sur lesquels repose le processus de croissance économique, aussi verte soit-elle. Les commentaires ne manquent plus, qui sèment déjà le doute sur l'efficacité écologique et sur la durabilité de la nouvelle formule économique : mirage pour les uns, aubaine pour les autres, elle condamnerait à amortir les bénéfices écologiques obtenus grâce à la technologie par l'augmentation de la demande, elle-même soutenue par la croissance des revenus. S'appuyant sur ce constat, de plus en plus de voix s'élèvent désormais pour invoquer d'autres modèles économiques, où le développement et la fonctionnalité se trouveraient découplés de la production et de la consommation de biens matériels. Mesurée en termes de qualité de vie et de l'environnement, la performance économique n'appellerait plus à l'exploitation de matières premières mais à l'optimisation des usages. Il s'agirait ainsi de sortir d'une économie de l'abondance pour entrer dans l'ère, plus sobre, de la fonctionnalité, où les besoins sont satisfaits par la qualité des services davantage que par la quantité des biens. Conçue comme une étape et non comme une issue, la croissance verte pourrait ainsi retrouver sa dimension écologique. ❮

n° 11, octobre 2009. >>> Patricia CRIFO, Michèle DEBONNEUIL et Alain GRANDJEAN, *Croissance verte*, Conseil économique pour le développement durable, novembre 2009. >>> Catherine AUBERTIN et Franck Dominique VIVIEN (dir.), *Le Développement durable*, Paris, La Documentation française, 2010.

ÉPILOGUE

Nulle fatalité qui tienne, le monde n'a pas de destin.
Aux hommes de choisir leur avenir, avant que le futur le leur impose.

Ressources énergétiques et minières actuellement en exploitation
Extraction de pétrole et de gaz
Extraction de minerais
Zones à fortes potentialités en hydrocarbures
Bassin prouvé par découvertes
Bassin non exploré
Base militaire
Différend territorial en cours
Frontière internationale
Frontière provinciale canadienn
Limite des juridictions maritimes (accords ou ZEE)
Capitale
Ville
Route maritime utilisable en permanence à échéance de 10 ou 15 ans, si réchauffement climatique persiste et si la banquise continue de reculer
Réduction de la surface de la banquise : situation moyenne en septembre
2010
2040
2070
Sources >>> AMAP, 1998, 2002 et 2004. >>> ACIA, *Impacts of a Warming Arctic*, Cambridge, Cambridge University Press, décembre 2004. >>> UNEP/GRID-Arendal, *Vital Arctic Graphics. People and Global Heritage on Our Last Wild Shores*, 2005.
Îles Aléoutiennes
Mer de Béring
Détroit de Béring
Cercle polaire arctique 66° 33' 39"
RUSSIE
Mer des Tchouktches
Mer de Sibérie Orientale
Mer des Laptev
Îles de Nouvelle-Sibérie
Alaska
ÉTATS-UNIS
Mer de Beaufort
Territoire du Yukon
Colomb.-Brit.
OCÉAN GLACIAL ARCTIQUE
Terre du Nord
Mer de Kara
Terre François-Joseph
Nouvelle-Zemble
Pôle Nord
Île Banks
Île de la Reine-Élisabeth
Grand Lac de l'Ours
Alberta
Territoires du Nord-Ouest
Île Victoria
Île d'Ellesmere
Grand Lac des Esclaves
Mer de Barents
CANADA
Resolute Bay
Saskatchewan
Nunavut
Qaanaaq
Svalbard
MOSCOU
Nanisivik
Rankin Inlet
Igloolik
Pond Inlet
Passage du Nord-Est
FINLANDE
Manitoba
Churchill
Groenland (DANEMARK)
Mer du Groenland
HELSINKI
Baie d'Hudson
Lac du Caribou
Passage du Nord-Ouest
Baie de Baffin
Île de Jan Mayen (NORVÈGE)
SUÈDE
Île de Baffin
STOCKHOLM
Ittoqqortoormiit
Ontario
Iqaluit
Ilulissat
Détroit de Davis
Mer de Norvège
OSLO
COPENHAGUE
Tasiilaq
Détroit du Danemark
NORVÈGE
NUUK
ISLANDE
DANEMARK
Mer du Labrador
Narsaq
REYKJAVIK
Rotterdam
Québec
Anvers
OCÉAN ATLANTIQUE NORD
Terre-Neuve-et-Labrador
ROYAUME-UNI

GROENLAND

En attendant le futur

Espace vierge et glacé, longtemps peuplé par les seuls Inuits, la province danoise du Groenland pourrait bientôt voir son avenir triplement modifié : par le réchauffement climatique, par la demande énergétique et par les moyens politiques que lui offriront ses ressources naturelles.

› Contrairement à une idée répandue, l'île du Groenland n'est ni au « bout » du monde, ni « en haut » du globe. On voit grâce à la carte qu'elle est même géographiquement centrale, plongée dans l'océan Arctique où baignent trois continents. Étendu sur 2,2 millions de km², le Groenland est recouvert à 80 % d'une épaisse couche de glace recelant à elle seule 9 % des réserves mondiales d'eau douce. À l'échelle de cette vaste calotte, les 58 000 Groenlandais (dont 50 000 Inuits) qui vivent sur les côtes libres de glace occupent donc une surface réduite de leur territoire. Placée sous souveraineté danoise, la province reçoit aujourd'hui 60 % de son budget de Copenhague, le reste provenant de la pêche (38 %) et du tourisme (2 %). Cependant, en ouvrant la voie à l'exploitation minière et au trafic maritime dans la région, le réchauffement global pourrait bien changer le cours de l'histoire de l'île arctique.

Les effets arctiques du réchauffement global

À mesure que les symptômes se multiplient, le réchauffement du climat est pour le Groenland une réalité de plus en plus tangible. Peu à peu, la contraction des glaciers libère des millions de mètres cubes d'eau douce dans les circuits océaniques. À son tour, la banquise* est présente moins longtemps au cours de l'année : on comptait 180 jours libres de glaces en 2008, contre 140 seulement en 1930. Dès l'été 2007, la banquise avait déjà perdu plus du quart de sa superficie par rapport à la même saison en... 2005 ! À ce rythme, le Groenland pourrait donc se trouver prochainement, non plus au cœur des glaces, mais au centre d'un réseau stratégique de nouvelles voies maritimes.

Contraints d'emprunter le canal de Suez ou celui de Panamá pour se rendre d'Europe en Asie, les cargos devraient bientôt pouvoir emprunter, avec le réchauffement, les voies du Nord-Ouest et du Nord-Est, des routes polaires beaucoup plus rapides. Sans imposer de limite de tonnage, contrairement aux canaux de Suez et de Panamá, le passage par l'Arctique pourrait ainsi écourter de 5 500 km à 7 600 km la route d'Anvers à Shanghai, soit plus du quart de sa longueur actuelle. Il permettrait aussi aux compagnies maritimes d'économiser des millions de dollars en fuel et en main-d'œuvre. Ainsi, bien avant 2033, et en fonction des évolutions climatiques, l'ouverture de ces voies pourrait même conduire au passage de plusieurs centaines de navires aux larges des côtes du Groenland, de la Russie et de la province canadienne du Nunavut.

Aiguisées par de tels enjeux, les positions s'affrontent déjà au sujet de la souveraineté sur le passage du Nord-Ouest. Pour les États-Unis, son statut est fixé par le droit de la mer, qui garantit la liberté de navigation dans les détroits internationaux. Pour Ottawa, il relève des eaux territoriales canadiennes et devrait être soumis aux dispositions prévues, à ce titre, par le même texte international. Fort de sa situation géographique de part et d'autre de la voie maritime, le Canada s'est ainsi récemment engagé dans la construction d'un port en eau profonde à Nanivisik, mais aussi d'une nouvelle base militaire à Resolute Bay.

En même temps qu'elle libère des glaces un chenal naturel, la fonte progressive de la banquise offre de nouvelles perspectives à l'exploitation des métaux, minerais et hydrocarbures de la zone. Selon des études géologiques américaines, le bassin arctique pourrait renfermer jusqu'à 13 % des réserves non prouvées d'hydrocarbures dans le monde, dont 47 289 km³ de gaz naturel et 44 milliards de barils de gaz liquide. Quant au pétrole, l'Arctique pourrait en détenir jusqu'à 100 milliards de barils, soit près du tiers du volume des réserves prouvées de l'Arabie Saoudite. Sans attendre le dégel, les compagnies pétrolières explorent déjà la zone, notamment au large des côtes groenlandaises. En fonction de l'évolution de la banquise, on évoque des forages possibles dès 2016. Or pour le Groenland, l'échéance revêt une importance toute particulière.

Jadis colonie danoise, l'Île acquiert l'« autonomie interne » en 1979 et se voit alors dotée de ses propres gouvernement et parlement. Trente ans plus tard, en juin 2009, elle obtient l'« autonomie renforcée », qui cède aux autorités inuites du Groenland de nouvelles compétences, en particulier pour la gestion partagée des ressources du sous-sol de l'île. Ainsi, en cas de découverte de gisements d'hydrocarbures dans sa Zone économique exclusive (ZEE*), la nouvelle loi prévoit l'application d'un mécanisme de partage avantageux pour le gouvernement groenlandais, conduisant à l'interruption progressive de la dotation financière du Danemark. En d'autres termes, grâce au réchauffement climatique et aux ressources qu'il libère de la glace, le Groenland pourrait acquérir les moyens économiques de sa souveraineté politique. Au préalable, cependant, plusieurs hypothèques devront être levées avant qu'un nouvel État voie le jour dans cette région.

Pétrole, indépendance et contentieux

S'il venait à obtenir son indépendance en 2011, le nouveau pays ne compterait que 60 000 habitants, soit très peu pour contrôler un territoire quatre fois plus étendu que la France. En outre, avec seulement un quart de sa population ayant atteint un niveau d'étude correspondant à celui du lycée, il peinerait aussi à exercer l'ensemble des droits régaliens sur un territoire aussi vaste que convoité...

À mesure que l'exploitation minière progressera dans la région, il est en effet probable que l'île se trouvera mêlée à quelques contentieux internationaux. S'appuyant sur la convention de Montego Bay* qui prévoit que les États riverains de l'océan Arctique peuvent exploiter l'ensemble des ressources naturelles situées à l'intérieur de leurs ZEE respectives, plusieurs États de la région affichent déjà de nouvelles revendications maritimes. Étayant leur demande par l'extension de leur plateau continental comme le prévoit le droit de la mer, certains l'assortissent de gestes symboliques. C'est dans ce contexte, par exemple, qu'en août 2007, depuis un sous-marin et par 4 000 mètres de fond, des « scientifiques » russes ont planté un drapeau de la Russie en titane, dans une zone de l'océan Arctique que les États-Unis et la commission *ad hoc* de l'ONU considèrent justement comme inaliénable.

Géographiquement situé au cœur d'une nouvelle zone de grandes rivalités, le Groenland s'est élevé, en quelques années, du rang d'espace vide à celui de zone géopolitique sensible. Pour autant, en attendant que ses gisements d'hydrocarbures soient prouvés et ses minerais exploités, son avenir reste à écrire.

Dans certains scénarios, on spécule déjà sur la tentation des Groenlandais de céder au plus offrant la possibilité d'exploiter, à leur place, les ressources naturelles de leur territoire. Plus improbables, d'autres hypothèses envisagent la conclusion d'un nouvel accord international sur le modèle du traité de l'Antarctique*. En gelant les revendications territoriales et l'exploitation minière, l'accord – utopique – permettrait ainsi aux Inuits de protéger la flore et la faune des littoraux arctiques, sur lesquelles, justement, ils ont fait reposer leur survie pendant des siècles. ‹

Sources >>> Frédéric LASSERRE, *Passages et mers arctiques. Géopolitique d'une région en mutation*, Presses de l'Université du Québec, coll. Géographie contemporaine, 2010. >> Damien DEGEORGES, « Le Groenland, enjeu climatique et géopolitique de l'Arctique », *Nordiques*, n° 20, 2009. >> Claude KERGOMARD, « L'Arctique face au changement climatique », *Annales de géographie*, n° 653, janvier 2007. >> Philippe REKACEWICZ, « Nouvelle géopolitique du monde arctique », dossier cartographique en ligne, *Le Monde diplomatique*, février 2009. www.monde-diplomatique.fr/cartes/banquiseguerre Jean-Claude GASCARD, « Menaces sur la banquise arctique », *La Recherche*, n° 399, juillet-août 2006. >> IFP, « Les réserves en hydrocarbures de l'Arctique », octobre 2007. www.ifp.fr/espace-decouverte-mieux-comprendre-les-enjeux-energetiques/tous-les-zooms/les-reserves-en-hydrocarbures-de-l-arctique

Extraits choisis du futur

Si rien ne permet de dire de quoi l'avenir sera fait, de nombreux indices mettent sur la voie de futurs possibles… On trouvera ici une brève sélection d'événements marquants envisageables pour l'année 2033.

Jeudi 29 décembre
24 À la bourse de New York, le cours du baril de pétrole brut atteint 250 dollars.

Lundi 26 décembre
23 Selon les derniers calculs, l'empreinte écologique annuelle mondiale correspond à la capacité biologique de deux planètes.

Vendredi 23 décembre
22 De violents affrontements entre des populations russes et chinoises à Irkoutsk en Russie font plus de 200 morts et 300 blessés.

Mardi 6 décembre
21 Signature d'un accord entre Israël, la Jordanie, l'autorité nationale palestinienne et le Liban portant sur la création de la Communauté de l'eau et de l'agriculture du Moyen-Orient (CEAMO).

Jeudi 10 novembre
20 L'Inde annonce la construction de 12 centrales nucléaires à réacteur pressurisé de troisième génération.

Vendredi 4 novembre
19 Pour la deuxième année consécutive, l'Union européenne enregistre une baisse de ses émissions de CO_2 par habitant.

Vendredi 14 octobre
18 Selon les dernières estimations de l'ONU, l'Inde est désormais le pays le plus peuplé de la planète (1,47 milliard d'habitants) devant la Chine (1,46 milliard).

Mardi 27 septembre
17 La Suède instaure le PFLS (Personal Flying Mileage System), un mécanisme de quota annuel visant à limiter le transport aérien par individu.

Dimanche 28 août
16 Le bilan provisoire de l'ouragan Nicolas dans la région des Caraïbes s'élève à 12 460 morts (dont près de 2 000 en Floride, aux États-Unis) et à 500 000 sans-abris.

Vendredi 5 août
15 Le Premier ministre chinois annonce le déplacement de la capitale du pays à Guangzhou.

Jeudi 21 juillet
14 453 personnes trouvent la mort lors d'émeutes de l'eau dans la ville du Caire en Égypte.

Vendredi 15 juillet
13 Attribution des Jeux olympiques de 2040 à La Havane (Cuba).

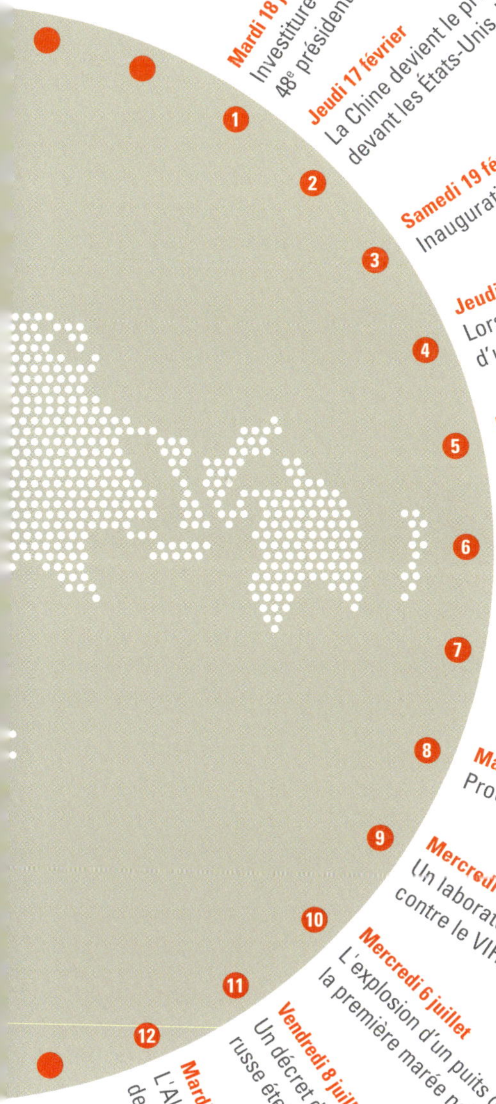

1 **Mardi 18 janvier**
Investiture de Leslie Cordero Mendoza, 48e président des États-Unis d'Amérique.

2 **Jeudi 17 février**
La Chine devient le premier dépositaire de brevets au monde, devant les États-Unis, l'Union européenne (UE32) et l'Inde.

3 **Samedi 19 février**
Inauguration de la ligne de chemin de fer à grande vitesse Séoul-Pékin-Moscou.

4 **Jeudi 31 mars**
Lors d'un sommet exceptionnel de l'UE32 à Tirana (Albanie), les chefs d'État et de gouvernement annoncent la mise en place d'une taxe sur le carbone ajouté (TCA), applicable sur certains produits importés dans l'Union (hors pays ACP).

5 **Mercredi 20 avril**
Selon la division de la population des Nations unies/DESA, le monde compte désormais 8,5 milliards d'habitants.

6 **Samedi 28 mai**
Signature à Malé (Maldives) du deuxième protocole de la convention-cadre sur les déplacés du climat, instaurant le statut de « réfugié climatique ».

7 **Lundi 30 mai**
La Cour suprême américaine prononce l'abolition de la peine de mort aux États-Unis.

8 **Mardi 28 juin**
Proclamation de l'indépendance de la République du Kalallit Nunaat (ex-Groenland).

9 **Mercredi 29 juin**
Un laboratoire indien commercialise le premier vaccin contre le VIH/sida.

10 **Mercredi 6 juillet**
L'explosion d'un puits de pétrole dans la baie de Disko provoque la première marée noire de l'histoire du Kalallit Nunaat.

11 **Vendredi 8 juillet**
Un décret du nouveau gouvernement nationaliste russe étend la durée du mandat présidentiel à dix ans.

12 **Mardi 12 juillet**
L'Algérie quitte l'OPEP suite à l'épuisement de ses ressources pétrolières.

ANNEXES

GLOSSAIRE

Agrocarburant (voir biocarburant)

Aide publique au développement (APD)
Désigne les dépenses publiques destinées aux pays en développement afin de favoriser leur développement économique, d'améliorer les conditions de vie de leurs populations.

Allophone
Personne dont la langue maternelle est différente de celle de la communauté dans laquelle elle vit.

Amérindien (voir Minorité raciale ou ethnique)

Annexe I
Les États cités dans l'annexe I de la Convention-cadre sur le changement climatique réunissent les pays les plus développés (Allemagne, Australie, Autriche, Belgique, Canada, Croatie, Danemark, Espagne, États-Unis, Finlande, France, Grèce, Irlande, Islande, Italie, Japon, Lichtenstein Luxembourg, Monaco, Norvège, Nouvelle-Zélande, Pays-Bas, Portugal, Royaume-Uni, Suède, Suisse, Turquie, Union européenne), ainsi que les « pays en transition vers une économie de marché » (Biélorussie, Bulgarie, Estonie, Fédération de Russie, Hongrie, Lettonie, Lituanie, Pologne, Roumanie, Tchéquie, Slovaquie, Slovénie, Ukraine).

Anthropique
Relatif à l'activité humaine.

Aquifère
Formation géologique contenant une réserve naturelle d'eau douce susceptible d'être exploitée.

Asiatique (voir Minorité raciale ou ethnique)

Assimilationniste
À l'opposé des communautaristes, les assimilationnistes considèrent que les migrants doivent adopter les valeurs et habitudes du groupe culturel dominant de leur pays d'accueil.

Banquise
Étendue de mer gelée qui flotte sur l'océan, dans les régions polaires. Hormis une partie qui ne fond jamais, la banquise se forme durant l'hiver polaire, lorsque la température de l'eau de mer est inférieure à – 1,9 °C.

Bilan énergétique
Solde des sorties et des entrées d'énergie d'un organisme, d'un lieu ou d'une activité.

Biocarburant (biodiesel, bioéthanol)
Carburant obtenu à partir de produits issus de l'agriculture cultivés pour leur huile (biodiesel) ou pour leur sucre (bioéthanol). Ces carburants se distinguent des biocarburants de deuxième génération, issus de sources lignocellulosiques (bois, feuilles, pailles, etc.) faisant moins concurrence aux productions à visée alimentaire.

Biomasse
Quantité totale de matière de toutes les espèces vivantes présentes dans un milieu naturel donné.

Biome
Fondamentalement caractérisé par son climat, le biome est une vaste entité biogéographique d'une grande uniformité. La forêt tropicale, la savane, le désert, les abysses, les eaux fluviales, etc. sont autant de biomes.

Biosphère
Désigne le système planétaire qui inclue l'ensemble des organismes vivants et des milieux où ils vivent.

Blanc (voir Minorité raciale ou ethnique)

Catastrophe naturelle
Événement brutal d'origine climatique (cyclone, ouragan, tempête majeure, dérèglement climatique, avalanche, inondation, glissement de terrain), sismique (raz de marée, séisme, éruption volcanique) ou astronomique (chute d'objet céleste), entraînant des pertes humaines et matérielles.

Céréales secondaires
Orge, sorgho, avoine, mil, seigle, triticale ou sarrasin, par opposition aux céréales majeures que sont le blé, le riz et le maïs.

Chicano
Terme mexicain désignant les Mexicains vivant aux États-Unis.

« Choc des civilisations »
Titre d'un essai de Samuel Huntington paru en 1996 décrivant un nouvel ordre géopolitique fondé non plus sur les clivages idéologiques, mais sur des oppositions culturelles, notamment religieuses.

Convention de Genève (28 juillet 1951), relative au statut des réfugiés
Elle répond aux préoccupations exprimées aux articles 13 et 14 de la Déclaration des droits de l'homme de 1948. « Article 13 : 1) Toute personne a le droit de circuler librement et de choisir sa résidence à l'intérieur d'un État. 2) Toute personne a le droit de quitter tout pays, y compris le sien, et de revenir dans son pays. Article 14 : 1) Devant la persécution, toute personne a le droit de chercher asile et de bénéficier de l'asile en d'autres pays. 2) Ce droit ne peut être invoqué dans le cas de poursuites réellement fondées sur un crime de droit commun ou sur des agissements contraires aux buts et aux principes des Nations unies. »
La Convention de Genève ne définit pas le droit d'asile, mais seulement le statut de réfugié. Elle en donne une définition restrictive, individuelle, qui n'oblige pas les États à accueillir massivement dans le futur des populations en exode. Les États signataires s'engagent à accorder le statut de réfugié à tout étranger relevant des conditions imposées par la Convention et à ne pas renvoyer des réfugiés contre leur gré dans un pays où ils risquent la persécution. Tout étranger qui bénéficie du statut de réfugié est protégé par une législation internationale qui prévaut sur la législation nationale, mais il doit se conformer à la loi du pays qui l'accueille ; il bénéficie par ailleurs de droits en matière d'emploi, d'éducation, de résidence, de liberté de mouvement, de recours juridique et de naturalisation.

Convention de Montego Bay sur le droit de la mer (signature en 1982, entrée en vigueur en 1994)
La Convention établit un cadre juridique global régissant tous les espaces marins et les utilisations des ressources de la mer. Elle définit ainsi les notions de mer territoriale, de zone économique exclusive (ZEE), de plateau continental. Elle décrit en outre les principes généraux de l'exploitation des ressources de la mer, de son sol et de son sous-sol. Enfin, elle crée un Tribunal du droit de la mer. 157 États sont actuellement parties à la Convention.

Dépassement écologique
On parle de dépassement écologique lorsque la pression d'une population sur un écosystème excède la capacité de celui-ci à régénérer les ressources que cette population consomme et à absorber les déchets qu'elle rejette.

Déplétion
Diminution de la quantité. En matière d'énergies fossiles, processus d'épuisement de la ressource.

Écosphère
Inventé par l'écologiste américain Lamont Cole, le terme désigne l'écosystème planétaire, un système clos pour la matière. L'écosphère englobe l'atmosphère (compartiment gazeux), la lithosphère (solide), l'hydrosphère (liquide), la biosphère (matière vivante), en tant qu'éléments indissociables.

Écosystème
Ensemble des éléments vivants et non vivants qui constituent un milieu naturel et interagissent les uns avec les autres.

Efficacité/efficience énergétique
Rapport entre la production utile de la machine et ce qui est dépensé pour la faire fonctionner. L'augmentation de l'efficacité énergétique permet de réduire les consommations d'énergie à service rendu égal.

El Niño
Phénomène climatique marin caractérisé par une élévation anormale de la température de l'océan Pacifique au large des côtes du Pérou et du Chili, habituellement accompagné de fortes pluies et responsable d'anomalies climatiques. La phase froide de ce phénomène est appelée La Niña, à l'origine d'autres anomalies climatiques.

Empreinte carbone
Mesure du volume de dioxyde de carbone émis par combustion d'énergies fossiles, par les ménages, les entreprises ou les pays.

Empreinte écologique
Système de calcul qui convertit le prélèvement biologique des activités humaines et leur impact sur les écosystèmes en superficie. Elle se mesure en hectares globaux (gha).

Énergie finale
Énergie livrée aux consommateurs pour être convertie en énergie utile. L'électricité, l'essence, le fioul domestique sont autant d'énergies finales.

Énergie fossile
Énergie produite à partir de roches issues de la fossilisation des êtres vivants : pétrole, gaz naturel et charbon. Les énergies sont présentes en quantité limitée et non renouvelable, leur combustion entraîne l'émission de gaz à effet de serre (GES).

Énergie géothermique
Énergie provenant de la chaleur contenue dans la croûte terrestre et dans les couches superficielles de la terre. Principale source d'énergie de l'Islande, la chaleur géothermique fournit le chauffage et l'eau chaude à environ 87 % des habitants de l'île.

Énergie primaire
Ensemble des produits énergétiques non transformés, tels que le pétrole brut, le gaz naturel, le rayonnement solaire, l'énergie hydraulique, l'énergie du vent, de la marée et des vagues ou encore l'énergie tirée de la fission de l'uranium.

Énergie renouvelable
Source d'énergie inépuisable ou se renouvelant assez rapidement pour être considérée comme inépuisable à l'échelle du temps humain. Il y a cinq sources essentielles d'énergies dites renouvelables : le vent (éoliennes), l'eau (barrages hydroélectriques, énergie marémotrice), le soleil (panneaux solaires), les végétaux (biocarburants) et la chaleur du sol (géothermie). Les énergies renouvelables n'engendrent pas d'émissions polluantes directes.

Espérance de vie à la naissance
L'espérance de vie à la naissance désigne l'âge moyen de décès au sein d'une population à un moment donné.

FAO *(Food and Agriculture Organization of the United Nations)*
L'Organisation des Nations unies pour l'alimentation et l'agriculture siège à Rome depuis 1951. Elle regroupe 190 membres. Son objectif affiché est « Aider à construire un monde libéré de la faim ».

G20 (ou Groupe des 20)
Est un groupe de 19 pays (Afrique du Sud, Allemagne, Arabie Saoudite, Argentine, Australie, Brésil, Canada, Chine, Corée du Sud, États-Unis, France, Inde, Indonésie, Italie, Japon, Mexique, Royaume-Uni, Russie, Turquie) plus l'Union européenne, dont les chefs d'État, les ministres et les chefs des banques centrales se réunissent régulièrement. Créé en 1999 après les crises financières des années 1990, il vise à favoriser la concertation internationale. Le G20 représente environ les deux tiers du commerce et de la population mondiale et plus de 90 % du produit mondial brut (somme des PIB de tous les pays du monde).

Gaz à effet de serre (GES)
Composants gazeux de l'atmosphère qui absorbent une partie des rayons solaires en les redistribuant dans l'atmosphère, phénomène appelé « effet de serre ». Les principaux gaz à effet de serre sont la vapeur d'eau, le dioxyde de carbone (CO_2), le méthane (CH_4), l'oxyde nitreux (ou protoxyde d'azote, de formule N_2O) et l'ozone (O_3). L'activité humaine augmente leur concentration et participe ainsi au réchauffement climatique : depuis le début de l'ère industrielle, les teneurs atmosphériques en CO_2 et en méthane ont augmenté respectivement de 30 % et 145 %.

GIEC (Groupe d'experts intergouvernemental sur l'évolution du climat)
Organe intergouvernemental, ouvert à tous les pays membres de l'ONU, ayant pour mission d'évaluer les risques liés au changement climatique d'origine humaine, de cerner les conséquences possibles de ce changement et d'envisager d'éventuelles stratégies d'adaptation et d'atténuation.

Halieutique
Qui a rapport à la pêche.

Hispanique
Le Bureau du recensement américain (US Census Bureau) définit comme « hispanique ou latino » toute personne « originaire de Cuba, du Mexique, de Porto Rico, d'Amérique centrale et latine ou d'une autre culture ou origine espagnole, sans considération raciale ».

Indice de développement humain (IDH)
Indice statistique créé par les économistes Amartya Sen et Mahbub ul Haq et développé par le PNUD à partir de 1990. L'IDH est la moyenne pondérée de trois indices mesurant l'espérance de vie à la naissance, le niveau d'éducation (alphabétisation des adultes et scolarisation des enfants) et le niveau de vie (produit intérieur brut par habitant en parité de pouvoir d'achat). L'indicateur précédemment utilisé, le PIB par habitant, ne mesurait que la performance économique des pays, sans prendre en compte le bien-être individuel et collectif.

Intrants
Produits apportés aux terres et aux cultures : engrais, amendements (sable, tourbe, chaux), activateurs de croissance et produits phytosanitaires.

La Niña (voir El Niño)

Ligneux
Désigne ce qui est de la nature du bois.

Malthus, Thomas Robert (1766-1834)
Pasteur et économiste britannique, père de la théorie selon laquelle la population d'un pays croît toujours plus vite que la production des ressources nécessaires à sa subsistance. Son nom a donné dans le langage courant le terme de « malthusianisme », désignant une politique active de contrôle de la croissance de la population, voire prônant une restriction de la natalité.

Minorité raciale ou ethnique
La catégorie de « race », telle qu'utilisée dans les différents recensements aux États-Unis est une donnée socialement construite qui a varié selon les époques. Aujourd'hui, le Bureau du recensement américain dénombre cinq catégories raciales de base : les Amérindiens, les Asiatiques, les Noirs, les Océaniens et les Blancs. Les Hispaniques sont considérés par le Bureau du recensement comme ethnie plutôt que comme race. L'identification raciale volontaire du recensement des États-Unis ne se fait qu'à travers des questions facultatives auxquelles les sondés choisissent de répondre ou non,

en fonction de leur sentiment d'appartenance à une ou plusieurs catégories.

Mitigation
Signifie « atténuation » en matière de prévention de risques naturels. Stratégie de prévention qui consiste à réduire l'intensité des risques naturels et les dommages liés aux catastrophes.

Multiculturalisme
Coexistence de plusieurs cultures (ethniques, religieuses) dans une même société. Le multiculturalisme désigne aussi la doctrine mettant en avant la diversité culturelle comme source d'enrichissement de la société et prônant la lutte contre les discriminations et la défense des particularités culturelles.

Nativisme
Courant politique, dans les pays peuplés d'immigrants, qui s'oppose à toute nouvelle immigration.

Nil blanc/Nil bleu
Le Nil blanc (Nahr-el-Abiad) prend sa source au lac Victoria (Ouganda, Kenya, Tanzanie), tandis que le Nil bleu (Nahr-el-Azrak) est issu du lac Tana (Éthiopie). Nil blanc et Nil bleu s'unissent à Khartoum, capitale du Soudan, pour former le Nil.

Noir (voir Minorité raciale ou ethnique)

Objectifs du Millénaire pour le développement (OMD)
En septembre 2000, les États membres de l'ONU sont convenus d'atteindre huit objectifs d'ici à 2015 : réduire l'extrême pauvreté et la faim ; assurer l'éducation primaire pour tous ; promouvoir l'égalité des sexes et l'autonomisation des femmes ; réduire la mortalité infantile ; améliorer la santé maternelle ; combattre le VIH/sida, le paludisme et d'autres maladies ; préserver l'environnement ; mettre en place un partenariat mondial pour le développement.

OCDE (Organisation de coopération et de développement économiques)
Organisation internationale d'études économiques, dont les 34 pays membres sont des pays développés qui ont en commun un système de gouvernement démocratique et une économie de marché. Elle joue essentiellement un rôle d'organe consultatif.

OMS (Organisation mondiale de la santé)
Autorité directrice et coordonatrice, dans le domaine de la santé, des travaux ayant un caractère international au sein du système des Nations unies. Elle est chargée de diriger l'action sanitaire mondiale, de définir les programmes de recherche en santé, de fixer des normes et des critères et de fournir un soutien technique aux pays.

Pergélisol
Sol, sous-sol ou roche des régions polaires qui se maintient à une température négative pendant une période d'au moins deux ans.

Pic pétrolier
Sommet de la courbe de production pétrolière d'un puits ou d'un champ pétrolier ; par extension, le « pic pétrolier mondial » désigne le moment où la production mondiale de pétrole plafonnera, puis commencera à décliner du fait de l'épuisement des réserves de pétrole exploitables. Ce terme est également associé aux chocs socio-économiques et géopolitiques qui pourraient être consécutifs à l'épuisement des réserves pétrolières mondiales. Appelé *Peak Oil* en anglais, il constitue l'extrapolation des travaux du géophysicien américain Marion King Hubbert (1903-1989).

PNUD (Programme des Nations unies pour le développement)
Créé en 1960, le réseau mondial de développement des Nations unies, présent dans 166 pays, a notamment pour mission de promouvoir la démocratie, prévenir les crises et aider les pays émergents à la gestion durable des ressources.

PNUE (Programme des Nations unies pour l'environnement)
Créé en 1972, le PNUE coordonne les activités des Nations unies dans le domaine de l'environnement, assiste les pays dans la mise en œuvre de politiques environnementales et encourage le développement durable.

Protocole de Kyoto
Traité international relatif à la réduction des émissions de gaz à effet de serre élaboré dans le cadre de la Convention-cadre des Nations unies sur les changements climatiques, dont les pays participants se rencontrent annuellement depuis 1995. Signé le 11 décembre 1997 à Kyoto (Japon), il est entré en vigueur le 16 février 2005 et a été ratifié à ce jour par 183 pays, à l'exception notable des États-Unis.

Risque naturel
L'Organisation mondiale de la météorologie entend par risque naturel « un phénomène naturel violent ou extrême, d'origine météorologique ou climatique, qui peut se déclencher en n'importe quel point de la planète, sachant que certaines régions sont plus exposées que d'autres à tel ou tel risque. Lorsque des vies et des moyens d'existence sont détruits, on parle de catastrophe naturelle ».

Solde démographique naturel
Différence entre le nombre de naissances et le nombre de décès dans un pays au cours d'une période donnée.

Souverainisme
Par opposition au fédéralisme, le souverainisme est une doctrine prônant, au Canada, l'émancipation politique du Québec et l'obtention du statut d'État souverain pour cette province.

Système d'information géographique (SIG)
Système informatique permettant de rassembler, d'analyser et de présenter des informations localisées géographiquement afin de produire des plans et des cartes.

Taux de mortalité
Nombre de décès pour mille habitants.

Taux de natalité
Nombre de naissances pour mille habitants.

Terres rares
Ensemble de dix-sept éléments métalliques peu répandus sur terre : cérium, dysprosium, erbium, europium, gadolinium, holmium, lanthane, lutécium, néodyme, praséodyme, prométhéum, samarium, scandium, terbium, thulium, ytterbium et yttrium.

Traité de l'Antarctique (1959)
Il réglemente les relations entre les États signataires pour les questions ayant trait à l'Antarctique. Son préambule précise qu'il est « de l'intérêt de l'humanité tout entière que l'Antarctique soit à jamais réservé aux seules activités pacifiques et ne devienne ni le théâtre ni l'enjeu de différends internationaux ».

UN-FF (United Nations Forum on Forests)
Créé en 2000, ce programme des Nations unies a pour objectif de promouvoir la conservation et le développement des forêts de la planète.

UN-REDD
Créé en 2008 et dépendant du PNUE, le Fonds de partenariat pour la réduction des émissions de carbone forestier des Nations unies a pour objectif de lutter contre les changements climatiques causés par la déforestation.

Zone économique exclusive (ZEE)
Espace maritime sur lequel un État côtier exerce des droits souverains en matière économique et juridique. La zone économique exclusive s'étend jusqu'à 200 milles marins (370,4 km) au-delà de la mer territoriale.

LE MONDE POLITIQUE EN 2010

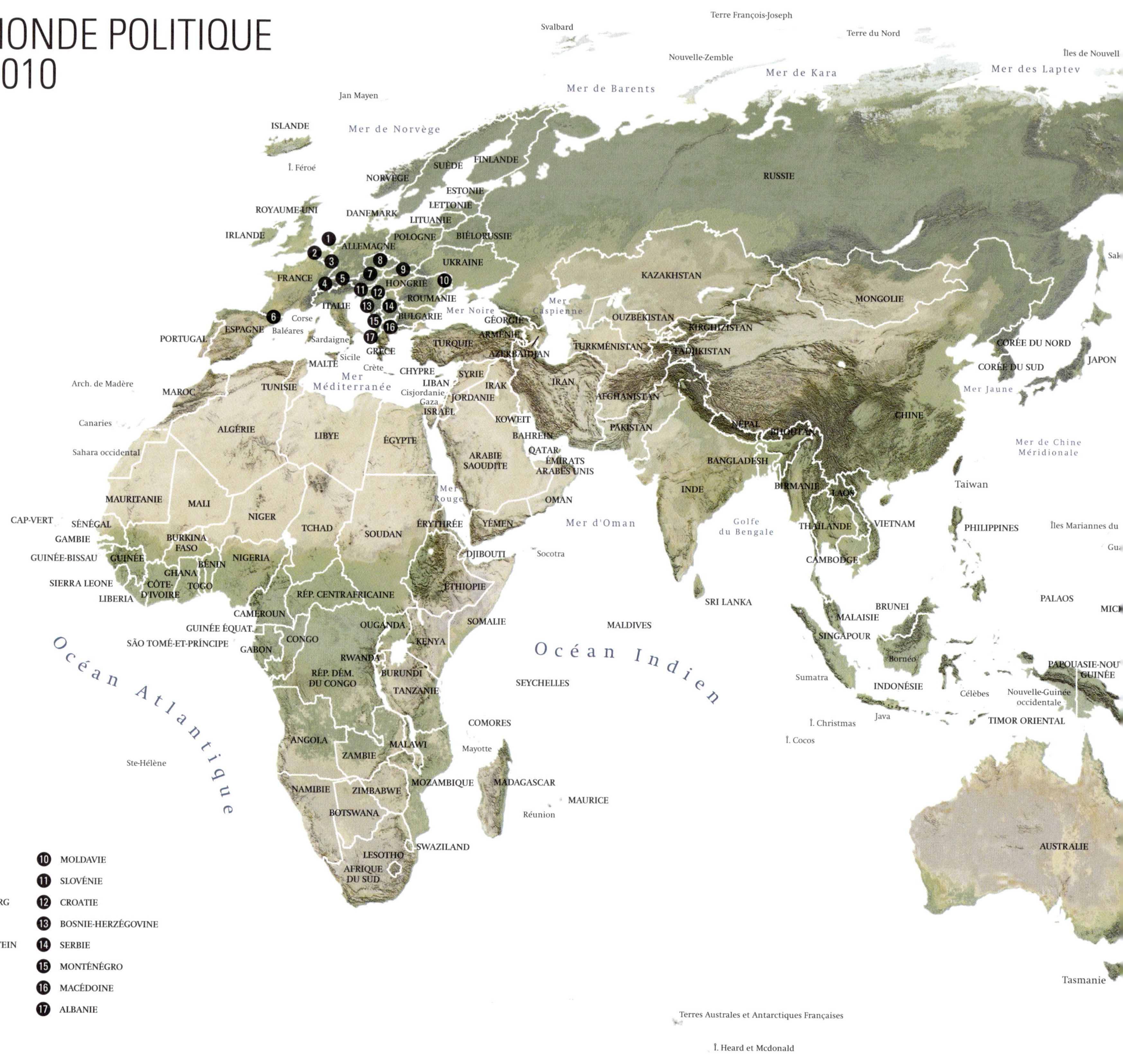

1. PAYS-BAS
2. BELGIQUE
3. LUXEMBOURG
4. SUISSE
5. LIECHTENSTEIN
6. ANDORRE
7. AUTRICHE
8. TCHÉQUIE
9. SLOVAQUIE
10. MOLDAVIE
11. SLOVÉNIE
12. CROATIE
13. BOSNIE-HERZÉGOVINE
14. SERBIE
15. MONTÉNÉGRO
16. MACÉDOINE
17. ALBANIE

céan Arctique
s Tchouktches
Mer de Beaufort
Groenland
N
O
E
S
Alaska
Mer de Baffin
Mer de Béring
Golfe d'Alaska
CANADA
Îles Aléoutiennes
ÉTATS-UNIS
céan Pacifique
Océan Atlantique
Açores
Bermudes
Î. MIDWAY
MEXIQUE
Golfe du Mexique
BAHAMAS
Îles Turks et Caicos
Archipel de Hawaii
CUBA
RÉP. DOMINICAINE
Î. de Wake
Îles Cayman
HAÏTI
ANTIGUA-ET-BARBUDA
Atoll de Johnston
BELIZE
JAMAÏQUE
Porto Rico
DOMINIQUE
HONDURAS
Guadeloupe
STE-LUCIE
Martinique
Antilles Néerlandaises
ST-VINCENT-ET-LES-GRENADINES
GUATEMALA
BARBADE
SALVADOR
NICARAGUA
GRENADE
TRINITÉ-ET-TOBAGO
COSTA RICA
Î. MARSHALL
VENEZUELA
GUYANA
PANAMÁ
Guyane Française
KIRIBATI
COLOMBIE
SURINAM
Î. Howland
NAURU
Î. Jarvis
Î. des Galàpagos
ÉQUATEUR
PÉROU
LOMON
TUVALU
Tokelau
BRÉSIL
Wallis-et-Futuna
SAMOA
VANUATU
BOLIVIE
rail
FIDJI
Niue
TONGA
Polynésie Française
Nouvelle-Calédonie
Î. Cook
PARAGUAY
Î. Pitcairn
CHILI
Î. Norfolk
URUGUAY
ARGENTINE
e Tasman
NOUVELLE-ZÉLANDE
Î. Malouines
Î. de la Géorgie du Sud et îles Sandwich du Sud

CLASSIFICATION DES PAYS DANS LES CARTES ET GRAPHIQUES

DÉMOGRAPHIE

p. 018 - 019

Afrique > Afrique du Sud, Algérie, Angola, Bénin, Botswana, Burkina Faso, Burundi, Cameroun, Cap-Vert, Comores, Congo, Côte-d'Ivoire, Djibouti, Égypte, Érythrée, Éthiopie, Gabon, Gambie, Ghana, Guinée, Guinée-Bissau, Guinée équatoriale, Kenya, Lesotho, Liberia, Libye, Madagascar, Malawi, Mali, Maroc, Maurice, Mauritanie, Mayotte, Mozambique, Namibie, Niger, Nigeria, Ouganda, République centrafricaine, République démocratique du Congo, Réunion, Rwanda, Sahara occidental, São Tomé-et-Príncipe, Sénégal, Seychelles, Sierra Leone, Somalie, Soudan, Swaziland, Tanzanie, Tchad, Togo, Tunisie, Zambie, Zimbabwe.
Amérique latine et Caraïbes > Antilles néerlandaises, Argentine, Barbade, Belize, Bolivie, Brésil, Chili, Colombie, Costa Rica, Cuba, Dominique, El Salvador, Équateur, Guadeloupe, Guyana, Guyane française, Haïti, Honduras, Guatemala, Jamaïque, Martinique, Mexique, Nicaragua, Panamá, Paraguay, Pérou, Porto Rico, République dominicaine, Surinam, Trinidad-et-Tobago, Uruguay, Venezuela.
Amérique du Nord > Canada, États-Unis, Saint-Pierre-et-Miquelon.
Asie centrale, Moyen-Orient et Caucase > Abu Dhabi, Afghanistan, Arabie Saoudite, Arménie, Azerbaïdjan, Bahreïn, Chypre, Émirats arabes unis, Géorgie, Irak, Iran, Israël, Jordanie, Kazakhstan, Kirghizistan, Koweït, Liban, Oman, Ouzbékistan, Qatar, Syrie, Tadjikistan, Territoires palestiniens, Turkménistan, Turquie, Yémen.
Asie de l'Est > Chine, Corée du Nord, Corée du Sud, Mongolie, Taiwan.
Asie du Sud > Bangladesh, Bhoutan, Inde, Maldives, Népal, Pakistan, Sri Lanka.
Asie du Sud-Est > Birmanie, Brunei, Cambodge, Indonésie, Laos, Malaisie, Philippines, Singapour, Thaïlande, Vietnam.
Europe > Albanie, Allemagne, Andorre, Autriche, Belgique, Biélorussie, Bosnie-Herzégovine, Bulgarie, Croatie, Danemark, Espagne, Estonie, Finlande, France, Grèce, Hongrie, Irlande, Islande, Italie, Lettonie, Lituanie, Liechtenstein, Luxembourg, Macédoine, Moldavie, Monaco, Monténégro, Norvège, Pays-Bas, Pologne, Portugal, Roumanie, Royaume-Uni, San Marin, Serbie, Slovaquie, Slovénie, Suède, Suisse, Tchéquie, Ukraine.
Océanie > Australie, Fidji, Guam, îles Cook, îles Marshall, îles Salomon, Kiribati, Micronésie, Nouvelle-Calédonie, Nouvelle-Zélande, Papouasie-Nouvelle-Guinée, Polynésie française, Samoa, Tonga, Vanuatu, Wallis-et-Futuna.

p. 029

Afrique subsaharienne > Afrique du Sud, Angola, Bénin, Botswana, Burkina Faso, Burundi, Cameroun, Cap-Vert, Comores, Congo, Côte-d'Ivoire, Djibouti, Érythrée, Éthiopie, Gabon, Gambie, Ghana, Guinée, Guinée-Bissau, Guinée équatoriale, Kenya, Lesotho, Liberia, Madagascar, Malawi, Mali, Maurice, Mauritanie, Mayotte, Mozambique, Namibie, Niger, Nigeria, Ouganda, République démocratique du Congo, République centrafricaine, Réunion, Rwanda, São Tomé-et-Príncipe, Sénégal, Seychelles, Sierra Leone, Somalie, Swaziland, Tanzanie, Tchad, Togo, Zambie, Zimbabwe.
Afrique du Nord et Moyen-Orient > Algérie, Arabie Saoudite, Arménie, Azerbaïdjan, Bahreïn, Chypre, Égypte, Émirats arabes unis, Géorgie, Irak, Israël, Jordanie, Koweït, Liban, Libye, Maroc, Oman, Qatar, Sahara occidental, Soudan, Syrie, Territoires palestiniens, Tunisie, Turquie, Yémen.
Amérique du Nord > Canada, États-Unis.
Amérique latine et Caraïbes > Antilles néerlandaises, Argentine, Aruba, Bahamas, Barbade, Belize, Bolivie, Brésil, Chili, Colombie, Costa Rica, Cuba, Dominique, El Salvador, Équateur, Grenade, Guadeloupe, Guatemala, Guyana, Guyane française, Haïti, Honduras, Jamaïque, Martinique, Mexique, Nicaragua, Panamá, Paraguay, Pérou, Porto Rico, République dominicaine, Sainte-Lucie, Saint-Kitts-et-Nevis, Saint-Vincent-et-les-Grenadines, Surinam, Trinidad-et-Tobago, Uruguay, Venezuela.
Asie centrale et du Sud > Afghanistan, Bangladesh, Bhoutan, Inde, Iran, Kazakhstan, Kirghizistan, Maldives, Népal, Ouzbékistan, Pakistan, Sri Lanka, Tadjikistan, Turkménistan.
Asie de l'Est > Chine, Corée du Nord, Corée du Sud, Hong Kong, Japon, Macao, Mongolie.
Asie du Sud-Est > Birmanie, Brunei, Cambodge, Indonésie, Laos, Malaisie, Philippines, Singapour, Thaïlande, Timor oriental, Vietnam.
Océanie > Australie, Fidji, Guam, îles Salomon, Micronésie, Nouvelle-Calédonie, Nouvelle-Zélande, Papouasie-Nouvelle-Guinée, Polynésie française, Samoa, Tonga, Vanuatu.
Europe > Albanie, Allemagne, Andorre, Autriche, Belgique, Biélorussie, Bosnie-Herzégovine, Bulgarie, Croatie, Danemark, Espagne, Estonie, Féroé, Finlande, France, Gibraltar, Grèce, Hongrie, Irlande, Islande, Italie, Lettonie, Liechtenstein, Lituanie, Luxembourg, Macédoine, Malte, Moldavie, Monaco, Monténégro, Norvège, Pays-Bas, Pologne, Portugal, Roumanie, Royaume-Uni, Russie, San Marin, Serbie, Slovaquie, Slovénie, Suède, Suisse, Tchéquie, Ukraine, Vatican.

MIGRATIONS

p. 056

Afrique > Afrique du Sud, Algérie, Angola, Bénin, Botswana, Burkina Faso, Burundi, Cameroun, Cap-Vert, Comores, Congo, Côte-d'Ivoire, Djibouti, Égypte, Érythrée, Éthiopie, Gabon, Gambie, Ghana, Guinée, Guinée-Bissau, Guinée équatoriale, Kenya, Lesotho, Liberia, Libye, Madagascar, Malawi, Mali, Maroc, Maurice, Mauritanie, Mayotte, Mozambique, Namibie, Niger, Nigeria, Ouganda, République centrafricaine, République démocratique du Congo, Réunion, Rwanda, Sahara occidental, São Tomé-et-Príncipe, Sénégal, Seychelles, Sierra Leone, Somalie, Soudan, Swaziland, Tanzanie, Tchad, Togo, Tunisie, Zambie, Zimbabwe.
Amérique du Nord > Bermudes, Canada, États-Unis, Saint-Pierre-et-Miquelon.
Amérique latine et Caraïbes > Argentine, Bahamas, Barbade, Belize, Bolivie, Brésil, Chili, Colombie, Costa Rica, Cuba, Dominique, El Salvador, Équateur, Grenade, Guatemala, Guyane, Haïti, Honduras, Jamaïque, Mexique, Nicaragua, Panamá, Paraguay, Pérou, Porto Rico, République dominicaine, Sainte-Lucie, Saint-Kitts-et-Nevis, Surinam, Trinidad-et-Tobago, Uruguay, Venezuela.
Asie > Afghanistan, Arabie Saoudite, Arménie, Azerbaïdjan, Bahreïn, Bangladesh, Bhoutan, Birmanie, Brunei, Cambodge, Chine, Chypre, Corée du Nord, Corée du Sud, Émirats arabes unis, Géorgie, Hong Kong, Inde, Indonésie, Irak, Iran, Israël, Japon, Jordanie, Kazakhstan, Kirghizistan, Koweït, Laos, Liban, Macao, Malaisie, Maldives, Mongolie, Népal, Oman, Ouzbékistan, Pakistan, Philippines, Qatar, Singapour, Sri Lanka, Syrie, Tadjikistan, Territoires palestiniens, Taiwan, Thaïlande, Timor oriental, Turkménistan, Turquie, Vietnam, Yémen.
Europe > Albanie, Allemagne, Andorre, Autriche, Belgique, Biélorussie, Bosnie-Herzégovine, Bulgarie, Croatie, Danemark, Espagne, Estonie, Féroé, Finlande, France, Gibraltar, Grèce, Hongrie, Irlande, Islande, Italie, Lettonie, Liechtenstein, Lituanie, Luxembourg, Macédoine, Malte, Moldavie, Monaco, Monténégro, Norvège, Pays-Bas, Pologne, Portugal, Roumanie, Royaume-Uni, Russie, San Marin, Serbie, Slovaquie, Slovénie, Suède, Suisse, Tchéquie, Ukraine, Vatican.
Océanie > Australie, Fidji, îles Salomon, Îles Marshall, Kiribati, Micronésie, Nauru, Nouvelle-Zélande, Palaos, Papouasie-Nouvelle-Guinée, Samoa, Tonga, Tuvalu, Vanuatu.

URBANISATION

p. 064

Régions développées > Albanie, Allemagne, Andorre, Australie, Autriche, Belgique, Bermudes, Biélorussie, Bosnie-Herzégovine, Bulgarie, Canada, Croatie, Danemark, Espagne, Estonie, États-Unis, Féroé, Finlande, France, Grèce, Hongrie, Irlande, Islande, Italie, Japon, Lettonie, Liechtenstein, Lituanie, Luxembourg, Macédoine, Malte, Moldavie, Monaco, Monténégro, Norvège, Nouvelle-Zélande, Pays-Bas, Pologne, Portugal, Roumanie, Royaume-Uni, Russie, Saint-Pierre-et-Miquelon, San Marin, Serbie, Slovaquie, Slovénie, Suède, Suisse, Tchéquie, Ukraine.
Régions moins développées > Afrique du Sud, Algérie, Angola, Bénin, Botswana, Burkina Faso, Burundi, Cameroun, Cap-Vert, Comores, Congo, Côte-d'Ivoire, Djibouti, Égypte, Érythrée, Éthiopie, Gabon, Gambie, Ghana, Guinée, Guinée-Bissau, Guinée équatoriale, Kenya, Lesotho, Liberia, Libye, Madagascar, Malawi, Mali, Maroc, Maurice, Mauritanie, Mayotte, Mozambique, Namibie, Niger, Nigeria, Ouganda, République centrafricaine, République démocratique du Congo, Réunion, Rwanda, Sahara occidental, São Tomé-et-Príncipe, Sénégal, Seychelles, Sierra Leone, Somalie, Soudan, Swaziland, Tanzanie, Tchad, Togo, Tunisie, Zambie, Zimbabwe, Antilles néerlandaises, Argentine, Bahamas, Barbade, Belize, Bolivie, Brésil, Chili, Colombie, Costa Rica, Cuba, Dominique, El Salvador, Équateur, Grenade, Guadeloupe, Guyana, Guyane française, Haïti, Honduras, Guatemala, Jamaïque, Martinique, Mexique, Nicaragua, Panamá, Paraguay, Pérou, Porto Rico, République dominicaine, Surinam, Trinidad-et-Tobago, Uruguay, Venezuela, Abu Dhabi, Afghanistan, Arabie Saoudite, Arménie, Azerbaïdjan, Bahreïn, Bangladesh, Bhoutan, Birmanie, Brunei, Cambodge, Chine, Chypre, Corée du Nord, Corée du Sud, Émirats arabes unis, Géorgie, Inde, Indonésie, Irak, Iran, Israël, Jordanie, Kazakhstan, Kirghizistan, Koweït, Laos, Liban, Malaisie, Mongolie, Népal, Oman, Ouzbékistan, Pakistan, Philippines, Qatar, Syrie, Tadjikistan, Territoires palestiniens, Maldives, Singapour, Sri Lanka, Thaïlande, Timor oriental, Turkménistan, Turquie, Vietnam, Yémen, Fidji, Guam, îles Cook, îles Marshall, îles Salomon, Kiribati, Micronésie, Nouvelle-Calédonie, Papouasie-Nouvelle-Guinée, Polynésie française, Samoa, Tonga, Tuvalu, Vanuatu, Wallis-et-Futuna.

p. 065

Afrique et Moyen-Orient > Abu Dhabi, Afrique du Sud, Algérie, Angola, Arabie Saoudite, Bahreïn, Bénin, Botswana, Burkina Faso, Burundi, Cameroun, Cap-Vert, Comores, Congo, Côte-d'Ivoire, Djibouti, Égypte, Émirats arabes unis, Érythrée, Éthiopie, Gabon, Gambie, Ghana, Guinée, Guinée-Bissau, Guinée équatoriale, Irak, Iran, Israël, Jordanie, Kenya, Koweït, Lesotho, Liban, Liberia, Libye, Madagascar, Malawi, Mali, Maroc, Maurice, Mauritanie, Mayotte, Mozambique, Namibie, Niger, Nigeria, Oman, Ouganda, Qatar, République centrafricaine, République démocratique du Congo, Réunion, Rwanda, Sahara occidental, São Tomé-et-Príncipe, Sénégal, Seychelles, Sierra Leone, Somalie, Soudan, Swaziland, Syrie, Tanzanie, Tchad, Territoires palestiniens, Togo, Tunisie, Yémen, Zambie, Zimbabwe.
Amérique latine, centrale et Caraïbes > Antilles néerlandaises, Argentine, Barbade, Belize, Bolivie, Brésil, Chili, Colombie, Costa Rica, Cuba, Dominique, El Salvador, Équateur, Guadeloupe, Guyana, Guyane, Haïti, Honduras, Guatemala, Jamaïque, Martinique, Mexique, Nicaragua, Panamá, Paraguay, Pérou, Porto Rico, République dominicaine, Surinam, Trinidad-et-Tobago, Uruguay, Venezuela.
Asie du Nord-Est > Chine, Corée du Nord, Corée du Sud, Japon, Mongolie, Taiwan.
Asie du Sud > Afghanistan, Bangladesh, Bhoutan, Inde, Maldives, Népal, Pakistan, Sri Lanka.
Asie du Sud-Est et Océanie > Australie, Birmanie, Brunei, Cambodge, Cook, Fidji, Guam, Kiribati, îles Salomon, Indonésie, Laos, Malaisie, Marshall, Micronésie, Nouvelle-Calédonie, Nouvelle-Zélande, Papouasie-Nouvelle-Guinée, Philippines, Polynésie française, Samoa, Singapour, Thaïlande, Tonga, Vanuatu, Vietnam, Wallis-et-Futuna.
Europe occidentale et Amérique du Nord > Albanie, Allemagne, Andorre, Autriche, Belgique, Bosnie-Herzégovine, Canada, Croatie, Danemark, Espagne, États-Unis, Finlande, France, Grèce, Irlande, Islande, Italie, Liechtenstein, Luxembourg, Macédoine, Monaco, Monténégro, Norvège, Pays-Bas, Portugal, Royaume-Uni, Saint-Pierre-et-Miquelon, San Marino, Serbie, Slovénie, Suède, Suisse.
Europe orientale, Asie centrale et Caucase > Arménie, Azerbaïdjan, Biélorussie, Bulgarie, Chypre, Estonie, Géorgie, Hongrie, Kazakhstan, Kirghizistan, Lettonie, Lituanie, Moldavie, Ouzbékistan, Pologne, Roumanie, Russie, Slovaquie, Tadjikistan, Tchéquie, Turkménistan, Turquie, Ukraine.

p. 066

Afrique du Nord et Moyen-Orient > Algérie, Arabie Saoudite, Bahreïn, Égypte, Émirats arabes unis, Irak, Iran, Israël, Jordanie, Koweït, Liban, Libye, Maroc, Oman, Qatar, Syrie, Territoires palestiniens, Tunisie, Turquie, Yémen.
Afrique subsaharienne > Afrique du Sud, Angola, Bénin, Botswana, Burkina Faso, Burundi, Cameroun, Cap-Vert, Centrafrique, Comores, Congo, Côte-d'Ivoire, Djibouti, Érythrée, Éthiopie, Gabon, Gambie, Ghana, Guinée, Guinée-Bissau,

Guinée équatoriale, Kenya, Lesotho, Liberia, Madagascar, Malawi, Mali, Maurice, Mauritanie, Mayotte, Mozambique, Namibie, Niger, Nigeria, Ouganda, République démocratique du Congo, Réunion, Rwanda, São Tomé-et-Príncipe, Sénégal, Seychelles, Sierra Leone, Somalie, Soudan, Swaziland, Tanzanie, Tchad, Togo, Zambie, Zimbabwe.
Amérique latine et Caraïbes > Antilles néerlandaises, Antigua-et-Barbuda, Argentine, Aruba, Bahamas, Barbade, Belize, Bolivie, Brésil, Cayman, Chili, Colombie, Costa Rica, Cuba, Dominique, Équateur, El Salvador, Malouines, Grenade, Guadeloupe, Guatemala, Guyane, Haïti, Honduras, Jamaïque, Martinique, Mexique, Nicaragua, Panamá, Paraguay, Pérou, Porto Rico, République dominicaine, Saint-Kitts-et-Nevis, Sainte-Lucie, Saint Vincent et les Grenadines, Surinam, Trinidad-et-Tobago, Uruguay, Venezuela.
Asie de l'Est > Chine, Corée du Nord, Corée du Sud, Hong Kong, Macao, Mongolie.
Asie du Sud > Afghanistan, Bangladesh, Bhoutan, Inde, Maldives, Népal, Pakistan, Sri Lanka.
Asie du Sud-Est > Birmanie, Brunei, Cambodge, Indonésie, Laos, Malaisie, Philippines, Singapour, Thaïlande, Timor oriental, Vietnam.

ALIMENTATION ET AGRICULTURE

p. 088

Afrique du Nord et Moyen-Orient > Afghanistan, Algérie, Arabie Saoudite, Chypre, Égypte, Émirats arabes unis, Irak, Iran, Jordanie, Koweït, Liban, Libye, Maroc, Syrie, Tunisie, Turquie, Yémen.
Afrique subsaharienne > Angola, Bénin, Botswana, Burkina Faso, Burundi, Cameroun, Cap-Vert, Comores, Congo, Côte-d'Ivoire, Djibouti, Érythrée, Éthiopie, Gabon, Gambie, Ghana, Guinée, Guinée-Bissau, Guinée-équatoriale, Kenya, Lesotho, Liberia, Madagascar, Malawi, Mali, Maurice, Mauritanie, Mozambique, Namibie, Niger, Nigeria, Ouganda, République centrafricaine, République démocratique du Congo, Rwanda, São Tomé-et-Príncipe, Sénégal, Seychelles, Sierra Leone, Somalie, Soudan, Swaziland, Tanzanie, Tchad, Togo, Zambie, Zimbabwe.
Amérique latine et Caraïbes > Antigua-et-Barbuda, Antilles néerlandaises, Argentine, Bahamas, Barbade, Belize, Bermudes, Bolivie, Brésil, Chili, Colombie, Costa Rica, Cuba, Équateur, El Salvador, Grenade, Guatemala, Guyane française, Haïti, Honduras, Jamaïque, Mexique, Nicaragua, Panamá, Paraguay, Pérou, République dominicaine, Saint-Kitts-et-Nevis, Sainte-Lucie, Saint-Vincent-et-les-Grenadines, Surinam, Trinidad-et-Tobago, Uruguay, Venezuela.
Asie de l'Est et Océanie > Birmanie, Brunei, Cambodge, Chine, Corée du Nord, Corée du Sud, Fidji, îles Salomon, Indonésie, Kiribati, Laos, Macao, Malaisie, Mongolie, Nouvelle-Calédonie, Papouasie-Nouvelle-Guinée, Philippines, Polynésie française, Thaïlande, Vanuatu, Vietnam.
Asie du Sud > Bangladesh, Inde, Maldives, Népal, Pakistan, Sri Lanka.

EAU

p. 096 - 097

Afrique > Afrique du Sud, Algérie, Angola, Bénin, Botswana, Burkina Faso, Burundi, Cameroun, Cap-Vert, Congo, Djibouti, Égypte, Éthiopie, Gabon, Ghana, Guinée, Guinée-Bissau, Guinée équatoriale, Kenya, Lesotho, Liberia, Libye, Madagascar, Malawi, Mali, Maroc, Mauritanie, Mozambique, Namibie, Niger, Nigeria, Ouganda, République centrafricaine, République démocratique du Congo, Rwanda, São Tomé-et-Príncipe, Sénégal, Sierra Leone, Somalie, Soudan, Swaziland, Tanzanie, Tchad, Togo, Tunisie, Zambie, Zimbabwe.
Amérique du Nord > Belize, Canada, Costa Rica, Cuba, États-Unis, Guatemala, Haïti, Honduras, Jamaïque, Mexique, Nicaragua, Panamá, Porto Rico, République dominicaine, Salvador, Trinidad et Tobago.
Amérique du Sud > Argentine, Bolivie, Brésil, Chili, Colombie, Équateur, Guyana, Guyane française, Paraguay, Pérou, Surinam, Uruguay, Venezuela.
Asie et Océanie > Afghanistan, Arabie Saoudite, Arménie, Australie, Azerbaïdjan, Bahreïn, Bangladesh, Bhoutan, Birmanie, Cambodge, Chine, Chypre, Corée du Sud, Émirats arabes unis, Géorgie, Inde, Indonésie, Iran, Irak, Israël, Japon, Jordanie, Kazakhstan, Koweït, Kirghizistan, Laos, Liban, Malaisie, Mongolie, Népal, Nouvelle-Zélande, Oman, Ouzbékistan, Papouasie-Nouvelle-Guinée, Philippines, Qatar, Sri Lanka, Tadjikistan, Thaïlande, Turquie, Turkménistan, Vietnam, Yémen.
Europe > Albanie, Allemagne, Autriche, Belarus, Belgique, Bosnie-Herzégovine, Bulgarie, Danemark, Espagne, Estonie, Finlande, France, Grèce, Hongrie, Islande, Italie, Lettonie, Lituanie, Macédoine, Moldavie, Monténégro, Norvège, Pays-Bas, Pologne, Portugal, Roumanie, Royaume-Uni, Russie, Serbie, Slovaquie, Slovénie, Suède, Suisse, Tchéquie, Ukraine.

SURPOPULATION

p. 126

Pays à haut revenu > Allemagne, Arabie Saoudite, Australie, Autriche, Belgique, Canada, Corée du Nord, Danemark, Émirats arabes unis, Espagne, États-Unis, Finlande, France, Grèce, Hong Kong, Irlande, Israël, Italie, Japon, Koweït, Norvège, Nouvelle-Zélande, Pays-Bas, Portugal, Royaume-Uni, Singapour, Slovénie, Suède, Suisse.
Pays à revenu intermédiaire > Afrique du Sud, Albanie, Algérie, Angola, Argentine, Arménie, Azerbaïdjan, Belarus, Bolivie, Bosnie-Herzégovine, Botswana, Brésil, Bulgarie, Cameroun, Chili, Chine, Colombie, Congo, Costa Rica, Croatie, Cuba, Tchéquie, Équateur, Égypte, Salvador, Estonie, Gabon, Géorgie, Guatemala, Honduras, Hongrie, Indonésie, Iran, Irak, Jamaïque, Jordanie, Kazakhstan, Lettonie, Liban, Lesotho, Libye, Lituanie, Macédoine, Malaisie, Maroc, Maurice, Mexique, Moldavie, Monténégro, Namibie, Nicaragua, Panamá, Paraguay, Pérou, Philippines, Pologne, République dominicaine, Roumanie, Russie, Serbie, Slovaquie, Sri Lanka, Swaziland, Syrie, Thaïlande, Trinidad-et-Tobago, Tunisie, Turkménistan, Turquie, Ukraine, Uruguay, Venezuela.
Pays à faible revenu > Afghanistan, Bangladesh, Bénin, Birmanie, Burkina Faso, Burundi, Cambodge, Congo, Corée du Nord, Côte-d'Ivoire, Érythrée, Éthiopie, Gambie, Ghana, Guinée-Bissau, Haïti, Inde, Kenya, Liberia, Madagascar, Malawi, Mali, Mauritanie, Mongolie, Mozambique, Népal, Niger, Nigeria, Ouganda, Ouzbékistan, Pakistan, Papouasie-Nouvelle-Guinée, République centrafricaine, Rwanda, Sénégal, Sierra Leone, Somalie, Soudan, Tadjikistan, Tanzanie, Togo, Vietnam, Yémen, Zambie, Zimbabwe.

ÉNERGIES

p. 130 - 131

Afrique < Afrique du Sud, Algérie, Angola, Bénin, Botswana, Burkina-Faso, Burundi, Cameroun, Cap-Vert, Comores, Congo, Côte-d'Ivoire, Djibouti, Égypte, Érythrée, Éthiopie, Gabon, Gambie, Ghana, Guinée, Guinée-Bissau, Guinée équatoriale, Kenya, Koweït, Lesotho, Liberia, Libye, Madagascar, Malawi, Mali, Maroc, Maurice, Mauritanie, Mayotte, Mozambique, Namibie, Niger, Nigeria, Ouganda, République centrafricaine, République démocratique du Congo, Réunion, Rwanda, Sahara occidental, São Tomé-et-Príncipe, Sénégal, Seychelles, Sierra Leone, Somalie, Soudan, Swaziland, Tanzanie, Tchad, Togo, Tunisie, Zambie, Zimbabwe.
Amérique du Sud, centrale et Caraïbes > Antigua-et-Barbade, Antilles néerlandaises, Argentine, Aruba, Bahamas, Barbade, Belize, Bermudes, Bolivie, Brésil, Chili, Colombie, Costa Rica, Cuba, Dominique, Équateur, Grenade, Guadeloupe, Guatemala, Guyana, Guyane française, Haïti, Honduras, Jamaïque, Martinique, Mexique, Nicaragua, Panamá, Paraguay, Pérou, Porto Rico, République dominicaine, Sainte-Lucie, Saint-Vincent-et-les-Grenadines, Saint-Kitts-et-Nevis, Salvador, Surinam, Trinidad-et-Tobago, Uruguay, Venezuela.
Asie et Océanie non OCDE (hors Chine et Inde) > Afghanistan, Bangladesh, Birmanie, Bhoutan, Brunei, Cambodge, Corée du Nord, Fidji, Hong Kong, îles Salomon, îles Samoa, Indonésie, Kiribati, Laos, Macao, Malaisie, Maldives, Mongolie, Népal, Pakistan, Papouasie-Nouvelle-Guinée, Philippines, Polynésie française, Singapour, Sri Lanka, Taiwan, Thaïlande, Timor oriental, Tonga, Vietnam, Vanuatu.
Asie et Océanie OCDE (hors Japon) > Australie, Corée du Sud, Nouvelle-Zélande.
Europe non OCDE (hors Russie) > Albanie, Arménie, Azerbaïdjan, Biélorussie, Bosnie-Herzégovine, Bulgarie, Chypre, Croatie, Estonie, Géorgie, Gibraltar, Kazakhstan, Kirghizistan, Lettonie, Lituanie, Macédoine, Malte, Moldavie, Monténégro, Ouzbékistan, Roumanie, Serbie, Slovaquie, Slovénie, Tadjikistan, Turkménistan, Ukraine.
Europe OCDE > Allemagne, Autriche, Belgique, Danemark, Espagne, Finlande, France, Grèce, Hongrie, Irlande, Islande, Italie, Luxembourg, Norvège, Pays-Bas, Pologne, Portugal, Royaume-Uni, Slovaquie, Suède, Suisse, Tchéquie, Turquie.
Moyen-Orient < Arabie Saoudite, Bahreïn, Émirats arabes unis, Irak, Iran, Israël, Jordanie, Liban, Oman, Qatar, Syrie, Territoires palestiniens, Yémen.

p. 136 - 137

Afrique du Nord et Moyen-Orient > Afrique du Sud, Algérie, Arabie Saoudite, Bahreïn, Côte-d'Ivoire, Égypte, Émirats arabes unis, Iran, Irak, Israël, Koweït, Libye, Madagascar, Maroc, Oman, Qatar, Sierra Leone, Syrie, Tunisie, Yémen, Zambie.
Afrique subsaharienne > Angola, Cameroun, Congo, Gabon, Ghana, Guinée équatoriale, Mauritanie, Nigeria, République démocratique du Congo, Soudan, Tchad.
Amérique du Nord > Canada, États-Unis, Mexique.
Amérique du Sud, centrale et Caraïbes > Argentine, Barbade, Belize, Bolivie, Brésil, Chili, Colombie, Cuba, Équateur, Guatemala, Paraguay, Pérou, Porto Rico, Surinam, Trinidad-et-Tobago, Uruguay, Venezuela.
Asie et Pacifique > Afghanistan, Australie, Bangladesh, Birmanie, Brunei, Cambodge, Chine, Corée du Nord, Corée du Sud, Inde, Indonésie, Japon, Malaisie, Mongolie, Nouvelle-Zélande, Pakistan, Papouasie-Nouvelle-Guinée, Philippines, Singapour, Taiwan, Thaïlande, Timor oriental, Vietnam.
Europe, Caucase et Asie centrale > Albanie, Allemagne, Arménie, Autriche, Azerbaïdjan, Belgique, Biélorussie, Bulgarie, Croatie, Danemark, Estonie, Finlande, France, Géorgie, Grèce, Hongrie, Italie, Kazakhstan, Kirghizistan, Lettonie, Lituanie, Pays-Bas, Norvège, Ouzbékistan, Pologne, Portugal, Roumanie, Serbie, Slovaquie, Espagne, Royaume-Uni, Suède, Suisse, Tadjikistan, Tchéquie, Turkménistan, Turquie, Ukraine.

CLIMAT

p. 158

Afrique > Afrique du Sud, Algérie, Angola, Bénin, Botswana, Burkina Faso, Burundi, Cameroun, Cap-Vert, Comores, Congo, Côte-d'Ivoire, Égypte, Érythrée, Éthiopie, Gabon, Gambie, Ghana, Guinée, Guinée-Bissau, Guinée équatoriale, Kenya, Lesotho, Liberia, Libye, Madagascar, Malawi, Mali, Maroc, Maurice, Mauritanie, Mayotte, Mozambique, Namibie, Niger, Nigeria, Ouganda, République centrafricaine, République démocratique du Congo, Réunion, Rwanda, Sahara occidental, São Tomé-et-Príncipe, Sénégal, Seychelles, Sierra Leone, Somalie, Soudan, Swaziland, Tanzanie, Tchad, Togo, Tunisie, Zambie, Zimbabwe.
Amérique du Nord > Canada, États-Unis, Mexique.
Amérique du Sud, centrale et Caraïbes > Antarctique, Antigua-et-Barbuda, Antilles néerlandaises, Argentine, Aruba, Bahamas, Barbade, Belize, Bermudes, Bolivie, Brésil, îles Caïmans, Chili, Colombie, Costa Rica, Cuba, Dominique, El Salvador, Équateur, Malouines, Grenade, Guadeloupe, Guatemala, Guyana, Guyane française, Haïti, Honduras, Jamaïque, Martinique, Montserrat, Nicaragua, Panamá, Paraguay, Pérou, Porto Rico, République dominicaine, Sainte-Lucie, Saint-Kitts-et-Nevis, Saint-Vincent-et-les-Grenadines, Surinam, Trinidad-et-Tobago, Uruguay, Venezuela.
Asie OCDE > Australie, Corée du Sud, Nouvelle-Zélande.
Asie non OCDE (hors Chine et Inde) > Afghanistan, Bangladesh, Bhoutan, Birmanie, Brunei, Cambodge, Corée du Nord, Fidji, Guam, Hong Kong, îles Cook, Îles Marshall, Indonésie, Kiribati, Laos, Macao, Malaisie, Maldives, Micronésie, Mongolie, Nauru, Népal, Nouvelle-Calédonie, Pakistan, Papouasie-Nouvelle-Guinée, Philippines, Polynésie française, îles Salomon, Samoa, Singapour, Sri Lanka, Taiwan, Thaïlande, Timor oriental, Tonga, Tuvalu, Vietnam, Vanuatu, Wallis-et-Futuna.
Europe OCDE > Allemagne, Autriche, Belgique, Danemark, Espagne, Finlande, France, Grèce, Hongrie, Irlande, Islande, Italie, Luxembourg, Norvège, Pays-Bas, Pologne, Portugal, Royaume-Uni, Slovaquie, Suède, Suisse, Tchéquie, Turquie.
Europe non OCDE (hors Russie) > Albanie, Arménie, Azerbaïdjan, Biélorussie, Bosnie-Herzégovine, Bulgarie, Chypre, Croatie, Estonie, Géorgie, Gibraltar, Kazakhstan, Kirghizistan, Lettonie, Lituanie, Macédoine, Malte, Moldavie, Monténégro, Ouzbékistan, Roumanie, Serbie, Slovénie, Tadjikistan, Turkménistan, Ukraine.
Moyen-Orient > Arabie Saoudite, Bahreïn, Émirats arabes unis, Iran, Irak, Israël, Jordanie, Koweït, Liban, Oman, Qatar, Syrie, Territoires palestiniens, Yémen.

INDEX

Contributions

Recherches et coordination scientifiques :
Tarik El Aktaa et Robert Chaouad (Lépac, www.lepac.org)

Conception graphique de l'ouvrage :
Véronique Desanlis, Christian Garon

Cartographie :
Alexandre Nicolas

Représentation et conceptualisation graphique des données :
Virginie Raisson, Christian Garon, Véronique Desanlis

Couverture :
Christian Garon

À chacun, très grand merci !

Merci aussi pour son soutien à Dorothée Cunéo,
une éditrice affectueuse,

et à tous ses collaborateurs.

Merci également pour leur contribution à

Anne Guibert, Brice Vincent, Serena Pirastru, Nedra Cherif, Francesca Fattori, Yannig Lavocat, Guy-Pierre Chomette, Donatien Garnier, Violaine Hacker, Paul Gallois, Nadia Vargaftig Ileana Epsztajn, Pauline Peretz, Ornella Moderan, Marc Verzeroli

Enfin bienvenue à Paul Cunéo et Lazslo Nicolas,
tous deux arrivés pendant cette aventure.

Remerciements

En avançant dans la vie,
au fil de voyages,
de rencontres et de lectures,
la pensée se précise
et les idées prennent forme.
Que cet atlas me permette
de rendre hommage à quelques-uns
de ceux qui, depuis longtemps,
m'ont donné « l'envie du monde »,
en nous offrant leur liberté
de pensée, leur humanisme
et leur intelligence :

Robert Badinter, Pierre Hassner,
Stéphane Hessel, Albert Jacquart,
Edgar Morin, Amartya Sen,
Michel Serres.

Merci à Jean-Christophe Victor.
Pour sa confiance, son invitation à oser,
et pour sa liberté si enviable.

TABLE DES MATIÈRES

DES VIDES ET DES PLEINS

DÉMOGRAPHIE

MIGRATIONS

URBANISATION

ÉNERGIES

DES SIGNES D'ÉPUISEMENT

CLIMAT

ÉPILOGUE

ANNEXES

Achevé d'imprimer en France par Pollina - L54825